제주해녀와 일본의 아마海女

제주해녀와 일본의 아마海女

좌혜경 · 고창훈 · 한림화 · 박찬식 · 김동윤
안미정 · 문무병 · 권상철 · 정광중 · 이경주

민 속 원

머리말

이 책은 한국학술진흥재단의 2001년도 인문학육성지원 과제(과제번호 B20003)인 「제주 잠녀(해녀)의 해양문명사적 가치와 <잠녀학> 정립 가능성 모색 : 문화비교론적 관점」을 수행한 결과물이다. 이 연구에는 제주대학교 평화연구소의 주관 아래 연구책임자 좌혜경, 공동연구원에 권상철, 이경주, 김동윤, 문무병, 박찬식, 연구보조원에 한림화, 안미정, 양성대가 참여하였다. 제주 해녀와 일본의 아마[海女와 海士]를 비교하기 위한 현지조사의 효과적인 수행을 위해 고창훈(제주대학교 교수·행정학), 정광중(제주교대 교수·지리학), 유철인(제주대학교 교수·인류학), 이선애(일본 미야자키현립대학 교수·민족학), 이지치 노리코(伊地知紀子, 일본 에히메대학 교수·사회인류학)가 연구협력자로 참여하였다.

2001년 6월부터 2004년 5월까지 일본의 시라하마白浜, 가네자키鐘崎, 스가지마菅島, 헤구라지마舳倉島, 쓰시마對馬島, 미사키초三崎町와 한국의 구룡포, 주문진, 신진도, 제주도의 행원리, 우도, 김녕리, 사계리, 위미리 등지에서 일본의 아마, 제주 출가出稼 해녀, 육지의 현지 해녀, 제주 해녀 등의 물질 작업과 전승문화를 중심으로 조사하였다.

해녀는 제주에서는 잠녀(줌녀, 줌네) 잠수(줌수), 해녀라고 한다. 아직도 제

4

주도 전역에 거의 5000여명이나 되는 해녀가 해안가에서 미역, 천초 등의 해초와 소라, 전복, 해삼, 문어 등을 캐면서 생업을 영위하고 있다. 이들 생업 담당층은 일본의 아마들과 더불어 전세계적으로 희귀한 존재들인데, 특이한 나잠수 작업, 신앙, 노래, 사회조직 등 자신들만의 독특한 문화를 전승하면서 생활해 나간다. 물론 그녀들의 가장 중심적인 직업적인 목표는 경제활동의 하나이지만, 아직도 공동체적인 사회적 행위로서의 특징이 강하다. 모든 행위가 공동논의를 거쳐서 행해지고, 공동으로 작업하고 공동으로 판매한다.

　일정한 목표를 지향하고, 육지가 아닌 물 속에서 작업하는 작업상의 성격에서 오는 위험 부담, 그리고 작업 영역의 범위가 일정 구역에서 행해진다는 점, 원시어법 등은 해녀 사회 공동체를 이끌어 가는 큰 요인이다. 공동체 속에서 질서 실현을 위해 자연스럽게 능력에 따라서 위계가 생기고, 능력계급 또는 나이순에 따라, 그 질서를 어그러뜨리지 않고 공동체를 이끌어가고 있는 것이다. 이처럼 자신들의 고유한 문화를 간직한 체 전승해 오는 나잠 어업은 생업이면서 일련의 독특한 문화현상으로도 볼 수 있다.

　육지부 혹은 일본 등지의 출가물질이 일제강점기 때부터 극성스럽게 이루어지면서 현재 한반도 남반부에 산재해 있는 해녀들의 수 역시, 제주도에 있는 해녀 수와 거의 맞먹을 것이라고 추정된다. 그런데 이들 나잠업을 주로 하는 제주 출가 해녀들은 자신들의 권리도 찾지 못한 채 생업을 영위하며 영세한 생활을 하고 있다. 결국 고령의 해녀들은 10년 이내 그 자취를 감출 것이 예상된다. 따라서 이들 해녀의 보존과 전승, 해녀문화에 대한 정책은 제주도에 국한 될 것이 아니라 전국적인 정책이 이루어져야할 부분이다.

이 책에서는 바다에 들어가서 산소공급 장치 없이 물질하는 나잠업자(裸潛業者)를 '해녀'라는 용어로 사용했다. 명칭 문제에 대해서는 서론에서 자세히 논의하고 있다. 다만 여기에서는 해녀라는 명칭을 관찰자(외부자)들이 일상에서 가장 많이 쓰고 있으며, 학문적으로도 분석적(과학적) 용어로 쓰고 있기 때문에, 인용문 및 시대성을 고려한 자료를 제외하고는 가장 일반적으로 통용되는 '해녀'라는 용어를 사용한다는 점을 밝혀두고자 한다.

이 책의 몇 장들은 개별 논문으로 이미 발표되기도 하였다. 「해양문명사 속의 제주해녀」는 "Cheju Island Women Divers' Community Life and Work as Concealed in Korea Peninsular History: A Focus on How the Cheju Island 'Chamsu' Spirit World Entered Oral Tradition"이라는 제목으로 『東アジア

の女性信仰と女性生活』(野村伸一 編, 慶應義塾大學 東アジア研究所, 2004년)에 실렸으며, 「현대소설에 나타난 제주 해녀」는 같은 제목으로 『제주도연구』 제22집(2002년)에 실렸다. 「일본 아마의 잠수 실태와 특성」은 "일본 아마의 잠수실태와 특성 : 이시카와현 와지마시 아마마치 및 헤구라지마의 사례를 통하여"라는 제목으로 『제주도연구』 제25집(2004년)에 실렸으며, 「일본 스가지마의 아마와 제주 해녀」는 같은 제목으로 『한국민속학』 36집(2003년)에 실렸다. 그러나 이미 발표된 개별논문과 이 책에 실린 각 장의 내용 사이에는 다소의 차이가 있다.

마지막으로 바쁜 시간을 내주시면서, 자료 제보에 응해준 제주를 비롯한 일본과 전국 각처에 계신 여러분께 심심한 감사를 드리고, 민속학의 진흥을 위해 어려운 출판사정 임에도 마다않고 격려를 주시는 민속원 홍기원 사장님과 편집진께 감사드립니다.

2005년 11월

저자 일동

차례

머리말 _ 4

서론 ‖ 죄혜경 · 고창훈 _ 13

해양문명사 속의 제주해녀 ‖ 한림화 _ 21
  1. 들어가며 ··· 21
  2. 제주사회와 제주여성 ··· 24
  3. 제주해녀와 제주바다 ··· 36
  4. 역사로 보는 제주해녀 ··· 51
  5. 구전기록 속에 숨어있는 제주해녀 ················· 77
  6. 제주해녀 공동체의 운용체계 및 생활문화 ········· 84
  7. 나오며 ··· 102

제주해녀의 역사적 고찰 ‖ 박찬식 _ 107
  1. 들어가며 ··· 107
  2. 조선전기 포작과 출륙금지령出陸禁止令 ·············· 108
  3. 조선후기 잠녀와 전복진상역 ····························· 118
  4. 개항 이후 해녀의 출가노동 ································· 124
  5. 해녀의 항일운동 ··· 131
  6. 나오며 ··· 135

해녀 노래에 나타난 노동기능과 정서 ‖ 좌혜경 _ 137

1. 들어가며 ·· 137
2. 해녀 노래의 유형 ··· 139
3. 해녀 노래의 전승과 각편 ······································ 144
4. 해녀 노 젓는 소리의 노동기능 ······························· 151
5. 해녀 노 젓는 소리에 나타난 정서 ·························· 156
6. 나오며 ·· 165

현대소설에 나타난 제주해녀 ‖ 김동윤 _ 167

1. 들어가며 ·· 167
2. 현대소설에 형상화된 제주해녀의 양상 ·················· 170
3. 나오며 ·· 205

제주 출가 해녀의 현지적응 ‖ 좌혜경 _ 209

1. 출가 물질의 역사 ··· 209
2. 현지적응과 경과 ·· 213
3. 대응과 변용 ··· 236
4. 나오며 ·· 242

마을어장 자원의 채취방식과 공존 ‖ 안미정 _ 245
 ─ 한국 해녀들의 작업 형태 비교 ─

   1. 들어가며 ……………………………………………………… 245
   2. 해녀의 분포와 해류 ………………………………………… 250
   3. 해산물의 채취와 분배 ……………………………………… 255
   4. 공존의 방법 …………………………………………………… 269
   5. 나오며 ………………………………………………………… 280

일본 아마의 민속 ‖ 문무병·좌혜경 _ 283

   1. 들어가며 ……………………………………………………… 283
   2. 채취물 종류와 작업 방법 …………………………………… 286
   3. 해신신앙과 축제 …………………………………………… 311
   4. 나오며 ………………………………………………………… 323

일본 아마의 잠수실태와 특성 ‖ 권상철·정광중 _ 327

   1. 들어가며 ……………………………………………………… 327
   2. 아마마치와 헤구라지마의 환경적 특성 …………………… 330
   3. 아마들의 잠수실태와 특성 ………………………………… 343
   4. 주요 해산물의 생산동향과 판매실태 …………………… 365
   5. 나오며 ………………………………………………………… 373

일본 스가지마의 아마와 제주해녀 ‖ 좌혜경 _ 379

   1. 들어가며 ·· 379
   2. 출가물질과 이동 ··· 384
   3. 물질 방법과 물질 도구 ·· 389
   4. 시롱고 아마 마츠리와 해녀들의 신앙 ······················ 403
   5. 해녀노래와 시롱고 마츠리 우타 ······························· 405
   6. 나오며 ·· 415

결론 : 제주해녀의 문명사적 가치와 해녀문화의 보전과 계승
      ‖ 이경주 · 고창훈 _ 419

   1. 들어가며 ·· 419
   2. 섬 문명 고유직업으로서 제주해녀의 세계성 ··············· 421
   3. 해양지역 민회문화의 원형으로서의 잠수회의 그리고 해녀항쟁 427
   4. 제주해녀의 경제활동 특성과 기여도 ·························· 429
   5. 제주해녀의 해양문명사적 가치와 국제적 보전문제 ·········· 434
   6. 제주해녀의 재조명과 재현 그리고 보존 ····················· 440
   7. 나오며 ·· 443

부록 : 제주해녀의 삶과 노래 ‖ 좌혜경 _ 445

참고문헌 _ 493
찾아보기 _ 503

서론

좌혜경 · 고창훈

　이 책에서는 제주해녀의 해양문명사적 가치를 문화비교론적 관점에서 학제적 심화연구를 통하여 재해석하고, 나아가 제주해녀학이 학문의 한 분과로서 정립될 수 있는지에 대한 가능성을 검토했다. 이러한 배경은 5,000여명 정도밖에 남아 있지 않은 제주해녀들의 현실적 보존과 발전방안을 제시해야 한다는 필요성, 학문적 심화를 통하여 인문학적 연구의 체계화와 사회과학적 해석의 결합이 요구되는 학문적 필요성에 기인한다.

　제주지역이 해녀의 발상지인가라는 문제, 그리고 왜 같은 해양지역인 호주나 서구지역 등 타 지역에는 직업인으로서의 해녀가 없고 제주도와 일본에만 존재하는가? 이는 여성 나잠업자들이 여러 생산양식 속에서 역사적으로 어떻게 존재해 오고 있는가에서 반영되고 있다. 자급자족 경제에서 패류 채집자의 존재는 제주도에서는 적어도 기원전 3세기까지 거슬러 올라간다. 3000년 전의 유적인 북촌리 바위그늘 집자리에서도 전복이 발견되었지만, 다른 지역에 비해 전복과 소라 등 패류가 가장 많이 발굴된 상모리 패총의 연대가 기원전 3세기까지 거슬러 올라가기 때문이다. 그러나 당시 자급자족 경제에 바탕을 둔 수렵채집 사회의 채집자가 잠수업자인지 아닌지는 알 수가 없다.

그러나 조선시대에는 잠수업의 성별분업이 이루어졌었다. '포작鮑作'이라 불리는 남성 나잠업자들은 주로 깊은 바다에서 전복을 따고, '잠녀'라 불리는 여성 나잠업자는 미역과 청각 등의 해조류를 채취했다고 한다. 그러다가 17세기 후반에 이르러 제주에서는 물질을 여자가 전담하게 된다. 왜 그 당시에 여자만 물질을 하게 되었을까?

해녀라고 불리던 자본주의제 생산양식에서 직업적인 잠수업자는 일본의 식민주의 및 자본주의와 함께 등장한다. 현재 우리가 일반적으로 머리 속에 그리는 잠수는 일본에 의한 자본주의화 이전에 존재했던 잠녀가 아니라 일본 식민자본주의와 가장 가까운 변경에 위치했던 제주도가 근대화하는 과정에서 나타나는, 조직의 경험과 임노동의 경험을 지닌 새로운 직업 집단이 해녀인 것이다.[1]

제주도의 해녀들은 일제시대에는 해외와 국내 타지역으로 바깥물질을 나가 제주도 경제의 1/2정도까지 공헌했는데 지금은 1% 수준에도 미치지 못하고, 그 숫자도 70년대 1만 5천명 수준이었는데, 지금은 5천여 명 수준이며 동시에 고령화되어 멀지 않은 시기에 자취를 감추게 될지도 모른다. 이 책에서는 그에 대한 현실적인 대책은 무엇인가 등 제주해녀를 중심으로 나타나는 문제점을 진단했다.

제주해녀는 전 세계적으로 희귀한 존재로 인정되고 있다.

문헌 기록에 나타난 해녀는 '쿠로시오 문화권을 구성하는 동남아시아계의 종족'으로 '일찍이 일본 열도 해변부'[2]에 분포하며, 특히 한국 제주도

---

1) 유철인, 「제주잠수 : 채집자인가, 물질 담당 계층인가, 직업인인가, 무호흡 잠수자인가」(세계 섬학회 발표요지, 제주대학교, 2001).

의 해녀가 유명한 것으로 확인된다. 일본에서도 나잠업으로 소라 전복을 캐는 남성과 여성들이 오래 전부터 존재하고 있었다. 이러한 부류의 생업을 영위하며 살아가는 사람들을 '아마海女, 海士'라고 한다. 일본 아마에 대한 표기에는 해인海人, 해녀海女, 해사海士, 어인漁人, 잠녀潛女, 수인水人, 백수랑白水郎 등 여러 가지가 있다.

역사 초기에 나타난 생업 담당층으로 한국 해녀는 『삼국사기三國史記』권19 고구려본기, 문자왕 13년(서력 503년), 여름 4월조에 있는 '가즉섭라소산珂則涉羅所産'이라는 문구에서 유추할 수 있다. 여기서 가珂는 제주의 진주 혹은 패류였을 것으로 추정된다. 곧 진주를 채취했다는 것은 바로 단시간에 물에 잠수하여, 전복과 같은 해산물을 채취한 것으로 추정 할 수 있다.

일본의 역사 기록에서 아마는 『삼국지三國志』위지魏志 동이전東夷傳 왜인조倭人條에 등장한다. 3세기 경 일본의 사회상을 기록하는 중에 "사람들이 좋아하는 고기와 전복을 채취하고, 바다의 깊고 낮은 곳에 관계없이 모두가 물에 들어가 그것을 채취한다"고 기록되어 나타나고 있다. 만엽집萬葉集에는 시가현滋賀縣 시가마치滋賀町 고마쯔小松 히라比良 마을의 남성아마가 그려져 있다.[3]

한편 한국해녀와 일본 아마와의 교류관계는 엔기시키延喜式(927년)의 주계식상主計式上의 기사 속에 탐라포耽羅鮑가 등장하고 있는데, 이것은 제주도 산이라기보다는 제주도 해인이 잡은 전복이라고도 생각할 수 있으며, 이러한 가설이 타당성이 있다면 제주도와 일본 사이에 이미 교류가 있었음을 추정할 수 있다.[4] 그리고 일본日本 젠카이초玄海町 가네자키鐘崎 여성 아마는

2) 田辺悟, 『日本蠻人傳統の研究』(法政大學出版局, 1990).
3) 野村伸一, 「아마의 生活史序說」, 『해양문명사에서의 잠녀의 가치와 문화적 계승』(제1회 학술회의 발표요지집, 2002), 49쪽.
4) 김영・양정자, 「잠수의 역사와 출가(出稼)물질의 요인」, 『초등교육연구』(제주교육대학교 초등교육연구원, 2004), 23쪽.

일본아마의 원조라고 일컬어지는데, 그들은 여성아마의 기원을 다케우치武內宿彌가 삼한三韓에서 돌아오면서 제주도의 해녀를 데리고 와서 가네자키의 아마들을 가르쳤다는 설이 있으며, 또 원양어업遠洋漁業으로 나간 가네자키의 어부가 제주도의 해녀와 결혼하여 함께 돌아왔다는 설 등 가네자키 해녀의 기원은 상당히 오래되었음을 시사하는 동시에 한국의 제주도와도 연결시켜 설명하고 있다. 나아가 가네자키의 아마들은 겐카이玄海의 여러 섬들 뿐만아니라 멀리 일본해日本海의 노토국能登國의 와지마시輪島市 헤구라지마舳倉島, 또는 쓰시마對馬島의 마가리曲까지 물질하러 나가서 서일본 아마의 원조가 되었다고 설명하기도 한다.5)

한편, 제주의 해녀는 근대기에 출가 물질을 통한 경제적 역할을 담당했다. 제주해녀의 일본 출가出稼 물질은 1903년(明治 36) 미야케지마三宅島를 시작으로, 미에현三重県 등 여러 지역을 다녀왔다. 처음에는 미에현 해녀들이 조선으로 출가했으나, 제주해녀에 비해 일의 능률이 떨어진다는 이유로 오히려 제주해녀들을 수입해 가기에 이른다. 곧 일본해녀의 조선 출가는 제주해녀가 일본으로 출가물질을 하게 된 발단이 되었던 것이다.

마스다 이치지는 제주해녀가 일본해녀에 비해서 노동 임금이 저렴하고, 능률이 비교적 높으며, 추위에 잘 견디기 때문에 출가 해녀들의 수는 해마다 증가하여, 1932년(昭和 7)에는 1600명에 이르렀다고 했다.6) 1930년에 이르면 출가 인원은 5천명이나 되었고, 1931년부터는 함경북도까지도 출가했다.

정치적으로 볼 때 1932년 해녀항쟁을 일으킨 근원적인 힘은 제주도 해녀의 조직적 저항과 희생적 투쟁이었다면, 그것을 뒷받침하는 잠녀의 잠수회 규칙과 운영은 갑오농민전쟁의 집강소 운영 못지않은 한국의 또 다른

---

5) 鐘崎漁業協同組合編, 『範前鐘崎漁業誌』(日本 : 鐘崎, 1992), 83쪽.
6) 桝田一二, 「濟州島海女」, 『地理學論文集』(東京, 1976), 80쪽.

민회문화(Citizen Assembly)의 모형이라고 할 수 있다. 제주 섬 지역 여성들이 잠수회 조직을 중심으로 회원 및 어장 관리, 출가해녀의 결정 등을 수행하면서 민주적 의사결정의 틀을 제시했고 지금도 102개의 잠수회를 통해 그 전통을 유지하고 있다.

민속적 측면에서 볼 때 제주해녀가 남긴 노래는 제주도 민요의 50% 정도를 차지함에도 불구하고 현대화되어 전승되지 못하고 있다. 이처럼 제주의 신화와 설화 그리고 섬 여성 고유의 문화이자 삶에서 비롯된 해양문명의 정체성을 대표할만한 해녀의 역사가 왜 제대로 조명되지 못하고 있는가?

지금까지 해녀 연구에 대한 문헌조사와 역사적인 연구, 그리고 일본 등지의 외국 현지조사를 결합시켜서, 문명사적 관점에서 해녀활동을 해양문화의 독자적인 현상으로 평가했다. 이를 위해 외국의 해양문화권에서의 주요 활동 및 일본의 아마海女 활동과 제주해녀의 활동을 비교문화적 관점에서 해석하기 위해 노력하였다.

첫째, 본격적인 논의에 들어가기에 앞서 우선 '해녀'라는 용어의 개념을 정리할 필요가 있다. 바다에 들어가서 어떠한 장치 없이 물질하는 나잠업자를 '잠수潛嫂' 또는 '줌수', '잠녀潛女' 또는 '줌녀', '해녀海女' 등으로 불러왔다. 해녀라는 호칭은 일본인의 식민지 정책상 천시해서 그런 것이므로 잠수라고 불러야 한다거나, 그래서 해녀는 원래 일본 용어라는 점 때문에 잠녀 또는 잠수라는 용어의 회복과 정착이 바로 탈식민화의 과정이라는 주장도 있다.[7] 그러나 잠녀라는 용어가 제주도만이 아닌 일본에서도 오래 전부터 사용되었던 것이고, 굳이 해녀를 버리고 잠녀를 고집할 필요는 없다. 잠녀는 그 발음이 '잡녀雜女'와 혼동될 가능성이 있음도 고려되어야 한다.

---

7) 전경수, 「제주연구와 용어의 탈식민화」, 『제주언어민속논총』(제주문화, 1992), 487~493쪽.

잠수라는 용어는 흔히 '잠수潛水'와 혼동될 우려가 있다는 점에서도 문제가
제기된 바 있다.

논의 결과 줌수나 줌녀는 행위자·내부자의 통속적인 용어이고, 해녀라
는 명칭은 관찰자·외부자들이 일상에서 가장 많이 쓰고 있으며 학문적으
로도 분석적·과학적 용어로 쓰고 있다. 본 연구에서는 인용문 및 시대성
을 고려한 자료를 제외하고는, 가장 일반적으로 통용되는 '해녀'라는 용어
를 사용하고자 한다.

연구내용은 문명사적 관점에서 해녀의 공동체를 심층적으로 연구하기
위해 문학과 역사 그리고 민속학과 인류학 중심의 연구 성과, 또 사회과학
적 해석과 정책대안을 가미하는 것으로서 대략 다섯 가지로 구성된다.

첫째, 기본적으로 문헌연구를 통한 해녀의 역사와 삶에 대한 연구내용의
총체적 정리이다. 조선시대와 일제시대의 문헌을 통하여, 시대별 기록을
정리했을 뿐만 아니라, 일본 아마에 대한 기록도 정리했다.

둘째, 해양문명사에서 주요한 바다활동의 맥락을 검토하여 현재까지 잠수
활동을 직업으로 하는 남녀의 활동을 조사함으로써 제주해녀의 문명사적 위
치를 탐구하는 것이다. 이는 문헌조사와 현지조사를 병행했다.

셋째, 삶과 공동체에 대한 조명이다. 이 작업은 민속학적 관점, 문학적
관점, 여성사적 관점, 인류학적 관점, 지리학적 관점, 생애사적 관점에서
제주해녀 공동체에 대한 사례조사와 제주해녀가 바깥물질을 나가 한반도
에 정착한 사례조사, 그리고 일본 아마에 대한 현지조사를 했다.

넷째, 해녀활동에 대한 사회과학적인 조명이다. 작업 공동체인 마을에서
차지하는 위상과 규약의 제정 및 시행과정에 대한 분석을 하고, 경제적으
로는 마을 공동체와 제주사회 전체에 대한 경제적 공헌과 기여도의 변화
를 추적하여 해녀의 경제적 지위와 역할을 조명했다.

다섯째, 사회적 이미지와 문화상품화에 대한 연구이다. 제주해녀의 현실

적인 보존 뿐 만아니라 생업문화 및 신앙과 축제, 문화상품화의 가능성을 일본 지역의 사례와 비교했다.

연구방법은 문화비교론적 관점에서 제주해녀에 대한 문헌조사와 일본 아마에 대한 문헌조사 및 현지조사를 병행하였으며, 이를 토대로 제주해녀의 문명사적 가치를 조명하였다. 특히 여러 문헌 속에는 역사적 기록의 해석자료, 문학작품에 대한 해석자료, 해녀들이 부르는 민요의 분석자료, 공동체 생활과 해녀의 삶에 관한 연구자료 등이 포함된다. 그리고 제주해녀 항쟁에 대한 분석, 제주해녀의 지역 공동체에서의 역할과 출가 물질 해녀들의 적응과정, 제주도와 한반도 일부, 일본의 일부지역에 직업인으로서 해녀가 존재하는 지리적 분포에 대한 탐구내용이 포함된다. 마지막으로 문화상품에 활용할 수 있는 해녀문화의 축제 및 이미지에 대한 내용을 포함하여 분석하였다.

현지조사는 제주의 마을 잠수회에 대한 현지조사를 포함하여 국내의 해녀와 일본 아마에 대한 현지조사로 나누어 진행하였다.

제주해녀의 활동영역이 제주도에만 국한된 것이 아니므로 전라도, 경상도, 강원도 지역으로 바깥물질을 나간 후 그곳에서 정착한 해녀들의 삶에 대한 현지조사를 근간으로 하여 일본 아마에 대한 현지조사에서는 일본 아마와 제주해녀의 공통점과 차이점을 비교하고 관찰하는데 역점을 두었다. 궁극적으로 이러한 적업들은 바다에서 이루어지는 직업 활동으로의 대표적인 활동을 조사하고 해양지역의 문화현상으로서 제주해녀의 가치에 대한 평가를 통하여 제주해녀 연구의 학문적 위상을 가늠함은 물론, 해녀의 문화적 가치를 국제적으로 널리 알리는데 있는 것이다. 이 연구결과를 바탕으로 '해녀학'으로 발전시키는 방안도 검토하고 시행하게 될 것이다.

해양문명사 속의 제주해녀

한림화

1. 들어가며

제주해녀는 오래도록 외부에 생활인이라기보다는 한국의 제주도에서 발상한 특이한 여성으로 더 알려져 왔다. 따라서 이 여성 혹은 집단에 대한 호기심은 최근까지도 실재하는 생활인의 경계를 넘어서서 환상적인 존재에 더 초점이 맞춰지기 십상이었다. 이는 제주도가 바다 가운데 홀로 고립된 섬이라는 지리적 환경과 무관하지 않다.

섬은 환상을 연출하기에 매우 합당한 공간이다. 더구나 그 공간에서 남다른 생활방식을 가지고 살아가는 사람들의 존재를 인지하게 되면 무제한적인 환상이 유발된다. 이러한 환상의 당위성은 제3자적인 입장에서 고수되는 게 일반적인 현상이다. 즉 제3자가 환상의 동기가 되는 존재에 대하여 가지고 있는 정보가 파편적이거나 부수적이거나 그 어느 일면만이 부각된 것일 때 실재와 환상의 경계가 모호해지는 속성 때문이다. 이러한 환상의 구체화는 상상에서 비롯된다. 또한 제주해녀에 대한 상상과 환상은

재래잠수복을 입은 행원리해녀(2002)

예전 우리사회의 여성에게서는 찾아볼 수 없는 독특한 생활습성까지 겹쳐 나타났기에 그 정도가 심화될 수밖에 없었다. 이는 제주해녀에 대한 학문적 규명을 목표로 접근했거나 섭렵한 학자들에게서도 드물지 않게 보이고 있다.[1]

제주도에는 예로부터도 물질을 하는 여성 집단인 제주해녀사회가 늘 존재하여 왔다. 이 집단은 근대에 이르러 오늘날까지 마치 제주도의 상징인양 부각되기도 하였다. 그 상징성이 자리 잡은 이면에는 기존의 한국사회가 가진 여성에 대한 이미지와 무관하지 않다. 더구나 조선조에 이르러 여성이라면 당연히 '일하는 모습'이 집밖으로는 보이지 않아야 했다. 때문에 '여성이 집밖에서도 적극적으로 일하는 지역'인 제주도 사회가, 상대적으로 '여성이 집밖에서는 일하지 않는 사회'였던 전통적인 한국사회에서 매우 이질적이며 희소한 존재로 부각되어진 결과는 미리 예견된 바나 다름없다. 이러한 이미지의 고착은 역설적이게도 제주해녀의 삶에 기인한 것이라고 봐도 무리가 아니다. 제주해녀는 잠수복이 정착되기 이전인 1970년대 중반까지만 하여도 젖무덤이 거의 드러나는 원피스 형태의 '물소중이'라고 하는 일옷 차림으로 바다에서 물질을 하였다.

오래전부터 농경사회가 정착된 데다 사회운용을 숭유사상崇儒思想을 바탕으로 이끌어온 조선조 사회에서의 제주해녀는 아직도 채집수렵사회에서나 존재했음직한 원시성을 지닌 비천한 무리로 보였음이 무리가 아니라고

---

1) 예를 들면, 강치명의 서울대 석사학위논문 「제주도인 특히 해녀를 중심으로 한 골반계측」(1953)이 그것이다. 제주해녀가 물질을 하기 위하여 바다에서 헤엄을 치기 때문에 여타 지역의 여성들과는 골반구조 자체가 다를 것이라는 추측에서 이 연구는 비롯되었다고 봐진다.

본다. 단지 그 환상에 의하여 이미지 되어진 제주해녀의 실재가 최근까지도 그대로 전형화되어 있고, 제주해녀사회의 근거지인 제주섬에서 조차 그렇게 받아들여지고 있다는 점은 시사하는 바가 크다. 性(성)의 한계가 거의 허물어지고 힘의 주체가 어느 한 성에 기울지 않는 이즈음도 역사적으로 '일하는 여성'의 전형으로 여겨지던 제주해녀에 대한 이미지는 전통성이 그대로 고수되고 있는 셈이다.[2]

제주해녀가 널리 알려졌다고 하더라도 이 장에서는 제주해녀와 그 사회를 소개하고 안내하는 데에 큰 비중을 두었다. 이는 제주해녀를 단정하고 정체성(identity)을 거론하는 근거의 기저를 확보하려는 연구의 본연의 임무에서 비롯되었다. 제주해녀사회의 정체성이 제주사회에서 별다른 거론 없이 함의含意되어 맥을 이어온 데 대한 확신이 어디에서 비롯되는 지도 가늠해 볼 여지를 추적하는 길라잡이로도 작용할 것이라는 희망에서이다.

따라서 첫째, 제주해녀 혹은 그 공동체를 제주역사에서 추적하였다. 둘째, 제주여성 전통공동체의 실체로서 제주해녀사회가 제주역사에 어떻게 규명되었는지를 서지학書誌學 차원에서 문헌 및 구전문학의 범주 안에서 더듬어 보았다. 셋째, 제주해녀공동체에 전승되어온 삶과 정신세계, 특히 종교적인 의례를 통한 인식을 조명하였다. 넷째, 제주지역사회에서의 제주해녀사회의 역할을 짚어보았다.

또한 이러한 접근이 선행된 연구들에 대한 자료와 사료를 섭렵하는 작은 사례로 제시하려는 목적도 내재하고 있다. 그러므로 제시되는 자료나 사료들에 대한 구체적인 분석과 해석은 유보하였다. 오로지 문헌자료와 현

---

2) 오선화는 그의 안동대 석사학위논문 「죽변지역 이주 잠녀의 적응과정 연구」(1998)에서 여성 직업인인 제주해녀는 근·현대에 등장하였다고 다음과 같이 주장하고 있다.
"…(전략) 제주도 잠녀가 현재와 같은 전문 직업인으로 등장한 것은 불과 19세기 말부터 20세기 초 무렵으로, 한국사회에서 잠녀는 20세기에 부각된 주체적인 여성 직업인으로서 새롭게 재조명되어야 한다."

장자료를 단순히 연구과정에 병행하여 탐구함으로써 연구의 효율성을 고려하였다. 그러므로 이 장이 서술되는 편의에 따라 그 두 자료를 섭렵하면서 제주해녀의 세계에 접근하는 방식을 택하였다.

여기에서는 제주해녀의 세계를 오늘까지 면면히 이끌어온 원동력이랄 수 있는 그 정신세계의 정수를 탐색하려는 의도와 그 범주의 여지를 벗어나지 않으려는 논의의 한계가 다소 상충되는 경우도 있음을 밝혀두는 바이다. 그렇더라도 제주해녀를 이해하고 제주해녀의 사회가 지닌 해양문명사적 가치를 확인하는 디딤돌 역할을 수행하기를 바란다.

2. 제주사회와 제주여성

이 지구상에는 수많은 여성 집단이 바다를 삶의 터전으로 삼고 살아가고 있다. 제주도의 제주해녀 집단도 그 중의 하나이다. 제주사회 안에서 제주해녀 사회를 규명하고자 할 때, 의례공동체적 성격의 조직체인가 생산공동체적 성격의 공동체인가하는 이분법적인 가시화가 아닌 생활공동체로 우선 규정되어야 할 것이다.[3] 왜냐하면 의례공동체나 생산공동체는 생활공동체 안에서 다시 파생되고 엮어지는 사회이기 때문이다.

여성인류학자 마가렛 미드와 조혜정에 의하면,[4] 개별 사회가 가진 문화적 구성물을 자세히 분석해보면, 기존의 사회에서 파생된 사회가 처해 있는 환경과 경제적인 토대 변화와 밀접하게 맞물려 있음을 알게 된다고 하였다. 이런 인류사회를 통시적으로 살펴보는 진화론적 사유를 토대로 자연

---

3) 오선화, 앞의 논문(1998).
4) 마가렛 미드(Margaret Mead), 조혜정 옮김, 『세 부족사회에서의 성과 기질(Sex and Temperament in Three rimitive Societies)』(이화여자대학교 출판부, 1988); 조혜정, 『한국의 여성과 남성』(문학과 지성사, 1988).

환경이나 경제체제 등 사회 전반의 거시적 사회변동 추이를 논하는 이론은 제주해녀 사회를 논하는 준거의 틀로 제주사회에서의 제주여성 사회를 조명하는 타당성을 제시하도록 길을 열고 있다.[5]

1) 제주도와 탐라국

(1) 지리적 위치와 자연

제주섬은 지리적인 위치에서만 본다면, 한국의 서남해, 일본의 서해, 그리고 동중국해의 어귀이며 태평양으로 나가는 길목인 망망대해 가운데 홀로 떨어져 있다. 그 위치가 오죽 바다 한가운데 고립되었으면 조선조 영조 11년(1735)에 제주목사濟州牧使로 부임했던 노봉蘆峰 김정은 다음과 같이 시詩의 운을 떼고 있다.

天浮于海海浮天   하늘은 바다에 떠있고 바다는 하늘에 떠
大地中間等泛船   대지 가운데 배 떠다니는 듯[6]

옛날 해양교통 수단이 오직 선박뿐이었던 시절에 뱃사람들에게 제주도는 마치 오랜 여행에 지친 나그네를 반기는 무인지경無人之境에 오도마니 자리한 주막과도 같은 섬이었다. 아니면 먼 대양을 건너느라 땅이 그리운 이들에게 흙냄새를 맡게 하려는 신의 배려인 듯, 바다 한가운데 1,950미터의 높이로 우뚝 한라산이 솟아있다. 한라산 하나로 대양 속에 진주처럼 박힌 화산섬. 그 모양새는 마치 레몬 한 개가 태평양 바다의 길목에 동서로 길게, 그러나 비스듬히 떠 있는 꼴이다.

---

5) 조혜정, 「아시아의 10대들과 소통하다」, 『한겨레 21』 제466호(2003. 7. 2).
6) 김정, 김익수 옮김, 『蘆峰文集』 卷一(제주문화원, 2001), 251쪽.

제주도濟州島는 2003년 12월 말 기준으로 총면적이 1,847.8㎢이다. 농사가 가능한 경작지는 541.4㎢로 전면적의 29.3%에 불과하다. 상주하는 인구는 약 555,864명이고, 이중에 여성인구가 약 278,232명 정도로 남성인구보다 아주 조금 더 많은 편이다. 제주도의 자연마을은 556개이며, 이 중에는 섬 중의 섬이 63개이며, 사람이 사는 유인도가 8개 포함되어 있다. 해안선의 길이는 무려 253㎞에 이른다.

지형은 대륙을 방불케 하고 지세는 아기자기하다. 바다로 쏟아져 내리는 폭포수가 있는가 하면 한라산 자락에는 질펀한 평원이 펼쳐져 있다. 바람은 많고 사나워도 사계절이 뚜렷하고 기후가 온화하여 사람살기에 안성맞춤이라고나 할까. 제주도의 자연경관은 참으로 아름답다. 온대계절풍溫帶季節風이 사시사철 불어 고온다습高溫多濕한 덕분인지 무려 2천여 종이나 되는 식물군이 터 잡고 살아간다. 연안바다의 생물자원도 풍부하고,[7] 육지의 생물군도 동식물을 포함하여 1,700여 종류로 다양한 편이다.

(2) 옛 역사에 나타난 제주도의 사례, 탐라국

제주해녀와 관련된 제주역사를 추릴 때, 문헌상으로 볼 수 있는 제주섬나라는 탐라국이다. 기록으로 미뤄 보면, 탐라국은 비로소 제주에서 생산해낸 해산물과 제주여성에 의하여 직조되었다고 짐작되는 옷감 등으로 주변국들과 정치적·물질적 교류를 했다고 여겨진다. 제주섬의 역사는 기원전 2337년 단군檀君이 고조선을 세우는 이듬해부터 시작되었다고도 주장한다.[8] 또 다른 기록에는 중국의 한선제漢宣帝 오봉五鳳 2년 을축乙丑, 즉 기원전 56년, 박혁거세朴赫居世가 신라를 건국한 2년 후에 고高, 량良(후에 梁), 부夫세 신인神人이 출현하였다고도 한다.[9] 삼국지三國志, 위서魏書, 동이전東夷傳,

---

7) 이정재, 「해양생태계」, 『제주의 자연생태계』(한국이동통신 제주지사, 1995).
8) 「耽羅國王世紀」.

한조韓條의 "마한 서쪽바다에 섬이 있는데 주호국이라 한다. …(중략)… 배를 타고 다니면서 한나라에서 장사를 한다"[10]라는 대목에 나오는 '주호국'을 제주섬에 당시 있었던 나라로 추측하는 예도 더러 있어왔다. 그러나 사학계 일부에서는 그 주장에 대하여 반론도 만만치 않게 제기한다.[11] 반론자들은 '주호국'이 제주섬에 건국했던 나라라면 당시의 유적이나 유물이 반드시 출토되어야 하는데 전혀 없다는 점을 들고 있다.

'주호국'의 실체가 불투명한 가운데 '탐라국'이 삼국시대에 주변국들과 왕래한 기록은 드물지만 여러 곳에 나타난다. 고구려는 북위北魏에 조공을 하고 있었던 듯, 조공품을 확보하지 못한 이유를 「위서魏書」 「고구려전高句麗傳」에서 "단 황금은 부여에서 나고 백마노는 섭라(탐라의 다른 이름)산인데"[12] 이를 확보하는 게 여의치 못하다고 표현하고 있다. 가珂는 패류貝類의 껍질을 가공한 자개와도 같은 말 안장 등의 장식품인 일명 백마노이다. 위 예문으로 미뤄 짐작하건 데 고구려와 섭라 즉 탐라가 이미 교역을 하고 있었던 것으로 추측된다. 또한 삼국사기三國史記26, 백제본기百濟本紀, 문주왕文周王 2년(476) 4월조에, "탐라국이 방물을 바치자 왕이 기뻐하여 사자에게 은솔벼슬을 주었다"[13]고 하였다. 위의 삼국사기 6, 신라본기新羅本紀 6 문무왕文武王 2년(662) 2월 6일 조에는, "탐라국주 도동음률이 항복하여 왔다"[14]라는 대목도 있다. 관련 학계가 이미 고지한 대로 백제가 신라에 망하자 백제와 동맹관계였던 탐라도 덩달아 투항한 것으로 보인다. 이때까지는 나라이름도 천차만별로 나타난다. 하지만 고려시대에 들어서면 나라이름도 통

---

9) 박용후, 「瀛州誌에서 본 耽羅의 옛날」, 『제주도사연구』 제2집(제주도사연구회, 1992) 참조.
10) 馬韓之西 海島上有主胡國 …(中略)… 乘船往來 貨市韓中.
11) 고창석, 「회고와 전망」, 『제주도사연구』 창간호(1991) 참조.
12) 但黃金自夫餘 珂則涉羅所産.
13) 耽羅國獻方物 王喜 拜使者爲恩率.
14) 耽羅國主佐平徒冬音律(一作律)來降.

일되어 고려말까지는 '탐라'라고 불렀다. 고려말에서 조선에 이르는 그 어간에 이름은 다시 '제주濟州'로 바뀐다. '탐라'나 '제주'나 다 '저 건너에 있는 땅나라'이란 뜻이 내포된 이름이다.

15세기 초부터는 세계지도에 제주도가 표기되기 시작한다. 세계지도에 제주섬이 최초로 나타난 것으로 추정되는 지도는 1402년에 이회와 권근 등 조선사람들에 의하여 제작된 <세계전도혼일강리역대국도지도>라고 알려져 있다.[15] 1653년 VOC(네델란드 전매 동인도회사) 소속 Sperwer호의 회계선원이었던 하멜(Hendrick Hamel)이 1653년 8월 16일 제주도에 난파당하였는데 그 경험을 쓴 『하멜표류기』에, "우리들은 켈파르트Quelpaert, 조선사람(Coreesen)이 제주(Scheluo)라고 부르는 이 섬은 …(중략)… 주민들은 조선사람에게서 별 대접받지 못하는 가난한 사람들이다. 나무가 우거진 높은 산이 하나 있고, 쌀이 재배되는 계곡이 많은 민둥산이 많다"라고 서술하고 있다.[16] 그가 민둥산이라고 표현한 산은 결코 헐벗어 민둥이 아닌 제주잔디로 곱게 덮힌 낮은 '오름'들이다. 또한 자신들이 난파당한 섬의 위치를 측량한 결과, "위도 33도 32부로 켈파트Quelpaert 즉 제주(Scheluo)가 틀림없다"고 적어 났다.

1643년부터 무려 7년 동안 중국에서 천주교 선교사로 활동한 마르티니 Martini(1614~1661)가 제작한 <신중국지도장新中國地圖帳>에는 'IL Fungma'로 표기하고 있는 섬이 있는데, 일부에서는 이를 두고 제주도라고 주장하는 이도 있다. 이는 일종의 착각인 듯 싶다. 왜냐하면 그 지도상에 '풍마도'라고 표기된 섬은 따로 있었고, 제주도도 확연하게 표시되고 있기 때문이다. 한반도를 섬으로 그려놓을 정도로 동북아 지리 파악에 어수룩한 당시 유럽 쪽 외국인 지도 제작자들도 제주도만은 제 위치에 정확하게 표기하였

---

15) <세계전도혼일강리역대국도지도>의 채색 필사본은 서울대학교 규장각이 소장하고 있으며, 원본은 일본의 교토의 용국대학교에 있다. 이 지도는 당시의 우리나라 지도제작 수준이 대단 하였음을 증명하는 지도로 손꼽힌다.

16) http://www.hendrick-hamel.henny-savenije.pe.kr/indexk2.htm(copyright Henny Savenije).

다. 이는 제주도가 이 일대를 항해하는 뱃사람들에게 위치를 가늠하는 기준점으로 중요하게 인식되고 있었던 것으로 짐작하게 한다.

제주도가 앞서 잠시 언급한 바와 같이 기원 전후에 중국의 진나라 진수의 삼국지, 위지, 동이전에 '주호국'이 등장한 이래『후한서後漢書』,『당서唐書』, 일본의『일본서기日本書紀』등 주변의 외국 문헌기록에는 빈번하게 나타나고 있다. 그러나 정작 제주섬이 속한 한반도의 옛 문헌에 나타난 것은『삼국사기』부터이다. 제주도 역사를 이야기할 때 다소 아쉬운 점이 있다면 역사학자들이 지적하는 바와 같이 원사시대(proto history) 즉, 선사시대와 역사시대의 중간 시기의 문헌기록이 전혀 없다는 점이다. 그 시기는 대체로 기원후 3세기에서 11세기에 이르는 매우 장구한 세월에 해당된다.

이후의『고려사』,『조선왕조실록』등의 문헌기록도 제주섬에 관한 것은 거의 다 단편적인 기록에 불과하다. 그 내용은 주로 탐라국이 주변국에 내조하거나 공물을 하는 것에 치우쳐 있다. 흥미로운 점은 조공품 목록이 열거된 것에는 빠짐없이 제주섬의 토산물이라고 명시되고 있는 해산물이 나타나고 있다. 그러니까 제주섬 사람들은 일찍부터 생활생산체계에서 어로활동이 차지하는 비중이 높았을 뿐 아니라 활발했음을 미뤄 짐작하게 한다.

2) 제주여성

근·현대 이전의 제주여성을 문헌에서 찾아보면 주로 제주해녀와 직·간접으로 관련되어 기록되어진 것들이 대다수를 이루고 있다. 여기에서 문헌이라 함은 비교적 누구나 접근이 용이한 옛 여러 기록들을 말한다. 예컨대『조선왕조실록朝鮮王朝實錄』이라든지『고려사高麗史』,『탐라순력도耽羅巡歷圖』,『남환박물南宦博物』,『일본서기日本書紀』,『원사元史』등이며, 이러한 문헌들을 한데 모아 최근에 편역한 여러 책들과 제주섬과 관계된 개인 집필

문헌 등이다.

그러한 글들에서 시대적인 구분 없이 논의의 전개상 적절한 부분을 여기에서는 선택하여 소개하였다. 그리고 이미 편역된 고창석高昌錫의 『탐라국사료집耽羅國史料集』과 제주도교육위원회의 『탐라문헌집耽羅文獻集』, 제주문화방송의 『조선왕조실록朝鮮王朝實錄』 중 「탐라록耽羅錄」, 도서출판 제주문화가 펴낸 『고려사제주록高麗史濟州錄』, 고찬화高璨華의 『탐라사자료집록耽羅史資料集錄』 Ⅰ·Ⅱ, 『제주濟州의 근세사近世史』, 김천형金天亨의 『탐라사료문헌집耽羅史料文獻集』, 김봉옥의 『제주통사』 등이 원래 방대한 자료 및 사료들에서 제주도에 관련된 부분만을 발췌하여 번역, 책으로 펴낸 것들이어서 옛 제주해녀의 역사를 찾아가는데 어느 여정까지는 좋은 길라잡이가 되어준다.

(1) 제주전통사회와 여성

조선조 말 일제 강점기 시절을 포함하여 1945년 8월 15일 해방 직전까지 제주도는 본토에서 멀리 떨어져 고립된 섬이라는 지리적 환경 조건 덕분에 생산이 가능할 것이란 추론 아래 국가가 여러 가지 조공租貢과 노역勞役에 대한 부담을 강제담당하게 하였다.[17] 그에다 사회의 격변에 따른 요인 등이 복합적으로 작용하여 예로부터 제주도는 인구통계상 남성이 여성보다 적은 수치를 나타낸다.

자연히 남아선호 사상이 한반도의 그 어느 지역보다 높다. 결과적으로 제주사회에서는 '남자는 귀한 존재=상일을 하지 않는 사람'이란 등식이 의식세계에 뿌리내렸다. 그럼에도 육지와는 달리 남성이 여성을 노골적으로 '이등성二等性'으로 취급하거나 생활권의 예외적인 존재, 혹은 보조자로

---

17) 여기에서 본토란 한반도(韓半島)를 가리킨다. 제주사람은 본토를 '육지(陸地)'라고 통상 부른다. 이에서 기인되어 제주와 본토의 상관관계를 나타낼 때, '육지부(陸地部)'라고 표현하기도 한다. 여기에서는 편의상 '본토'와 '육지'를 문장에 따라 혼용한다.

물질 나가는 제주 해녀들(2002)

취급하지 않았다. 오히려 대등한 생활권자로서 삶을 영위하고 공유하는 파트너로 보는 경향이 상대적으로 강하였다.[18]

조선조 이래로 본토의 여성들이 태어날 때부터 오직 집안일에만 종사하도록 종용되었다면, 제주의 여성은 그와 정반대로 생활경제에 기여하는 존재, 좀더 직설적으로 표현한다면 '일꾼'이라는 점에 그 비중을 더 두었던 것이다. 제주도 속담에, "딸을 낳으면 곤밥해 먹는다"라는 말이 있다. 이 속담이 말하고자 하는 의미는 '딸은 일을 하여 집안의 부富를 축적하므로 (딸을 낳은 게) 좋아서 (제주에서는 귀한) 쌀밥을 하여 잔치를 벌인다'는 뜻이다. 이와 한 쌍을 이루는 속담이 또 한 꼭지 있다. 얼마 전 까지만 해도 제주여성들은 스스로를 가리켜, '쇠[牛]로도 못 낳아 여자로 낳았다'고 자조하였다. 전통적으로 제주섬 여성은 정말 소[牛]보다도 더 강도 높게 일을 하였다. 아니 지금도 소처럼, 소보다 더 일하는 여성들이 많이 있다.

---

18) 한림화, 「제주잠수 공동체의 삶과 일」(일본 게이오대학교, 2000).

그런데 여기에서 꼭 짚고 넘어가야 할 점이 있다. 제주여성은 자신의 처지를 비관하면서도 이와 정반대로 그토록 강도 높은 일을 해내는 스스로를 매우 대견하게 여긴다는 점이다. 즉, "제주예즈로 태어나시민 혼 일가는 동동 멕여살려야주(제주도 여자로 태어났으면 한 일가는 철저히 책임지고 의식주를 책임질 수 있어야 한다)"라는 격언이 있다. 이를 긍정적인 면에서 보면 '능력있는 제주여성', 그러니까 '일하는 여성'의 자부심을 잘 나타낸 말임을 미뤄 짐작할 수 있다.

(2) 제주전통사회의 여성주도형 생활패턴

제주는 원래 본토와는 다르게 생업의 체계가 잡혀졌다. 본디 한반도는 20세기 후반 산업재편이 이뤄지기 전까지는 농업이 주 생업이었으며 농경사회였다. 농경사회의 특징을 명료하게 '육체적으로 힘이 세고, 손재주가 좋은 사람들이 성공할 수 있는 사회'였다고 단정짓고 있다. 그러나 단지 힘이 센 것만으로 성공할 수는 없는 것이다. 지금도 한정적으로는 농경사회의 본질을 우리는 가지고 살아가고 있기 때문에 그 실체적 삶을 안다. 농경사회에서도 지리적 환경, 문화적 배경, 정치적 여건 등이 작용하여 삶의 질과 양을 보장하였다. 이에는 삶의 지혜와 용기, 도전 등이 센 힘 못지않게 중요한 성공 요인으로 작용하였다.

제주는 섬이라는 지리적 특성 때문에 본토本土와 같은 관개수리 사업과 가축의 힘을 토대로 하는 남성노동 중심의 쌀농업 위주의 농사는 불가능하였다. 토지의 면적조차 협소하여 겨우 조, 보리, 고구마 등 잡곡류 따위를 근근이 '구메농사'(small-scale farming)나 부치는 실정이었다. 여성의 노동력이 중심이 되어 밭농사 위주로 생업을 이어나갔다. 따라서 일찍이 인류학계에서 보즈럽(E. Boserop) 등 여러 학자에 의하여 분류된 여성적 농경체제(female farming system)가 정착되게 된 셈이다. 이에다 바닷가 마을 여성들에 의

하여 나잠어업裸潛漁業 즉, '물질'이 집단적으로 그리고 적극적으로 이뤄지면서 명실공히 여성노동력 위주의 생업생산체계를 이루었던 것이다.

지금과 같이 1차 산업인 농수산업의 작목다양화作目多樣化가 이뤄지기 이전에는 전적으로 여성만이, 혹은 여성위주로 생업이 꾸려졌었다. 그렇다고 하여도 남성 몫의 일이 없었던 것은 아니다. 제주도에서 두 성性은 비교적 합리적으로 제 몫의 '일'을 배분하여 처리하였다. 예컨대 여성은 밭일이며 물질 등 생업을 꾸리는 '소소한 일'을 한다. 기일忌日 제사의 제관이 되고 관공서에 드나들면서 사무일을 하는 등 소위 '큰 일'은 남성의 몫이다. 자녀의 혼인, 밭을 사고파는 문제 등 재산축적과 손실에 따르는 '집안의 대소사를 결정하는 일'은 남성과 여성 즉 남편과 부인이 의논하여 결정한다. 이는 마을마다 집안마다 다소 약간의 차이는 있을망정 마치 조례처럼 통념화된 일 분배였다.

이런 여건은 자연스럽게 제주여성이 보다 능동적이고 긍정적이며 자율적으로 생활하는 습관을 낳았고 의식화되었다. 여성이 사회경제, 생활경제의 주체로 활약하고 또 여성의 경제활동의 영역이 확고하게 보장되었음으로 가능한 의식체계였다. 이러한 면이 가장 두드러지게 나타나는 제주전통사회의 공동체가 제주해녀 사회이다. 제주도 전통사회의 생산체계에서 남성과 여성이 대립관계이거나 혹은 주종主從관계인 경우는 거의 없었다는 추론은 다음과 같은 이론에 비춰 가능하다.

산업사회의 특징이 세분화된 전문화와 개인주의(특히 개인 능력 지향)에서 찾을 수 있다고 본다면,[19] 다소 복잡한 양상을 보일지라도 개인들은 끊임없이 새로운 영역들을 개척하게 되어 있다. 변화를 추구하는 산업사회에서는 기존의 신분이나 성별에 따른 고정관념은 개개인 각자의 자질과 성향이

---

19) 조혜정, 앞의 책(1988).

드러나고 '개인 능력주의' 원칙에 따라 재편되는 과정을 거치면서 다소 희박해진다. 제주도와 같이 바다로 에워싸여 있으며 경작할 땅은 매우 한정적이어서 생존을 위한 '일'과 '일터' 확보가 필연적이었다면 자연히 기존의 통념을 깨고 일터를 확장하는 용기가 보장된다는 가정은 설득력을 어느 정도 얻게 된다.

이러한 이론에 제주사회의 제주여성을 대입하면 사실상 남녀의 구분이 별로 상관이 없는 능력위주 혹은 합리적인 '일꾼'이 가시화 되는 것은 당연한 것이었다고 봐진다. 따라서 제주여성으로부터 제주해녀가 비롯되었음도 이와 같은 맥락에서 설득력을 가진다. 물론 일본의 일부 해안지역과 섬들, 프랑스령 트리니타드-토바고 등 몇몇 해안지역과 섬을 제외하면 제주도와 지리적 환경이 비슷한 다른 섬들, 혹은 바닷가 마을 여성들이 물질을 하지 않은 이유를 명쾌하게 설명할 길은 없다. 바로 그러한 사유로 제주해녀 사회는 다른 지역의 여성사회와 비교 및 교차연구가 이루어져야 할 것이다.

(3) 제주전통사회의 두 여성 집단

예전의 제주여성 사회는 바닷가 마을의 해녀사회와 중산간 마을의 농부農婦사회로 크게 생활권을 나눌 수 있었다. 이 두 사회는 같은 제주여성 사회이면서도 전혀 다른 생활권과 동선을 유지하였다. 또한 두 집단 사이의 의식도 매우 달랐다.

중산간 마을 여성사회는 근래까지도 노동과 관련한 생활형태는 바다에서 물질을 하는 것을 제외하면 해녀사회와 다를 바 없었다. 그러나 의식면에서는 전통적인 육지부의 여성들과 마찬가지로 조선조 이래로 유교적인 사고방식이 강하게 베어 있어 이를테면 '벌거벗고 바다에서 일을 하는 해녀' 집단을 비천한 무리로 여기는 등 자신들과 차별화하려는 성향이 두드러졌다. 때문에 두 여성사회는 일상생활에 필요한 물물교환까지는 활발하게 하면서도 그 이외에는 별로 교류를 하지 않으려는 성향을 보였다. 두 지역사회는 통혼通婚을 꺼렸으며 외부로 심하게 드러나지는 않더라도 서로 배타적 관계에 있었다.

마을의 형성배경도 다소 다른 면이 있었다. 중산간 마을의 구성원은 관청을 중심으로 주로 육지부에서 내려온 관리 혹은 그 수행자들, 그리고 귀양정배를 당한 이들이 주류를 이뤘다. 이들의 생활상은 매우 권위적이어서 형식적인 면을 중시하는 경향이 두드러졌다. 그에 반하여 바닷가 마을은 중산간 마을에서 토지 등 생존에 필요한 생활토대가 빈약한 이들이 주로 이주하여 형성된 배경을 가진다. 그 한 예로 제주해녀의 마을 중의 하나로 유명한 성산읍 신양리는 약 1백 년 전에 소위 반촌班村인 고성리 주민 일부가 이주하여 이룩한 마을이다. 그래서 얼마 전까지도 공부상으로는 고성리 2구였으며 지금도 지번地番은 고성리로 부여되어 있다.

이렇게 바닷가에서 바다를 생업의 터전으로 삼아 이뤄진 마을을 '개촌' 이라고 불렀는데 이는 반촌班村과 더불어 제주의 마을에 나타난 이분화된 계층적 구조를 보여준다. 반촌의 구성원은 반농반어半農半漁의 생업수단을 가지며 이에 더하여 목축도 하였다. 반면 개촌의 구성원은 반촌과 같은 형태의 생업수단을 영위하면서 이에다 여성이 물질을 병행하였다. 따라서 반촌班村 여성이 들과 밭과 집이 생활동선인데 견주어 개촌 여성은 들과 밭과 집과 바다로 훨씬 더 확장된 생활동선을 가졌다. 제주해녀는 제주섬 이외의 지역으로 물질을 나다녔기 때문에 생활권역은 더 넓고 길었다.

이 두 제주여성의 생활 집단에 대하여 가장 전형적인 산업발전을 대입해보면, 중산간 마을 여성집단은 농경사회의 특징이 두드러지고, 바닷가 마을 여성집단에게서는 농경사회의 특징 외에도 채집·수렵사회의 골간을 이루는 채취행위, 물 속에서의 사냥행위 등이 덧보태어 나타나고 있다.

이러한 이론적인 논거 말고도 두 여성집단에게서 볼 수 있는 두드러진

특성 두 가지가 더 있다. 그 하나는 밭일과 마을 안의 대소사 등이 발생하
면 여성들이 좁게는 동네별로, 넓게는 마을별로 집단을 이뤄 공동으로 치
러낸다는 것이다. 이를 두고 제주도 사회에서는 "일을 수눌어서 한다"고
표현하고 있다.

두 번째는 계契라고도 하는 '접接'이다. 이를 '모둠'이라고도 표현한다.
제주여성 사회에는 일찍이 이 모둠살이가 있어서 미리 비축하지 않아도
크고 작은 가정사에서부터 마을일까지를 거뜬히 치러내었다.[20] 따라서 지
역공동체로서 소위 삶의 정서를 한마디로 표현하는, "한솥밥을 먹고 살아"
왔던 것이다. 덕분에 산업사회가 재편되기 전 제주섬 살이에서 빈부의 격
차가 그리 두드러지지 않았다. 이즈음은 이와 같은 제주여성 전통공동체의
경제운용체계와 비슷한 내용들이 UNDP 등의 주도로 제3세계의 여성공동
체에서 가정경제 및 지역경제를 업그레이드upgrade하는 방법으로 제시되어
호응을 얻고 있다.

3. 제주해녀와 제주바다

1) 제주해녀

제주해녀는 일제 강점기 시절부터 제주도 사회에서 바다를 일터로 삼아
나잠어업裸潛漁業에 종사하는 여성을 일컫는 용어로 자리 잡았다. 현재 수
산업협동조합법상의 공식명칭은 '잠수潛嫂'이다.[21] 이는 전통적으로 물질

---

20) 이에 대하여서는 「6. 제주해녀 공동체의 운용체계 및 생활문화」에서 따로 서술하였다.
21) 제주도도 1966년부터 '潛嫂'를 공식적인 행정용어로 통일, 2004년 12월말 현재까지 사용하
고 있다.

하는 여성을 지칭하는 제주지역어 '줌수'에서 유래된 이기도 하다.

제주해녀에 대한 명칭은 일찍이 제주섬에서도 지역에 따라 다소 다른 이름으로 불리워졌다. '줌수'는 제주도 전역 어디에서나 보편적으로 널리 일컬어온 명칭인 반면, '줌녜'는 일부 북부지역과 서부지역 몇 마을에서 두드러지게 사용되어 왔다. 제주지역어 '줌수'는 '물질하는 아낙네'를 뜻하는 한자어 '잠수潛嫂'에서, '줌녜'는 '물질하는 여자' 즉 '잠녀潛女'에서 발음이 변형된 형태이다.

아직까지는 제주해녀에 대한 명칭이나 호칭이 하나로 통일된 용어는 없는 셈이다. 쓰는 이에 따라, 지역에 따라 제각기 습관된 대로 사용할 따름이다. 때문에 지금 이 분야를 연구하는 한국의 학계에서는 하나의 통일된 용어를 도출해내기 위하여 이 용어들에 대한 견해를 논의 중에 있다. 이토록 용어에 대한 타당성을 확보하려는 이면에는 그럴만한 이유가 있게 마련이다. 즉, "용어는 그 자체로 하나의 권력을 갖고 있는 조작적 실재(created reality)이며, 곧 인식의 문제와 직결한다. 그렇기 때문에 올바른 용어사용은 올바른 문화 이해의 길로도 통하는 것이다"[22]라는 등의 이론에 기초하여 제주해녀를 학문적으로 규명함에 있어 충실한 논증을 이끌어내려는 의도에서이다.

(1) 전통적인 제주해녀 공동체

전통적인 제주해녀 공동체를 상징하는 '불턱'은 제주해녀가 물질을 하는 바다의 갯가 양지뜸에 놓인 노천탈의장露天脫衣場을 일컫는다. 그 본뜻은 화톳불자리를 말한다. 바닷속에서 장시간 물질을 해야 하는 작업환경의 특성상 작업장 가까이에 물질로 언 몸을 녹이는 화톳불을 피우는 불자리 즉

---

22) 오선화, 앞의 논문(1998).

'덕'의 설치는 필수적이었던 것 같다. 사실 엄연한 의미의 제주해녀 공동체 혹은 제주해녀의 세계는 바로 화톳불자리인 '불턱'에서부터 비롯된다고 봐진다. 따라서 '불턱'은 제주해녀 공동체의 집합장소일 뿐더러 이 공동체의 세계를 상징하는 곳이기도 하다. 이 곳에서부터 넓은 의미로는 실질적인 제주해녀 공동체가 형성되며 좁은 의미에서는 후대 제주해녀에 대한 학습이 이뤄지고 직업이 전승되어 왔다.

무엇보다 우선하는 '불턱'의 상징적 기능은 공동체 안의 위계질서가 엄수되는 시발점이며 종착점이 가시화된 장소라는 점이다. 지금 제주바닷가 제주해녀 공동체는 노천탈의장인 '불턱' 대신에 쉼터와 냉온급수시설과 조리실 및 간이 휴게시설을 갖춘 현대식 잠수전용 탈의장으로 거의 다 대체되었다. 제주해녀 공동체는 '불턱'에서 '탈의장'으로 옮기는 동안 공동체는 급격하게 변화를 체험하게 되었다. 기존의 규칙과 역할은 외형적으로 기본 틀만이 유지되고 있고 내용은 개인적인 능력위주로 재편되는 양상을 보이고 있다. 그렇지만 '불턱'이 '탈의장'으로 바뀌었어도 기존의 '불턱'을 중심으로 이뤄져온 제주해녀 세계의 모든 것이 그대로 전승되고 있다. 아울러 '불턱' 혹은 '탈의장'에서부터 잠수 개개인의 신상이 구체적으로 파악되며 연령별 혹은 물질 기량에 따른 작업능력과 현황도 적나라하게 드러나게 된다.

이러한 개개인의 데이터를 근거로 제주해녀 공동체는 공동체 구성원의 서열이랄 수 있는 '하군(하줌수)'와 '중군(중줌수)', '상군(상줌수)' 등 크게 세 부류로 분류한다. '하군'은 물질을 막 시작한 이들 혹은 물질기량이 변변하지 못한 속칭 '톨파리'라고 불리우는 그룹과, 어린 사람들로 구성된 '애기줌수(애기해녀)'를 일컫는다. '중군'은 '하군'과 '상군'의 중간 그룹이다. 제주해녀 사회에는 이 그룹 구성원이 숫적으로 가장 많다. '상군'은 물질을 아주 잘 하는 이, 물질 기량이 뛰어날 뿐더러 나이도 많은 그룹으로 제주해녀

사회의 리더그룹이기도 하다. 또한 '상군'그룹 중에서도 나이가 많고 덕망이 높으며 물질 연륜이 지긋한 이 가운데 제주해녀 사회에서 가장 존경받는 어른이 있게 마련이다. 이를 '최고참'이라 하고 '웃어른'으로 지칭하여 제주해녀 사회의 리더로 '웃주운다(모셔 받든다).'

이런 질서의 서열화 및 준수는 제주해녀의 공동체가 그들만의 사회를 형성하고 있으며 그 직업이 고도의 훈련을 요구한다는 점과 직결된다. 제주해녀 공동체는 '불턱'을 중심으로 미숙련자를 숙련자로 교육시키고 훈련시킬 의무를 지게 되어 있다. 제주해녀의 어로행위 즉 물질은 생명을 담보로 하는 수중水中 경제활동이다. 따라서 견물생심見物生心에 기인한 개인의 욕심과 자만이 따르게 마련이다. 이에 교육을 통하여 작업 중의 사고를 줄이고 나아가 정신적으로도 공동체의 결속을 지키고 물질작업 과정에서 서로를 돌보는 책임을 지는 자율성을 확보하려는 의도도 포함되어 있다. 만일 제주해녀 사회에 '불턱'이 없었다면 위에 예로 든 조건들이 충족될 수 없음으로 제주해녀는 개체로서만 존재할 뿐 대대로 대물림되는 제주해녀 공동체는 형성되지 않았을 것이다.

전통적인 제주해녀 공동체의 의결기구는 '잠수회'(일부 지역에서는 '해녀회'라고도 한다)였고 의결방법은 만장일치제를 택하고 있었다. 의견차이가 심하여 결론을 도출해내지 못했을 때는 대개 최종결정권은 그 지역의 최고참자인 '웃어른'이 내리는 결론에 절대적으로 동의하였다.23) '웃어른'에게 부여된 그 절대적 권한의 이면에는

행원리 바닷가 불턱의 정경(2002)

제주해녀 공동체가 전적으로 인정하고도 남을만한 해녀로서 존경받아 마땅한 고귀한 삶을 살았기에 누구나에게 귀감이 되는 까닭에서였다.

(2) 제주해녀의 현황

제주해녀의 물질이 가장 호황을 누렸다고 해녀들 사이에 회자되는 일제강점기 시절에는 제주도의 주 경제 통계수치가 해녀에 의하여 얻어지는 경제수익이 차지할 정도였다. 당시 제주생활 상태 등을 조사한 기록들에는 제주해녀의 수는 약 2만5천여 명을 웃돌았다고 한다. 따라서 일제는 제주해녀의 생산에 대한 세금 징수와 통제의 수단으로 어로행위에서 얻어지는 수익에 대한 자료를 많이 남겼다. 1930년부터 두어 해에 걸친 소위 '제주해녀항일항쟁' 이후 마스다 이치지桝田一二 교수에 의하여 제주도 해녀에 대한 조사가 이뤄지고 이에 대한 조사보고서 「제주도의 지리적 연구」를 작성하였다.[24]

그 자료에 의하면 1932년 경 제주해녀의 제주도 안에서 물질에 의하여 채취된 해조류 및 패류 생산 현황을 자세히 적어놓고 있다. 그 중에서 한 예를 들면,

미역 마른 것으로 63만8천 근 생산. 근당 14~18전으로 산지에서 거래됨. 총수입은 약 11만4천8백4십 원 정도 우뭇가사리 15만 근 생산. 1백 근 당 약 30원. 총수입은 약 4만5천원. 감태 말려서 재로 가공한 것(Kelp)으로 1백2만7백9십근. 캘프(Kelp) 1백근당 약 80전. 풀가사리류 2만2천1백2십5근 생산. 청각 1백근당 6원 정도로 대구지역으로 모두 반출되어 대구시장에서 조선 각지로 보내어 진다. 소라 1백74만6천3백근 생산. 1근당 평균 2전. 통조림으로 가공한 것이 1931년에

---

23) '잠수회'에 대하여서는 뒤에서 충분히 논의될 것이다.
24) 이 책은 1995년에 제주시우당도서관에 의하여 한글로 번역, 출판되었다.

1천2백 상자(1상자는 1백50근), 1932년에도 1천2백 상자 생산. 전복 21만5천5백 근. 성산포 근방은 주로 익혀서 말려 팔며 1백근당 약 3백여 원의 시가 형성, 북 제주 지역은 날로 말린 것으로 1백50원 정도의 가격을 형성한다.[25]

이 기록에서 특기할 사항은 그 시절 성산포에는 전복과 소라를 가공하는 통조림 공장이 1910년대에 이미 일제에 의하여 들어왔다. 그런데도 제주의 전통적인 전복 갈무리 방법 중의 하나인 숙복(익혀서 손을 보며 말린 전복)으로 가공하여 판매하고 있었다는 사실이다. 위에서 보는 바와 같이 제주해녀의 어로행위에 의한 나잠어업은 단순한 가정경제를 영위하기 위한 차원이 아니라 제주지역의 경제에 지대한 영향을 미칠 만큼 규모가 큰 경제단위로 이뤄졌다.

1970년대 말까지만 하여도 잠수의 수가 무려 1만5천 명을 웃돌았으나 2003년 12월 말 현재 타지역에 거주하는 인원을 뺀 순수한 제주거주 인원이 약 5천6백1십 명 정도이다. 이는 바닷가 마을에 일종의 행정조직과 비슷한 형태로 설치된 어촌계 안의 '잠수회'에 가입된 공식적인 인원에 기준한 제주도 행정당국의 통계수치이다. 그러나 실제로는 잠수회에 가입하지 않는 비공식 잠수의 수도 상당히 있다는 점을 주지해야 할 것이다.

1962년도에 최초로 어촌계가 설치될 당시에는 각 잠수가 개별적으로 가입했으나 그 이후에는 각 호당(戸當) 한 사람만이 가입되도록 자체 예규(例規)로 규정지었다. 그런데다가 최근에는 어촌계 잠수회에 가입할 수 있는 조건이 각 어촌계마다 조금씩 다른가 하면 몹시 까다롭게 제시되고 있어 가입자체가 어렵다고 한다. 때문에 어촌계에 가입되지 않고 어로활동을 하는 제주해녀의 숫자는 통계에 잡히지 않는다. 따라서 실제 제주해녀의 수는

25) 마스다 이치지, 『제주도의 지리적 연구』(제주시우당도서관, 1995), 74~78쪽.

이보다 더 많다고 봐야할 것이다. 해녀인구에 대한 공식자료는 1913년부터 작성되었는데, 바깥물질을 나간 제주해녀의 수를 비롯한 해녀인구의 통계수치가 불명확하기 때문에 연도별 정확한 해녀 인구에 대한 자료가 앞으로 나와야 할 것이다.[26]

제주해녀의 수는 2003년 말 기준으로 제주도 전체인구 약 55만여 명에 견주어 봤을 때, 아주 극소수에 불과하다. 그런데도 생활권역으로 본 제주도 사회에서 제주해녀는 제주지역 생활경제에 크게 이바지 하여왔다. 더구나 제주도 사회가 근·현대화하는 과정에서 인적·물적 사회기반을 다지는데 적잖은 공헌을 한 사례가 허다하다.

(3) 제주해녀 공동체의 근현대사에 나타난 사회기여도

일제강점기에는 전투기 가미가제 등 군수용품과 감태 및 감태재 등을 강제 헌납해야만 하였다.[27] 일제강점기 이후 현대화 국가기반 조성기에는 마을의 행정수행을 원활하게 하기 위한 기금을 조성,[28] 제공하는가 하면 마을 안길 등을 정비하고 공공기관 특히 학교건물 신축 등에 노동력까지 제공하였다.[29] 덕분에 제주도 바닷가 마을 거의가 초등교육 시설을 갖추었다. 또한 근현대화과정에 마을회관과 전기가설 그리고 수산업협동조합

---

26) 유철인, 「제주해녀의 삶」(제주교육박물관 전통문화강좌, 2001).
27) 1986년 제주해녀 자료를 현장수집, 연구하는 과정에서 金仁寶(당시 82세)를 제주도 성산읍 고성리에서 만날 수 있었다. 그는 대동아전쟁 말기 강압에 못이겨 '가미가제 전투기' 건립기금 모금에 동참하였다고 한다. 이후 그들이 낸 성금으로 만든 전투기 사진이라면서 나눠준 '제주도 해녀호' 사진 한 장을 받았다면서 보관하고 있었다. 이 기록물은 여성신문사가 펴낸 『이야기 여성사 1』(2000)에도 수록되어 있다.
28) 마을의 행정을 관장하는 이장(里長)과 사무원은 최근까지도 대개 무보수 명예직이었다. 그럼으로 일부 바닷가 마을에서는 바다 한 구역을 설정하여 해마다 해녀들이 그 바다에서 수확한 미역을 이장에게 주어 마을행정을 원활하게 수행하도록 도왔다. 지금도 마라도에는 '반장통'이란 바다 이름이 남아 그 역사를 입증하고 있다.
29) 제주도 남제주군 성산읍 온평리의 '서근여'와 '애기죽은알'이란 바다 구역은 아직까지도 '학교 바당'이라고 일컬어지고 있다.

의 지역 건물 건설, 어촌계사무실 시설에 공공기금을 투여하였다. 뿐 아니라 이즈음은 탈의장 시설과 신축건물을 건설, 해녀식당을 운영하여 지역경제에 기여하고 있다. 하지만 이러한 물질적·정신적 기여에 대한 구체적인 기록을 통하여 제주지역사회에 끼친 공헌도나 기여도가 제대로 평가되고 인정된 바는 오늘에 이르기까지 거의 없는 실정이다.

(4) 제주해녀의 고령화와 복지

최근에 이르러 제주도 행정당국에서 제주해녀의 복지증진 차원에서 정책을 마련, 실행하는 몇 가지 사업을 실행 중에 있다. 물질 이외의 소득사업인 식·음료 및 숙박업 등 서비스업 개방과 소라·전복 양식사업, 직업과 관계된 건강문제를 해결하기 위한 무료 의료서비스 실시 등이 그 예이다. 이러한 일련의 제주해녀사회를 육성하기 위한 행정 프로그램의 시행에도 제주해녀의 숫자는 나날이 줄어드는 형편이다. 점점 제주해녀사회의 노령화 현상이 두드러지고 있다. 이미 제주해녀 사회에 30대 미만의 해녀 수는 극소수에 불과하여 제주도 해녀사회 전체를 통틀어 다섯 명을 넘지 못한다. 반면에 70대 이상 노인잠수의 수는 1천 명을 웃돈다.[30]

제주해녀의 숫자가 현저히 줄어드는 원인에 대한 확실한 규명은 아직 이루어지지 않았다. 다만 1970년대 중반부터 한국의 산업구조가 재편된 데서 그 원인이 있지 않을까 하는 막연한 추측을 해볼 뿐이다. 제주도의 기간산업 구조가 농·수산업 등 1차산업에서 관광산업 등 3차산업으로 재편되면서 물질에 종사할 여성인력의 어촌이탈, 제주지역 생활경제활동의 다양화로 인한 물질기피 현상, 대졸이상의 고학력 여성증가로 인한 인력난 등이 주된 원인으로 작용했을 것으로 미뤄 짐작해 보고 있다.[31] 그러니까

---

30) 『제주도 통계연보』(2003).
31) 한림화, 『제주바다 잠수의 사계』(1986); 김영돈 외, 「해녀조사연구」, 『탐라문화』 제5호(1986).

신세대는 산업재편화에 편승하여 제주해녀의 정체성이라고 보이는 수렵민의 사회에서 이탈하였다고 할 수 있다. 따라서 복지증진책의 강도를 높이는 것만으로 이미 이 사회로부터 이탈하여 육체적·정신적으로 제주해녀 공동체를 거부한 세대가 그들 입장에서 보면 철저하게 '낯선 집단'인 제주해녀 사회로 복귀하거나 편입할 지는 의문이다.

2) 제주해녀의 바다와 물질작업

(1) 제주바다의 해녀 어장

제주해녀의 물질이 가능한 바다에 대한 개념은 땅의 밭과 같다. 일제강점 시대까지는 바다에 정해진 구획이 없이 물질이 가능한 곳이면 어디든지 입어를 하였다. 이후 1962년 수산업협동조합법에 의하여 어촌계가 각 어촌별로 설치되면서 제주해녀의 바다는 '제1종 공동어장'으로 공식명칭이 정해졌다. 2000년부터는 '제1종 공동어장'이란 명칭을 대체하여 '마을어장'으로 개칭하였다.

엄밀한 의미에서 '제1종 공동어장'은 제주해녀가 주로 나잠어업을 하는 제주바다를 일컫는 것이었다. 따라서 법에 근거한 대로 '제1종 공동어장'은 기초자치단체로부터 어장을 임대하여 사용하는 형식을 취하였다. 이에 반하여 '마을어장'은 면허제도로 변하였다. 그 이유는 바닷가 마을의 누구라도 연안바다에서 어로행위를 할 권리를 부여하기 위해서이다. 그러나 제주해녀의 나잠어업을 원만하게 수행하기 위하여 당국은 관행대로 제주해녀가 작업을 해오던 그대로 해녀바다를 인정, 문건으로 명시하여 보호해주고 있다.

(2) 물질 도구

사전적 의미 그대로, 제주해녀의 작업방법인 물질은 채집·수렵행위였다. 제주해녀의 사회를 채집·수렵사회라고 본다면 지금의 제주해녀는 '고등 수렵민'으로 봐야 할 것인가 하는 궁금증을 자아낸다. 고등 수렵민의 특징은 '식용동물이 풍부한 곳에 정착하게 되고 보조적인 생업을 가지며 고도의 수렵경제를 영위하게 된다'고 하면서 도구의 발달이 첨예해진다고도 정의하고 있다.

그러나 제주해녀는 물질도구를 첨예한 현대적 장비로 대체하지 않고 최소한의 효용만을 염두에 두고 작업복과 태왁, 수경을 바꾸었을 뿐이다. 제주해녀의 재래 작업복은 '소중이'로 대별되는 '물옷'이다.[32] '물옷'은 하의下衣에 해당하는 '소중이', 상의上衣에 해당하는 '물적삼', 그리고 머리에 써 머리카락을 정돈하는 '물수건'의 통칭이다. 이 세 가지 의상이 제주해녀 작업복의 한 벌을 이룬다. 이외에도 노천탈의장인 '불턱'에서 화툿불을 피워놓고 언 몸을 녹일 때는 보온용으로 둘러쓰는 '뚜데기'가 있는데, 안에 솜을 두어 누벼 만들었다. 전형적인 작업복은 아니지만 일부 젊은 해녀들이 1970년대부터 여름 한철 '물수건' 대용으로 착용하기 시작한 '까부리'가 있다.

'물옷'의 재료는 대체로 광목廣木이었다. 광목은 일명 외포倭布라고도 하는데 일본을

재래 작업복을 입은 해녀노래 보유자
(행원리. 2002)

---

32) 제주해녀의 작업복 일체를 그들의 용어로는 '물옷'이라 하고, (바다)물에서 작업할 때 입는 옷이란 의미가 내포되어 있다.

통해서 우리나라에 전래된, 서양목西洋木처럼 광이 넓은 무명천이다. 광목이 널리 보급되기 이전에는 무명베를 먼저 사용했다. 그러나 무명베는 광목에 비해 상대적으로 올이 성글고 짠물에 약하여 옷 수명이 짧아 '물옷'의 재료로는 썩 좋은 게 아니었다. 그래서 광목이 보급된 후에는 이를 더 선호하게 되었다.

1970년대 초기부터는 일본에서 들어온 속칭 '고무옷'인 개량 작업복을 착용한다. 이 물옷은 다이버들이 착용하는 것과 같다. 이 고무옷에다 발에 신는 '물갈퀴'와 부력을 조절하는 납덩이로 만들어진 벨트 '봉돌'이 한 벌을 이룬다. 그리고 바다를 살필 수 있는 수경水鏡이 1900년 초기부터 보급되었다. 첫 제주해녀 전용 수경은 고글 형태의 '족은눈'이었는데, 일제강점기 말기부터는 쇠로 된 '큰눈'으로 대체되었다가 고무재질로 바뀌었다.

해산물을 직접 채취하는 도구로는 물 위에 뜰 수 있는 '태왁'이 있는데, 박을 굳혀 속을 파내고 사용하다가 바위에 부딪쳐 부서지는 단점을 보완한 스티로폼이 1970년대에 보급되면서 이제는 다 스티로폼 태왁을 사용한다. 태왁 아래 물속에 잠기도록 매달아 물질하여 채취해낸 것을 수합하는 그물망태인 '망사리'(지역에 따라 '망시리'라고도 부른다) 종류와 소라와 성게 등 돌 틈에 서식하는 생물을 잡아낼 때 쓰는 다양한 '골각지' 즉 김을 매는 호미와 비슷한 연장과 전복을 따는 빗창, 고기를 쏘아 포획하는 '소살'과 전복이나 문어를 발견하고도 미처 잡아내지 못하고 물위로 솟구쳐야 할 때, 그 장소를 표시하는 전복껍질 등을 이용하는 '본'이 전부이다.

물질문명이 고도로 발달한 21세기에 들어섰는데도 제주해녀들이 왜 고집스럽게 현대장비를 거부하는 지는 일종의 수수께끼이다. 이에 대하여 당사자들은 "산소통을 짊어지고 어떻게 바다 속 바위틈을 헤집고 다니면서 물건을 잡을 수 있느냐"고 반문할 뿐이다.

(3) 작업시기와 작업시간

재래 작업복을 입고 물질을 하면 물속에서 작업하는 시간이 최대한 한 시간을 넘기지 못한다. 그리고 봄, 여름, 가을, 겨울 등 계절에 따라 작업일수가 다르고 작업회수도 달라진다. 이는 해녀가 재래 잠수복을 착용했을 경우 수온의 변화에 따라 추위를 느끼는 강도가 다르기 때문이다. 1, 2, 10, 12월은 바깥 기온이 낮아 1회 작업시간이 30분 정도이며, 수온이 상승하는 봄부터 초가을까지는 약 40분에서 길게는 1시간 가량이다. 재래 작업복 착용시 월별 작업과정은 대략 다음과 같다.

〈표 1-1〉 재래작업복 착용시 월별. 일별 잠수회수

월별	잠수(潛水)일수	일별잠수(日別潛水)회수
1월	20일	2회
2월	14일	2회
3월	28일	2회
4월	28일	2회
5월	28일	3~4회
6월	28일	3~4회
7월	28일	3~4회
8월	28일	3~4회
9월	15일	1회
10월	15일	1회
11월	17일	1회
12월	17일	1회

자료출처 : 강대원, 『해녀연구』(한진문화사, 1970), 60쪽; 한림화, 앞의 책(1986); 제주도, 『제주의 해녀』(1996)

그러나 위의 작업시기에 따른 작업시간의 차별적용은 개량 잠수복이 다량 보급되면서 별의미가 없어졌다. 개량 작업복은 옷의 재질의 특성상 몸을 안정된 상태로 긴장시켜줄 뿐 아니라 보온성이 뛰어나 일단 이 옷에 적응하면 물 속에서의 장시간 작업이 가능하여 거의 3~5시간 이상 물질을 한다.[33]

해녀의 작업도구(행원리. 2002)

(4) 생산물품

제주바다에 서식하는 해양 동식물의 종류는 다양한 편으로 제주해녀의 바다밭을 풍요롭게 해주는 바다생물은 무려 800여 종 이상이라고 알려져 있다.[34] 해녀들의 작업장인 마을어장을 비롯한 제주바다에서 볼 수 있는 해양생물 종류를 대략 열거하면 다음과 같다.

---

33) 김영돈 외, 앞의 논문(1986).
34) 이정재, 앞의 논문(1995), 146쪽.

오분자기, 마대오분자기, 애기삿갓조개, 흑색배말, 테두리고둥, 애기배말, 두드럭배말, 애기두드럭배말, 둥근배무래기, 배무래기, 얼룩고둥, 검은점갈비고둥, 애기밤고둥, 보말고둥, 밤고둥, 구멍밤고둥, 명주고둥, 파랑갯민숭달팽이, 흰갯민숭달팽이, 돌조개, 종밋, 격판담치, 굵은줄격판담치, 진주담치, 토굴, 가시굴, 굴, 주름방사늑조개, 반지락, 애기반지락, 퇴조개, 바다방석고둥, 바퀴고둥, 깜장각시고둥, 각시고둥, 울타리고둥, 소라, 눈알고둥, 큰입술갈고둥, 갈고둥, 총알고둥, 좁쌀무늬총알고둥, 뱀고둥, 큰뱀고둥, 갯비틀이고둥, 갯고둥, 귀뚜라미고둥, 오디짜부락고둥, 맵사리, 두드럭고둥, 대수리, 세뿔고둥, 규주고둥, 보살고둥, 보리무륵, 테누이스무륵, 회색테두리고둥, 타래고둥, 구슬띠매물고둥, 점박이붓고둥, 군소, 녹색군소, 갯주걱벌레, 갯강구, 작은갯강구, 갯가톡톡벌레, 가시바다벌레, 줄새우, 옴발딱총새우, 갯가게붙이, 큰몸게붙이, 털줄왼손집게, 두드러기왼손집게, 긴왼손집게, 참집게, 털다리참집게, 비단군부, 군부, 연두군부, 털군부, 벌레군부, 따가리, 줄군부, 등꼬부리, 낙지, 집낙지, 말전복, 둥근전복.

이외에도 제주바다에서는 이제도 드문드문 미기록 종이 발견되고 있다. 이 중에서 제주해녀들이 물질작업으로 채취하거나 주민들이 썰물 때를 이용하여 갯가에서 먹을거리를 포획하고 수집하는 '바릇' 잡는 종류를 대충 짚어보면 다음과 같다(괄호안은 제주지역어).

군부(쇠군벗, 쒜군벗), 비단군부(할애비군벗, 바르군벗, 바릇군벗), 줄군부(군벗, 송장군벗), 털군부(고냉이군벗, 하르비군벗, 물굼벗, 할미군벗), 벌레군부(곰배군벗, 하늘군벗), 말전복(암복, 암퉁이전복, 샘복), 둥근전복(숫전복, 생복, 수퉁이, 생복), 시볼트전복(마드래, 천복), 납작소라(수드리보, 심방고매기, 보물고동, 수드리, 소라뱅이, 바당수드리), 잔뿔소라(분다드리, 구쟁기보말, 독꾸죽), 눈알고둥(문다닥지, 돌모말, 문다대기, 문데기, 닥게, 배꼴뚜고동), 소라(구쟁기, 구재기,

꾸죽), 팥알고둥(고매기, 새끼고매기), 애기삿갓조개(비말, 밸망, 장배름, 흰배말, 납작배말), 진주배말(오갈, 통배말), 큰배말(쟁배름, 춤배말), 애기두드럭배말(개쟁배름, 종배말, 막배말), 배부래기(생이밸망, 개배말, 개배멀), 테두리고둥(벌배말, 배말), 둥근배무래기(검은멀, 먹배말), 두드럭배말(오갈, 딱닥배말), 얼룩고둥(둠북보말), 방석고둥(웬보말), 구멍밤고둥(먹보말, 바다메옹이, 곰생이), 바다방석고둥(먹고동), 보말고둥(먹보말, 수드리), 바퀴고둥(수드리보말, 시리고동, 배말고동), 각시고둥(코토대기, 맹지고매기, 꽃보말), 갯골뱅이(고매), 울타리고둥(춤고매기, 각시고동), 명주고둥(적은수드리. 댕갱이, 고매기, 기고동, 코토딱),. 갈고둥(까매기, 담살이고동, 참고동, 맹지고동), 큰뱀고둥(굴, 해통적, 조개굴, 뱅이굴, 적, 굴, 뱀굴, 굴껍멱), 동다리(생이메옹이), 갯고둥(실고메기, 생이보멀, 가마귀고동), 점박이개오지(새끼고냉이빨, 새끼절방귀, 다고지), 제주개오지(절방귀, 고냉이이빨), 밤색줄무늬계란고둥(고동, 오강), 큰구슬우렁이(절방귀, 오강쉬), 수염고둥(바다메옹이, 매옹이, 소라뱅고동), 각시수염고둥(보말고동, 흰옹이), 나팔고둥(퉁고동, 소라고동), 피뿔고둥(배암고동, 뱅고동, 피뿔소라), 맵사리(마태슬, 마살, 소라뱅고동), 대수리(메옹이, 곰살이), 두드럭고둥(맛대토리), 조각매물고둥(몰), 각시수랑(오갱), 굵은띠매물고둥(메옹이고동, 바다메옹이, 비렁다리), 틸탑고둥(걸쳉이), 큰긴뿔고둥(큰메옹이), 고랑딱개비(땅개비, 개보말, 오갈배멀, 종기기배말), 군소(굴벵이, 굴멩이, 나비), 루박조개(몰콥조개, 멍통조갱이), 비단담치(합저, 가막부리, 홍합, 망담추), 홍압(부리, 함차, 추, 홍합), 국자가리비(참조개, 쇠톱조강이), 토굴(꿀, 어분굴, 굴, 납작굴), 굵은이랑새조개(귀막개, 대합), 반지락(조갱이, 모살조개, 악조개, 오금, 모살조개기, 빤지락), 아기반지락(배조개, 어금), 대복(조개기), 뷔너스백합(대합, 대엽, 농지기), 개조개(바당조개기), 쇠뿔조개(대조개, 뿔개, 사슴뿔조개)

가 있으며, 이외에도 돼지고둥이며 좁쌀무늬고둥 등이 있고 문어와 해삼도

있다.[35)]

이들 중에서 제주해녀가 제주바다에서 포획하거나 채취하는 해산물의 가지 수는 식용이 가능한 소라, 전복, 오분자기 등의 패각류에 속하는 연체동물, 군소 등의 나세류, 문어와 해삼, 돌해삼, 애기해삼, 서귀포바위해삼과 같은 극피동물, 미역, 모자반, 넓패, 넓미역, 우뭇가사리와 같은 해조류 등에 국한된다. 하지만 20세기 말에 이르러 제주해녀들은 전복과 소라, 미역 등 생산품목의 대중을 이루는 해양 동식물을 양식하기 시작하였다. 미역은 육지부에서 수산업자들에 의하여 양식되고 있을 뿐, 제주바다의 제주해녀들은 자연산을 채취하고 있다. 패류 종류로는 소라와 전복을 육상수조에서 종패를 생산한 후 해녀바다에 이식, 일정기간의 성장기를 두어 채취하는데 성공하였다. 전복은 아직도 양식만으로 소득을 창출할 만한 '바다목장'은 조성되지 않았다.

4. 역사로 보는 제주해녀

역사적으로 제주해녀를 논하려면 먼저 역사상에 나타난 제주사람을 먼저 추적할 필요가 있다. 문헌역사에 등재된 제주사람은 상당한 기간동안 순전히 국가를 위하여 생산체계를 갖추고 조공품을 생산하고 수송하는 일을 해내지 않으면 안되게 강제된 이들에 대한 기록이 대부분이기 때문이다. 예를 들면, 1200년 경 고려시대부터 조선조 말까지 제주도에는 국마장과 목축장이 설치되었다. 당연히 목자牧者(shepherd)를 제주도민 남성 중에서 강제 차출하였다. 조공품을 실어 나르는 배의 선원도 제주도민 남성이 치

---

35) 이정재, 앞의 논문(1995), 151~152쪽.

해녀가 잡은 해산물(행원리, 2002)

러야 하는 부역이었다. 뿐만 아니라 조공물을 생산하는 일 중에 전복을 따내는 일 등이 상당기간 남성의 몫으로 할당되었다. 여성은 미역 등 해조류에서부터 진상되는 모든 해산물을 채취하는 일과 사대부 남성들이 사용하는 모자류를 제주도산 말총으로 만들어 진상하는 일 등을 전담하였다.

이에 더하여 지역을 방위하고 때에 따라서는 동원령에 의하여 전쟁터로 나가는 군인으로서의 역할도 떠맡아야 했다. 조선조 시대의 일반인 군복무 기한은 지역방위군인 경우 약 40년을 웃돌았다. 그에다 편의상 제주도민에게는 대체복무 규정이 적용되었다. 만일 집안의 남성이 군복무를 해야 하는데 병을 앓거나 노약자인 경우는 그 집안의 젊고 건강한 여성이 대신 군역을 치러야 하였다. 그러니까 군복무도 남녀가 다 해야 하는 의무였던 것이다. 이들 제주도의 여성군인을 '여정女丁'이라고 불렀다. 이들 여정은 1600년대 초기에는 남성군인의 수를 웃돌았다.

전통적으로 조선술과 항해술이 뛰어난 제주남성들은 국가의 명령에 의하여 선박을 제조하고 제주주변의 해로를 개발하고 또 이 일대의 바다를 오가는 선박들에 대한 정보를 수집, 조정에 보고하는 임무 등이 부수적으로 뒤따랐다. 그러나 정작 생업을 위한 선박 제조, 항해 등을 법으로 금하였다. 이러한 임무를 수행하는 과정에서 남성의 인구는 점차 줄어들었다. 때문에 제주도에서는 아버지인 남성이 가정을 주도해야한다는 논리 따위는 적용될 여지가 매우 희박하였다.

의무와 임무에 시달려 개인의 생활상은 매우 비참하였던 것 같다. 제주 도민들은 힘든 중노동과 의무와 임무를 피하여 섬을 탈출하는 일이 비일 비재하였다는 것을 그 당시 기록된 문서인『조선왕조실록』등에서 찾아볼 수 있다. 도민의 제주섬 탈출을 막기 위하여 조선조정은 약 2백년에 걸친 '출륙금지령'을 제주도에 내렸다. 제주섬에는 국마장國馬場이 있어 그 일에 부역하는 '테우리'라는 목축 종사자와 조공선祖貢船의 선원인 사공, 병정兵丁 등에 제주사람이 강제 차출되었다. 때문에 생업에 종사하지 못하여 생활이 매우 어려웠다. 제주섬에서 제주사람으로 살다가는 생존이 위태로우니 가족을 동반하여 떠나는 사람이 많아졌다. 이를 규제할 목적으로 법을 정하여 허가받지 않고는 제주사람은 아무도 밖으로 나가지 못하게 하고 육지사람도 함부로 드나들지 못하게 하는 소위 출륙금지법이 오랜기간 동안 행하여졌다.36) 아울러 제주도민의 생활권 및 개인의 능력 등을 국가가 철저하게 통제하여 제주도민 사회를 위축시켰다. 이러한 역사적 배경을 기저에 깔고 제주해녀에 대한 소개와 안내가 이뤄질 것이다.

1) 포작

정확하게 언제부터 제주여성이 물질을 하였는지 지금으로서는 확연히 알 길이 없다. 왜 여성만이 물질을 하게 되었는지, 그렇다면 그 이유는 무

---

36)『朝鮮王朝實錄』에는 제주사람이 육지로 나가지 못한다는 문구가 각기 다른 표현으로 여러 차례 나온다. 「仁祖實錄」22년(1644) 4월 癸酉(16일)에는 그 사실이 법으로 정하였음을 다음과 같이 분명하게 하고 있다. "제주사람의 出陸을 금하는 것은 조종의 변하지 않는 법전입니다. …(중략)… 우리나라 법이 이와 같으니 감히 경솔하게 의논할 수 없습니다[濟州人物出陸之禁乃 祖宗金石之典 …(中略)… 不敢輕義]."
「正祖實錄」2년(1778) 9월 丙辰(30일)에도 다음과 같이 탐라인 출륙금지법에 관하여 논의하고 있다. "탐라섬은 다른 섬과는 달라서 섬사람들이 육지에 나와 살지 못하고, 육지사람도 섬에 들어가 살지 못하니 이는 禁法입니다[耽羅一島 與他島有異 島中之人 不得出居陸地 陸地之人 不得入居島中 俱是禁法]."

엇인지도 명쾌한 추적이 불가능하다. 이에 대하여 논하여 볼 자료가 거의 없기 때문이다. 다만 협소한 대로 남아있는 사료에서 상상력을 최대한 동원하여 역사를 읽는 지혜를 발휘한다면 아쉬운대로 어느 정도 추정해 볼 여지는 있다.

제주사람의 어로활동 특히 제주해녀의 물질에 대하여 고찰하려면 먼저 제주에서 생산되는 해산물에 대한 옛 문헌을 검토하지 않을 수 없다. 왜냐하면 중국 쪽 고문헌에 제주섬이 주호국이라는 이름으로 처음 등장한 이래,[37] 여러 문헌에 간간이 탐라국이 주변국들과의 외교, 조공 등 정치적인 행적에 따라 해산물 목록이 심도 있게 나타나기 때문이다.[38] 그 다음으로는 선사시대부터 어로활동을 활발히 한 개인 혹은 집단으로 옛 문헌에 적잖이 나타나는 '포작鮑作'에 대하여 추적해보는 일이다.

고문헌상에서 '포작'은 한자어로 표기할 때 서너 가지로 나타나고 있다. '鮑作', '鮑作', '浦作' 등이 그것이다. 따라서 여기에서는 문헌에 나타난 그대로 되쓰는 것을 원칙으로 하였다. 포작이란 '전복을 따는 사내'를 통칭하는데 '포작배鮑作拜', '포작한鮑作干'으로 불렸으며,[39] 이들의 발상지이기도 한 제주섬에서는 제주지역어로 '보제기'라고 하였다. '干(간 혹은 한)'은 본래 국가로부터 부역이 부여된 사람에게 붙는 명칭이다. 이는 조선시대의 신분제도상 '군軍', '척尺', '정丁' 등 신분은 양민良民일지라도 주어진 역이 천한 이들일 때 명칭말미에 붙여 불렀다는 것이다.[40] 소금을 조공하는 '염

37) 주호국의 실체에 대한 사학계의 논의에도 불구하고, 여기에서는 이를 지금까지와 같이 제주섬에 있었던 고대국가라는 가정 아래 서술을 할 것이다.

38) 그 한 예가, 일본의 '平安時代' 초기인 延喜 5년(905)에 편찬된 법전『延喜式』主計上式 調 중에, "肥後國에 耽羅鰒 39斤, 豊後國에 耽羅鰒 18斤…"이라 서술된 대목이 있다고 하는 것이다(森公章,「耽羅方脯考－八世紀日本と耽羅の通交」; 고창석,「회고와 전망」,『제주도사연구』 창간호(1991) 참조. 調는 공물(貢物)을 의미한다.

39) '간(干)'이라고 쓰고 '한'이라고 읽는다.

40) 高橋公明,「中世 東亞細亞 海域에서의 해민과 교류-濟州島를 중심으로」,『탐라문화』제8호(제주대학교 탐라문화연구소, 1989).

간鹽干’, 지역의 진에서 군역을 수행했던 제주여성 군인인 ‘여정女丁’, 소위 백정이라고 불리워졌던 ‘화척禾尺’ 등이 그 예에 속한다.

　포작한이 그 시대에 국가로부터 역을 받았는지는 불투명하다. 다만 포작의 역할은 조정에서조차도 매우 중요하게 여겼던 것 같다. 예컨대『성종실록成宗實錄』47권卷 5년 9월 계해癸亥 기록에 의하면, 전라도 지역에서 전복 채집이 문제가 되어 왜인倭人과 싸움이 자주 일어나 해역의 방비에 어려움이 많다고 지방관리가 장계를 올리고 있다. 내용을 보면, 그 싸움의 원인이 큰 전복 즉 ‘대복大鰒’ 채취과정에 있다는 것이었다. 큰 전복을 채취해야만 임금이 제사를 지내는 제수로 올리는 ‘세인복細引鰒’을 가공하여 공납이 가능했던 것이다. 더구나 공납해야 하는 수량이 이미 정해졌으면 포작한은 목숨을 내놓고서라도 그 수량을 채우지 않을 수 없었기에 왜인으로 물질을 하는 무리인 단인蜑人과 바다에서의 다툼은 피할 수 없는 것이었다고 짐작된다.

　지금에 와서 구체적으로 ‘세인복細引鰒’이 전복을 어떻게 가공한 것을 일컫는 지 확실히 서술할 길이 없다. 왜냐하면 우리나라에는 아직 일본의 ‘해녀자료관’과 같은 ‘제주해녀역사박물관’ 등 기록을 전시하는 장소가 없으며, 당시의 공납품에 대한 기록 자료도 한정되어 있기 때문이다. 다만 일본의 후쿠오카 인근의 ‘해녀자료전시관’에서 1400년도 중반에 어전에 공납하던 전복 가공품의 기록과 실물대로 복원한 자료를 본 것에 비추어 유추해보면 큰 전복의 살만을 도려내어 이름에서 보여지는 바와 같이 두들기고 잡아당겨 늘리면서 마치 투명한 한지韓紙처럼 아주 말갛게 긴 사각형 종이 두루마리와 같이 가공을 한 것이 아니었을까.

　‘세인복’에 대한 공납품의 수량을 줄여달라는 청에 대하여 임금은, “細引鰒 乃薦新之物(세인복 내천신지물)”이라고 대답하였다. 세인복은 임금이 정초에 제사를 주재하여 신에게 바치는 첫 번째 제물이었기 때문이다. 따라서 포작한이 잡아내어 가공하여 공납하는 세인복은 "왕의 권위와도 직결되고 있었기" 때문에,[41] 그 역할은 막중하였다는 것을 미뤄 짐작하게 된다.

하지만 남성이 더 이상 나잠어업을 하지 않게 되면서 '보제기'의 뜻도 변하였다. 전복채취자라는 뜻은 사라지고 바다고기를 잡는 어부漁夫를 일컫게 된 것이다. 애당초 제주섬에서 나잠어업에 종사한 이는 남성과 여성 모두였을 것으로 추정된다. 조선조 중기까지의 기록을 보면 남성은 전복을 따는 일에, 여성은 해조류를 채취하는 일에 종사하는 것으로 나타난다. 그렇더라도 이들의 나잠어업 즉 물질이 순전히 조공품을 생산하기 위한 목적만은 아니었다. 그 일 자체가 제주해녀 일가의 생업이었음이 다음의 기록에서 나타나고 있다.

『중종실록中宗實錄』15년 10월 임인王寅에는 "들으니 그곳 사람들은 해산물로 살아가는데, 진상하는 수량이 많으므로 백성들이 지탱하지 못하고 도망가고 흩어진다고 합니다. 진상하는 량을 감함이 옳습니다"[42]라고 남곤南袞이 임금에게 탄원하고 있다. 당시의 조공은 지역의 물산을 세稅하는 것으로써 당연히 제주의 백성에게서는 다른 특산물과 아울러 해산물 진상은 피치 못하는 것이었다. 다만 그 징세하고 공납하는 수량의 지나친 물량이 문제였던 것이다.

위와 같은 옛 기록에서 미뤄 추측하건데 포작이 감당해야하는 공물량의 버거움과 부역, 출륙금지법 등이 복합적으로 작용하여 남성은 나잠어업 즉 물질을 포기했음을 엿볼 수 있다. 또한 고려시대부터 조선조 내내 주로 정치범의 수형지로 제주섬이 이용되는 데서 비롯된 사연도 거론해 볼만 하다. 정치범은 대개가 왕족과 양반계층의 인물들이었다. 이들은 유형지에서도 일하지 않고 권위롭게 살았다. 이러한 모습을 접하면서 제주의 남성세

---

41) 高橋公明, 앞의 논문(1989).
42) 以海産爲生利 而進上數多 故民不能支而逃散 如進上支數蠲減可也.

계에서는 '글 읽는 일'을 선호하게 되어 상일에서 손을 놔버렸을 것으로도 짐작된다. 이를 입증할 만한 사료는 조선조 후기 조선의 왕족이며 정치가요 대석학이었던 추사秋史 김정희金正喜의 제주유배 기간동안의 행적사료에서도 더듬어 볼 수 있다.

추사 김정희는 조선조 오백 년 어간에 소위 문예부흥기라고 일컬어지는 정조조에서부터 나라의 부침이 심했던 철종조에 걸쳐 세상을 살다간 예술가이며 정치인이며 학자이다. 그는 정치적인 사건에 연루되어 1840년 제주도에 유배되어 무려 9년 동안 적거謫居되었다. 그 동안에 제주사람들이 그에게서 '글 배우기'를 간청하였고, 그는 흔쾌하게 들어주었다. 그들 중에는 농부도 부지기수로 있었다. 강기석과 같은 사람은 그의 적거처에서 한 겨울 동안 함께 기거하면서 공부에 전념하게도 하였다.[43] 추사의 제주민 중을 제자로 삼은 이야기는 하나의 예에 불과하다. 조선조의 유배인 중에 많은 이들이 제주에서 후학을 가르쳤을 뿐만 아니라 귤림서원橘林書院과 같은 학교를 열어 강講을 하고 학문을 논하는 학회를 열곤 하였다. 이렇듯 조선조 어간에 제주섬에는 평민平民 남성들도 의례히 글을 읽는 것이 보편화되었다. 그러나 어쩌다 제주섬에 여성인 잠수만이 물질을 하고 남성인 포작은 도태되었는지를 가늠해볼 기록이나 물증은 전무한 상태이다. 이에 대하여도 학문적인 규명이 절실하다고 본다.

고려시대까지도 문헌에 좀처럼 포작이나 줌수[잠수(潛嫂)], 줌네[잠녀(潛女)], 즉 제주해녀 등의 명칭은 나타나지 않고 복鰒(전복), 나육螺肉(소라), 해조(海藻) 등 해산물만이 무수히 등장한다. 『고려사절요高麗史節要』 문종文宗 7년(1053) 2월 조條에, "7년 2월 정축 탐라국 왕자 수운나가 자기 아들 배융교위[벼슬 이름, 무산계(武散階) 종9품] 고물 등을 보내어 …(중략)… 소라 …(중략)… 해조

---

43) 양순필, 「秋史 金正喜의 漢文書翰考」, 『탐라문화』 제9호(제주대학교 탐라문화연구소, 1989), 95쪽, 주 13항.

…(중략)… 등 물품을 바쳤다"44)라고 하였다. 소라나 해조류는 다 잠수하여 채취하는 바다의 생물이다. 이로 미뤄보면 탐라 즉 제주도 사람들은 당대 훨씬 이전부터 다양한 해산물을 생산해내고 있었다고 볼 수 있다. 공물로 진상할 만치 그 물품들에 대하여 널리 알려졌다고도 추측하게 한다. 또한 같은 책 문종 33년(1079)의 기록에는 탐라의 구당사句當使(고려조의 지방에 파견되던 관직) 윤응균尹應均이 큰 진주 두 개를 바친 기록도 있다. "33년 겨울 11월 임신(8일) 탐라 구당사 윤응균이 큰 진주 두 개를 바쳤다. 빛이 별처럼 빛나니 사람들이 밤을 밝히는 구슬이라고 하였다"45)는 것이다. 같은 책 충렬왕忠烈王 2년 윤閏 3월 조에는, 원나라의 임유간林惟幹이란 사람과 회회回回의 아실미리阿室迷里란 사람이 진주를 채취하려고 탐라에 들어왔다고 하면서,46) 같은 해 여름 6월조에는 이들이, "임유간은 탐라에서 진주를 채취하지 못하여 주민이 소장한 1백여 개를 탈취하여 원나라로 돌아갔다"47)고 기록하였다.48) 이러한 기록으로 미뤄 보건데 포작은 전복을 주로 채취하면서 진주 등 다양한 물품을 생산하였던 것 같다. 그러한 물품들은 당시에는 매우 귀하게 취급되던 것이었던지 몽골에서조차 직접 사람을 파견하여 구하려 했던 흔적을 엿보게 된다.

몽골에 세워진 원나라와 명나라 등은 정치적인 격변기를 겪는 동안 탐라를 물품을 얻을 목적 말고도 정치인을 유배시키는 데에도 적극적으로 이용하였다. 원이 망하고 명나라를 세우는 과정에서는 원元왕조 시대의 지

---

44) 七年二月丁丑 耽羅國王子殊雲那 遣其子陪戎校慰古物等 來獻 …(中略)… 螺肉 …(中略)… 海藻 …(中略)… 等物.

45) 三十三年冬十一月壬申 耽羅句當使尹應均 獻大眞珠二枚 光曜如星 時人謂夜明珠.

46) 회회(回回)는 지금의 위구르(Uyghur) 사람을 당시에 표현하던 명칭이다. 이 명칭의 유래는 중국에서 비롯되었다. 이슬람교 즉 회교를 당시 중국에서는 회회교(回回敎)라고 하였던 데서 그 교를 믿는 이들에게 붙여진 것이라고 한다.

47) 林惟幹採珠耽羅不得 乃取民所藏百餘枚 還元.

48) 여기에서는 고창석의 『耽羅國史料集』(신아문화사, 1995)의 번역(87쪽)을 원용하였다.

방 귀족 혹은 왕족 일부를 제주로 유배보내기도 하였다.[49] 고려말기이며 명왕조의 건국 초기에는 제주섬의 나라에 대한 공식 호칭인 '탐라'를 '제주濟州'로 바꾸었음도 알 수 있다.

『원사元史』의 「고려전高麗傳」 및 「탐라전耽羅傳」에는 제주섬을 기점으로 하는 해로海路에 관한 것도 기록해 놓고 있다. "원 6년 7월 …(중략)… 누군 가 말하기를 탐라의 바닷길로 가면 남송과 일본에 쉽게 갈 수 있다고 하였 다"[50] 연이어 위의 책 6년 7월 계유癸酉조에는, 고려에 사람을 직접 보내어 탐라의 바닷길이 일본 등지로 열려 있다는 게 확실한 지를 알아보게 하였 다고도 쓰고 있다. 이는 위의 책에 일지 형식으로 일관성 있게 기록된 점 으로 봐서 원이 탐라를 정벌하여 식민직할지로 삼아야만 할 일이 따로 있 었음이 분명한데, 즉 탐라인을 활용하면 일본 등지의 정벌이 쉬워질 거라 는 계산이 깔린 치정治政이었던 데서 비롯되었던 것이다.

이에 대하여서는 매우 신빙성이 엿보이는 사료가 하나 있다. 그러니까 『원고려기사元高麗紀事』의 「탐라耽羅」 9년 3월에 다음과 같은 기록이 나타나 있다. "남국에서 일본을 경유하여 온 탐라사람 세명은 일본 태제부 등지에 배를 하선할 곳을 도본으로 그려왔다"[51]

이렇게 제주의 바닷사람들이 제주섬과 일본 사이의 뱃길을 잘 안 데는 오래전부터 두 지역 사이의 빈번한 교류가 있었던 데서 연유했다고 보여 진다. 『일본서기日本書紀』「제명기齊明紀」 7년(661) 5월 23일에 보면, "탐라가 왕자 아파기 등을 처음으로 파견하여 공헌하였다"[52]는 대목이 있다. 원은 이미 6백년 전부터 제주사람들이 일본 등지를 능숙하게 왕래하던 사실을

---

49) "황제가 운남을 평정하여 양왕의 일가를 제주에 안치하다[帝平定雲南 發遣梁王家屬 安置 濟州]"(高麗史節要』辛禑 8년 7월 條).

50) 至元六年七月 …(中略)… 以人言耽羅海道往南宋・日本甚易故也.

51) 有自南國經由日本來者耽羅人三名 畵到圖本 稱日本太帝府等處下船之地.

52) 耽羅始遺王子阿波伎等貢獻.

그때 비로소 알았던 것이다.

이후 조선이 건국되고 정권이 조정을 중심으로 안정되어갈수록 제주도에 대한 직접 통치는 매우 강도 높게 이뤄지게 된다. 그만치 제주사람, 특히 포작이 감당해야하는 조공량과 조공물품 종류는 엄청났던 것이다.

잠수의 근원인 포작의 자취를 추적함에 있어 흥미로운 자료는 조선건국 초기의 해안통치에 대한 조선조정의 공식문헌이다. 이미 내외국인 사학가들이 이 부분에 대하여 깊은 관심을 가지고 논의하는 중이다.[53] 그 문헌들, 예컨대 『한서漢書』에 바다를 삶터로 잡고 달랑 배 하나에 온 가족을 싣고 해안을 떠돌면서 살아가는 이를 일컫는 '이선위가以船爲家'라는 용어가 조선조의 왕조실록 첫 번째 권인 『태조실록太祖實錄』 4년의 기록에 있다. 그 용어가 실록에 실리게 된 연유는 일본의 관헌에 의하여 조선조정을 대상으로 한 외교문서에 '以舟爲家'로 서술되었고 이를 조선조정이 공식적으로 받아 적었다는 것이다.[54]

그러면 '以船爲家'는 정확히 어떠한 바닷사람을 일컫느냐에 대하여 의견이 분분한 가운데 일본의 학자 羽原又吉 씨는 첫째 잠수어업潛水漁業을 하는 해녀이고 두 번째 유추되는 이는 '가선家船'사람일 가능성이 있다고 하였다.[55]

한반도의 사료상 포작이란 용어가 나타나기 시작한 것은 1480년 이후부터이다. 『조선왕조실록』에는 완력을 부리는 포작한 무리가 한반도의 남해안 등지에 출몰하여 무소불위無所不爲하게 군다는 대목이 심심찮게 기술되어 있다. 예를 들면, 『성종실록成宗實錄』의 성종 8년(1477) 11월 갑신(21일)의 기록에, "근년에 제주濟州 삼읍三邑 백성이 자신들을 '두독야기豆禿也只'라고

53) 高橋公明, 앞의 논문(1989).
54) 1435년 일본국 回禮使와 함께 동행한 일본의 사절 편에 일본조정이 조선조정에 보낸 書狀의 기록.
55) 羽船又吉, 『日本古代漁業經濟史』(改造社. 1949)(高橋公明, 앞의 논문에서 재인용).

하면서 처자妻子를 거느리고 배를 타고 경상도와 전라도의 해안변에 건너와 정박하는 자가 몇 천 사람에 이른다고 한다"라고 쓰고 있다.[56] '두독야기'란 이두식 표현의 일종으로 '두독의 아기' 즉 '두독의 자손'이란 뜻으로 쓰였을 가능성으로 학계는 우선 추정해 놓고 있다.[57]

이 때는 시기적으로 호적제도를 중앙정부 차원에서 정착시키려고 안간힘을 쓸 때였다. 따라서 조선 조정은 유랑인처럼 집단을 이루어 이리저리 옮겨다니며 사는 이들에 대한 통제수단을 강구하는데 매우 고민을 하였던 모양이다. 포작은 제주바다에서만 나잠어업을 한 게 아니라 한반도의 연안바다 어디든지 진출하였던 것 같다. 같은 문헌에는 포작에 대한 호칭도 이미 서술한 것 외에도 '두무악頭無岳'이라고도 하고 있다.[58] 혹은 제주섬 사람을 부르는 다른 명칭이라는 의견도 내놓고 있다.

그러나 이들은 중앙정부의 심한 통제아래 제주섬에 묶여 출륙금지 당한 후에는 죽자사자 제주섬에서만 살아나갔다. 출륙금지령을 처음 내린 배경은 포작들이 가족을 거느리고 떠돌이 해상활동을 하는 까닭을 빙자하여 섬에 정착하지 않음으로 인한 조공 및 부역, 그리고 군복무할 인력이 턱없이 모자라 궁여지책으로 섬을 봉세한 데서 연유하였다. 그런 이유에 덧붙여 제주섬에 파견되어 오는 관리의 개인적인 욕심에서 비롯된 갈취도 한 원인이었다.

다 탐관오리貪官汚吏만이 제주에 파견되었던 것은 아니다. 더러 선정관도 있어 포작의 어려움을 헤아리곤 하였다. 그 대표적인 인물이 조선조 세조世

---

56) 『朝鮮王朝實錄』「耽羅錄」(濟州文化放送, 1986).
57) 高橋公明, 앞의 논문(1989).
58) 『朝鮮王朝實錄中 耽羅錄』의 성종 23년(1492) 2월 己酉(8일)의 기록에는 "전라도 연해(沿海)에 두무악(頭無岳)이 심히 많습니다. 제주 한라산(漢拏山)을 혹은 두무악(頭無岳)이라 합니다. 그러므로 제주인을 속칭(俗稱) 두무악이라 하고 혹은 두독(頭禿)이라고 쓰기도 합니다"라고 상세하게 호칭에 대한 연원을 대고 있다.

해양문명사 속의 제주해녀 61

祖 6년(1460) 5월 경자更子(25일)에 세상을 떠났다는 중추원사中樞院使 기건奇虔이다. 이 날짜의 『세조실록世祖實錄』에 의하면, "기건은 제주안무사로 근무할 때 백성들이 전복[鰒魚]을 바치려고 험한 물질을 하는 걸 보고는 근무하는 3년 동안 전혀 먹지 않았다"는 것이다.

이외에도 선조宣祖 34년(1601) 7월에 제주섬에 민란民亂이 일어나자 이를 안무하라고 조선 조정이 8월 1일자로 파견한 안무어사 김상헌金尙憲도 제주포작의 형편을 그의 기행문에 자세하게 기록하고 있다. 그가 남긴 『남사록南槎錄』 8월 22일자 서술에 보면, "제주풍속은 처첩을 많이 거느리는 것이다. 그러나 포작배는 홀아비로 살다가 늙어 죽는 자가 많다. 그 이유를 물으니 본주[濟州]에서 진상하는 전복의 수량이 매우 많고 관리들이 공公을 빙자하여 사욕을 채우는 것이 몇 곱절이니 …(중략)… (이웃집 홀어머니는) 차라리 걸식하다가 죽을지언정 포작의 아내가 되려고 하지 않는다"[59]는 등 사연을 상세하게 적고 있다.

그가 다녀간 이후에도 포작의 삶은 나아진 게 없었던 듯 하다. 왜냐하면 김상헌이 암행어사로 제주섬을 다녀간 지 꼭 10년 후인 『광해군일기光海君日記』 4년(1612) 정월 기유己酉(14일)의 기록에 보면, 이응해李應獬라는 목사는 "어인漁人의 이름을 나열하여 적은 책을 만들어 명주明珠를 책징責徵하기를 새알만한 것으로 한정지어놓고 그보다 작은 것을 바치면 곱으로 징물徵物하기 때문에 (수량을 채워 넣으려면 어쩔 수 없이) 처자妻子를 팔아 대납할 수밖에 없어 원망과 고통이 하늘에 닿는다"고 그의 탐폭貪暴함에 대하여 사헌부司憲府에서 임금께 아뢰고 있다. 그러나 포작은 여전히 조공과 탐관오리에 의한 수탈에 속수무책이었다.

그러다가 어진 임금 영조英祖에 이르러 다시 한 번 포작의 어려움이 거

---

59) 然州俗多竝畜妻妾 然浦作輩多有鰥居而老死者 問其故 本州所貢鰒魚之數極廣 官吏之憑 公營私 又亘倍蓰浦作輩 …(中略)… 寧願乞食自終 不欲爲浦作人妻也云.

론된다. 『영조실록』 24년(1748) 정월 을미(10일)에 임금이 제주섬에서 임기를 막 끝낸 신하를 입시入侍하게 하여 포작이 공물로 바칠 해산물을 마련하는 어려운 형편을 듣고는 다음과 같이 이야기 하였다. "전복을 채집하는 폐단을 하문下問하고 나서, 옛사람이 이르기를 '누가 소반의 좁쌀 한알 한알이 모두 농부의 신고辛苦임을 알랴' 하였는데 소반의 전복도 또한 그러하다" 하지만 영조임금도 그 즉시 포작에 의한 조공품을 면제하지는 않았던 것 같다. 다만 48년(1772) 10월 기묘(18일)에 이르러 "제주에서 내국內局에 진공하는 생복生鰒은 가장 추운 때와 가장 더운 때에는 정봉停捧하라"고 조건부로 사정을 봐주는 정도에 그치고 있다.

그보다 다소 앞선 1694년에 제주목사였던 이익태는 제주해녀가 진상품 생산으로 진이 빠지는 생활상에 대하여 다음과 같이 기록해 놓았다. "미역 캐는 잠녀가 많게는 8백 명에 이르는데 물 속에 헤엄쳐 들어가 깊은 데서 미역을 캐는 것은 채복녀採鰒女(전복을 캐는 해녀)나 다름없다 …(중략)… 장래에 전복 잡는 사람이 없게 될 것을 염려하고 또한 균역을 가하려는 목적으로 미역을 캐는 잠녀에게 전복잡는 기술을 익히도록 권장하고는 추복 및 인복을 나누어 맡겼다"[60]

조선조정은 포작이 사라진 제주바다에서 제주해녀를 대신 이용하여 해산물 진상을 받으려는 사전작업까지를 치밀하게 해나갔던 단서이기도 하다. 그 후 정조正祖가 즉위한 직후 제주섬에 대한 민심과 형편을 살피라면서 어사를 파견한다. 이 때 올라온 장계에 "그 하나는 포작과 잠녀潛女에게 경납京納한다고 조등刁蹬(계획적으로 어정어정 속이는 것)하는 폐단은 더욱 엄히 금단禁斷하십시오"라고 하였다는 대목이 있다.[61]

여기까지가 고문헌상에 나타난 포작의 행적이다. 이후로는 포작이란 용

---

60) 박찬식 옮김, 「增減十事」, 『知瀛錄』.
61) 『正祖實錄』즉위년(1776년) 5월 庚寅(20일).

어가 다시는 등장하지 않는다. 위의 사료로만 본다면 포작 속에 제주해녀가 일정 시기까지는 내포되었던 게 아닌가 하는 추측을 낳는다. 그러니까 조공품을 생산하는 역할이 포작과 잠녀 즉 제주해녀가 다르지 않게 적용되다가 남성인 포작이 생산행위를 근절하면서 순전히 해녀 몫으로 분담되어 있음이 명백해진다. 다만 제주해녀를 당시에 일컫던 잠수(잠녀)를 따로 논하거나 용어로 사용하지 않고 포작이란 표현으로 원용하였던 것으로 미뤄 짐작된다.

2) 잠수(잠녀)

제주섬이 여러 기록에 나타나기 시작한 이후 조선조 말기에 이르기까지 제주해녀인 잠수潛嫂 혹은 잠녀潛女를 직접 적시한 기록은 단 몇 건에 불과한 것으로 지금까지는 알려져 있다. 몇 안되는 기록 중에서 가장 확실하게 '잠녀潛女'를 기록해 놓은 사료가 있다.

숙종肅宗조 27년부터 28년에 이르는 약 1년간 제주목사를 지낸 이형상李衡祥은 제주섬을 중앙정부의 뜻대로 민간의 전통적인 삶까지를 다 바꾸려 한 인물이다. 그는 신앙생활을 핑계로 조정에서 파견된 목사 등 관리의 말에 순응하지 않는 제주사람을 벌하고 유교적 전통을 제주사회에 세우기 위하여 제주의 모든 사찰과 당을 부수고 불살랐다. 그리고는 자신의 이러한 치적을 낱낱이 글과 그림으로 기록하여 『탐라순력도耽羅巡歷圖』를 남겼다. 바로 위 책에 잠녀가 물질하는 모습을 채색화 한 폭에 담아놓은 것이 제주섬에 잠수가 발현한 이래 조선조 말까지 기록된 유일무이한 그림 자료이다.[62]

---

62) 『탐라순력도』 중 「屛潭泛舟」는 지금의 제주시 용두암 바닷가에서 잠수들이 물질하는 풍경을 세세히, 그리고 물속으로 자맥질해 드나드는 여성의 무리 그림 옆에 '潛女'라고 토를 달

또한 『남환박물南宦博物, 지속誌俗』에는 "관에 잠녀안이 있는데 진상하는 미역과 전복을 다 책임지고 있다"[63]는 기록이 있다. 이 문헌은 제주해녀 사회에 대한 자료를 관리하고 있었음을 유추해내는 단초가 되는 자료이다. 제주해녀 사회로부터 강제공납하고 있음을 보여주는 문헌으로 그 가치가 큰 기록물이다.

이형상은 이 뿐만이 아니라 조정에다 잠녀가 치뤄내야 하는 빈곤한 신역身役에 대하여 보고한 것이 『숙종실록肅宗實錄』 28년(1702) 5월 을미乙未(14일)의 기록에 다음과 같이 기록되었다. "포작자는 배를 부리는 군사軍士의 역役을 겸하고 있고 처妻는 잠녀이므로 해마다 관청에 바치는 것이 전업全業 뱃군은 옷감으로 20필 이상이고, 잠녀도 7~8필이 됩니다. 한 집안에서 부부가 바치는 것이 옷감만 30여 필이나 됩니다. 그런데다 전복을 따는 일이며 각종 오징어 잡이와 미역을 따말려 진상進上하는 모든 일이 잠녀들 몫입니다 …(중략)… 특별히 변통變通하지 않으면 이들이 몇 해 견디어내기 어렵습니다"

『순조실록純祖實錄』 14년(1814) 3월 병신丙申(5일)에 제주찰리어사 이재수李在秀가 폐단을 개혁할 목적으로 별단을 올린 기록이 나열되어 있기도 하다. 그 중에 "삼읍 곽세藿稅는 모두 감면하고 강제로 사들이는 것을 금하십시오"라는 조목이 있다. 그러니까 제주해녀가 미역을 채취하는 것에도 반드시 세금을 매겨 징수하고 있었던 것이다. 과하게 공납을 받으면서 다시 미역채취에 대한 세금을 징수했다는 점이다. 따라서 19세기까지의 제주해녀는 '조공해녀'라고 분류한 점에 대하여,[64] 다시 생각하게 한다. 단지 조공품을 생산해내는 행위로서만 어로행위를 했다면 공납만으로 충분했어야

아 놓았다.

63) 官有潛女案 進上藿鰒皆責衽.
64) 오선화, 앞의 논문(1998).

했다. 미역채취에 대한 세금을 징수했다함은 관 혹은 조선조정이 제주해녀의 어로행위를 두고 개인 혹은 집단의 이익을 창출할 목적으로 물질을 한다고 인정하였다는 근거이다. 때문에 '조공해녀'라는 학문상의 분류에 대하여도 논의과정이 있어야 할 것이다. 미역 채취세에 해당하는 '곽세'는 이후 일제강점 시절까지 내려온다. 이 세제도는 이후 1932년의 제주해녀항일항쟁의 원인 중의 하나로 작용한다.

1800년대에 들어서면 일본의 잠수어업 선박들이 제주연안 해역을 드나들며 조업하였다. 이에 제주의 잠수들의 반발이 무척 심하였다. 이를 두고 당시 제주목사가 장계를 조정에 올렸다. 『고종실록高宗實錄』 21년(1884) 7월 18일 항목에는 이를 논하던 기록이 다음과 같이 실려 있다. "제주목사 심현택沈賢澤의 장계를 보니 이러합니다. 일본선日本船 세 척이 어업漁業차 기계를 가지고 정의현 포구에 왔습니다. 본 섬은 큰 바다 가운데 떨어져 있는 섬으로서 수십만 백성들이 오로지 어업에 의거依據하고 있으며 심지어 미역따기와 전복잡이는 모두 여자가 하는 일이니 이들은 다른나라 사람들과 어울려 물질을 하려고 하지 않을 테고 앞으로는 다 뿔뿔이 흩어지고야 말 형편에 놓였습니다."

사실 당시 가파도와 대정 사이의 연안바다 깊숙이 들어온 잠수기업자潛水機業者들은 제주잠수에게는 위협적인 존재였다. 고종高宗 27년(1890) 10월에는 조선과 일본 간에 제주바다에서 조업하는 문제가 외교문제로 번져 결국은 '조일통상장정朝日通商章程'이 성립되었다. 그리고 그 시행은 1891년 11월 말까지 연기되었다. 그 이유는 제주섬 주민이 일본사람의 제주바다에 입어入漁하는 것을 적극 반대하였던 때문이다.

이상이 한반도와 주변국의 고문헌에 비쳐진 옛날의 제주잠수에 대한 대략적인 기록들이다. 물론 이외에도 개인의 기록이 더러 있다. 어떤 이는 기행문으로 또 어떤 이는 시 한 수로 이들의 삶 혹은 세계를 묘사하였다. 조선조 시대에 제주섬에 유배당하였던 한 선비가 남긴 시는 제주해녀의 일상이 얼마나 험한 지를 구구절절이 묘사하고 있다.

潛女衣裳一尺短　　　잠녀의 옷은 한 자 남짓한데
赤身減沒萬傾波　　　알몸으로 창파에 죽도록 물질을 하여
邇來役重魚難得　　　두루 일은 고되게 하나 고기잡이 어려워
鞭扑尋常幾處衙　　　늘상 관아에서 채찍매를 맞는구나.[65]

그러나 대부분의 선비들 특히 외부에서 섬에 건너와 제주해녀와 맞닥뜨린 이들이 남긴 문헌상의 기록을 보면 표현이 그리 호의적이지 않았다. 그 대표적인 인물이 조선조의 유명한 기생 황진이黃眞伊와의 사랑으로 잘 알려진 백호白湖 임제林悌이다. 그가 당시 제주섬에 온 이유는 부친이 관리로 와 있어서 방문하였다고 한다.

그의 문집인 『남명소승南溟小乘』에 제주해녀에 대한 감상문을 자세히 기록해 놓은 것이 있다. 그 중의 한 대목을 발췌해보면, "그 미역을 캐낼 때에는 소위 잠녀가 발가벗은 몸으로 바닷가에 꽉 차 있다. 특히 낫을 가지고 바다에 떠다니며 바다 밑의 미역을 캐어 끌어 올리는데 남녀가 상스럽게 수작을 하고 있으나 이를 부끄럽게 생각하지 않는 것 같아 놀라지 않을 수 없다. 전복을 잡을 때도 역시 이와 같이 한다"[66]라고 쓰고 있다.[67]

이는 유교사상에 입각한 성리학이 조선조 사회에 지대한 영향을 끼친 결과 인식의 발로라고 봐야 할 것이다. 사람은 함부로 옷을 벗어서도 안되며 남녀가 한 자리에 있어서도 아니된다는 사상에 젖은 눈으로 보면 잠수

---

65) 『靜軒瀛海處坎錄』 券4(양순필, 『제주유배문학연구』(제주문화, 1992)에서 재인용).
66) 其採藿之時則 所謂潛女 赤身露體 遍滿海汀 特鎌浮海 倒入海底 採藿曳出 男女相雜 不
　　以爲恥 所見可駭 生鰒之捉亦如之.
67) 양순필, 앞의 책(1992)에서 수정인용.

의 작업광경은 그야말로 요즘의 '포르노그라피'나 다를 게 없었을 터였다.

조선조 시대에는 사회전반에 직업상의 계급제도라 할 수 있는 '사농공상土農工商'이 뿌리를 내리고 있던 터라 나잠어업에 종사하는 제주해녀에 관한 사회적인 인식이 좋을 턱이 없었다. 그러한 고정관념의 틀 속에 사로잡힌 사회분위기는 일제강점기까지도 이어졌다. 하지만 일부에서는 이를 타파하려는 분위기도 싹텄던 모양이다.

1930년에 고정종高禎種에 의해 펴낸 『제주도편람濟州島便覽』에 의하면 다음과 같이 제주해녀에 관해 서술하고 있다.

> 勤勞하는 方面으로보면 누구의게도 讓步치 아니할 것이며 더욱이 海村婦女子等의 海上活動이야말로 勇敢無雙하니 世界的으로 자랑할만한 價値가 잇다. 在來에는 職業의 種類를 따라서 或은 重要視하며 或은 賤視하엿섯지마는 적어도 現代人의 眼目으로 보면 驚歎할 것이며 稱頌할줄로 생각한다.
>
> ···(中略)···
>
> 濟州婦女子의 海上職業으로 因하야 經濟的으로 濟州에 莫大한 利益을 주게 되는 것을 一般의게 周知케 하는 同時에 朝鮮婦人네들이 家庭에만 들어안저서 男子들의 生産하야 드리는 것을 消費할줄 만 아는 婦人네들의게 多少의 反省材料가 될가함이며 또 世上 物情 모르고 職業을 賤視하시는 兩班들의게 參考로 말하여 두는 바이다.[68]

위에 예시한 기록들에서 보는 바와 같이 역사 속에 기록된 제주해녀는 순전히 특산품을 조공하고, 세금을 납부하며, 부역을 수행하는 것으로 대별되었다. 이렇게 유구한 역사 동안 노출되었는데도 생활인으로서의 제주

---

68) 高禎種 編,「十九, 濟州의 漁業」, 『濟州島便覽』(영주서림, 1930), 38~39쪽.

해녀가 기록되지 않았던 기저는 무엇일까를 생각하게 한다. 지금은 한국도 여성이 일하는 사회여서 제주해녀를 두고 천시하지도 않으며 특별하게 경탄하지도 않는다. 그렇더라도 제주해녀를 보는 눈에는 일반적인 여성을 보는 눈과는 다른 시선인 것만은 확실하다. 그 점은 제주해녀의 삶 자체가 다른 여성사회에서는 찾아보기 힘든 전통적인 활동상 및 물질에 대한 정통성이 확보하고 있는 고유함에 있다고 본다.

3) 제주해녀항일항쟁

1700년경에 이미 국가가 관리하던 제주해녀의 현황은 일제강점기에 접어들어서도 부당한 징세에 이용되곤 하였다. 일제강점기가 시작되면서 울산지역의 우뭇가사리와 미역을 채취하는 일에 제주해녀들의 출가出稼 물질이 이어졌다. 출가지에서의 일본해녀와의 갈등, 전주에 의한 인권유린이 자행되어 제주의 지식인 남성들이 주축이 되어 해녀조합이 결성되었다. 해녀조합은 관제조직화되어 해녀조합장을 제주도사濟州島司가 겸직하였다. 때문에 애초에 해녀의 권익을 보호할 목적으로 설립된 조합이 오히려 수탈기구로 전락하고 말았다. 결국은 제주해녀의 항거를 불러왔고 항일 즉 독립운동으로 발전하였던 것이다.

제주해녀항일항쟁濟州海女抗日抗爭의 발상지는 지금의 북제주군 구좌읍 하도리로 알려져 있다. 그러나 시발은 현재의 남제주군 성산읍 성산리에서 일어났다. 조합장인 도사島司를 비롯하여 해녀조합의 횡포를 지적하다 못한 성산포의 '잠수회'에서는 대책을 강구하기에 이르렀다. 이에 우선 저울눈을 보는 방법 등을 마을의 야학을 통하여 배우기로 하였다. 이후 채취해낸 해산물을 조합의 상인에게 넘길 때마다 근량을 확인하여 시정할 것을 요구하곤 하였다. 그러나 상인들의 횡포와 관리들의 수탈행위는 수그러들지 않았다.

1930년 초, 성산리 '잠수회'에서는 상군 잠수들과 마을의 지식인으로 존경받던 사립중앙보통학교 교장인 현재성에게 동행하여 대변해 줄 것을 요청하고 당시 도청島廳으로 도사를 면담하러 직접 찾아갔다고 한다. 도청이 관덕정 옆에 있다는 말만 듣고 무조건 관덕정 옆의 '큰 신식건물'로 들어가 "우리는 성산포 줌수들입니다. 도사님 만나게 해주십시오. 이렇게 가렴주구하면 살지 못합니다"라고 소리쳤다는 것이다. 결국 도청 안으로 들어가지 못하게 막아 마을로 그냥 돌아가야만 하였다.

성산포 잠수들은 도사에게 탄원서를 보내기로 하고 현재성에게 의뢰한 바, 그가 대필하여 도사이며 조합장에게 서너 차례나 보내었다.[69] 이러한 성산포 해녀들의 저항소식은 당시 현재성에 의하여 야학선생으로 각 마을에서 자원봉사 활동을 하던 지식인 청년조직인 '혁우동맹' 회원들에게 알려졌다.

이에 하도리 '잠수회'를 중심으로 야학선생들의 지원을 받으면서 조직적인 항일운동에 돌입하였다. 1931년 12월 20일 밤에 구체적인 투쟁방침을 세웠고 도사이며 해녀조합장에게 보낼 요구사항도 다음과 같은 문건으로 작성되었다.

요구조건
1) 모든 어획물은 현품으로 판매하고 생산자의 의사에 따라 입찰, 경매하라.
2) 전복의 지정상인 고평호(高平浩)를 즉시 파면, 처벌하고, 건복(乾鰒)은 즉시 조합의 책임 하에 판매하라.
3) 1931년도의 하도리에서 생산된 전복 가격 전액을 1930년도의 생산액에 준

---

69) 홍은진 · 고애자 · 신영춘의 증언(1985, 2003).

하여 보상하라.

4) 감태에 대한 재평가판매를 즉시 실시하라.

5) 악질상인과 결탁한 조합서기를 즉시 파면, 처벌하라.

6) 조합원을 기만하는 관제조합을 반대한다.

투쟁 방침

1) 조합원은 전원 조합사무소로 데모를 단행하여 이를 점거하여 요구조건이 빠짐없이 관철될 때까지 농성 투쟁할 것.

2) 이 투쟁에 참가하는 모든 해녀들은 빠짐없이 열흘 동안의 식량을 가지고 갈 것.

3) 건복을 가지고 가서 즉각 수매하라고 요구할 것. 만약 조합에서 사들이지 않을 경우에는 이 다음의 해산물에 대하여 조합에서 간섭치 않는다는 각서를 받을 것.

4) 해산물의 자유판매를 끝까지 주장할 것.

5) 각 면에 연락하여 투쟁을 전도적으로 확산, 진전하도록 노력할 것.

6) 대표자들은 개인행동을 삼가고, 질서정연하게 절도 있는 태도로써 담판하여 그들이 우리를 축출하려 할 때에는 여기는 우리들의 사무소라고 주장하여 그들의 간섭을 거부하고 구속자가 생길 경우라도 투쟁체제를 무너뜨리지 말고, 최후까지 싸워나갈 것.

7) 지리에 밝은 자를 미리 조합사무소 주변에 잠복시켰다가 대표자의 안내와 안팎의 연락을 담당하도록 할 것.[70]

위의 문건은 현상호가 작성하였다고 추정되고 있는데,[71] 당시 항쟁에

---

70) 김영돈, 『한국의 해녀』(민속원, 1999), 550~551쪽.

71) 김영돈은 위의 책, 같은 쪽에 그 추정하는 근거로 다음의 문헌을 주석에 붙여 놓고 있다.; 현상호[玄尙好(?)], 「日本帝國主義に反對した濟州島の海女鬪爭について[1]」, 『朝鮮月報』第10號(朝鮮研究所, 1957), 8~9쪽.

참가했던 제주해녀들은 투쟁방법까지 작성된 것은 잘 알지 못하나 요구조건이 진정서 형식으로 작성되어 당시 제주도청에 접수되었음은 거의 주지하고 있었다. 왜냐하면 그날 밤 배를 타고 당시 도청소재지였던 성안, 지금의 제주시로 향했으나 파도가 거세어서 되돌아 왔지만, 이듬해 1932년 벽두부터 본격적인 시위에 들어가 1월 7일 세화장날 첫 시위를 강행하였다. 이 때에 면장이 나서서 요구조건을 책임지고 해결하겠다고 약속하여 시위대가 해산 한 바 있기 때문이다.[72]

마침 성산포 해녀들이 전前 해에 탄원한 것에 대하여 현장 확인 차 도사가 성산포로 갈 것이란 정보를 입수하고는 그해 1월 12일, 세화리 장터로 재집결하였다. 세화리 장터는 일주도로인 신작로 가에 있어 도사의 차를 막아서기는 매우 합당한 장소였다. 이 제2차 시위 때에 제시한 조건은 좀더 간략하고 구체적인 것이었다. 8개항에 걸쳐 일체의 지정판매 행위를 반대하고, 계약보증금은 생산자가 보관하고, 해녀출가시 미성년자와 40세 이상의 고령자에게는 출가비조의 해녀조합비를 면제해야하며, 출가증을 무료로 발부해줄 것, 조합의 재정을 공개하고, 조합의 총대總代는 마을별로 선출하고, 조합의 재정을 공개하라는 것이었다.

결국 도사는 세화리 장터에 운집해 있던 제주해녀 시위대에 막혀 차를 더 이상 운행하지 못하게 되자 시정사항을 들어주겠다고 무마하고 그 자리를 빠져 나갔다. 이후 광주에서 경관부대가 제주에 파견되어 제주해녀의 시위대를 무차별 무력으로 해산했을 뿐 아니라 이후 항쟁과 관련된 시위자와 배후자를 탄압하고 또 구금도 하였다. 이에 우도해녀들 8백여 명이 체포되는 청년들을 가로막고 나섰으며 세화리 지서로 운집해 들어가는 담대한 행동을 보였다.

---

72) 이 때의 요구조건은 위에 제시된 내용보다 항목별로 더 세분화되어 작성되었다. 그 문건은 김영돈의 위의 책, 552~553쪽에 잘 기록되어 있다. 참고하기 바란다.

이와 같은 일련의 조직적인 해녀의 항일항쟁사를 김영돈은 다음과 같이 구분짓고 있는데,73) 1932년 1월 7일의 시위를 '제1차 세화리 시위', 1월 12일의 시위를 '제2차 세화리 대시위', 1월 26일의 우도해녀들의 시위를 '우도시위'라고 지칭하고 있다.

제주해녀는 물질을 개인 및 지역과 국가에 기여하는 수단으로 오래도록 행하였다고 봐도 과언이 아니다. 그 경력의 대중을 이루는 기간이 순전히 국가권력에 의하여 강제된 노동이며 생산행위였기 때문이다. 일제강점기에 이르도록 국가권력은 제주해녀의 생존권과 일상을 인정하지 않는 일면이 있었다.

그 때문에 일제강점 치하에서 제주해녀는 자생력을 기르고 일제의 통치를 거부하는 시민운동을 단행했던 것이다. 이 저항운동은 독립운동으로 발전하였다. 따라서 제주지역에서의 '1932년의 제주해녀항일항쟁'이란 명칭으로 공식화된 제주해녀의 독립운동은 제주여성근대사의 큰 족적으로 새겨졌다. 일제강점 36년의 역사상 단일직종 종사자들인 여성집단에 의해서 행해진 독립운동으로는 유일하다고 알려져 있다.

제주근현대를 연구하는 사학자 박찬식은 해녀항일운동의 리더그룹 중의 한 명으로 2003년에야 독립유공자로 뒤늦게 선정된 김옥련의 예를 들어 다음과 같이 기술하고 있다.

　김옥련은 1932년 1월 …(중략)… 잠녀 1천 여명이 참가한 항일투쟁을 주도했던 여성이다. …(중략)… 제주섬 동쪽의 토지는 척박하기 그지없어 여성이라면 모두가 물질하지 않으면 살아가기 어려웠다. 한낱 먹고 살아가기 위한 수단으로 삼던 물질노동의 가치에 대해 그녀는 야학을 통해 새로 자각하게 되었다.

---

73) 김영돈, 앞의 책(1999), 552~558쪽.

그녀는 하도보통학교 야학강습소 1회 졸업생으로서 …(중략)… 청년지식인 교사들에게 근대적인 민족 교육을 받았다. '농민독본', '노동독본' 등의 계몽서를 배우고, 한글. 한문 뿐만 아니라 저울 눈금 읽는 법까지 교육받았다. 1930년대에 접어들자 잠녀들의 권익을 보장해 주어야 할 해녀조합은 철저히 어용화되어 그 횡포가 극에 달하였다. …(중략)… 잠녀들은 관제해녀조합에 대항하여 해녀회를 조직하여 단결하여 갔다. 결국 1931년 12월부터 시작된 해녀조합에 대한 투쟁은 이듬해 1월 7일과 12일 오일장날을 이용한 대규모 시위로 전개되었다. 1월 12일 시위에서 잠녀들은 세화리를 지나던 도사 일행을 향해 …(중략)… 죽음으로써 대응한다고 외치며 달려들었다. 일제 경찰은 이 시위를 무력으로 탄압하였다.[74]

이 글에서 주목되는 대목은 당시 항일운동을 한 제주해녀들은 노동자로서도 어느 정도 지식에 의한 무장을 하고 일제에 대항하였다는 점이다. 항쟁과정에서도 제주해녀들은 무력탄압 하는 일경을 상대하여 파출소를 습격하는 등 적극적이며 능동적으로 거세게 저항하였다. 그 당시 열다섯 살이었던 고이화는 우도에서 해녀들이 '배 하나 가득' 타고 구속된 동료해녀들을 구출하러 파출소로 향하는 대열에 끼어 세화리 파출소를 습격했었던 일화를 지금(2003년 말 현재)도 생생하게 기억해내고 있다.

무조건적인 항쟁이 아니라 야학을 통한 지식을 습득한 후 실행에 돌입했던 이 "여성대중의 항일운동"에서도 근거되는 바,[75] 민중은 필요에 의하여 자생적 지식인 그룹을 형성함을 보여주고 있다 하겠다. 그 예를 노벨평화상 수상자인 남미의 멘추가 리더로 활동하는 남미 원주민 지식인 집단의 사회교육 프로그램에서 찾곤 한다. 그런데 제주도의 제주해녀 집단은

---

74) 박찬식, 「제주여성 <8> 김옥련」, 『다이내믹 제주』(2004. 8. 20).
75) 박찬식, 앞의 글(2004).

근현대사의 과도기에 그 결실을 보여주었던 것이다.

근현대사가 도래하는 과정에서 제주해녀의 야학을 통한 집단 지식습득 과정도 앞으로 연구되어야 할 과제이다. 학계 일부에서는 제주해녀의 항일 항쟁기에 야학을 이용한 사례를 두고 동학혁명 때의 '집강소'와 비교하기도 한다.76) "1932년의 제주해녀 항일투쟁은 일본인 관리와 학자들에 의하여 다각도로 제주해녀의 마을과 해녀연구를 시작한 결정적인 계기로도 작용하였다"77)는 견해가 지배적이다. 이제는 여성의 시각으로 재조명할 시기가 되었다고 사료된다.

4) '4·3 사건'과 제주해녀

일제로부터 해방되어 건국을 서두르던 과도기이며 미군정 통치시절부터 대한민국 건국 직후까지 제주도에서 있었던 '4·3 사건'은 대한민국 건국사의 최대비극으로 한국의 근현대사에 기록되었다. 중산간 지역의 마을이 토벌대에 의하여 '산사람(폭도)'의 은신처가 되었거나 될 소지가 있다는 이유를 내세워 불태워지고, 학살이 자행되는가 하면 바닷가 마을로 남은 주민을 소개시켰다. 따라서 바닷가 마을에서는 중산간 마을에서 내려온 주민들을 집집마다 수용하였다.

이 사건이 진행되는 동안 제주해녀들은 상생의 정서를 행동으로 나타내었다. 정치적인 견해나 이해관계와 전혀 무관하게 '잠수회' 및 '부녀회', 이두 여성조직은 오직 제주도민을 살리기 위한 역할에 전념하였다. 또한 마을의 피해를 최소화하는 데에 힘을 기울였다. 예를 들면, 전형적인 바닷가

---

76) 고창훈, 「The Political, Economic, and Cultural Value of Jamsuhoi in the History of Ocean Civilization」(Islands of the World VIII International Conference 발표논문(대만 : 국제소도서연구회, 2004)).

77) 오선화, 앞의 논문(1998).

마을인 김녕리에서는 마을주민들이 결의하여 그 마을 및 인근에 주둔하는 군대와 토벌대에게 음식을 제공할 '식당'을 경영하기로 하였다. 마을주민이 마치 주민세를 내듯이 집집마다 쌀과 의복과 돈과 부식으로 쓸 소와 돼지 등 가축을 제공하였다. 이에다 제주도의 바닷가 마을에서는 해녀들의 조업을 당분간 금지하고 있었는데 군대와 토벌대의 묵인 아래 해녀들은 순번제로 소라, 전복 등 해산물을 채취, 제공하였다. 덕분에 이 마을은 큰 피해가 없었다.

또한 가족 중에 누가 산으로 피신하였거나 항쟁에 가담하여 집을 떠난 이가 있는 이들은 낮에는 허벅에 간장 등을 길어 짊어지고 밭에 밑거름을 하는 것처럼 위장하여 산으로 날랐다. 은신한 이들이 절실하게 필요한 것은 의복과 소금, 간장 등 생존에 필요한 염분이었다. 밤에는 산에 은신 중인 항쟁 세력들이 식량을 구하러 내려오므로 식량 및 호박과 고구마 등을 담은 자루를 올레 어귀에 놔두어 간접적으로 제공하였다. 이러한 활동에 대하여 개인별 사례는 제주지역 언론 등에서 다뤘다. 그러나 제주해녀 사회와 같은 집단의 자취에 대하여서는 간과하였다. 제주해녀들은 우선 마을 재건에 앞장섰다. 길을 보수하고 지역 초등교육기관인 국민학교(지금의 초등학교) 건물을 신축하는 등 지역인프라 구축에 전력하였다. 또한 이 사건의 소용돌이에 휘말려 결여된 손실가정의 어머니들이 좌절하지 않도록 기존의 여성공동체를 복원하였다. '접' 조직을 통하여 부실한 가정경제 및 지역경제의 틈새를 메꿔 나갔다.

'4·3 사건' 기간에 제주도민의 희생은 엄청났다. 특히 남성의 피해는 막심하였다. 어떤 마을에는 성한 성인 남성이 거의 없을 정도였다. 그래서 이웃마을에서 마을 이장직을 맡아줄 남성을 꾸어와야겠다고 의견을 모았다고 한다. 막심한 피해를 입은 제주사회는 피폐해질 대로 황폐해져 있었다. 이후 살길을 찾아 제주도를 떠나 다른 지역으로 이주한 제주해녀도 많았다.[78] 그 대표적인 이주지역이 일본의 오사카, 한국의 부산 등 남해안 일대와 속초, 울산, 방어진 등 동해안과 서해안의 안홍 등지이다.

5. 구전기록 속에 숨어있는 제주해녀

1) 설문대

신화는 그 이론상으로 민중의 의식을 반영하여 구전으로 기록되어진다고 한다. 이론에 의하면 신화는 아무리 변형되어도 발생 초기의 원형을 간직한다고 한다. 이는 미토스mythos 안에 내재해 있는 로고스logos로부터 실제의 의식세계와 생활모습이 어떻게 반영되고 있고 또 제약하는 지를 찾아낼 수 있을 만치 기본적인 패턴을 잃지 않는 특성에서 기인한다.[79]

설문대는 역사 이전에 신화로 존재하는 상징적 의미의 최초의 제주여성이며 제주해녀이다. 신화상으로는 여성성이 풍부한 인물로 그려져 있다. 또한 직접 어로행위를 하였다고도 나타나고 있다. 신화의 내용으로 보면 제주섬을 만든 일종의 창조의 신으로 부각되어 있다. 이 신화에서 흥미로운 점은 그 성격을 보더라도 다른 신화에 나타나는 창조의 신들이 보여주는 절대적인 권위나 권력 따위를 지니지 않았다는 점이다. 논의의 전개상 설문대 신화에서 어로행위를 하는 대목이 설정된 경로를 간추려 보면 다음과 같다.

설문대는 어느 날 망망대해 가운데 제주섬을 만들기로 마음을 먹었다. 그래

---

78) 제주도 여성특별위원회 편, 『제주여성 근현대사 구술자료』(2004).
79) 김정숙, 『자청비·가문장아기·백주또』(도서출판 각, 2002), 59쪽.

용궁으로 들어간다는 용궁 올래가 있는 신풍리 바닷가(2000)

서 치마폭으로 흙을 퍼 날랐다. 제주섬을 완성하고 나서 한라산도 만들었다. 설문대는 참으로 거구(巨軀)였다.

어느 날 홀연히 나타난 '하르방'을 만나 살림을 차려 아들 오백 명을 임신하였는데 일용할 양식이 모자라자 하르방을 재촉하여 그의 도움을 받아가며 일출봉 옆 섶지코지 앞바다에 들어가 물질을 하여 먹고 산다. 하르방이 물속 바위틈을 성기로 휘저어 고기며 전복이며 소라를 몰아주면 설문대는 자신의 거대한 육신을 그물삼아 포획하였다.

끝내는 장성한 아들 오백 명을 먹일 죽을 쑤다가 죽 솥에 빠져 죽고 말았다. 하지만 영혼은 주민들의 원에 의하여 토목공사를 하여 갯가의 늪지가 사람살기에 좋도록 큰일을 해내곤 하였다. 지금도 주민들이 설문대 공덕에 고마워하며 세운 할망당(堂)이 당캐포구에 남아있다.[80]

어느 지역 혹은 집단의 잃어버렸거나 의도적으로 내쳐버린 역사를 적극적으로 복원하려고 할 때, 중요한 단서로 동원되는 것 중의 하나가 현지에서 발상發祥한 신화이다. 이는 일상을 은유적으로 그것도 "일상생활에서 흔히 볼 수 있는 바와는 다른 특이한 것"[81]을 서술하는 것이 신화라는 점을 상기한 것에서 비롯된다. 신화는 그 구성상 화소의 배치 및 등장인물들에

---

80) 여기에서는 설문대 설화를 정리한 여러 본 중에서 고대경(高大卿) 편, 「창조의 여신 설문대」, 『神들의 고향』(중명, 1997), 35~39쪽을 참조하였다.
81) 현종호 편, 『조선문화사』(역락, 2002), 12쪽.

서 목적을 달성하고자 한다. 때문에 신화가 가지는 속성을 받쳐주고 있더라도 본질과는 위배되어 드러나는 화소의 가치들에 대하여 이데올로기 차원에서 부정적으로 해석하는 이들도 있다.[82] 의도적으로 간과한 것에 대하여 최대한 비일상성을 동원하여 기호화하여 목적하는 바가 전하여지기를 의도하는 것이 신화의 속성이기 때문이다.

제우스 이전 세대의 신으로 올림포스 신들의 모태가 되어준 대지大地의 여신이라고도 하고 창조의 여신이라고도 하는 가이아Gaia 즉 떼라Terra와 설문대는 본질이 같은 여신이다. 왜 제주섬을 창조한 신이면서도 일상을 영위하는 수단으로 어로행위 더 적극적으로 해석하여 물질을 했는지에 대한 의문은 다음과 같은 이론에서 다소 풀어볼 수 있다.

위에서도 잠시 서술한 바처럼 제주섬과 같은 고립되고 비좁은 삶터에서의 생활영위 행위를 보즈럽(E. Boserup)은 "여성주도형 농경체계"로 분류하고 있다. 이는 제주섬의 생활이 굳이 전통적인 "남성가장 모델(the male breadwinner)"을 요구하기 보다는 지리적 여건과 지역생산성에 적합하도록 "여성주도(가장)모델(the female breadwinner)"로 어느 시기까지는 발전되었을 가능성을 엿보게 한다. 하지만 이와 같은 여성주도(가장)의 살림유형을 1970년대에 등장한 "발전에의 여성개발(WID, Women-in-Development)"의 이론[83] 등을 대입해 봐서는 곤란할 것이다. 여기에서는 성(gender)의 주체에 대한 논의라기보다는 제주해녀의 생활의 주도 혹은 주체에 대한 접근이 우선되어야 하기 때문이다.

설문대 신화상에는 단벌 치마가 다 낡아 일을 할 때마다 속살이 드러나

82) 현종호 편, 위의 책, 「온달편」, 174쪽에는 온달이 이룩한 "그 업적을 인민에게 돌려주기를 싫어하던 지배층은 온달을 왕의 딸인 평강공주의 도움으로써만 유능한 장수로 될 수 있었던 것이" 신화를 강화했다고 주장하고 있다.
83) 백선희, 「도시지역 빈곤여성의 특성과 자활지원사업의 방향 : 국민기초생활보장제도 자활지원사업을 중심으로」(한국지역사회복지학회, 「21세기 지역복지환경의 변화와 대응」, 세미나 발표논문, 2001).

므로 섬사람들이 부끄러워했다는 대목도 있다. 이는 이 신화가 대물림되어 기록되는 동안에 시대적인 상황과 의식 등 사회이데올로기가 개입된 것으로 보인다. 조선조 시대의 제주해녀를 비천하다고 표현하는 위에 예로 든 여러 기록들에서도 이 점은 확인되고 있다.

2) 만행이 할망

이 이야기는 1940년쯤에 제주도의 동쪽 어느 바닷가 마을에서 실제로 있었던 이야기라고 화두를 뗀다.

만행이 할머니는 마을 잠수들과 함께 물질을 하러 바닷물 속으로 뛰어들었다. 열길 물속을 헤치고 들어가 이리저리 더듬고 다니다보니 큰 전복이 보였다. 그걸 따서 물 밖으로 나오려는데 느닷없이 작은 놋그릇이 눈에 띄었다. 그 놋그릇은 할머니한테 따라오라는 듯이 앞장서 날아갔다. 할머니는 거역하지 못하고 뒤따랐는데 큰 소나무가 아름드리 서 있는 훌륭한 절 앞에 다다랐다. 스님이 나타나 만행이 할머니를 맞이하였다. 할머니가 합장하여 절한 후에 스님을 따라 절 안으로 들어가니, "이곳에 오면 누구나 삭발을 합니다." 하는 것이었다. 할머니가 스스럼없이 머리칼을 깎고 나자 이번에는 스님이 또, "할머니가 삭발까지 하였지만 아직은 여기 오시기엔 이른 것 같으니 사바세계로 다시 돌아갔다가 때가 되면 오십시오. 지금 서두르면 썰물을 타도 쉽게 돌아갈 수 있을 겁니다." 하는 것이었다. 할머니는 정중하게 대해주는 스님의 말씀에 감복하여 눈시울이 붉어졌다. 스님의 말이 끝남과 동시에 만행이 할머니는 순식간에 물위로 솟구쳐 올라와 물구비를 타고 있었고 그 절과 스님의 행적은 온 데 간 데 없었다.

함께 물질하던 제주해녀들은 한참 후 삭발한 머리로 불쑥 물위로 솟아

오른 만행이 할망을 보고 다들 놀라 '불턱'에서 사연을 물으니 그와 같은 이야기를 했다는 것이다. 아무리 실화라지만 실제로 그런 일이 벌어질 수 있을 여지는 매우 희박하다. 그런데도 제주해녀들이 주로 모여 사는 바닷가 마을에서는 바다 속에서 경험한 다른 세상 이야기가 현실처럼 이야기 되어지는 전설들이 많은 편이다. 제주해녀들에게는 현실세계인 제주섬 안에 비현실 세계인 '용궁'을 설정하여 자신들의 물질 능력 여하를 가늠하고 있다고 보인다. 또한 제주해녀의 의식세계 깊숙한 곳에 '불교'로 표상되는 신앙이 내재해 있어 삶과 죽음을 초월하는 세계를 구축한 것은 아닐까 짐작하게 하는 화소話素이다.

3) 이어도

이어도가 제주사람 특히 바닷가마을 사람의 의식 너머 피안의 세계로 설정되어 있음을 피력한 문헌은 일제강점기 시절 일본인 학자의 기록에서 부터 비롯된다. 이어 제주출신 학자로서 제주민요를 연구한 김영돈 등에 의하여 제주사람의 이상향으로 굳어졌으며, 이청준의 문학작품으로도 상재되었다.[84]

일부에서는 이른바 제주사람의 이상향理想鄕으로 알려진 '이어도'의 개념은 없었다고 보는 견해도 조심스럽게 대두되고 있다. 제주의 여성의 일소리 중에 맷돌 일을 하면서 부르는 노래 등 '이어도'라는 어구가 나타나는 것들이 두어 가지가 있다. 그 중의 한 구절을 들면, 다음과 같다.

　　이어이어 이어도 허라. 이어도 길은 저승길이여

---

84) 김영돈, 『제주도 민요연구 上』(일조각, 1965) ; 이청준, 『이어도』(삼성출판사, 1983).

신던 버선에 볼 받아 놓고 입던 옷에 풀하여 놓고

애가 타게 기다려도 다신 올 줄 (영) 모르더라

이 노래에서의 '이어도'는 어딘가에 있는 섬 이름이 아니라 노랫말 가운데 삽입되는 일종의 추임새로 봐야한다는 견해이다. 가사의 속성을 들추어봐도 "님 기다려도 (죽어 어딘가로) 가니 다신 오지 않더라" 라고 그리운 이에 대한 애틋한 기다리는 심정 이외의 행간에 숨은 뜻을 찾기가 쉽지 않다고 보는 것이다. 그런데도 20세기 초반에 일본인 민속학자와 인류학자 몇 명이 조선총독부의 지원을 받아 제주해녀 사회에 대한 현장조사가 이뤄지면서 위에 예로 든 노랫말을 채록하는 과정에서 확대, 임의 해석한 결과 '이어도'는 탄생한 것은 아닐까 하는 의견이다.

이와는 반대로 이상향 '이어도'를 주장하는 논조로는, 제주해녀들은 배를 타고 작업바다로 가면서 노를 젓는데 힘을 얻기 위하여 노래를 부르는데 그 노랫말의 일부에, "이어도는 채취할 자원이 많은 바다라고 하더라. 어서 노 저어서 거기로 가자"는 구절을 예로 든다. 제주해녀의 '이어도'는 생업의 터전으로서의 이상향으로 설정되어 있다는 것이다.[85]

현실적으로는 가상의 '이어도'가 탐사되어 실체를 드러낸 적이 있다. 1980년대 초, 제주KBS가 학계와 팀을 꾸려 탐사한 결과, 제주도 남서 방향으로, 제주도와 유구열도와 동중국이 삼각구도를 이루는 맨 아랫쪽에 위치한 암초인 '소코트라(Socotra Rock)'가 '이어도'일 가능성이 있다고 결론을 낸 바 있다. 그곳의 별칭은 파도가 거세다하여 '파랑도波浪島'라고 일컬어지고 있는 암초이다.[86]

---

85) 일제강점시기의 일본인 학자로써 高橋亨이 1930년대에 제주현지에서 채록, 발간한『濟州島의 民謠』를 편저(編著)의 형태로 1995년에 좌혜경이『제주섬의 노래』라는 이름으로 펴냈다. 이 책의 42~43쪽의 「신세가」편에는 '이어도'에 관하여 설명하고 있다. '이어도'를 '離虛島'라고도 한다고 부연설명도 붙어 있다.

4) 산호 잠수

산호珊瑚는 예전 제주바다에 흔한 생물이었으면서도 제주해녀들과 어부들 사이에서는 신성시되었다. 예를 들면 붉은 산호를 몸에 지니고 있으면 홍역이나 천연두와 같은 무서운 질병에 걸리지 않는다고 여겼다. 이러한 속설은 제주해녀 사회에 회자되던 하나의 전설에서 기인한 것이다.

지금의 남제주군 대정읍 사계리에 사는 한 잠수는 어느날 물질하러 바닷가로 나가다가 밀물과 함께 밀려와 석호에 갇혀 오도 가도 못하는 큰 거북을 보았다. 그 잠수는 그 거북을 바다로 안고 가서 놔주었다.

며칠 후 물질 도중에 그 거북을 만나 따라갔더니 용궁이었는데 거북은 용궁의 왕자였던 것이다. 용왕은 잠수에게 자식을 살려줘서 고맙다면서 꽃 한 가지를 선물로 주었다. 그 꽃을 간직하고 있으면 평생 천연두나 마마 같은 무서운 병에 걸리지 않을 거라고 하였다. 그 꽃가지가 바로 산호꽃이었던 것이다.

용왕의 말대로 그 잠수는 그 산호꽃을 고이 간직하였고 덕분에 건강하게 일생을 보내었다고 한다.

의료시설이 전무하던 예전의 제주섬에서 바닷물 속에서 작업을 하는 제주해녀에게 건강을 보장해주는 어떤 것, 이를테면 부적 같은 것으로 산호를 선호했으리라 추측을 하는 것은 어렵지 않다. 부적은 신성성이 내재되는 게 절대적이다. 그러므로 제주해녀의 부적인 산호가지에 불가사의한 어떤 사연

---

86) 이 섬에 대하여도 제주도민의 의식은 매우 관념적이라고 봐야할 것이다. 그 근거로, 탐라국 개국신화(開國神話)에도 '高·良(후에 梁)·夫'의 배필이 되려고 제주에 배를 타고 온 세 공주의 고향이 '파도가 치는 곳'이라는 의미의 '벽랑국(壁浪國)'으로 되어있다. 본음은 '벌랑'(제주 지역어로 파도가 치는 곳이란 의미가 들어있다)이었는데 식자(識者)들에 의하여 '벽랑국'이라 표기되었다는 주장도 간간이 나오는 지역명이다.

이 깃들도록 이야기되어지는 것은 조금도 이상한 게 아닐 것이다.

6. 제주해녀 공동체의 운용체계 및 생활문화

1) 조직 : 잠수회와 어촌계

(1) 잠수회

제주해녀의 전통공동체에서는 '잠수회'(일부지역에서는 '해녀회'라고도 한다)가 "생산공동체적 성격을 적극 계승하고 있다"고 오선화는 보고 있다. 또한 "마을의 여자들이 대부분 잠녀인 제주 연안어촌의 경우 잠녀회('잠수회'를 이렇게 표기하고 있다)는 지연성을 바탕으로 한 공동체적 성격이 강하다"고 규명하고 있다.[87] '잠수회'는 그 구성원이 물질을 하는 제주해녀에 국한되고 있다. 위의 오선화의 주장대로 마을여성이 곧 제주해녀인 제주의 바닷가 마을 구성원의 특성에서 발상한 민회라고 여겨진다.

잠수회가 언제 최초로 결성되었는지를 추적할 단서는 현재 없다. 다만 유추 가능한 근거를 굳이 들라면 1701년에서부터 1702년까지 만 1년간 제주목사를 지낸 이형상이 저술한 『남환박물』의 「잠녀안潛女案」을 제시할 수밖에 다른 것은 없다. 물론 일제강점기인 근대사회 즉 1930년대에 이르면 마을지역사회에서 잠수회는 마을의 주도 그룹으로 부각되어 있음을 '제주해녀항일항쟁 운동' 등으로 엿볼 수 있게 된다.

일부에서는 "1931년 여름, 제주도 구좌면 하도리에서 잠녀들이 해산물 매수가격을 폭락시키려는 일본인에 맞서 집회를 가졌는데, 이때부터 주민

---

87) 오선화, 앞의 논문(1998).

들은 이런 저런 관제조합에 맞서서 자생적으로 농민회를 결성하기도 하고 잠녀의 권익을 위하여 잠녀회를 조직하였다는 설명이 있다. 물론 이 사건이 잠녀회 형성계기의 전부는 아닐 것이다. 20세기 초 잠녀가 급격하게 증가하면서 마을민들은 한정된 어장을 효율적으로 활용하기 위해 조직의 필요성을 느꼈을 것이고, 공동입어의 방식을 채택하였을 것이다. 다만 잠녀의 생존을 위협하는 존재가 나타났을 때 이 잠녀회는 더 탄탄한 조직력을 획득할 수 있었으리라 추측된다"고 서술하고 있다.[88] 그러니까 '잠수회'는 일제강점기에 들어와서 결성되게 되었다는 것이다.

그러나 시기적으로는 1700년도 이전에 서서히 나타났다고 보는 게 어느 정도 신빙성이 있다는 것을 앞의 잠녀안을 근거로 들었다. 이에 대하여서도 심도 있는 연구를 통한 구체적인 추적이 있어야 할 줄 안다.

전통적인 '잠수회'의 회칙이랄 수 있는 불문율을 정리하면 다음과 같다.[89]

잠수회칙

I. 잠수회 회원

1) 회원자격 획득

(1) 마을사람이면 누구나 물질을 하는 자는 잠수회원이 될 수 있다(*어촌계 결성 이후는 한 가구당 한 사람만이 심사를 거쳐 회원자격이 부여 되고 있다).

(2) 다른 마을에서 시집온 잠수는 자동으로 잠수회원이 될 수 있다.

(3) 외지 사람이 마을에 거주하게 되어 물질을 하고자 하면 먼저 잠수회에 소정의 절차를 밟아야만 회원자격이 주어지고 마을 바다에서 물질을 할 수

---

88) 오선화, 앞의 논문(1998).
89) 제주도 남군 성산읍 온평리와 성산리의 잠수회칙에서 성문하였다.

있다.

(4) 다른 지방에 나가 살다가 귀향한 사람도 외지인과 같은 대우를 받게 되므로 과 같은 절차에 따라 수속을 밟아야 잠수회원 자격이 부활되어 물질을 할 수 있다.

(5) 이혼, 파혼 등의 사유로 원적에 복귀하여 본가로 되돌아왔을 때는 잠수회의 동의만으로 잠수회원 자격이 복원된다.

2) 회원자격 상실

(1) 잠수회원으로서의 의무를 다하지 않았을 때는 잠수회 총회에서 제명할수 있다. 잠수회원의 의무라 함은 바다풀 캐는 작업, 미역 바다, 우뭇가사리 바다 등 바다밭 관리, 잠수회가 결의한 공공사업(마을의 학교설립, 마을정비, 마을 이장의 공공업무 추진비 등으로 쓸 미역 공동 채취 및 기탁, 공공시설 건립비 공동적립, 기타 잠수회가 정하는 사업 등), 상부상조 등이다.

(2) 다른 마을로 출가하면 자격이 상실된다.

(3) 다른 지역으로 거주지를 옮겨도 자동적으로 자격이 상실된다.

II. 잠수회의 강령 및 의결권

1) 강령

(1) '불턱'을 중심으로 이루어지는 잠수사회의 위계질서에 따라 명예롭게 살아간다.

(2) 잠수회원은 회원이 어려운 일에 처하게 되면 솔선하여 상부상조한다.

(3) 잠수회의 공동기금은 가장 절실한 사람, 가장 급한 마을일에 우선 쓴다.

(4) 잠수회원이 세상을 떠나면 잠수회에서 장례행렬을 운구하고 개닦이를한다.

(5) 물질도중 잠수가 변을 당하여 사망하면 시신을 수습하고 (4)와 같이 한다.

(6) 만일 물질도중에 변을 당하여 잠수가 실종되면 생사를 확인하고 사망시 시신을 찾아 수습하여 장례식을 치를 때까지 물질을 당분간 하지 않는다.

(7) 마을 안에 중대한 일이 발생하였을 때에도 잠수회의 결의에 따라 물질을 하지 않을 수 있다.

(8) 이와 같은 사유로 혹은 다른 사유로 잠수회 결의에 따라 물질을 하지 않기로 설정된 기간 중에 개인적으로 물질을 하였을 때, 잠수회에서 징계할 수 있다.

2) 의결권

(1) 물질을 가장 잘하고 수덕이 있어 모든 잠수의 존경을 받는 연장자 중에서 최고참자가 잠수회원의 만장일치 추대에 의하여 '웃어른'으로 모셔 잠수 회장이 되며 잠수회를 대표한다(*어촌계 결성 후에는 잠수회 전원이 참여하는 직접 투표로 선출하고 있다).

(2) 잠수회는 잠수회와 마을의 일에 대하여 누구나 다 의견을 제시할 수 있다. 단 발언권은 상잠수, 중잠수, 하잠수 순으로 한다.

(3) 잠수회의 의결은 잠수 전원의 만장일치에 의하여 가결된다. 단 의견이 분분하여 오랜 토론 끝에도 결론을 내기 어려운 경우, 최종적으로 최고참자인 '웃어른'의 의견을 존중한다.

어촌계가 결성된 이후에는 각 마을의 '잠수회'에 따라서 입어권과 관련하여 좀더 구체적인 요구조건을 제시하고 이를 수행해야만 받아들여지고 있다. 예를 들면, '마라도 잠수회'의 경우, 1970년에 "입어권을 처음 얻는 이는 미역 1백근을 잠녀회에 바쳐야 된다"는 규정을 두었을 뿐 아니라 마라도의 규례에 기재하여 성문화하고 있다.[90] 잠수회칙이 성문화된 경우는 드문 예이다.

제주해녀 사회는 '잠수회'가 의결권을 가지고 있고 공동체를 운용하였으며, 마을의 조례나 조약 등과 상호보완적이어서 그 속에 삶의 묘미가 잘 배어 있다. 그러나 어촌계 결성 후부터는 '잠수회'는 있으되 회칙은 없다.

(2) 어촌계

어촌계漁村契는 수산업협동조합법에 의거, 바닷가 마을에 구성되어 있다. 어촌계의 구성원은 어민이다. 어촌계에는 그 성격상 두 가지가 있으며 그 하나는 법인어촌계이고 다른 하나는 어촌계이다. 이 두 개의 어촌계는 내용상 다 똑같다. 따라서 어느 어촌계이든 다 '잠수회'를 강제수용하고 있다. 1920년에 해녀어업조합이 결성되었으며 1936년 일반 어업조합과 병합되었다. 1945년 해방 이후에 수산업법이 일부 개정되었고 1962년에 어촌계의 설치규정이 명시되도록 법이 바뀌었다. 합병된 어업조합은 한림출장소, 모슬포출장소, 성산포출장소, 김녕출장소, 부산출장소 등 5개의 출장소와 쓰시마對馬島에 1개의 주재소를 두었다.91)

수산업협동조합법 제8조 ①-4에 의하면, "어촌계에 있어서 공동어장의 주종은 제1종 공동어장과 양식어업의 어장이다. 제1종 공동어장은 패류, 해조류 이외에 수산청장이 정하는 정착성 수산물의 채포를 목적으로 하는 어업을 내용으로 하고 있다"고 규정하고 있다.

따라서 수산업법에 따라 어장의 소유권이 어촌계로 명시되고, 1975년 12월 31일 제9차 수산업법의 개정에 따라 어업면허의 우선 순위가 조정된다. 지역주민의 공동이익을 위한 공동경영을 제1순위에 둠으로써 제1종 공동어장의 모든 관리권은 어촌계로 위임되어 오늘에 이르고 있다.92) 또한

---

90) 오선화, 앞의 논문(1998).
91) 강대원, 앞의 책(1970).

예전에 관행으로 제주해녀는 자신의 마을 바다에 한하여 입어할 수 있다는 조항이 1975년 수산업법의 개정으로 성문화됨으로써 지금과 같은 어촌계원 위주의 제주해녀집단이 재편되게 되었다.

이러한 수산업협동조합법상의 어촌계 설치는 예전 '잠수회'의 자율성은 완전히 사라지고 아주 사소한 수산자원 즉 해산물 채취 등의 생산 및 판매에 이르도록 어촌계의 지시에 따라야 한다. 오래도록 유지되던 자율·자치를 근간으로 매우 민주적으로 운용되던 제주해녀사회는 수동적인 사회로 변모하였다. 물론 전통적인 해녀사회에서 잠수회장을 추대하던 관행이 직·간접 선거에 의하여 선출되는 제도를 택하게 된 것이 더욱 발전한 민주주의 제도라고도 볼 수 있으나 내용이 그러한 지는 다시 반추해볼 여지가 있다.

2) 바다밭 다툼

제주해녀 뿐만 아니라 그 해녀들이 터잡고 살아가는 바닷가 마을주민에게 바다밭은 절대적인 것이다. 제주해녀에게는 땅의 밭보다 더 생존과 경제력을 보장해주기 때문이다. 때문에 어업조합이 출현하여 정착되는 과정에서 우뭇가사리와 톳, 미역 등 해조류와 전복과 소라 등도 환금어종으로 떠오르면서 바다밭 다툼이 바닷가 마을과 마을 사이에서 끊임없이 일었다.

예로부터 공동어장의 경계선은 마을과 마을 사이의 경계를 기준으로 설정하였다. 그러나 상당히 많은 예외사항에 따라 그 경계선은 책정되었다. 그 가운데 하나가 연안바다에 떠밀려온 시체처리와 밀접한 관계가 있었다. 어쩌다가 경계지선수면境界地先水面에 시체가 떠올라 왔을 경우에는 세도가 센 마을에서 이웃한 마을에 시체처리를 강요했던 일이 가끔 있었다. 그러

---

92) 오선화, 앞의 논문(1998).

면 그 수면水面은 시체를 처리한 이웃마을의 어장이 되었다. 때문에 행정구역 혹은 지번 상의 마을과 마을 사이의 경계선과 공동어장의 경계선이 일치하지 않는 현상을 빚게 되었다.93) 성산포와 고성리 사이의 바다인 '광치기(관치기)'가 바로 그 한 예이다.

일제강점기 이전까지는 성산읍 오조리, 고성리, 성산리, 시흥리 등은 바다밭의 경계에 별로 민감하지 않은 채 관행에 따라 물질을 하였다. 그러던 것이 일제강점기부터 1960년대 말 '4·19 혁명' 직후까지 성산포 잠수바다는 어장분쟁을 겪었다. 인근의 오조리와 시흥리가 성산포의 잠수바다에 대한 입어권 주장의 근거로 성산포 연안어장을 미리 선점, 조업하고 있었다는 연고주의를 들고 나왔다. 이에 일제강점기 시절에는 성산포의 청년들이 경계바다에 부의를 띄우는 등 분쟁의 소지를 차단하는 조치를 취하였다. 경계바다의 물질은 잠수배를 띄우고 지역을 가르는 줄을 놓은 후에 생기는 그 경계선 즉 '금'에 것은 공동으로 입어를 하는 것으로 정해놓고 있었다.

성산포에 축항 즉 항만이 시설되면서 경계바다에 대하여 오조리와 시흥리 두 마을과 분규가 시작되었던 것이다. 오조리는 성산리에 사람이 살기 전에 이미 연안어장 전부를 관리하였다면서 새끼청산과 우묵개, 수메밑에 대한 연고권을 주장하였다. 하지만 도리어 당국에서는 연고권이 성산리에 있다면서 성산포 잠수바다로 인정하여 분규는 일단락되었다. 이후 해방이 된 후에 연안공동어장에 대하여 "제 마을 앞의 바다만씩 해먹으라"94)고 법이 정해지면서 그 '앞바다'의 한계설정에 따른 분규가 또다시 기승을 부렸다. 이에 성산포에서는 법이 정하는 대로 바다를 측량하여 내줄 바다는 내어주고 찾을 바다는 찾았다. 그러나 오조리와는 원만한 해결을 보지 못

---

93) 김두희·김영돈, 「해녀어장 분규 조사연구 : 해녀 입어관행의 실태와 성격분석을 중심으로」, 『제주대학교 논문집』 제14호(1982).
94) 고애자 증언.

하여 돌멩이를 투석하면서까지 상대방을 제압하는 등 싸움을 극심하게 한 때문에 오조리에서 성산포로 시집온 이들은 친정에 오래도록 방문하지 못하는 고초를 겪어야 했다. 성산포 해녀들은 바다를 빼앗기지 않으려고 공동출자하여 소송비용을 감당하는 등 법적 대응도 불사하였다. 그러다가 1970년대 초 '4·19 혁명' 이후에 제주도 당국의 개입에 의하여 바다를 측량한 그 결과에 따랐다.

그 당시 바다밭 다툼이 어찌나 치열했던지 오조리에서는 잠수배 노젓는 소리 한 대목에 성산포의 해녀들을 경계하라고 노래하고 있다. 그 소리 전문은 다음과 같다.

> 이년덜아 배를 타서 나가면은 / 어느 곳을 상할 꺼냐?
>
> 한두여로 가보자 / 한두여에 가거들랑 이년덜아 멩심허라
>
> 선주 사공이랑 멩심허영 / 한두여서 사름이나 나오라가건
>
> 멩심허영 고동이나 약허게 불건 / 줌녀덜아 오작착이 나가지고
>
> 만서드레 느리여야 허느니라
>
> 그년덜 손에 잡혀노면 / 어디 갈 줄 모르더라
>
> 이여도사나 정신출령 / 정신으로 문대여라
>
> 우리 배는 춤나무 배여 / 눔의 배는 소낭 배여
>
> 소섬 머리 물질 가니 / 쇠코르레 물 들어간다
>
> 쳐라 배겨라 요년덜아
>
> 준둥알을 놈을 준덜 / 요 뇌착을 노을 주랴
>
> 요요, 요 뇌로구나[95]

---

95) 오성찬 외, 『햇빛 비치는 마을 吾照里』(도서출판 반석, 1986).

3) 바깥물질 혹은 출가

(1) 배경

제주섬을 떠나 다른 지역의 바닷가에 이주하여 물질을 하는 제주해녀의 행동양식에 대하여 통상 학자들 사이에서 '출가', '출가물질', '육지물질', '바깥물질' 등으로 용어를 사용하여 왔다. 근래에는 오선화가 '이주물질'이란 용어를 추가하였다. 여기에서는 상황에 따라 위에 열거한 용어를 적절하게 사용하였다. 왜냐하면 제주해녀들은 자신들이 다른 지역으로 옮겨 물질하는 것을 그저 단순하게, '육지(혹은 일본 등 지역을 거명하며) 물질하래 간' 정도로 표현하기 때문에 이에 대한 서술상의 개념을 딱 한가지 용어로 정의하기에는 무리가 있다는 판단에서이다.

제주해녀는 3월부터 음력 8월 추석명절 전까지 어한기에 일찍이 제주섬 바깥물질을 했던 것으로 조사되어지고 있다. 제주해녀의 바깥물질의 원인이 1876년의 조일강화도 조약의 강제체결로 일본어민의 한반도 출어에 따른 잠수기 출현으로 야기된 어장의 어획량 감소를 들고 있다. 1883년 7월 25일자로 조인되어 시행에 들어간 '재조선국일본인민통상장정在朝鮮國日本人民通商長程'은 일본인의 제주바다에서의 어업을 합법화하였다. 1885년 전남全南 제주도청濟州島廳이 발간한 『제주도세요람濟州道勢要覽』에 의하면 '조선인의 전복 채취율은 일본 잠수기의 1/10에도 미치지 못한다'고 기록될 정도였다. 이와 동시에 일본인 상인들에 의하여 제주해녀가 생산해내는 여러 다양한 해산물에 대한 환금이 이루어지기 시작하였다. 이에 제주해녀들은 어한기에 대거 바깥물질을 단행하였다.

오선화는 근현대의 경제체제에 비추어 제주해녀의 경제활동을 다음과 같이 표현하고 있다.[96]

역사상의 잠녀는 현재 우리에게 인식되어 있는 바와 같은 가정경제의 담당자가 아니었다. 오히려 육지의 조정과 지방의 관에 납세하기 위한 공납의 단위로 존재하였을 가능성이 높다. 현재와 같은 잠녀는 이른바 제주 해안마을이 前者본제적인 경제에서 벗어나 상품 경제로 변화해 가는 과정에서 등장한 집단으로 이해되어야 한다.

이와 같은 주장에 대하여서는 앞서도 잠시 제주해녀를 구분하는 정의에 대하여 서술한 바와 같이 획일적으로 단정하기는 어렵다. 가정경제를 제주해녀가 담당하지 않았다면 가정경제를 운영할 재원 및 물자를 누가 무엇으로부터 얻었느냐에 대한 규명도 아울러 있을 때 설득력을 가진다.

(2) 출가물질 간 바깥의 바다밭

일제강점기 시절에는 멀리 일본 도쿄 앞바다의 미야케시마三宅島와 하찌조지마八丈島 등지를 비롯하여 오사카, 대마도, 후쿠오카의 여러 바닷가 마을과 일본 해녀의 발상지로 알려진 와지마輪島와 북해도까지 진출하였다. 또한 중국의 칭따오靑島와 러시아의 블라디보스톡, 그리고 우리나라의 최초 미주 이민자 대열에 끼어 멀리 멕시코의 유카탄 반도로도 나갔다.[97] 국내에서는 함경도 함흥에서부터 울릉도와 동해안, 울산을 기점으로 하는 영동, 영남 지방의 여러 바닷가 마을, 부산의 영도와 해운대와 오륙도 일대, 통영을 비롯한 남해안 일대와 서해안의 백령도 및 안면도와 안흥 등 물질이 가능한 지역이면 어디든지 출가하였다. 특히 부산지역의 가덕도와 거제도에 출가한 잠수들은 그곳에서 몇 년씩 생활하는 이들도 많았다.[98] 그러

---

96) 오선화, 앞의 논문(1998).
97) 유카탄 반도에 진출한 제주해녀에 대하여서는 이민사를 추적한 국내 방송사에 의하여 취재된 바 있다.
98) 최군여 증언.

나 대부분은 미역허채를 마침과 동시에 출가하였다가 음력 팔월 추석명절을 전후하여 귀향하였다.

일제시대 바깥물질을 나간 제주해녀의 수는 <표 1-2>와 같다.99) 1929년에는 4,310명의 해녀가 바깥물질을 하였고, 1930년에는 3,860명이 출가하여 908,000원을, 1931년에는 3,950명이 나갔고 687,350원을, 그리고 1932년에는 5,078명이 출가하여 무려 1백10만원이 송금이 되었다는 것이다.100) 제주해녀의 바깥물질에 의한 그 당시 화폐로 환산된 수익금이 1백 40만원에 달했다고 한다. 막대한 수입이 제주해녀의 바깥물질로 얻어졌음을 알 수 있다.

〈표 1-2〉 일제시대 제주해녀의 수와 바깥물질을 나간 제주해녀의 수

년도	제주해녀어업조합 조합원(해녀) 수(A)	15세 이상 제주여자인구(B)	A/B (%)	바깥물질을 나간 제주해녀의 수	
1913(a)	8,391		22		
1915(b)				육지부 2,500	
1929(c)				4,310	
1930(c)				3,860	
1931(c)	8,862(15,000여)			3,950	
1932(c)				5,078	육지부 3,478
					일본 1,600
1936	8,373(e)			3,360(d)	
				4,402(f)	육지부 2,801
					일본 1,601
1938				4,132(f)	육지부 2,584
					일본 1,548

99) 유철인, 「제주해녀의 삶 : 역사인류학적 과제」(제주여성사정립연구를 위한 워크샵, 제주도 여성특별위원회, 2000.11.24)
100) 마스다 이치지, 앞의 책(1995), 78쪽.

자료출처 :

(a) 윤유녕, "Toward Reviving the Myth of Woman's Land"(제1회 세계섬학술회 발표논문, 1997)에서 재인용

(b) 석주명, 『제주도수필』(보진재, 1968), 202쪽.

(c) 마스다 이치지, 『제주도의 지리적 연구』(제주시우당도서관, 1995), 78쪽.

(d) 강대원, 『해녀연구』(한진문화사, 1970), 390쪽.

(e) 이즈미 세이이치, 홍성목 역, 『濟州島』(제주시우당도서관, 1999), 175쪽에서 재인용.

(f) 김영돈, 『한국의 해녀』(민속원, 1999), 388쪽에서 재인용.

　　1960, 1970년대 바깥물질을 나간 제주해녀의 수는 <표 1-3>과 같다. <표 1-3>의 2002년 통계는 출가지에 정착한 제주해녀의 숫자이다. <표 1-3>에서 보는 바와 같이, 바깥물질을 나가는 제주해녀의 수는 40년 동안에 4분의 1로 줄어들었다.

〈표 1-3〉 제주해녀의 한반도 출가 현황

(단위:명)

연도 / 구분	계	경남	경북	전남	강원	기타
1962	4090	1356	1584	232	787	131
1965	1538	258	1049	56	113	62
1970	1023	239	85	188	-	511
1972	917	264	249	158	104	142
1973	867	254	199	238	64	112
2002	1975	1241	288	137	210	충남 99 백령도 5 흑산도 10 울릉도 15

자료출처 : 제주도 해양수산과

(3) 출가의 조건과 상황

　　출가지에서는 방을 빌어 서너 명씩 집단으로 기숙하였다. 일본 등지로 출가했을 때는 바닷가의 창고 등을 빌어 임시숙소로 사용하기도 하였다.[101) 출가하는 제주해녀들 중에는 아기가 딸린 이들도 있었다. 아기를

돌봐줄 또 다른 자녀를 대동하기도 하고 현지에서 어린이를 구하기도 하였으며, 서해안에서는 거의 뱃물질을 하기 때문에 물질하는 동안 사공이 아기를 돌봐주었다. 그런데 일제강점 시절에는 출가물질하는 제주해녀에게서 조합비를 징수하고 반출증을 유료화하면서 아기를 보기 위하여 데려가는 어린이에게도 세금을 물렸음으로 1930년대 초 '제주해녀항일항쟁'을 일으킬 때 이를 폐지해 줄 것을 강력하게 요구하였다.

출가하는 제주해녀들 대부분은 좁쌀 등 식량을 가지고 갔다. 반찬은 현지에서 물질하여 잡아낸 해산물과 물물교환하여 해결하였다. 미리 전주가 제주를 방문하였을 때, 물질 잘하고 통솔력이 있다고 소문난 해녀를 인솔자로 택한 후 전도금을 풀어 출가자를 모집하는 것이 통례였다. 인솔자는 10명에서 20명 단위로 그룹을 짜고 출발에서부터 귀가까지 전 과정을 주도하였다. 서해안의 전주에 의한 인솔자 제도에 대한 출가관행과는 달리 남해안으로 출가할 때는 전주나 모집인 또는 인솔자가 없이도 개인별로도 출가물질이 가능하였다.

개인별이든 단체로든 출가 시기는 빠르면 음력 이월, 늦으면 음력 삼월까지는 떠났다. 남해안의 해녀바다는 다 구역별로 바다를 사놓은 바당주인(바다주인)·바당임재(바다임자)가 있어 그 밑으로 들어가 물질을 하면 되었다. 바다를 샀다는 말은 통상 거기에서 나는 우뭇가사리와 미역채취권을 독점할 권리를 샀다는 뜻이다. 그러기 때문에 소라와 전복 물질은 어느 잠수든지 어느 구역에서라도 물질이 가능하다는 의미로도 통한다.[102] 그러나 실질적으로 남이 산 바다에서 물질을 하려면 여러 제약이 따르는 경우가 더러 있었다고 한다.

남해안일대의 제주해녀들의 출가지는 가덕도, 충무 한산도, 용초, 거제

101) 오사카 거주 성산출신 잠수 고씨 할머니 외 여러분 증언.
102) 고애자와 최군녀 증언.

도의 구주라, 장승포, 외포, 미주라 등이었다. 남해안의 충무시(現 통영시)를 근간으로 하는 출가물질은 잠수배 한 척에 10명 정도가 타서 미역과 천초 물질을 하고 나면 해녀들이 한산도에서 통영까지 노를 저어가면서 섬들을 하나씩 들러 물질을 하였다. 거제도의 경우, 음력 이, 삼월에 미역을 채취해내면 물미역(날미역)으로 바다주인이 마산에 가서 팔았다. 전복과 해삼과 소라도 많이 잡혔는데, 이에 대하여서는 전적으로 해녀가 권한을 가지지만 바다임자가 독점판권을 주장하면 그에게 물건을 넘기기도 하였다. 가덕도는 우뭇가사리(천초)가 많이 났다. 그러나 1970년 이전에는 천초보다 미역이 훨씬 값이 더 나가고 시세가 좋았다. 가덕도에서도 제주도에서와 마찬가지로 천초물질은 일번초(일반초), 이번초(이반초), 막번으로 구분하여 세 번에 나누어 이루어졌다. 일번초 물질을 하고 나서 1개월 쯤 다시 천초를 키워 이번초 물질을 하는 방식이었다.

남해안에서의 출가물질도 음력 이, 삼월에 떠났다가 팔월 추석명절을 전후하여 귀가하였다. 그러나 겨울철에도 출가지에 남아 물질을 하는 해녀도 더러 있었는데, 겨울물질은 소라와 전복물질 외에도 성게물질을 하였다. 1970년대 이후에는 작은 상자에 성게알을 넣어 일본으로 수출하는 '곽성게'의 시세가 좋아 잠수들은 성게를 잡느라고 한겨울을 출가지에서 다 보내곤 하는 사례가 늘어나면서, 차츰 바깥물질 나가서 다시는 제주도로 돌아오지 않는 해녀수가 늘어갔다.

성산포와 우도에는 출가물질 갔던 해녀들이 귀향하면서 현지에서 데려온 '봉가온 애기(주워온 아기)' 혹은 '드라온 애기(데려온 아기)'들이 많다. 출가지에서 가난한 집의 아이들이 제주해녀의 아기를 봐주기도 하고 또 잔심부름을 해주고 밥을 얻어먹는 아이들도 더러 있었다. 그런 아이들의 부모는 제주해녀가 양녀로 달라면 밥이나 먹여달라고 선선이 아이를 맡겼다. 자기집에서는 먹고살기도 힘들고 부모들이 초등교육이나마 시킬만한 여력도 없기 때문에 자진하여 아이를 맡기려고도 하였다. 제주해녀의 물질하면서 생활하는 것을 봐온 아이 부모들이다. 제주해녀에게 아이를 주면 적어도 아이가 굶주리지 않을 거라는 것을 알기 때문이라는 것이다.

제주해녀들은 출가지에서 아이의 부모의 허락 아래 '봉가온 애기'를 호적에 입적시키고 친자식과 같은 대우를 한다. 이렇게 입양되는 아이의 나이는 다섯 살에서 일곱 살 미만의 여자아이가 대부분이었다. 남자아이는 그 부모가 주려고도 하지 않고 잠수들도 데려오려고 하지 않았다. 한 제주해녀는 외상을 준 곤포값을 받으러가니 돈은 커녕 당장 먹을 한 끼 때거리가 없어 배고파 우는 아이들을 가리키며 "애기라도 제발 드라가라"고 해서 가엾은 생각에 여섯 살짜리 여자아이를 데려다가 양녀로 삼았다고 증언하는 이도 있었다.

4) 의례

(1) 두 개의 굿, 제주해녀 공동체의 잔치판

음력 정월부터 이월, 삼월에 걸쳐 제주섬 전역에서는 '영등굿'과 바닷가 마을마다 '잠수굿'이 치러진다.[103] 영등굿은 해방전후까지도 이월 초하루부터 보름까지 2주 동안 일종의 봄맞이축제, 즉 봄바람 신神인 '영등'을 맞이하는 행사였다. 봄바람이 부는 때와 굿이 행하여지는 기간이 정확히 일치하는 일상생활 속의 제의이기도 하다. 농경사회에서는 봄이 오는 소리가 매우 중요하였다. 훈훈한 온기에다 땅을 촉촉하게 적실 비를 동반하고 남

---

103) "영등대왕을 주민들은 흔히 '외국하르방'이라고 부른다. 이는 외국의 신이라는 뜻으로 영등대왕에 대한 제의 행위 자체가 외부에서 전래된 신앙이 아닌가 하는 추측을 낳고 있다. 영등이라는 이름은 신라, 고려시대에 성행했던 국가행사인 '연등회'를 연상하게 한다. 연등회는 불교행사로 알려지고 있으나 일부 학자들은 원래 풍년기원 행사였다가 불교에 융화된 것으로 보고 있다"(고대경, 「영등대왕편」, 앞의 책(1997)).

쪽에서 불어오는 바람, 밭 갈고 씨 뿌릴 나날과 날씨와는 뗄래야 뗄 수 없는 아주 밀접한 관계이다.

영등굿이 봄맞이 축제인 동시에 풍농·풍어제에 해당한다면 영등굿과는 굿의 성격이나 제차祭次가 다르지 않으면서 제주해녀에 의하여

칠머리당에서 영등굿을 주재하는 심방(2001)

주도되는 굿을 '잠수굿'이라고 한다. 일부에서는 잠수굿을 해녀굿이라고도 한다. 잠수굿은 영등굿과는 달리 마을에 따라 치러지는 날짜가 다른가 하면 형편에 따라 치러지는 유동적인 제의祭儀이다. 해마다 잠수굿을 치르는 북제주군 구좌읍 동김녕리 잠수회는 음력 삼월 초여드렛 날이면 어김없이 그 마을 해녀의 수호신인 '알성세기 할망'을 모신 당堂에서 성대하게 굿을 거행한다. 잠수굿이 영등굿과 다른 점은 철저하게 제주해녀 공동체의 축제이면서 또한 그 공동체가 차린 지역민을 위한 잔치마당이라는 데에 있다. 잠수굿이 행하여지는 날은 그 마을 모든 주민이 잠수회의 손님으로 초대된다.

제주해녀 공동체는 굿을 통하여 저들의 공동체를 과시하고 그 지역사회의 구성원임을 주지시킨다. 지역사회도 역시 이들의 의식에 동참하므로써 동등한 파트너, 그 사회를 견인하는 해녀공동체의 힘을 새삼 확인하게 되는 것이다. 해녀공동체 내부는 잠수굿을 행하는 과정에서 결속력을 다진다. 굿판이 진행되는 동안 일터를 통하여 생사고락을 함께 하는 자들만의 공감대가 짙게 벤 정서가 제장祭場을 휩싼다. 또한 같은 '불턱'에서 좋은 일 궂은 일을 함께 하다가 먼저 '저 디(곳)' 저승으로 떠나간 영혼을 '이 디(곳)'

이승의 굿판으로 불러내어 함께 먹고 마시며 춤추고 노래한다.

제주해녀의 제의에는 늘 '저 디(곳)'에서 살고 있을 죽은 자를 위한 의衣와 식食을 제공하는 순서가 있다. 이를 '지들인다'고 한다. 제주해녀 공동체는 의례를 통하여 산 자와 죽은 자가 '한솥밥을 먹는다'는 공생共生의 사생관死生觀을 가진다. 이는 잠수의 의식세계에 내재된 산 자와 죽은 자의 경계가 매우 희박함을 단적으로 보여주는 하나의 예이기도 하다. 한편으로는 생존을 위하여 일터를 공유하던 이가 육신이 죽음으로 인하여 더 이상 생업에 종사하지 못하는 상황에 놓였으니 그의 생존을 공동체가 당연히 책임질 의무가 있다는 생각의 발로가 행위로 나타났고, 굿 제차에 정식으로 등재된 것으로도 볼 수 있다. 잠수세계에는 삶을 저버린 죽음은 없기 때문이다.

어떠한 집단이든 그들만의 고유한 의례를 행한다는 것은 생활사의 유구한 역사에서 움튼 문화의 정수를 보여주는 것이다. 제주해녀 사회에서 행해지는 잠수굿에서 새삼 이를 확인하게 된다.

(2) 개인 제의

제주해녀 사회에서 개인의 의례는 어떤 부조리한 상황을 타계하려는 '굿'이라는 신앙행위로 나타난다. 이는 예전과 지금이 다르지 않다. 물질 도중에 놀라는 등 이유가 분명하지 않은 질병에 걸리면 해녀를 수호하는 당의 무당인 '심방'을 대동하고 가서 굿을 한다. 치병을 목적으로 하는 해녀의 굿으로는 '푸다시'와 '추는 굿·두린 굿'이 대표적인 것이다.

'푸다시'는 가벼운 주술과 춤, 무악을 동원하여 환자를 신앙적으로 닦달하는 데서 유래한 이름이다. 이에 비하여 '추는 굿·두린 굿'은 그 이름에서도 미루어 짐작할 수 있듯이, 심방과 동료 해녀들이 춤추고 노래하는 가운데 환자로 하여금 미친 듯이 춤추게 하여 한을 풀어버림으로써 치유하는 굿을 말한다.

제주지역어로 '두리다'는 말은 '미쳤다'는 뜻과 '어리다'는 두 가지 뜻이 있는데 이 굿에서는 그 두 뜻이 두루 포함된 듯 하다. 따라서 이 굿을 치를 때는 환자가 갑자기 어린아이처럼 말투며 행동이 달라지고 이 점이 용납된다. 또한 굿을 주도하는 행위가 주로 무척 역동적인 가락인 제주 '소리(민요)'들이 동원되는가 하면 헤비메탈적인 연주를 능가할만한 무악기의 연주로 일관한다.

이외에도 집안의 자잘한 근심이 있을 때, 가족구성원 중의 누군가의 미래에 대한 궁금한 점이 있을 때, 가족의 무사안녕을 빌 때, 물질을 무사하게 치뤄지는 데에 대한 해녀 개인의 감사한 마음 등을 신앙행위로 표현하는 것을 '비념'이라고 한다. 바닷가 양지뜸에 정갈한 초석 한 닢 펴놓고 '심방'을 불러 앉혀 자신들을 수호하는 신들, '할망'과 '하르방'에게 신탁을 묻는 모습은 마치 해녀와 심방과 신, 세 사람이 만나 담소하는 것처럼 보이기도 한다.

어느 '불턱'이든 가장 명예롭게 여기는 것은 동료해녀가 작업 도중에 목숨을 잃은 예가 없다는 걸 든다. 그러나 실상은 그러한 불턱은 매우 드물어 찾아보기가 쉽지 않다. 해녀가 물질 도중에 사고를 당하여 목숨을 잃은 일이 닥치면 그 불턱은 물론 온 마을 불턱에서는 당분간 물질을 멈춘다.

시체가 물 위로 떠오르지 않거나 물흐름에 밀려 찾지 못할 때는 온마을 해녀들은 솔선하여 수색작업에 나선다. 대개 며칠 안에 시체를 찾을 수 없을 때 수색물질을 중단하고 시체가 자연히 물위로 떠오르기를 기다린다. 그렇게 기다리다 보면 물때에 맞춰 밀물을 타고 시신이 갯가로 치오른다. 끝내 시체를 찾지 못하는 경우도 심심찮이 발생한다.

일단 시체를 찾았으면(못찾아도 일정한 시간이 흐른 후에) 장례를 치른 다음 갯가에서 '개닦이' 굿을 한다. 이 굿을 하는 목적은 첫째, 물밑에 가라앉은 혼백을 뭍으로 건져 올려 저승으로 고이 보내는 것이고 둘째로는 한 해녀의 비명횡사非命橫死로 인해 부정해진 바다를 맑게 다스려 액을 막는 데 있다.

7. 나오며

제주해녀 사회는 제주여성 사회에 자발적으로 대물림되는 열린 직업 공동체이며 지역을 대변하는 큰 여성조직이었다. 그러나 이제는 아무도 그 일원이 되고자 하지 않는다. 제주의 젊은 여성은 제주해녀사회에 들어가기를 일찍이 1960년대 후반부터 거부하고 있다.

이러한 결과의 기저에는 제주해녀 공동체가 지닌 역할, 경제력, 지역사회에의 참여, 기여 능력 등을 전혀 고려하지 않고 오랜 세월동안 폄하해 온 한국사회의 의식의 편향성에서 기인한 보수적인 사고방식에서 비롯된 시각이 깔려있다. 그런데다 지역사회와 일부 학계마저 이들의 존재를 오직 경제활동에서만 부각하려 하였다. 제주해녀사회가 가정경제와 지역경제를 책임진다는 자부심과 더불어 제주사회의 주체세력으로 굳건하게 이바지한다는 헌신정신이 받치고 있음을 간과한 결과이다. 혹은 정체성에 대한 논란에서 불거진 부정적 견해도 일조하고 있다고 본다. 얼마 전에는 제주해녀 사회의 자의식에 대한 연구결과도 나왔다.[104] 이 연구결과에 따르면, 5, 60대 해녀는 자신의 직업에 대하여 매우 긍정적인 반면, 3, 40대는 부정적이라고 표현하였다는 것이다.

예전 해녀공동체의 최고 의결기관이었던 잠수회가 어촌계로 흡수되면서 자율권을 완전히 상실하였다. 제주해녀 사회 스스로 공동체의 일원을 자율

---

104) 안미정, 「제주해녀의 이미지와 사회적 정체성」(제주대학교 석사학위논문, 1997).

통솔하던 조직관리도 '잠수장'이란 제도 도입과 함께 지자체 관리 아래 들어가 있다. 따라서 지금은 해녀사회 공동체의 의식도 변하였다. '다같이' 살아나가기 보다는 '나 혼자' 좀더 많은 소득을 높이고 잘 살겠다는 쪽으로 기울어 결속력도 예전 같지 않다. 시대가 변하는데 제주해녀 공동체만 변하지 않기를 바라는 것도 일종의 인식의 오류를 발생할 수 있는 매우 주관적인 판단이다.

보는 시각에 따라서는 아직도 제주해녀의 존재를, 한반도뿐 아니라 일본과 블라디보스톡 등지로 출가하던 제주해녀가 광복 이후 점차 육지 연안 어촌과 일본 등지에 정착함으로써 새로운 문화의 전파자로까지 기능하였다고 보는 견해도 있다.[105] 또한, 20세기 말에 기획기사를 통하여 21세기의 '청색혁명(Blue Revolution) 시대의 도래'를 예견한 월간조선의 「21세기 일류 해양부국을 위한 기본구상」(1999년 11호 특별부록)에서는 다음과 같이 소상하게 서술하고 있다.

20세기가 육지의 세기였다면, 21세기는 분명 海洋(해양)의 世紀(세기)가 될 것이다. 『國富論』(국부론)의 저자인 아담 스미스는 해양개발과 이용이 國富(국부) 창출의 핵심요인이 될 것이라고 전망했다. "해양을 다스리는 자가 세계를 지배한다"고 갈파한 영국의 월터 럴레이卿(경)의 말에도 나타나 있듯이 역사적으로 세계 문명의 중심에 있던 강대국들은 대부분 해양국가들이었다.

21세기를 눈앞에 둔 지금 해양의 중요성이 다시 부각되는 이유는 무엇일까. 바다는 앞으로 인류가 풀어야 할 숙명적 과제인 식량문제, 자원문제, 환경문제를 해결할 수 있는 마지막 보루이기 때문이다.

바다가 인류에게 주는 가장 중요한 가치는 바다 자체가 갖고 있는 환경생태

---

105) 오선화, 앞의 논문(1998).

적 가치일 것이다. 최근 영국의 과학전문지『네이쳐』는 해양의 기후조절능력, 해양생태계의 재생산능력, 오염물질 自淨(자정)능력 등 생태적 가치는 매년 21조 달러에 이르며, 이는 인류가 매년 경제활동을 통해 생산하는 GDP의 1.3배에 달하는 것으로 평가했다. 21세기를 눈앞에 둔 지금, 60억명에 달하는 인류의 생존문제는 해양문명의 도래가 없다면 아마 18세기 말 맬서스가『인구론』에서 주장한 비관론적 종말을 초래할 수밖에 없을 것이다.

일찍이 제주해녀 사회는 21세기에 와서 비로소 대두되는 해양문명 사회를 나름대로 구축하여 왔다. 이제 와서는 제주해녀 사회를 피상적이고 환상적이며 이미지화된 것이 아닌 실제에 접근하려는 노력이 필요하다고 본다. 해양문명의 도래가 벨(D. Bell)의 후기산업사회(Post Industrial Society)와 나이스비트(J. Naisbitt)가 주장한 '거대한 조류(Megatrend)'에 얹어 21세기 인류사회를 견인하고 있다면 제주해녀는 가장 앞서서 달려온 집단이다.

이에 대하여서는 다소 다른 견해가 이즈음 들어 학계에서 대두되고 있다. '일하는 여성'으로 제주해녀의 전형이 고착화된 이면을 들여다보면, 이는 조장되어진 결과로서 사실 제주여성은 매우 일하는 삶을 고달파한다는 것이다.[106] 그러니까 제주해녀가 능동적·적극적인 의지의 발로로 일을 하느냐, 아니면 수동적으로 소극적인 자세에서 마지못하여 상황이 어쩔 수 없어 일을 하느냐는 매우 중요한 이슈이다. 하더라도 제주해녀에 대한 능동/수동적·적극/소극적인 견해의 차이를 일단 보류한 채 그 행위유형만을 놓고 봤을 때는 앞에서도 언급한 바대로 제주사회의 인적·물적 인프라 구축의 주도세력인 것만은 확연한 역사적 사실이다. 예전의 제주여성은 일하는 자세와 표현 양식에 있어서 매우 이중적이었음을 상기한다면 어떤

---

106) 권귀숙,「제주해녀의 신화와 실체」,『한국사회학』30집(봄호, 1996); 김효선,「제주도에서의 가정폭력」(제2차 월례발표회 발표논문, 한국여성학회, 2001).

한 쪽에 치우쳐 결론짓기가 못내 어렵다.

물론 제주해녀에게서는 부지런함, 무뚝뚝함, 투박함, 억척스러움이 엿보인다. 이러한 특질들은 제주의 자연환경, 역사, 시대상황 속에서 형성된 집단적인 모델일 뿐 아니라 집단적으로 추구하는 가치기준 혹은 의지와 지혜의 표상인 동시에 제주여성적인 것이라고 할만하다. 그렇더라도 그러한 특질이 원형성을 가지게 되는 값에 대하여서는 이제 막 논의가 움트는 단계이기 때문에 단정하기를 보류하는 것은 바람직하다고 본다.

새로운 세기에 '문화의 지체현상'을 빚지 않고도 앞으로 나갈 저력이 제주해녀 사회에 아직까지 남아있는 지는 단언할 수 없다. 그렇더라도 오직 첨단화되는 정보를 누리면서 편의에 의하여 삶터를 옮겨 다니는 새로운 인류의 '신유목민시대'인 이 때에 제주해녀의 역동적인 삶은 생활의 견본으로도 연구할 가치는 충분하다고 본다.

제주해녀의 역사적 고찰

박찬식

1. 들어가며

'해녀海女'는 몸에 아무런 장치 없이 맨몸으로 잠수해 전복·소라·미역·우뭇가사리 등 해산물을 직업적으로 채취하는 여자를 말한다. 해녀의 본고장인 제주에서는 이들을 '잠수潛嫂', '잠녀潛女'라 부르고, '전복을 따는 사람을 낮잡아 이르는 말'을 뜻하는 '비바리'라고 부르기도 한다.[1]

제주해녀에 대한 연구는 주로 민속학자와 사회학자·인류학자에 의해서 수행되어 왔다.[2] 최근 경제학 측면에서도 돋보이는 연구가 진행되었다.[3]

---

1) 강영봉, 「濟州語 '비바리' 語彙에 대하여」, 『영주어문』 5(영주어문학회, 2003), 11쪽. 본고에 서는 통칭으로 일반화된 '해녀'란 용어를 쓰지만, 조선시대에는 당시 불리던 역사적 용어로 '잠녀'를 쓰도록 하겠다.
2) 대표적인 연구성과를 각 학문분야별로 나누어 소개하면 다음과 같다.
  ·민속학 – 김영돈·고광민·한림화 공저, 『제주의 해녀』(제주도, 1996).
  ·사회학 – 조혜정, 「발전과 저발전 : 제주해녀 사회의 성 체계와 근대화」, 『한국의 여성과 남 성』(문학과지성사, 1988); 권귀숙, 「제주해녀의 신화와 실체 : 조혜정 교수의 해녀론을 중심으로」, 『한국사회학』 제30집 봄호(한국사회학회, 1996).
  ·인류학 – 유철인, 「물질하는 것도 미리싸움 : 제주해녀의 생애이야기」, 『한국문화인류학』

그동안 해녀 연구를 통해 '강인한 여성'으로 상징되는 해녀의 이미지는 상당한 정도로 굳어졌다. 그러나 이러한 인식은 역사적 접근에 의한 결론은 아닌 듯하다. 해녀 연구의 우선적인 과제를 새로운 여성성의 신화(강한 여성)를 창조하는 것이라기보다는, 이러한 여성성의 신화 그 자체를 구체적으로 '해체'하는 작업(탈신화화 작업)이어야 한다는 지적은 경청할 만하다.[4]

이러한 신화를 해체하는 작업 가운데 선행되어야 할 것은 역사적인 접근이다. 그럼에도 불구하고 지금까지 해녀에 대한 역사적 접근은 거의 없었다. 1932년 해녀항일투쟁과 일제하 해녀에 대한 경제사적 접근을 시도한 연구 외에는 찾아볼 수 없다. 제주 지방사를 규명하는 데 독특한 주제 중 하나인 해녀에 대한 역사적 연구가 없었다는 것은 해녀 연구의 기반이 그만큼 약하다는 현실을 반영한다고 하겠다.

이 글에서는 우선 해녀에 대한 시대적 변천 과정을 사료에 바탕을 두고 실증적으로 검토하여 보고자 한다. 역사주의 원칙에 입각하여 당시 시대상에 입각해서 사실을 해석함으로써 해녀에 대한 기존의 인식을 바로잡는 계기로 삼고자 한다.

2. 조선전기 포작과 출륙금지령出陸禁止令

제주도는 원래 화산섬이기 때문에 토질이 척박하여 땅으로부터 나는 생산물에만 의존하여서는 생계를 유지하기 어려운 형편에 놓여 있었다. 때문

---

31 - 1호(1998); 안미정, 「제주해녀에 대한 이미지와 사회적 정체성」, 『제주도연구』 15(1998).
· 기타 - 강대원, 『해녀 연구』(한진문화사, 1973); 『제주잠수권익투쟁사』(제주문화, 2001).
3) 진관훈, 「일제하 제주도 경제와 해녀노동에 관한 연구」, 『정신문화연구』 94(2004).
4) 권귀숙, 앞의 논문(1996).

에 도민들은 일찍부터 전복·미역 등의 수산물, 유자·귤 등의 과실류, 말을 비롯한 목축물, 가내수공업품을 가지고 육지에 나아가 쌀·베·소금 등과 맞바꿔 오곤 하였다.

이와 같은 제주도민의 어려운 생활은 조선왕조의 집권적 지배체제가 확립됨에 따라서 더욱 악화되었다. 즉 조선왕조의 행정력이 제주도에까지 미쳐 옴에 따라서 공물 진상과 그에 따른 노역 징발이 과다하게 책정되어 갔다. 선조 34년(1601) 제주에 어사로 왔던 김상헌金尙憲이 남긴 기록에 따르면, 16세기 말엽에 도민의 생산물이 거의 공물이나 관청의 수요에 충당되고 있음을 알 수 있다. 그리고 수령과 토호에 의한 수탈까지 겹쳐서 도민들은 더할 수 없는 고통을 겪게 되었다.[5] 더욱이 조선 초기 이래 빈번해진 왜구의 침범에 따라 제주도 해안 방어가 엄중해지면서 제주의 남성들에게 과다한 군역도 부과되었다.

고역에 시달리던 제주민들은 역을 피하기 위해 집단적으로 제주섬을 떠나갔다. 이미 15세기 후반부터 군역을 담당해야 할 양인良人 및 정병正兵, 진상역을 담당해야 할 공천公賤 등이 역을 피해 제주를 떠나 전라도 연변의 여러 고을로 옮겨 살고 있었다.[6] 흉년이 들거나 진상역이 심해지면 유랑하는 현상이 더욱 두드러졌다.

바다를 건넌 이들은 여기저기 떠돌아다니다가 전라도·경상도 해안에 정착하였다. 특히 성종대로부터 이주 현상이 늘어나면서 이들 출륙 도민들이 여러 곳에 모여 살기 시작하였다. 『성종실록』에는 "제주 사람들 2백여 명이 사천泗川에 와서 사는데, 제주의 '두독야豆禿也'라고만 이름을 칭하는

---

5) 『南槎錄』 권1(선조 35년 9월 22일).
6) 성종 4년(1473) 전라도 관찰사가 전라도 연변 고을에 옮겨 사는 출륙 제주도민을 推刷한 것을 보면, 良人 91명, 正兵 3명, 船軍 12명, 公賤 29명, 私賤 17명이었다. 이들 중 추쇄 대상은 정병·선군·공천으로서, 모두 군역과 진상역을 담당하는 사람들이었다(『成宗實錄』, 4년 3월 28일).

사람들이 처음에는 2, 3척의 배를 가지고 드나들더니, 이제는 32척으로 늘어났으며, 강기슭에 의지하여 여막盧幕을 짓고 산다고 한다"고 기록되기도 하였다.7)

조선 정부는 이들 제주피역자들을 주로 '포작鮑作'·'포작浦作'·'포작인鮑作人'·'포작간鮑作干' 등으로 불렀다.8) 이들 용어는 정부가 피역자를 통칭해서 불렀던 것으로서, 물론 피역자 모두가 해물을 채취하고 진상역을 담당하는 한정된 의미의 포작을 말하는 것은 아니다.9) 조선전기 포작의 생활과 사회경제적 지위, 출륙·정착 경위, 정부의 대응 등에 대해 적어 놓은 기록을 추려보면 아래와 같이 정리된다.

① 의복은 왜인과 같으나, 언어는 왜말도 아니고 漢語도 아니며, 船體는 왜인의 배보다 더욱 견실하고, 빠르기는 이보다 지나치는데, 항상 고기를 낚고 미역을 따는 것으로 業을 삼았다(『成宗實錄』, 8년 8월 5일).

② 제주는 토지가 척박하고 산업이 넉넉지 못하여, 전라도와 경상도 지방에 도망하여 오로지 해물을 채취하는 것을 일삼아, (이것을) 판매하여 생활해 나간다 …(중략)… 이 무리들은 해물을 채취하여 매매해서 살아가고, 간혹 여러 고을

7) 『成宗實錄』, 8년 8월 5일.
8) 『成宗實錄』, 14년 12월 6일; 같은 책, 16년 4월 11일; 같은 책, 16년 4월 12일; 같은 책, 16년 4월 19일; 20년 4월 21일; 21년 10월 24일; 『中宗實錄』, 17년 5월 28일; 같은 책, 17년 6월 26일; 같은 책, 33년 2월 11일; 같은 책, 35년 1월 10일. 국어학계에서는 조선시대 '鮑作'이 바닷물 속에 들어가서 전복·조개·미역 등 해물을 채취하는 사람을 가리키는 '보자기'의 한자 차용 표기라고 한다. 제주도 방언으로는 '보재기'라고 하고, 다른 자료에서는 '浦作'이라고도 표기된다(김찬흡 외 옮김, 『역주 탐라지』(푸른역사, 2002), 155쪽). 한편 이들 포작에 대해서 중세 동아시아 해역에서 이동성과 水賊집단의 성격을 갖는 海民으로 해석하는 연구도 있어 참고된다(高橋公明, 「中世東亞細亞 海域에서의 海民과 交流－濟州島를 중심으로－」, 『耽羅文化』 8(1989)).
9) 앞의 성종 4년(1473) 사료에서 본 바와 같이, 양인·정병·선군·공천·사천 등 다양한 계층이 출륙하였다. 또한 "제주사람들은 비록 포작간이 아니더라도 유랑하는 자가 또한 많으니, 포작간들을 쇄환할 것이 없습니다"(『中宗實錄』, 17년 6월 26일)라고 하여, 일반 유랑인과 포작을 엄밀하게 구분하고 있는 사실도 참고할 만하다.

의 進上을 공급한다 하여, 수령들이 굳이 호적에 편입시켜 백성을 만들지 아니하고, 평민들도 간혹 저들 가운데 투신하여 한 무리가 되기도 한다(『成宗實錄』, 16년 4월 11일).

③ 鮑作干이 해변에 장막을 치고 일정한 거처가 없이 船上에 寄生하고 있는데, 사람됨이 날래고 사나우며 그 배가 가볍고 빠르기가 비할 데 없어서, 비록 폭풍과 사나운 파도라 하여도 조금도 두려워하고 꺼려함이 없으며, 왜적이 이를 만나도 도리어 두려워하고 피해서 달아난다. …(중략)… 연해의 여러 고을에서 封進하는 해산의 진품은 모두 포작인이 채취하는 것이다 …(중략)… 포작인이 이따금 상선을 겁탈하고 사람과 재물을 약탈하며 살해하는데, 간혹 사람이 쫓아가는 바가 있으면 왜인의 신발을 버리고 가서 마치 왜인이 그런 것처럼 한다고 한다(『成宗實錄』, 16년 4월 12일).

④ 제주에서 出來한 포작인들은 본래 恒産이 없고 오로지 고기를 잡는 것으로 業을 삼아, 작은 배에 妻子를 싣고 海曲으로 떠돌아다니며 寓居하는데, 이르는 곳이 만약 마음에 맞지 않음이 있으면, 곧 도망하여 흩어져서, 비록 거취가 일정함이 없으나, 부득이 연해에 의지하여 머물면서 고기를 팔아 생활해 간다(『成宗實錄』, 16년 4월 19일).

⑤ 이 무리들은 이미 배로써 생활하고 있으니, 바다를 방어하는 데 이용하면 곧 국가의 이익입니다. 소재지의 萬戶에게 부근의 가까운 곳에 分置하도록 이미 법을 세웠으니, 그대로 本官으로 하여금 籍에 올려 군사를 만들고, 水軍의 제도와 같게 하되 번들고 교대하는 것을 드물게 하며, 保人의 수를 넉넉하게 하고, 만약에 묵은 땅과 주인이 없는 田地은 점차로 折給해서, 이들로 하여금 힘써 농사짓게 하고, 혹은 해물도 채취하게 하여 살아나가게 하면, 만일 변방에 위급한 일이 있으면 이 무리들이 가장 水上에서 쓸 만한 군사가 될 것이다(위와 같음).

⑥ 연해의 여러 고을과 제주 사람들을 定役한 일은 만약 鮑作干을 삼아 해물

을 채취하여 진상에 이바지하는 것도 身役이니, 마땅히 그들이 거주하고 있는 고을에서 推刷하여 錄案하고, 평소 撫恤하여 그들이 생업에 안주할 수 있게 하는 것이 가하다. 그러나 그들 중 이익을 보고 살기를 꾀하여 다른 고을로 옮겨가는 자를 만약 금하지 아니하여 거주하거나 옮겨가기를 제멋대로 하여 이로 인해 水賊이 된다면 그 폐단을 장차 금하기 어려울 것이니, 청컨대 지금부터는 엄하게 防禁을 더하여 제멋대로 옮겨 다니지 못하게 하고, 만일 도피했다가 발견되는 자는 녹안되어 있는 곳으로 쇄환하되 (후략)…(『成宗實錄』, 20년 4월 21일).

⑦ 浦作輩는 홀아비로 살다가 늙어 죽는 자가 많이 있다. 그 까닭을 물어보니 "본주에서 진상하는 전복의 수량이 매우 많고 관리들이 公을 빙자하여 사욕을 채우는 것이 또 몇 곱이 되므로 포작배는 그 역을 견디지 못하여 流亡하고 익사하여서 열에 둘 셋만 남게 되나 徵斂·供應은 전보다 줄지 아니한다. 이 때문에 그 몸은 오래 바다에 있고 그 아내는 오래 옥 속에 있어 원한을 품고 고통을 견디는 모양은 말로 다 이를 수 없다. 이런 때문에 이웃에 사는 홀어미가 있다 하더라도 차라리 빌어먹다가 죽을지언정 포작인의 아내가 되려고 하지 아니한다"고 하였다.

－본주 貢案에 적혀있는 ○매년 별진상 품목은 추복 3,030첩 조복 230첩 인복 910줄 오징어 680첩 ○사재감 공물은 대회전복 500첩 중회전복 945첩 소회전복 8,330첩 ○별공물은 대회전복 1,000첩 중회전복 700첩 ○대정은 대회전복 500첩 중회전복 230첩 ○정의는 대회전복 500첩 중회전복 195첩 ○이것은 삼읍의 포작으로부터 취하고 기타 海菜 및 수령의 봉송하는 수량은 이 한에 있지 아니하므로 전도의 物力이 거의 여기에 없어진다(『南槎錄』권1, 선조 35년 9월 22일).

우선 포작의 경제 생활은 고기를 낚고 미역·전복 등 해물을 채취하여 판매하는 것을 주로 하였다(사료 ①). 이들은 제주섬에만 국한하지 않고 전라도·경상도 지방에 떠돌아다니면서 물물교환을 하였다(사료 ②, ④). 피역 출류 현상이 일반화된 이후 내륙지방과의 경제 행위는 더욱 잦아졌다. 조선 정부는 이들을 "배를 집으로 삼아 정해 사는 곳이 없는"[10] 일종의 유랑 해상海商 집단으로 보았다.

조선전기 포작은 전복 등 진상물의 부담을 전적으로 안고 있었다(사료 ⑦). 기존 상식으로는 해녀들만 해산물 진상역에 동원된 것으로 알고 있으나, 원래 미역·전복 진상물의 부담은 포작으로 불리는 남자들에게 과중하게 부과되었다. 그러나 과중한 진상 전복의 부담과 관의 수탈 때문에 포작들이 역을 피해 출류해 버리자 그 아내가 대신 부담해야 했고 바치지 못할 경우 형벌을 받았던 것이다. 출류한 포작들이라고 해서 진상역에서 완전히 벗어나지는 못했다. 포작이 남해안에서 채취한 해산품은 진상품으로 봉진되었고(사료 ②, ③), 정부에서도 이들의 진상역을 신역身役으로 여겨 거주하는 고을 관아 대장에 수록하도록 허가하였다(사료 ⑥). 게다가 목사들이 해적을 정탐한다는 구실로 포작들을 집단적으로 남해안 섬으로 몰고 가서 전복을 따게 하는 사례도 있었다.[11]

이와 같이 포작은 진상역을 전적으로 감당해야 했기(사료 ⑦) 때문에 그들의 역은 천역賤役으로 여겨졌다. 그렇다고 그들의 신분을 천민이라고 단정할 수는 없다. 포작간鮑作干(사료 ③, ⑥)이란 명칭에서 보듯이, 조선초기 이들은 신량역천身良役賤 계층으로 간주되었기 때문이다.[12] 한편 중앙정부는 이들 출류 제주도민을 각사노비各司奴婢로 파악하고 있어 주목된다. 중종 35

---

10) 『成宗實錄』, 17년 11월 22일.
11) 『光海君日記』, 원년 11월 3일.
12) 여말선초에 '干'이나 '尺'이라는 칭호를 붙여 이름지어진 자들이 많았는데, 이들은 身良役賤 계층으로 인식되었다. 이들은 곧잘 稱干稱尺者 또는 干尺之徒로 범칭되고, "나라의 풍속이 身良役賤을 혹은 干이라 칭하고 혹은 尺이라 칭한다"라는 조선왕조실록(세종 원년 5 경오)의 기사와 같이 한때 신량역천의 표본처럼 간주되고 있었다(유승원, 「양인」, 『한국사』 25(국사편찬위원회, 1994), 180쪽).

넌(1540) 전라도관찰사 윤개尹漑가 "제주는 토질이 척박해서 백성들이 살기 싫어하여 이주해 나오는 자가 많고 쇄환해 가는 경우도 대단히 많다. 각사노비各司奴婢들도 육지에 본거지를 두고 제주에 납공納貢하는 자 또한 매우 많은데 제주는 선상選上하지 않기 때문이다"라고 하여,13) 이미 16세기 중반에 출륙한 각사노비가 많음을 볼 수 있다. 또한 현종 5년(1664) 충청감사 이익한李翊漢이 "신이 일찍이 제주를 맡고 있으면서 보니, 본주의 각사노비各司奴婢로서 육지로 나와서 살고 있는 자의 숫자가 1만 명에 가까웠다"고 보고하고 있어,14) 피역 출륙한 제주민들을 대부분 중앙관청의 각사노비로 파악하고 있는 것이다. 물론 이들 각사노비가 모두 포작이라고 단정하는 것은 아니지만, 포작의 신분이 신량역천 계층에서 공노비로 전환되어 갔다는 추이는 충분히 추정할 수 있다.

한편 이들 출륙 포작에 대해 정부는 처음에는 강경한 쇄환 대책으로 일관했지만, 시간이 지남에 따라서 남해안에 정착한 포작이 늘어나게 되자 강경방침을 바꾸지 않을 수 없었다. 이들이 왜적과 더불어 해적으로 돌변할 경우 생길 수 있는 위기상황을 사전에 차단하고자 하는 고육책이었다(사료 ③, ⑦). 그래서 이들을 점차 남해안 고을의 호적에 등재하여 정착을 유도하여 갔다(사료 ⑥). 그리고 이들의 군사적 가치를 활용하자는 논의도 제기되었다. 사료 ①과 ⑤에서 보듯이, 포작이 타고 다니는 배가 왜선과 비교해서 튼튼하고 빠르기 때문에 포작을 수군水軍으로 삼아서 활용하려는 건의가 자주 제기되었다.15) 결국 이러한 건의가 수용되어 중종대에는 이들을

---

13) 『中宗實錄』, 35년 1월 10일.
14) 『顯宗改修實錄』, 5년 11월 13일.
15) 곤양·진주·사천·고성에 사는 출륙 제주민에게 수전을 익혀 실전에 활용하자는 건의가 공식적으로 제기되었다(『成宗實錄』, 17년 11월 22일). 출륙 출륙민의 배가 지닌 장점을 활용해 가벼운 배를 만들도록 병조에서 건의하기도 하였다(『成宗實錄』, 20년 12월 10일). 훈련원에서도 배를 잘 다루는 이들을 활용한다면 왜적을 당할 수 있을 것이라고 하였다(『成宗實錄』, 23년 2월 8일).

전라도 우수영에 소속시켜 군사적 역할을 담당하게 하였다.[16)

한편 출륙 제주민들이 거주한 남해안 지역의 원주민들은 이들을 '두무악頭無岳'이라고 불렀다. 왕조실록에는 "연해에 두무악頭無岳이 매우 많은데, 제주의 한라산을 혹 두무악이라고 부르기 때문에 세속에서 제주 사람을 두무악이라고 부르기도 하고, 혹은 두독頭禿이라고 쓰기도 한다"고 적혀 있다.[17) 이 명칭은 그 외에 '두무악頭無惡'·'두모악豆毛惡'·'두모악豆毛岳'·'두모악頭毛惡'·'두독야지豆禿也只' 등으로도 쓰였다.[18)

이들은 언어와 습속 등 생활양식의 차이로 말미암아 그곳 주민들로부터 기피되었고, 정부로부터도 왜구와 내통할 수 있다는 문제 때문에 강력한 통제를 받았다. 때문에 이들 이주민들은 그곳에서도 진상용 해산물을 채취하여 바치는 역을 전담하면서 육지인과는 격리된 가운데 그들만의 마을을 이루고 살았다. 그들은 사회적으로 천시되었지만 점차 동족 촌락을 이루기 시작하여 경제적·사회적 기반을 구축하여 17세기 후반 이후로는 육지의 양인과 동등한 지위를 누리게 되었다.[19)

출륙도민들이 증가함에 따라서 잔류하여 있는 도민들은 더욱 많은 부담에 시달리게 되어 피역 출륙이 그치지 않는 악순환이 되풀이되었다. 그러나 조선 정부에서는 제주도의 유망민들에 대한 행정적 개선을 외면한 채 남해안의 각 군현에서 관내의 출륙 제주도민을 낱낱이 조사 등록하고 이들에게 역을 부과함으로써 그 주거와 생활을 더욱 강력하게 통제하였다. 이와 같은 정부의 조치로는 제주도민의 출륙을 근본적으로 억제하지 못하

---

16) 왜구의 침범이 잦았던 중종대에 우수영에 소속된 포작들을 제주도로 쇄환하려 하자, 왜적에 맞서 배를 작동할 사람이 없어진다는 점을 들어 병부와 전라도 관찰사가 강력하게 반대하고 있음이 확인된다(『中宗實錄』, 33년 2월 11일; 같은 책, 35년 1월 10일).

17) 『成宗實錄』, 23년 2월 8일.

18) 『成宗實錄』, 8년 8월 5일; 같은 책, 8년 11월 21일; 같은 책, 17년 11월 22일; 같은 책, 20년 12월 10일.

19) 韓榮國, 「'豆毛岳'考」, 『韓㳓劤博士停年紀念私學論叢』(知識産業社, 1981).

였다. 제주도민에 대한 근본적 생계유지책을 마련하거나 해적·왜구를 그치게 하는 데에는 하등의 효과를 가져오지 못했던 것이다.

그리하여 성종 21년(1490) 10월 제주의 진상물을 실은 선박이 해적에게 탈취되는 사건이 발생하자 정부에서는 출륙 제주도민의 점검을 강화하는 한편, 이들의 출입을 허가제로 할 것을 검토하게 되었고, 또 지금까지 조사 등록되지 않은 새로 육지로 도망쳐 온 제주도민을 모두 원주지로 돌려보낼 것을 검토하게 되었다.[20] 이후 정부는 수시로 이들 새로운 출륙 제주도민을 돌려보내는 한편, 도민의 불법 출륙을 방지하기 위해 도내의 항구를 조천朝天과 별도別刀로 한정시켰다.[21] 당시 이러한 상황을 효종대 제주목사 이원진李元鎭은 다음과 같이 묘사하였다.

이 섬 백성들의 생활은 어렵고 男丁에게 지워진 역이 지나쳐 삼읍 사람들이 육지로 나가 돌아오지 않는 자가 매우 많다. 혹 바다를 건너 도망간 자들이 여러 곳에 흩어져 있다고 하나 그 얼마인지 모른다. 혹 무리 지어 한 곳에 모여 살아 한 촌락을 이루어 자손을 낳고 자라서 세월이 이미 오래되었으므로, 노비를 쇄환하는 법이 비록 엄하다고 하여도 법을 집행하는 관리들이 시행하지 못하였다. 이제 李慶億이 장계하길, 먼저 10년 이내에 도망한 자들을 刷還하였는데, 흉년이 들어 또 쇄환하는 기간을 없앤다 하니 탄식할 일이다.[22]

그러나 이러한 노력에도 불구하고 출륙도민의 발생은 줄어들지 않았다. 15세기 중반부터 시작된 피역 출륙 현상은 장기적으로 이어졌다. 16세기 중반 정부에서는 "제주도는 인물이 떠돌아 날이 갈수록 공허하여진다,"[23]

---

20) 『成宗實錄』, 21년 10월 24일.
21) 『南槎錄』 권3, 선조 35년 10월 12일.
22) 李元鎭, 『耽羅志』 「濟州牧」 「奴婢」조.
23) 『中宗實錄』, 33년 2월 11일.

"제주의 세 고을은 주민들이 날로 유망流亡하여 고을이 거의 빌 지경에 이르렀다"[24]고 우려하는 논의가 진행되었다.

이미 16세기 말엽에 도민의 수가 반으로 줄어들 정도로 이들의 출륙은 격렬하게 전개되어 갔던 것이다. 세종대 민호民戶가 9,935호, 인구가 6만 3,093명이었는데,[25] 숙종 5년(1679)에는 인구 수 3만4,980명으로[26] 인구가 절반 가까이 격감했다. 앞에서 본 바와 같이, 현종 5년(1664) 충청감사 이익한李翊漢의 "제주의 각사노비各司奴婢로서 육지로 나와서 살고 있는 자의 숫자가 1만 명에 가까웠다"는 기록은 실상에 가까운 보고임을 알 수 있다. 특히 군역과 진상역을 담당하는 남정男丁의 인구 유출은 심각한 상황으로 여겨졌다. 16세기 후반에 이르자 '남소여다男少女多'의 인구 불균형 현상이 만연하였다.[27]

조정에서는 이제 제주도민의 출륙을 원천적으로 봉쇄할 방도를 강구해 내지 않으면 안 되었다. 결국 인조 7년(1629) 8월 "제주에 거주하는 백성들이 유리流離하여 육지의 고을에 옮겨 사는 관계로 세 고을의 군액軍額이 감소되자, 비국(備局—비변사)이 도민島民의 출입을 엄금할 것을 청함"에 따라, 제주도민의 출륙을 엄금한다는 명이 떨어졌다.[28] 또한 제주의 여인과 육지인과의 혼인을 금할 것을 국법으로 정하고 여인의 출륙은 특별히 더 엄금하였다.[29] 그러나 과거응시자와 공물진상물의 운반책임자와 기타 공적인 업무수행자에 대해서는 출륙이 허용되었으며, 금지령이 내린 가운데에

---

24) 『中宗實錄』, 35년 1월 10일.
25) 『世宗實錄』, 17년 12월 12일.
26) 李增, 『南槎日錄』, 숙종 5년 12월 초8일. 인구 3만4,980명 가운데 남정은 1만5,140명, 여정은 1만9,840명이었다.
27) "제주 남자는 배가 침몰하여 돌아오지 아니하는 사람이 한 해에 100여 인이나 된다. 그 때문에 여자는 많고 남자는 적어 시골 거리에 사는 여자들이 남편 있는 사람이 적다"(『南溟乘』, 선조 11년 2월 16일).
28) 『仁祖實錄』, 7년 8월 13일.
29) 『備邊司謄錄』, 肅宗 40년 6월 20일.

도 유망자에 대한 쇄환刷還의 노력은 계속되었다.

이러한 출륙금지령이 내려지기까지 전복 진상역을 전담하던 포작의 수는 지속적으로 감소하였다. 인구가 반으로 줄어들었고, 유망자들 가운데 대부분이 진상역을 담당하던 자들이었기 때문이다. 결국 조선후기에 들어와서 포작들의 역 동원으로만 정해진 전복 진상 액수를 채우는 데 한계가 있었다.

3. 조선후기 잠녀와 전복진상역

제주섬의 척박한 자연환경과 중앙정부의 과중한 역의 부과로 도민 생활은 극도로 어려울 수밖에 없었다. 때문에 여인들도 일정한 생업을 갖지 않으면 안 되었다. 게다가 조선전기 이래 포작을 비롯한 제주 남정의 격감에 따라 그들이 지던 군역과 진상의 역은 고스란히 제주 여인들에게 전가되었다.

17세기 초 제주에 어사로 왔던 김상헌은 "제주성 안의 남정男丁은 500이요 여정女丁은 800이니 여정女丁이라는 것은 제주 말이다. 대개 남정은 매우 귀하여 만약 사변을 만나 성을 지키게 되면 민가의 튼튼한 여자를 골라 살받이터 어구에 세워 여정이라고 칭하는데 삼읍이 한가지이다"라고 하여,30) 내륙지방에 보이지 않는 여정의 실체를 주목하였다. 남정 포작이 지던 전복 진상역도 제주 여인인 잠녀들에게 넘어왔다.

조선시대 잠녀들은 관아에서 작성한 잠녀안曆女案에 등록되어 그들 채취물의 일부를 정기적으로 진상 또는 관아용 명목으로 상납해야 했다.31) 지

---

30) 『南槎錄』 권1, 선조 35년 9월 22일.
31) 이형상의 기록(『南宦博物』, 誌俗)에 잠녀안이 관아에 작성되어 있던 것이 확인되지만, 잠녀

금까지 '잠녀潛女'라는 존재가 공식적으로 확인된 최초의 사료는 1630년 즈음에 제주를 다녀간 이건李健이 남긴『제주풍토기濟州風土記』이다. 여기에서 잠녀는 주로 "바다에 들어가서 미역을 캐는 여자"이면서 부수적으로 "생복을 잡아서 관아에 바치는 역을 담당하는 자"로 묘사되고 있다. 즉, 17세기 전반까지만 하여도 전복을 따는 것은 잠녀들이 전적으로 담당해야 할 몫이 아니었다. 앞의『남사록』에서도 보았듯이, 전복 진상역은 포작에게 집중되고 있었다. 그러나 조선후기에 이르자 포작의 수는 절대적으로 감소하고, 그들이 맡던 전복 채취의 역은 잠녀들이 주로 맡게 되었다.

이원진李元鎭 목사가 1653년에 작성한『탐라지耽羅志』에는 "해산물 채취하는 사람들 가운데 여자가 많다"고 하였고,[32] 1679년 정의현감 김성구金聲久가 기록한『남천록南遷錄』에는 "노인들의 말을 들으면 전에는 포작의 수가 대단히 많아서 족히 진상역에 응할 수 있었던 까닭에 진상할 때 조금도 빠뜨림이 없었는데, 경신년庚申年(1620) 이후로 거의 다 죽고 남은 사람이 많지 않다"고 하였다.[33] 따라서 남자 포작이 맡던 전복 진상역은 잠녀들에게 부과될 수밖에 없었다.

원래 포작과 잠녀는 똑같이 해산물을 채취하고 진상역에 동원되었다. 그러나 해산물 채취는 잠녀들만 수행할 수 없는 힘든 일이었다. 또한 진상역의 부과가 가호家戶를 단위로 이루어졌기 때문에 역을 책임지는 포작들의 입장에서도 같은 일을 수행하는 잠녀를 처로 맞이하는 것이 유리했다. 결국 남녀협업과 진상역 분담을 위해 포작과 잠녀가 가족을 이루는 사례가

들이 언제부터 잠녀안에 따라 부역 동원되었는지 정확하지 않다. 또한 이들의 사회적 처지 및 신분에 대해서도 불명확하다. 당시 苦役으로 취급되던 牧子・畓漢・牙兵 등이 모두 寺奴婢로 밝혀져 있으나, 이들 못지않은 고역을 담당하던 잠녀와 포작의 신분은 불명확하다. 앞으로 호적중초 등 고문서를 통한 확인 작업이 필요하다고 하겠다.

32) 李元鎭,『耽羅志』「濟州牧」「奴婢」조
33) 金聲久,『南遷錄』.

일반화되었다.

앞에서 인용한 『제주풍토기』에 "미역을 캐낼 때에는 소위 잠녀가 빨가 벗은 알몸으로 해정海汀을 편만遍滿하며 낫을 갖고 바다에 떠다니며 바다 밑에 있는 미역을 캐어 이를 끌어올리는 데 남녀가 상잡相雜하고 있으나 이를 부끄러이 생각하지 않는 것을 볼 때 놀라지 않을 수 없다. 생복生鰒을 잡을 때도 역시 이와 같이 하는 것이다. 그들은 생복을 잡아다가 민가民家 소징所徵의 역에 응하고 그 나머지를 팔아서 의식을 하고 있다"고 하여, 해산물 채취와 진상품 상납을 남녀협업으로 행하는 모습을 잘 보여주고 있다. 또한 포작들이 "토착 풍습에 따라 수영하는 여자泳女를 첩으로 삼는 것을 능사로 한다"[34]고 기록한 것은 포작과 잠녀의 이러한 관계를 잘 설명해 준다고 하겠다.

아래 인용한 조선후기 여러 기록에 포작과 잠녀가 부부로 묘사되고 있는 것은 이런 당시 실정을 반영한다고 하겠다.

① 浦作의 역은 전에 비하여 더욱 괴로워졌다. 본주의 공안에는 추복·조복·인복을 따로 진상하는데, 사재가 감독하는 공물은 대중회복이 아울러 1만80여 첩, 오징어 1천70여 첩인데 모두가 삼읍의 포작으로부터 거두기에 힘쓴다. 기타 해채는 수령이 헐값으로 억지로 사들여서 다시 이들에게 육지에다 내다 팔아오게 하여 곱값으로 독려하여 받아서 자기를 살찌게 하는 밑천으로 삼는다. 세월이 지나가자 잠녀와 포작배가 곳곳에서 억울함을 호소하였는데, 참혹하고 상심함이 이와 같았음에야. 그러나 그들 무리는 바다에서 따지 않으면 또한 살아갈 수가 없으니 오히려 그 사정의 딱함이 그치지 않는다(李增,『南槎日錄』, 숙종 5년 12월 초8일).

---

34) 李元鎭, 『耽羅志』「濟州」「工匠」조.

② 다시 포작 백여 명에게 진상할 추·인복을 갖추어 납부하도록 하고, 그들의 아내인 잠녀의 역은 전복과 미역을 가리지 않고 관에 납부해야 할 물건을 모두 탕감해서 후에 좋은 변통이 있을 때를 기다려야 할 것이다(李益泰, 『知瀛錄』, 增減十事).

③ (잠녀들의)지아비는 鮑作으로서 겸하여 船格 등 허다한 괴로운 일들을 행합니다. 처는 잠녀로서 1년 동안의 진상 미역과 전복 공납을 준비해야 합니다. 그 고역 됨이 목자들보다 열 배나 됩니다. 대개 1년 통틀어 계산해 보면 포작의 공납하는 값은 20필을 내려가지 않고, 잠녀들이 공납하는 바 또한 7~8필이 됩니다. 한 집안에서 부부의 공납하는 바가 거의 30여 필에 이르니, 갯가의 백성들이 죽음을 무릅쓰고 피하려고 하는 것은 형세가 진실로 그러한 바 있습니다(李衡祥, 「耽羅啓錄 抄」).

이와 같이 포작과 잠녀가 한 가족을 이루는 경우가 많았기 때문에 남자 포작의 감소는 곧바로 잠녀의 부담으로 이어질 수밖에 없었다. 원래 중년 이상의 포작 정원이 300여 명이던 것이 18세기 초에 이르자 88명으로 줄어드는 상황[35]에서 정해진 액수를 채우기 위해 이제 잠녀들을 전복 진상역에 동원시킬 수밖에 없었다. 관에서는 우선 주로 미역을 캐던 잠녀들을 전복 진상역에 동원시켜 나갔다. 1694년 제주목사 이익태李益泰는 이런 상황을 아래와 같이 기록하였다.

진상하는 搥·引鰒을 전복 잡는 잠녀 90명에게 전적으로 책임을 지워왔는데, 늙고 병들어 거의가 담당을 할 수 없게 되었다. 미역 캐는 잠녀가 많게는 8백 명에 이르는데, 물 속에 헤엄쳐 들어가 깊은 데서 미역을 캐는 것은 採鰒女

---

35) 李衡祥, 「耽羅啓錄 抄」.

나 다름이 없다. 미역을 따는 잠녀들은 (전복 캐는 일을) 익숙지 못하다고 핑계 대면서 죽기를 작정하고 저항하며 이를 피할 꾀만을 내고 있다. 모두 같은 잠녀들인데 부담하는 역의 괴로움과 헐거움은 커다란 차이가 있다. 장차 전복을 캐는 잠녀가 없어지지 않을까 염려하고 또한 역을 고르게 하고자 하여, 미역을 따는 잠녀들에게 전복 캐는 것을 익히도록 권면하여 추·인복을 (전복 잠녀들과 함께) 나누어 배정하였다. 종전에 한 명의 잠녀가 지던 역을 10명의 잠녀가 힘을 합하여 (나누어) 분담하니, 매달 초하루에 각각의 잠녀가 바치는 것이 한두 개 전복에 지나지 않았다. (이를 시행하던 초기에는) 소송이 오히려 분분하더니 일 년을 시행하고 나니 편리하다고 하는 자가 많아졌다. 또 이로 인하여 전복 따는 것을 익히는 사람이 있어서 거의 효과를 보았다고 할 수 있다. 그런데 나의 수령 임기가 이미 임박하자, 간혹 마땅히 혁파해야 한다고 말하는 사람이 있어서 (내가) 이를 고집하지 못하였다. 그래서 다시 포작 백여 명에게 진상할 추·인복을 갖추어 납부하도록 하고, 그들의 아내인 잠녀의 역은 전복과 미역을 가리지 않고 관에 납부해야 할 물건을 모두 탕감해서 후에 좋은 변통이 있을 때를 기다려야 할 것이다.[36]

여기에서 보듯이, 17세기 말까지 제주의 잠녀 수는 1천여 명에 달했다. 이들 가운데 일부 전복을 잡는 잠녀들 외에 대부분은 미역을 따는 역할을 맡았다. 관에서는 전복 잠녀와 미역 잠녀들 사이의 균역을 명분으로 전복 잠녀의 수를 늘리고자 하였다. 진상 전복의 수량을 채우기 위해 전복을 채취해 보지 않았던 잠녀들에게 점진적으로 전복 따기를 권장하였던 것이다. 이제 미역뿐만 아니라 전복 진상까지 잠녀의 부담이 되었다.

18세기에 이르자, 진상 전복·미역, 관아용 명목의 해산채취물은 전적으

---

36) 李益泰, 『知瀛錄』, 增減十事.

로 잠녀들에게 부과되었다. 1702년 제주목사 이형상李衡祥은 "섬 안의 풍속이 남자는 전복을 따지 않으므로 다만 잠녀에게 맡긴다"[37] "관에 잠녀안潛女案이 있는데, 진상하는 미역·전복은 모두 잠녀에게 책임 지운다"고 하였다.[38] 이들이 부담했던 액수는 년 7~8필에 달하는 고액이었다. 그러나 포작과 부부관계를 이루는 경우에는 포작이 부담해야 할 년 20필에 달하는 진상 부담도 실은 잠녀의 부담으로 돌아왔다.

이제 잠녀의 역이 매우 심한 고역이 되었고, 이에 대한 개선책이 제시되었다. 정확한 연도는 확인되지는 않지만, 18세기 전반기에 잠녀안은 혁파되어 관의 부역 동원에 따른 전복·미역 채취는 없어졌다.[39] 영조 22년(1746) 당시에는 이미 잠녀안이 혁파되어 있었고, 관에서 사들이는 형식으로 바뀌어 있었다.[40] 영조 40년(1764) 제주에 왔던 신광수申光洙가 남긴 「잠녀가潛女歌」[41]를 보면, "균역법에 따라 날마다 관에 바치는 일은 없고 관리들은 비록 돈을 주고 사들인다 말하지만, 팔도에서 진봉進奉하여 서울로 올려보내는 것이 생전복 말린 전복 하루에도 몇 바리인가"라고 하여, 관에 의무적으로 전복을 바치던 방식에서 역을 덜어준다는 명분으로 관에서 사들이고 있음이 확인된다. 그러나 이 관무복官貿鰒의 경우에도 많은 폐단을 일으켜서 잠녀들은 관무복의 완전 혁파를 요구하기에 이르렀다.[42] 이에 따라서 잠녀가 채취한 전복을 관에서 장악하던 방식은 18세기 후반에 폐지된

---

37) 李衡祥, 「耽羅狀啓抄」.
38) 李衡祥, 『南宦博物』, 誌俗.
39) 18세기 수공업 부문에서 각 지방관아마다 외공장을 관리하는 공장안이 없어져서, 관청에서 일할 것이 있으면 私工을 임용하는 방식으로 전환하였다(김영호, 「수공업의 발달」, 『한국사』 3(국사편찬위원회, 1997), 15쪽). 이러한 추세 속에서 제주 지방관아에서도 잠녀안이 없어진 것으로 보인다.
40) 『承政院日記』, 英祖 22년 11월 19일.
41) 강대원, 『제주잠수권익투쟁사』(제주문화, 2001), 332~334쪽에 원문과 오문복의 번역문이 수록되어 있다.
42) 『承政院日記』, 英祖 22년 11월 19일.

것으로 추정된다.

잠녀가 채취한 주요 품목 중 하나인 미역의 경우에는 그 추이가 정확히 확인된다.[43] 정조 18년(1794)에 잠녀의 역 부담을 감소시키기 위해 수세곽水稅藿을 정액화하고, 관무곽官貿藿을 혁파하여 부담을 대폭 줄였다. 그리고 순조 14년(1814) 관무곽은 일체 혁파되었고,[44] 수세곽의 역도 헌종 15년 (1849) 세곽을 영원히 없앤다는 조치[45]가 내려짐에 따라 잠녀의 고역은 모두 없어지게 되었다. 이제 조선시대 잠녀들은 자신들을 억눌렀던 진상·공납의 고역에서 해방되었다.

잠녀와 진상역을 같이 수행하였던 포작의 경우에도 헌종 9년(1843) 포작이 부담한 진상역을 예리처隷吏處가 대행하고 관아용은 사무역私貿易으로 충당함으로써 그 역이 결국 혁파되었다.[46]

4. 개항 이후 해녀의 출가노동

1876년 개항 이후 자본주의화의 영향으로 제주해녀들의 노동은 경제적 가치를 인정받게 되었다. 해녀들이 채취한 해산물의 상품가치가 높아져서 해녀의 소득이 증가하였다. 해녀들의 채취물은 1900년경부터 일본 무역상들의 등장으로 수요가 증가하여 환금성이 강한 상품으로 여겨졌다.[47]

한편 개항 이후 조선은 제국주의 열강의 군사적·경제적 침탈을 직접

---

43) 권인혁, 「19世紀 前半 濟州地方의 社會經濟構造와 그 變動」, 『李元淳教授華甲記念史學論叢』(1986), 297쪽에 자세하게 정리되어 있으므로, 본고에서는 요약·정리하는 정도로 그치고자 한다.
44) 『備邊司謄錄』 204, 純祖 14년 5월 28일.
45) 『備邊司謄錄』 236, 憲宗 15년 3월 15일.
46) 권인혁, 앞의 책(1986), 297~298쪽.
47) 진관훈, 앞의 논문(2004), 151쪽.

받기 시작하였다. 이 시기 선진 어업기술을 갖춘 일본어민들은 국가권력의 비호 아래 제주연해에 진출하여 거침없이 어장을 침탈하였다. 이 때문에 수산자원이 고갈되어 제주도민들은 커다란 타격을 받게 되었다.

특히 1883년 7월 25일 「한일통상장정」이 체결된 뒤 일본어민의 제주어장 침탈은 급격히 증가하였다.[48] 이들은 대거 잠수기선을 몰고 와서 제주 바다의 밑바닥까지 훑어서 전복·해삼·해초 등을 모조리 긁어가 버렸다. 잠수기선 외에 구마모토熊本 출신으로 전복만을 잡는 '하다카모구리'라는 나잠업자裸潛業者들이 대거 제주연안에 침투하였는데, 이들의 수입은 잠수기업자를 능가했다고 한다. 때문에 1800년대 말까지만 해도 껍질 크기가 8촌 내지 1척이나 되는 거대한 전복도 많았으나, 10년이 지난 뒤로부터는 평균 6촌으로 작아지고 말았다. 해녀들의 작업에 의해 이들 수산물을 채취해오던 제주 잠수업은 잠수기선의 등장으로 커다란 피해를 입었다.

제주에 유배와 있던 김윤식은 이와 같은 실정을 다음과 같이 적고 있다.

어제 고기잡이 일본 사람 수십 명이 성안에 들어와 흩어져 다니며 관광을 했다. 이 가운데서 세 사람이 문경(나인영)과 필담을 했다. 그 중 한 사람이 나이는 15세이나 글을 잘 하는데, 자기말로 나가사키에 살고 있으며, 배마다 하루에 전복을 잡는 게 30꿰미(串, 한 꿰미는 20개), 즉 600개라고 한다.

제주의 각 포구에 일본 어선이 무려 3~4백 척이 되므로, 각 배가 날마다 잡아버리는 게 대강 이런 숫자라면 이미 15~16의 세월이 지났으니, 어업에서 얻은 이익의 두터움이 이와 같은데 본지인은 스스로 배 한 척 구하지 못하고 팔짱끼고 주어버리고 있으니 어찌 애석하지 않으랴.[49]

48) 姜萬生, 「韓末 日本의 濟州어업 침탈과 島民의 대응」, 『제주도연구』 3(1986), 107~111쪽.
49) 『續陰晴史』, 光武 3년(1899) 8월 29일.

잠녀들의 채취량은 현저하게 줄어들어 생존권의 위협을 받았고, 결국 이들은 타지역으로 출가出稼하지 않으면 생계를 이어나갈 수 없게 되었다.

제주해녀들의 출가는 1887년 경남 부산의 목도牧島로 간 것이 시초였다.50) 이후 일제강점기로 들어오면 한반도 남부 지역뿐만 아니라 북부 지역, 일본, 따롄大連, 칭다오靑島, 블라디보스톡까지 넓어져 갔다.

출가 해녀 수는 1910년대에 2,500여 명이던 것이 30년대로 들어오면 4,000여 명에 달하였다. 1930년대 후반에 나온 자료를 통하여 이 당시 해녀들의 출가 상황을 보면 다음과 같다.

〈표 1〉 출가 해녀의 진출지와 수효

		전남	전북	경남	경북	충남	강원	함남	함북	황해	합계
1937	한반도	408	19	1,650	473	110	54	32	5	50	2,801
	일본	對馬島	高知	鹿兒島	東京	長崎	靜岡	千葉	愛媛	德島	
		750	130	55	215	65	265	51	10	50	1.601
1939	한반도	전남	전북	경남	경북	충남	강원	함남	함북	황해	합계
		367	7	1,581	308	141	60	106		14	2,584
	일본	對馬島	高知	鹿兒島	東京	長崎	靜岡	千葉	愛媛	靑島	합계
		686	95	18	144	54	365	67	35	28	1,548

(濟州島廳, 『濟州島勢要覽』, 1937, 1939 참조)

1929년경 출가 인원은 3,500여 명이고 어획고가 50여 만원인 데 대하여, 제주도내 작업 인원은 7,300여 명이고 어획고는 25여 만원이었다.51) 해녀

---

50) 양홍식 · 오태용, 『제주향토기』, 프린트본, 1958. 한편 1915년 당시 제주군 서기였던 江口保孝는 1892년 경상남도 울산과 기장으로 출어한 게 최초라고 하고(「濟州島出稼海女」, 『朝鮮報』, 1915. 5. 1), 桝田一二는 1895년 부산부 목도에 출어한 것이 처음이라고 하였다 (「濟州島海女의 地誌學的究」, 『大塚地理學會論文集』 第2輯(下), 1934).

51) 康大元, 「昭和 4年 濟州島海女漁業組合 沿革」, 『海女研究』(1970).

들은 매년 4월경에 출가하여 9월까지 활동을 하였는데, 해녀가 많이 분포한 구좌면·성산면의 경우 해녀의 수입이 차지하는 비중이 절반이나 될 정도였다. 사정이 이렇게 되자 해녀들은 어떻게 해서라도 출가 어로에 나서려고 하였다. 해녀 출가가 절정에 이르렀던 1932년에 제주도 해녀조합원의 총수가 8,862명이었는데, 그 중 57%인 5,078명(일본 1,600명, 한반도 3,478명)이 출가하고 있다. 이와 같이 제주해녀의 출가 노동은 일제강점기에 일반 관행으로 정착되었다.

이들 출가 해녀들의 생활은 매우 비참했던 것으로 당시 기록들은 전하고 있다. 출가 해녀들은 그 지방 어민과의 분쟁으로 시달림을 받았다. 대표적인 사건이 1912년에 일어났던 울산소요 사건이었다. 결국 제주해녀들은 1913년부터 그 지역 어업조합에 입어료入漁料를 바치고 채취 활동을 하였다.[52]

해녀들은 채취한 해조류를 객주客主에게 팔았는데, 객주들이 무지한 해녀들을 상대로 채취량과 가격을 속이는 일이 허다하였다. 이들 객주는 매년 1~2월경에 제주도에 와서 해녀들을 모집하였다. 응모자에게는 채취물을 좋은 가격으로 매입할 것을 약속하고 출어出漁 준비자금이라 하여 해녀들에게 전도자금을 주기도 하였다. 전도자금은 고리대로 대여되었고 물품대금은 어기漁期를 끝내고 지불하였으므로, 그간에 자금이 바닥나버린 해녀들은 하는 수 없이 객주에게 다시 자금을 빌리지 않을 수 없는 악순환이 초래되었다. 그 결과 해녀들은 객주들에게 예속되어 싫든 좋든 수확물은 모두 객주에게 팔지 않을 수 없었다.

객주들의 자금은 거의 일본 상인들이 대어 주고 있었다. 이들 상인들은 객주와 결탁하여 해녀들의 채취물을 헐값으로 사들여서 일본인이 세운 해

---

52) 康大元, 「濟州島海女 入漁問題의 經過」, 앞의 책(1970).

조회사에 넘겼다. 이외에도 해녀들이 타고 다니는 어선에는 소위 거간꾼이 있어서, 객주와 해녀 사이에 거간료를 가로채었다. 결국 해녀들이 고생하며 채취한 해조류는 제 가격을 받지 못하고, 중간상인이 이익을 가로채 버렸다.[53]

이와 같은 출가 해녀들의 비참한 생활상을 접한 제주도의 유지들은 출가해녀들을 보호하고자 1919년 10월경에 김태호金泰鎬 등이 발기하여 '제주도해녀어업조합'을 조직하였다.[54] 그리고 1920년 4월 16일 정식으로 해녀조합은 창립되었다.[55] 이 해녀조합은 해녀가 생산한 물건을 공동으로 팔게 하며, 중개도 하여 주고, 자금을 융통하여 주기 위하여 설립하였다. 이에 제주도 당국은 상위행정구역인 전라남도에 의뢰하여, 전남 이스미츄 조亥角仲藏 도지사가 해녀들의 주요 활동 지역인 경상남도 당국과 협상을 하였다. 그러나 마침 부산에 일본인이 조선해조주식회사를 세울 계획이 있음을 알고, 이즈미亥角도지사는 해녀조합을 이 회사에 부속시키기로 하여 버렸다. 이에 대하여 해녀조합측에서는 즉각 반발하여 군도 곤도近藤 제주도사를 앞세워 직접 경상남도 당국과 협상을 하였다. 그 결과 1920년 4월 28일 경남도청 지사실에서 제주도, 경상남도, 조선수산조합, 조선해조주식회사의 관계자들이 모인 가운데 회의를 열었다. 회의 결과 해녀조합의 주장이 대부분 관철되었다.[56]

해녀조합은 제주도 일원을 대상으로 조합원 8,200명을 가입시켰다. 본부는 제주읍내 삼도리에 두고 각 면에 12개의 지부를 설치하였다. 출가 해녀의 보호를 위해 부산에 출장소, 목포·여수에 임시출장소를 설치하였다. 해녀조합은 1920년 5월 21, 22일 이틀에 걸쳐 조합원 총대회를 열어, 조합

---

53) 『동아일보』, 1920년 4월 22일.
54) 『동아일보』, 1920년 4월 22일.
55) 康大元, 앞의 글(1970).
56) 『동아일보』, 1920년 5월 5일.

자금 3만원을 식산은행殖産銀行 제주지점으로부터 대출받고 해녀들의 어로품은 조합 부산출장소와 제주도 내 각 지부에서 공동경매에 붙이기로 결정하였다. 이후 해녀조합은 해녀들의 권익 보호와 신장을 위하여 여러 가지 노력을 기울였다. 부산에 있는 조선해조주식회사를 인수하여 공동판매를 조합의 직접 관할로 하게 되자, 해녀조합의 공동판매고는 1921년에 9만원, 1922년에 19만원, 1923년에 22만원, 1924년의 경우 30만원으로 급신장하였다.[57]

그 결과 제주해녀들의 출가는 더욱 늘어나게 되었다. 그러나 출가 해녀의 급증으로 경상남도의 지역 어업조합과의 갈등을 빚게 되었다. 해녀조합의 활동 이후 1923, 4년경에는 그 지역 어업조합의 반대로 제주해녀의 입어가 거부되었고, 심지어 기장機張 지역에서는 폭행 사건까지 발생하였다.[58] 이러한 문제에 대하여 전라남도와 경상남도 당국 사이의 협상을 거친 끝에 1925년 2월에 '해녀의 입어에 관한 협정'이 체결되었다.

이 협정에 따라 제주해녀들은 경상도 지역 어업조합에 가입하지 않아도 되었다. 그러나 생산물의 거의 절반 이상을 해조회사에 팔지 않으면 안되었고, 입어료도 거의 5할 이상 인상되었다. 그리고 제주도 해녀는 1,712명에 한하여 부산·동래·울산 지방에서의 입어를 허가받게 되었다. 결국 1925년의 협정으로 제주도 해녀들은 출가로 인한 수입 확보에 불리함을 겪지 않을 수 없었다.

게다가 해녀조합은 1920년대 중반 일본인 제주도사濟州島司의 해녀조합장 겸임[59]이 이루어지면서 어용화되어 갔다. 일제는 축산조합·임야조

---

57) 『동아일보』, 1924년 4월 28일.
58) 『동아일보』, 1924년 4월 28일.
59) 해녀조합의 초대조합장은 前田善次 島司인 것으로 나타나고 있다. 前田 도사는 1925년의 '해녀의 입어에 관한 협정'의 체결시에도 해녀조합의 조합장 자격으로 참여하고 있음이 확인된다.

합·도로보호조합·연초조합·해녀조합·어업조합[60] 등 다양한 관제조합을 통해 수탈정책을 수행하였다. 이들 관제조합은 생산물의 판매에 적극 개입하여 소수의 일본인 상인이나 조선인 중간상인과 결탁하여 생산자의 자유 판매를 금지하고 생산비에 충당하지도 못할 정도의 지정가격을 설정하여 수탈하였다. 그리고 지정상인의 불법적 매수 행위를 관제조합의 힘으로 보호하여 주었다. 이들 관제조합 가운데도 해녀들이 가입하여 있는 해녀조합의 수탈은 특히 극심하였다.

해녀가 출가지에서 채취한 해조류는 대부분이 부산의 조선해조주식회사에 의해 판매되고, 매상고의 5할은 이 회사에 수수료로 지불하고, 1.8할 정도는 해녀조합의 수수료로 공제하였다. 여기에다 조합비, 선두船頭의 임금, 거간 사례비 등으로 다시 공제하였으므로, 해녀의 실수입은 2할 정도밖에 안되었다고 한다. 해녀조합 운영자들은 모리배들과 결탁하여 지정상인을 만들어 상권을 좌우하고, 각종 생산물은 아직 채취하기도 전에 매입이 행하여지고 있었다. '선구전제先口錢制' 판매라고 하여, 아직 바다 속에서 어획물을 채취하기도 전에 지정상인들에게 입찰시켜서 최고가격 입찰자에게 매수권을 인정하여 지정판매권을 부여하는 방식을 강요하였다. 그러므로 그 대상 물건의 지정 가격은 시가의 반액 정도로 낙찰되는 것이 보통이었고, 생산자는 시가를 알면서도 지정가격대로 따라가지 않으면 안되었다. 남은 이윤은 생산자인 해녀가 아니라 해녀조합과 상인들에게로 넘어갔다. 생산자에게 지불할 대금은 생산물이 완전히 상인에게 인도된 후 상당한

---

60) 어업조합은 해녀조합과는 달리, 해녀가 아닌 일반 어민들을 조합원으로 가입시켰다. 이미 1916년 구좌면 월정리에 구좌면 어업조합이 설립되었고, 1925년에는 서귀포에 서귀포 어업 조합이 설립되었다. 그리고 1930년에는 제주읍을 비롯하여 한림, 애월, 성산, 조천 등 각 면 단위로 어업조합이 신설되었다. 이후 해녀조합과 각 면 어업조합의 분쟁으로 문제가 심각하여지자, 1936년 12월에 각 면 어업조합과 해녀조합을 합병하여 새로이 전도적인 제주도어업 조합을 설립하였다.

시일을 두어 결제하여도 무난하였으므로 해녀들에게는 대금 지불이 상당히 늦어졌다.

결국 당시 해녀들은 자신들의 채취물을 자유로이 판매할 권리조차 없었던 것이다. 또한 그들은 무지하였기 때문에 부당한 수수료나 선주船主들의 교제비를 부담하고, 자신들이 받아야 할 배급물자도 선주에게 가로채이면서도 아무런 저항을 하지 못하였다. 이러한 해녀들의 불만은 해녀조합에 대한 반발로 이어졌고, 1932년 구좌·성산 지역을 중심으로 해녀항일투쟁이 발발하는 주요 원인이 되기도 하였다.

5. 해녀의 항일운동

1919년 3·1운동 이후 조선의 독립과 해방을 위한 항일운동은 전국적으로 확산되었다. 무수히 많은 항일운동 가운데 제주도에서 일어난 해녀항일투쟁은 여성들, 그것도 사회적으로 과거 전통시대 천역賤役이라고 천시되던 해녀들이 일으킨 운동이었다는 점에서 주목된다.[61]

1930년대로 접어들어 해녀의 권익을 보장해 주어야 할 해녀조합은 철저히 어용화되어 그 횡포가 극에 달하였다. 1930년 성산포에서는 해초 부정판매 사건이 발생했다. 경찰은 이를 항의하러 갔던 현재성 등 4명을 검거하고 29일의 구류에 처했다. 해녀들과 지역 청년들은 사건의 진상을 알리고 당국의 일방적인 조치를 규탄하는 격문을 작성하여 성산포와 구좌면 일대에 널리 배포하였다. 경찰은 격문 작성의 책임자로서위원회 구좌면 하

---

61) 제주해녀의 항일운동에 대해서는 藤永 壯와 박찬식의 다음 글을 주로 참고하여 작성하였다. 藤永壯,「一九三二年濟州島海女のたたかい」,『朝鮮民族運動史研究』6(1989); 朴贊殖,「濟州 海女의 抗日運動」,『濟州海女抗日鬪爭實錄』(濟州海女抗日鬪爭紀念事業推進委員會, 1995).

도리 청년 오문규 · 부승림 두 사람을 검거하고 벌금형을 언도했다.[62]

성산포 사건을 통해 해녀들은 관제 해녀조합에 대한 저항 의식을 공유하게 되었다. 해녀들은 자생적으로 해녀회를 조직하여 단결하여 갔다. 해녀회는 성산포와 구좌면에서 가장 활발한 활동을 개시하였다. 이런 가운데 하도리 해녀들이 조합을 상대로 투쟁하는 사건이 발생하였다.[63]

1931년 하도리 해녀들이 캐낸 감태와 전복의 가격을 조합측에서 강제로 싸게 매기려 하자, 해녀들이 강력하게 항의하였다. 거센 항의에 부딪힌 조합측은 정상적인 매입을 약속했으나 몇 달이 지나도록 실행에 옮겨지지 않았다. 결국 하도리 해녀들은 조합의 무성의한 태도에 반발하여 1931년 6월부터 직접 투쟁에 들어가기로 결의하였다.

우선 해녀들은 이웃 마을인 종달 · 연평 · 세화리 해녀들에게 진상을 호소하고 면민들에게 조합의 정체를 알리고 규탄하는 활동을 개시하였다. 활동적인 해녀들은 각 마을을 다니면서 사건의 진상을 알리고, "우리들의 생활과 이익을 지키기 위해서는 단결해야 하며 싸워야 한다"는 것을 강조하였다. 이러한 해녀들의 조직적인 활동에 따라 각종 집회가 열리고, 농민회 · 해녀회 등의 모임에서는 각종 관제조합을 쳐부수자는 결의들이 채택되었다. 결국 1931년 12월 20일 하도리 해녀들은 회의를 열어 해녀조합에 대한 요구 조건과 투쟁 방침을 확정하고, 즉각 해녀조합 사무소가 있는 제주읍으로 향했다. 경찰의 제지를 염려하여 발동기선을 타고 제주읍으로 출발했으나, 폭풍으로 배가 나아가지 못해 이 투쟁은 수포로 돌아갔다. 결국 본격적인 해녀 투쟁은 다음해로 넘어가게 되었다.

1932년 1월 7일 하도리 해녀 3백여 명은 세화리 장날을 이용하여 본격적인 시위를 전개하였다. 이들은 호미와 비창을 들고, 어깨에는 양식 보따

---

62) 『조선일보』, 1930년 9월 11일; 11월 1일; 12월 11일.
63) 玄尙好, 『一九三一年 濟州島 海女鬪爭의 史實』, 1950(프린트본).

리를 매고 하도리로부터 시위 행렬을 지어 세화 시장에 도착하였다. 그리고 부근 마을에서 모여든 해녀들과 합세, 집회를 열어 해녀조합에 대한 성토를 하고 제주읍을 향해 행진하여 나아갔다. 시위 행렬이 평대리 구좌면 사무소에 다다르자, 면장이 나서서 요구조건을 해결하겠다고 약속하여 오후 5시에 일단 해산하였다.[64]

이러한 약속은 이행되지 않았고, 해녀조합에서는 채취물에 대한 지정판매를 강행하기로 하였다. 조합의 지정판매에 불만을 품어오던 구좌·성산의 해녀들은 각 마을별로 회의를 여는 등 해녀조합에 반발하는 분위기가 확산되어 갔다. 마침 지정판매일인 1월 12일은 제주도사 겸 제주도해녀어업조합장인 다구치田口禎熹가 새로 부임한 뒤 순시하러 구좌면을 통과할 날이고 세화리 장날이었다. 따라서 구좌면 하도·세화·종달·연평리, 정의면(현 성산읍) 오조·시흥리 등의 해녀들은 시위를 벌이기로 결행하고, 이 기회에 도사에게 요구 조건을 제시하기로 결심하였다.

12일 장날이 되자 세화경찰관 주재소 동쪽 네거리에 종달·오조리 해녀 3백여명과 하도리 해녀 3백여 명, 세화리 해녀 4십여 명이 일시에 모여들었다. 시위대는 호미와 비창을 휘두르면서 만세를 외치며 세화장으로 향하였다. 시위대는 세화장에 모여든 군중들과 더불어 집회를 열고, 각 마을 해녀 대표들이 항쟁의 의지를 다지는 연설을 차례로 하였다. 이때 마침 제주도사를 태운 자동차가 시위대 뒤로 달려오다가 놀라서 도사 일행은 구좌면 순시를 포기하고 돌아가려 하였다. 그러자 시위대는 집회를 중단하고 차에 몰려가서 도사를 에워쌌다. 해녀들은 호미와 비창을 들고 "우리들의 요구에 칼로써 대응하면 우리는 죽음으로써 대응한다"고 외치며 달려들었다.

---

64) 『조선일보』, 1932년 1월 14일.

사태가 험악하여지자 도사는 해녀들과의 대화에 응하기로 하였다. 이에 해녀측에서는 '지정판매 반대', '해녀조합비 면제', '도사의 조합장 겸직 반대', '일본 상인 배척' 등의 항일적 성격의 요구 조건을 내걸고 직접 도사와 담판을 벌였다. 결국 도사는 해녀들의 시위에 굴복하여 요구 조건을 5일 내에 해결하겠다고 약속하였다.[65]

그러나 도사가 돌아간 이후 일제는 무장경관대를 출동시켜 1월 23일부터 27일까지 34명의 해녀 주동자들과 수십 명의 청년들을 체포하여 버렸다. 심지어 전남 경찰부에서 응원 경관이 파견되기도 하였다. 이에 각 마을 해녀들은 심하게 반발하였고, 26일에는 우도 해녀들이 주동자를 검거하러 온 배를 에워싸고 시위를 벌이기도 하였다. 결국 27일 종달리 해녀들이 검거되자 석방을 요구하며 시위를 전개하다가 경찰이 출동하여 진압 해산됨으로써 해녀들의 저항은 진정되었다.[66]

1931년부터 1932년 1월까지 지속되었던 제주도 해녀투쟁은 연 인원 1만7,000여 명의 참여와 대소 집회 및 시위 횟수 연 230여 회에 달하는 대규모의 운동이었다.[67] 이 사건은 제주도 해녀들이 해녀조합의 횡포에 저항하였던 생존권 수호를 위한 운동이었다. 그러나 단순히 생존권을 지키기 위한 투쟁으로만 볼 것이 아니라, 일제의 식민지 수탈정책에 적극적으로 저항하였던 항일운동으로 평가된다.

그 까닭은 우선 이 싸움을 이끈 부춘화·김옥련·부덕량 등은 모두 하도강습소(하도보통학교 야간부) 제1회 졸업생으로서, 문무현·부대현·김태륜

---

65) 『조선일보』, 1932년 1월 15일; 1월 24일.
66) 『조선일보』, 1932년 1월 26일; 1월 27일; 1월 28일; 1월 29일.
67) 이 숫자는 앞의 『제주도 해녀투쟁의 사실』에 의거하였다. 연 인원에는 간부회를 포함한 일반 회의·항의대회·시위 등에 참여한 인원이 모두 합산되어 있다. 시위 참여 인원은 연 4,286명으로 조사 기록되어 있다. 또한 집회 및 시위 횟수는 회의·간부회나 항의대회 등을 전부 합친 숫자이다. 시위 횟수는 하도리 3회, 종달리 2회, 우도 2회, 세화리 2회 등 총 9회로 조사되어 있다.

등 청년 지식인 교사들에게 민족 교육을 받았기 때문이다. 이들 해녀들은 청년 교사들로부터 『농민독본』·『노동독본』 등의 계몽서를 배우고, 한글·한문뿐만 아니라 저울 눈금 읽는 법까지 교육받았다고 한다. 둘째, 이 운동의 저변에는 '혁우동맹'·'조선공산당 재건제주야체이카'와 같은 청년 민족운동가들의 활동 조직이 존재하였다는 점이다. 이들은 이 운동을 단순한 생존권 투쟁의 차원에서 항일운동의 차원으로 끌어올렸던 세력이라고 보아진다.

6. 나오며

조선시대 잠녀潛女는 국가의 진상역에 얽매인 존재였다. 처음에는 미역 등을 주로 따다가 포작배의 피역에 따른 역 담당자의 부족으로 17세기 후반 이후 점차 전복을 따는 '비바리'가 되었다. 조선후기 '출륙금지령'과 타 지역에서 보이지 않는 '여정女丁'의 존재, 독특한 '여다女多'의 역사적 상황 등은 이와 같은 맥락에서 이해되어야 한다. 즉 제주도를 떠나버린 남자의 일을 대신 수행하는 과정에서 해녀의 일이 지나치게 부과되었고, 고역이 되었던 것이다. 해녀가 원래 기질이 강인한 게 아니라, 역사 속에서 부과된 질곡임을 전제해야 한다.

18세기 전반기에 해녀를 관의 수탈구조에 옭아맸던 잠녀안이 혁파되면서 해녀들의 채취물(전복·미역)은 관에서 사들이는 방식으로 바뀌었다. 19세기 초에 관에서 잠녀로부터 전복과 미역을 사들이던 방식도 혁파되고, 수세水稅를 내는 방식만 남았다가, 1849년 해녀에 대한 중앙정부의 역 부과가 영원히 혁파되었다. 드디어 전통시대 진상·공물 부담의 고역에서 해방된 것이다.

1876년 개항은 제주해녀들에게 두 가지 변화를 가져왔다. '출륙금지'에서 벗어나 타 지역으로 출가를 하며, 임노동을 통한 '돈맛'을 보게 되었다. 반면 일본 어민의 진출에 따라 제주어장이 황폐화됨으로써 생존권을 위협받게 되었다. 이는 제주해녀의 출가를 더욱 촉진하였다. 이들의 집단공동체 노동 과정을 통해 해녀공동체의 자생력이 신장되었고, '잠녀회'를 비롯한 노동공동체의 조직화가 이루어졌다. 일제강점기를 거치며 해녀들은 교육을 통해 근대적 계급의식과 민족의식을 깨우치기도 했다. 1932년의 해녀항일투쟁도 이러한 조직화와 의식화가 가져온 결과라고 할 수 있다.

해녀의 역사적 변천 과정을 통해 국가의 예속에서 서서히 벗어나 돈벌이를 위해 출가노동에 적극 나서고, 나아가 일제의 식민지적 수탈에 적극 저항하는 해녀의 역사적 성격이 형성되었다고 할 수 있다. 향후 해녀사 연구는 이러한 통시적인 해녀 역사를 밑그림으로 하여 다양한 일상생활사·미시사적인 접근을 시도해야 한다고 할 수 있다.

해녀 노래에 나타난 노동기능과 정서

좌혜경

1. 들어가며

해녀노래는 '배 젓는 소리', '이엿싸 소리', '네 젓는 소리'(노 젓는 소리), '잠수소리' 등의 명칭으로 불려지는데, 과거 제주의 해녀들이 돛배를 타고 물질 작업을 나갈 때 노를 저으면서 불렀던 '해녀 노 젓는 소리'를 말한다.

현대에 오면서 문명의 발달로 동력선으로 대치된 이후부터 노동을 위한 노래는 필요하지 않게 되었다. 노동기능성은 사라졌으나, 아직도 해녀노래를 잘 부르는 가창자歌唱者들이 많다.

그리고 노래는 섬 문화의 전통색을 잘 반영한다. 제주해녀들 20여명이 한 배를 타고 남해안, 전라도, 경상도, 강원도까지 출가出稼물질을 떠나면서 직접 번갈아 노를 저으면서 노래를 불렀다. 이때 누군가가 먼저 노래를 하기 시작했는데 그 이후 잘 발달된 장르형태로 발전했다.

해녀노래에 대한 기존의 연구성과는 1970년대까지 현장론적 조사보고가 있고[1] 해녀민속과 관련된 구비전승으로서의 노래 분석이 주를 이루었다.2) 그 결과 노래에 나타나는 해녀작업 기능과 관련된 노래내용은 해녀작업의 실상, 한계, 고통, 노 젓는 바다의 상황과 뱃길, 노 젓는 기백, 출가생활에서 얻어진 개인적인 서정 등으로 분석되었다.

해녀노래 연구의 목적은 세 가지 점에서 그 의의를 둘 수 있다.

우선, 노래를 통해서 섬사람들의 삶의 존재방식에 관한 고찰을 할 수 있다. 제주해녀들의 노래는 노동현장과 삶, 제주여성, 제주인에 대한 정체성을 보여주는 귀중한 자료이다.

둘째, 해녀노래는 원시어업노동요로서 미학적 가치가 뛰어나다. 고난과 극복의 인간적 삶을 표현하는 문학적 양식樣式을 극명하게 보여준다.

셋째, 해양문명사적 관점에서 해녀노래는 노동 기능요機能謠로서, 노동이 생기면서 곧 바로 발생했다고 볼 수 있는데, 노동기원과 음악, 문학적 특성을 살필 수 있다.

넷째, 바다를 근간으로 생업을 이끌어 가는 사람들은 대체로 신앙에 의지하게 된다. 제주도의 해신신앙은 제주민들의 정신적 지주이다. 신앙의지가 노래속에서 잘 표출되고, '노 젓는 소리'는 제주에서는 아직도 전승되고 있고 육지부에도 전파되었다. 전통의 원시적 어업 노동요가 아직도 전승되고 있는 지역은 세계적으로 희귀하다. 가까운 일본 아마들의 노래 비교를 통해 우리 민요의 특성을 살필 수 있다.

본고는 물질작업에 임하는 여성들 노래 각 편을 중심으로, 사설을 분석하여 기능성과 정서가 표출된 단락을 구분하여 살피고 전승의 측면을 고찰하고자 한다. 또 노래 각 편의 민속적인 상황을 통해 민요 속에 나타난 제주 여성들의 삶을 조명하는 계기로 삼고자 한다.

---

1) 김영돈, 『제주의 해녀』(제주도청, 1999).
2) 김영돈, 「제주도 민요연구」(동국대학교 박사학위논문, 1983).

2. 해녀노래의 유형

1) 해녀 노 젓는 소리

일반적으로 해녀노래라고 할 때는 주로 '해녀 노 젓는 소리'를 칭한다. 이 노래의 생산 주체는 흔히 '줌녀潛女', '줌수潛嫂'라고 하는 해녀들이다. 주로 돗배의 네(ㄴ)를 저어 물질작업을 하러 섬으로 가거나, 출가(出稼)[3]를 위해 육지부로 배를 저으면서, 또 '뱃물질'을 나갈 때 부르는 '네(ㄴ) 젓는 소리'와 테왁을 짚고 물에 뛰어들어 'ᄀᆺ물질' 작업을 하면서 부르는 '테왁 짚엉 희여가는 소리'로 기능적 특성이 다르나 노래는 비슷하다. 해녀 노젓는 소리는 기능성을 위주로 하기 때문에 가창형식은 사설을 메기는 선소리와 후렴으로 구성되는 선후창의 형식, 혼자만의 구연으로 이루어지는 독창형식, 그리고 선소리 훗소리 모두가 의미있는 사설을 부르는 교창으로 구성된다. 특히 교창 형식은 고정된 사설과 개인적 삶을 노래하여 정서를 표출하면서 불러나갈 때 자연스런 구연이 가능하다. 곧 해녀노래는 해녀들의 삶을 통해 빚어진 생활의 문학으로서, 밭농사와 마찬가지로 바다 물질 작업으로 생계를 이끌어가는 제주 여성들의 노래인 것이다.

바다노동이라는 특수 상황에서 빚어지는 노동 기능성으로 생산층이 제한되어 있는 것처럼 보이나, 바다 근처 마을에 살았던 제주여성들 대부분이 해녀 물질[4]의 경험이 있고, 물질 작업에 임해 오달진 삶을 살아왔으므

---

3) 제주해녀들은 육지부의 다른 지역에 가서 해산물을 따고, 돈을 벌었다. 이를 출가 물질이라고 한다. 봄이 되면 전도금을 받고 육지부로 가서 물질 작업을 하다가 추석 무렵이 되면 제주로 돌아오게 된다. 한때 철새처럼 물질 작업을 위해서 갔다가 다시 제주로 돌아와 겨울철에 다시 제주에서 작업하는 것이다. 주로 배선주가 모집을 하거나, 해녀 대표가 모집을 했다. 해녀들이 번 돈은 상당 부분 가정경제에 보탬이 되곤 했다.
4) 물질이라는 것은 해녀들이 바다에 들어가 해산물을 따거나 해조류를 채취하는 노동행위를 말한다.

배에 노를 저으면서 물질작업 출발 장면(행원리. 2000)

로 제주여성이 부르는 대표적인 민요로 볼 수 있다.[5]

물질이라는 공동의 노동 속에서 생성 구전되고, 다시 육지 출가 물질에서 일정 지역에서 만나, 다시 그 노래들을 공유했기 때문에, 제주도 어느 지역에 가더라도 해녀 노래는 동일한 음악과 공통된 사설을 공유한다.

물질노동에 대한 인식은 대체적으로 "노동 중에서 아마 제일 천한 노동으로 죽지 못해서 하는 것[6]"이라고 인식하는 노동문학으로 볼 수 있으나 해녀노래에 관심을 두었던 외부 관찰자가 바라보는 시각은 다양하다. 그 중에서도 "제주여성들은 강함이 나타난다", "해녀노래는 고난을 극복하는 힘을 지닌 노래들이다"라고 느꼈던 경험적 표현을 종종 듣게 된다.

해녀노래 유형으로는 노동요, 유희요, 항쟁요 셋으로 구분되지만, 해녀 노 젓는 소리인 노동요가 대표격이다. 해녀 노젓는 소리는 시퍼런 바다 위에서 물질 작업에 임하거나 또한 노를 젓는 행위가 공동체적으로 일사불란하게 움직이면서 여럿이 소리를 맞추어야하므로 노래 구연이 공식적인 편이다.

---

5) 해녀노래는 제주도에서 제격으로 불려지고 있다. 제주도 해안마을에는 해녀들이 있고, 해녀가 있는 곳이면 어디든지 해녀노래가 전해진다(김영돈, 앞의 논문(1983), 71~72쪽).
6) 유철인, 「濟州 海女의 몸과 技術에 대한 文化的접근」, 민속학 국제학술회의(한국민속학회, 1999), 37쪽.

2) 해녀항쟁가[7]

북제주군 우도면을 중심
으로 새로 만들어 불려진
노래는 '해녀가' 혹은 '바
다는 갔다'라는 제목으로
불려졌다. 1932년 구좌읍
세화리 해녀 항쟁을 기점
으로 해서 우도 출신 강관
순이 작사하고, 일본의 곡
인 '동경행진곡'의 음곡을

우도 해녀 항쟁 기념탑(2000)

차용하여, 우도 구좌 성산 해녀들 중심으로 불려졌던 신민요다. 현재도 나
이든 해녀들 사이에서 많이 불려지고 있다. 1, 2, 3절은 해녀의 비참한 삶
을 동정하는 내용으로 구성되고, 4절은 일제항쟁의 저항의지를 담고 있다.
또 4절은 구체적으로 항일의 내용을 담고 있어 당시에는 자유롭게 부르지
도 못했었다고 한다.

바다는 갔다

1절

우리는 제주도의 가이없는 해녀들 / 비참한 살림살이 세상이 안다 / 추운 날
더운 날 비가 오는 날에도 / 저 바다에 물결 우에 시달리는 이내 몸

2절

아침 일찍 집을 떠나 황혼 되면 돌아와 / 어린 아이 젖먹이며 저녁 밥 짓는다

---

7) 조사지역 : 우도면 천진리, 조사일시 : 2001년 11월 15일 조사, 제보자 : 김춘산(여, 64, 1938년
생).

/ 하루종일 하였으나 버는 것은 기막혀 / 살자하니 근심으로 잠도 안 오네 /
3절
이른봄 고향산천 부모형제 이별코 / 온가족 생명줄을 등에다 지고 / 파도 세고
물결 센 저 바다를 건너서 / 기 울산 대마도로 돈벌이 간다.
4절
배움없는 우리해녀 가는 곳마다 / 저놈들은 착취기간 설치해놓고 / 우리들의
피와 땀을 착취해간다 / 가이없는 우리해녀 어디로 갈까

3) 유희요 해녀노래

유희요 해녀노래는 '해녀 노 짓는 소리' 사설과 음악을 이용하여 춤을
위해 재구성하고, 유희요로 전환한 새로운 형식의 노래다. 1969년 대구에
서 열린 제10회 전국민속경연대회 때 제주시 남 초등학교 학생들이 해녀
춤과 노래를 구성한 '해녀놀이'를 했다. 그 때 문화공보부 장관상을 탄 이
후, 해녀 춤과 유희요인 이 노래가 유행하게 되어 무대화하기에 이른다.
곧 노동요가 춤을 추기에는 박자와 곡조가 맞지 않아 편곡한 것이다. 이
편곡된 해녀노래는 1971년도에 전주에서 열린 제 12회 민속경연대회 때
'해녀놀이'의 춤곡으로 쓰이게 되었는데, 그 이후 종종 해녀 춤에 쓰이게
되면서 새로운 해녀노래가 전도적으로 학생들 사이에서 유행하게 되었
다.8)

이여도사나 이여도사나   좋다좋다
이여도사나 어어어   간다간다 나는간다

---

8) 조사일시 : 2001년 7월 11일 조사, 제보자 : 이여수(여, 1926년생).

이여도사나 여차여차

이여도 음음음

이여도사나 여차

요넬젓엉 어딜가리

음음음

진도바당 골로나가자

이여도사나 이여도사나

쳐라쳐라 여차여차

이여도사나

허릿대밑에 화장아야

물때나 점점 늦어나간다

어어 이어도사나

쳐라쳐라

이어도사나

아아 물에들레 나는간다

허릿대밑에 화장아야

아아 물때나 점점 어허

늦어나간다 이어도사나 챠라챠

이어도사나 여차여차

이어도사나 음음음

이어도사나 어허어

이어도사나 음음음

허릿대밑에 화장아야

물때나 점점 늦어나간다

어허어 이어도사나

챠라챠 이어도사나

이어도사나 쿵작 쿵작

이처럼 해녀노래는 '해녀 노 젓는 소리'에 나타나는 노동 문학으로서의 공동적 정서, 그리고 해녀 항쟁기간에 불려진 해녀가가 항일의 의지를 담고 만들어졌으며, 유희요로 기능 전환하여 무대화하는 등 나타나는 정서가 다양하다. 해녀노래는 이처럼 다른 기능적 특성을 지니더라도 생활상의 소용에 의해 생겨나서 해녀들의 삶의 정서를 생생하게 보여주는 생활 문학이다.

3. 해녀 노래의 전승과 각편

　　해녀노래 현장으로서 북제주군 구좌읍 행원리 제주도 무형문화재 제1호 해녀노래 보유자 고 안도인을 중심으로 한 민속보유단체에서 전승되는 각편을 예를 들고자 한다. 창자 안도인(여, 1926~2004)은 16세부터 해녀들을 모집하여 인솔하는 배임자인 아버지를 따라 출가물질을 다닐 정도로 물질 기능이 뛰어나고, 해녀노래를 유창하게 할 수 있었다. 부친이 돌아가시자 47세부터 사주로서 직접 해녀들을 인솔하여 육지부에 7년간이나 출가물질을 다녔다. 출가물질 도중에 길가에 버려진 고아들이 불쌍해서 자식으로 데려다 키우는 인간적인 정도 보여주고 있다. 그녀는 2004년에 타계했다.

　　현재 해녀노래 보유자인 김영자(여, 1938년생)와 강등자(여, 1938년생) 씨 역시 노를 저으면서 직접 출가 물질을 했던 해녀들이다. 지금도 물때가 되면 직접 잠수작업을 한다. 동력선을 이용해서 노를 젓는 노동기능은 없지만, 자주 해녀노래를 부른다고 한다.

　　대부분 해녀 노 젓는 소리를 직접 현장에서 구연할 수 있는 것은 대체로 자신들이 겪었던 경험과 직접 관련이 있다.

해녀노래9)

이어싸나	이여싸나
이여싸나	이여싸나
밋밋한	물줄에10)
해풍만 치고요	허적소리11) 나는것은

---

9) 자료조사 : 2002년 3월 12일, 훗소리는 선소리를 그대로 받음.
10) 바다에 일어나는 물줄기.

연락선만   소리로구나

쳐라   쳐라베겨

혼목을젓엉12) 남을준덜

허리지덕   배지덕말라

놈의나고대 애기랑배영

허리야지덕 배지덕말라

우리어멍   날날적에

가시나무   몽고지에13)

손에괭이14) 벡이라고15)

날났던가   이여싸나

이여싸나   요벤드레16)

끊어지면   부산항구

아사이노가17) 없일소냐

요내착이18) 부러지면

대마도산천 곧은 나무

없을소냐   ᄆ를ᄆ를19)

신살르멍20) 젓어보라

기신내멍21) 발버둥치멍

---

11) 뱃고동소리.

12) 한 바탕을 저어서.

13) 노손이라고도 함. 노를 저을 수 있도록 노 위쪽 끗머리에 마련된 손잡이.

14) 손에 못이.

15) 박히라고

16) 낚싯거루의 노를 저을 수 있도록 배 멍에와 노손을 묶어놓은 밧줄.

17) 삼으로 꼰 노끈.

18) 이 노의 상책.

19) 물마루인데, 길게 늘어져 다가오는 파도의 등성이.

20) 신명을 내면서.

동동치멍[22]

무를지라

이여차

간다더니

울고갈길

요금전이[23]

울산강산이

부모형제

어린자석

새벽밥호멍

쳐라쳐라쳐라

흔목젓엉[26]

무를을주랴

벋은닻을[28]

어기야차

배만올라

이여싸나

삼돛돌앙

선주사공

무를지라

이여싸나

어기여차

왜왔더냐

왜왔느냐

아니라면

어딘줄알앙[24]

떨어두곡

정들롸두언

불숨아보라[25]

쳐라베껴

놈을준덜

만리나장상[27]

줌줌이 사려놓고[29]

소리에

가는구나

이여싸나

배질호기

노념이여[30]

---

21) 힘을 내어.
22) 치올려 차며.
23) 이 돈이 아니라면.
24) 어디인지를 알고서.
25) 불 때어 보라.
26) 한 바탕을 저어.
27) 먼 곳으로
28) 널리 흘려서 고정시킨 닻.
29) 가지런히 사려놓고

붓대심엉　　　　　　글잘쓰긴

서울양반　　　　　　노념이여

사람마다　　　　　　베실을흐민31)

노숙자가　　　　　　어디시멍32)

의사마다　　　　　　병을보면

공동묘지가　　　　　왜생기나

쳐라 저어라 저어라　므를므를

젓엉가게　　　　　　앞의배를

냉기치자33)　　　　　우리형제

삼형제가　　　　　　들어사난

내도맞고34)　　　　　등도맞고

백만서가35)　　　　　다맞아지네

이여싸나 이여싸나　가다나오다

만난님은　　　　　　정으로나

살건마는　　　　　　여문여장

드린님은　　　　　　법으로나

사는구나　　　　　　이여도사나

쳐라쳐라　　　　　　흔목젓엉

남줄레에36)　　　　　열두신뻬37)

─────────────────

30) 놀이여.
31) 벼슬을 하면.
32) 어디 있으며.
33) 넘어서자.
34) 하네와 젓거리 노를 젓는 동작이 잘 어울려 맞음.
35) 백만사가.
36) 남 줄 때에.
37) 몸에 중요한 열 두개의 뼈마디.

설랑거려[38]

가는구나

잣나무배가

솔나무배가

춤매새끼

자리야잘잘

이여도싸나

밤바다에

궁글리곡[41]

여자의 마음

궁글리네

이여싸나

은과금은

높은낭긔[45]

우리배에

벳ᄆ르만[46]

이물에도[47]

바당에도

자리야잘잘

잘잘가는

솔솔가는

우리야배는

ᄂᄂ는듯이[39]

가는구나

요네둑지[40]

파도가들엉

자그마한

한구미들엉[42]

이여도싸나

요물아레[43]

깔렸어도[44]

열매로구나

선주사공

돌려주소

상ᄆ를이여

물ᄆ를이여

---

38) 움직여서.
39) 나는 듯이.
40) 이 내 어깨에.
41) 흔들리고.
42) 한이 깊어.
43) 이 물 아래.
44) 깔렸어도.
45) 높은 나무에.
46) 뱃전.
47) 배의 앞부분.

요밧안에   무릎없이

이여싸나   이여싸나

이여싸나   어기여차

이여싸나   이여싸나

이여싸나   돈아돈아

말모른돈아   개도쉐도48)

안먹는돈   창고망도49)

못볼르는50)   돈이로구나

부모형제   이별을ㅎ곡

울산강산   뭣이좋아

언제나면   어둑칠월51)

동동팔월   돌아나오라

가고야싶은   고향산천

보고야싶은   부모형제

언제나면   가고나보랴

이여도싸나   저산천에

풀잎새는   해년마다

소곡소곡   나는구나

이여싸나   이여싸나

사름ㄱ찌52)   약한몸에

황소같은   벵이드난53)

---

48) 개도 소도
49) 창구멍도
50) 못 바르는.
51) 어둡고 밝아, 곧 7월이.
52) 사람처럼.

불르는건	어멍이여
춫는 것은54)	냉수로구나
이여도싸나	어기여차
어기여차	이여싸나
이여싸나	요벤드레
끊어야지민	부산항구
아사이노가	없을소냐
이여싸나	요네착이
부러야진덜	대마도산천
올곧은 나무가	없을소냐
이여싸나	요네홀목55)
부러야진덜	부산항구
유도병원	없을소냐
은과금은 철물이여	ᄌᆞ식벳기56)
보배로구나	

　　이 각편은 제주 지역에서 불려지는 해녀 노젓는 소리 사설의 공식구가 그대로 드러나고 있다. 노를 젓고 출가를 떠나는 장면, 노를 젓는 행위의 노동기능성과, 출가해녀 개인적인 서정을 여실히 드러내 주고 있는 것이다. 손꼽힐 정도로 사설내용이 정연하고 사설의 총체적인 집합이라고 해도 과언이 아니다. 특히 물질영업은 현실적으로 그 무엇보다도 금전을 위한, 곧 돈을 벌어야 한다는 경제성에 그 초점을 맞추고 있다.

---

53) 병이드니.
54) 찾는 것은.
55) 이 내 팔목.
56) 자식 밖에.

출가 물질에서 느끼는 가족에 대한 그리움과, 남편에 대해서 냉정함을 질타하며, 또한 기대와 배신감을 표현한다. 자신과 동성인 어머니에 대한 동정과, 반면에 자신의 운명적 삶과 원망의 대상으로 어머니를 설정하였다. 또한 자신의 삶을 자연과 대비시키면서 인생의 허무감을 보여주기도 한다.

2인의 교환창으로 부른 사설은 각자가 다른 사설을 부르더라도 서로가 상당히 교감되고 있으며, 선후창인 경우는 선소리에 동조되는 작사 구성으로 이루어지고 있다.

4. 해녀 노 젓는 소리의 노동기능

1) 물질 작업 출발

해녀들이 일상에서 택한 물질에 관한 제재는 우선 해녀작업 출발과, 해녀작업, 출가出稼생활에 관한 것이다. 대부분 노 젓는 노동기능이 노래와 관련되므로 이는 가장 많이 등장하는 제재라고 볼 수 있다. 출가는 중간소개자에 의해 모집된 해녀들이 음력 3월 경에 떠나서 음력 8월 보름경까지 작업한 후 추석 때에는 다시 제주로 돌아오게 된다. 제주 전역의 해녀들이 출가 물질을 떠났지만 종달리, 행원리, 법환리, 위미리 해녀들이 많이 참가했다.

출가 물질은 경상남도의 부산, 동래, 울산 등지와 경상북도 구룡포, 감포, 양포, 계원, 대보지역, 함경도 부령, 청진 강원도 등의 국내물질과 일본이나 칭다오青島, 따아렌大連, 블라디보스토크 등 국외물질이 있었다. 국외로 나갈 때는 발동선이나 연락선을 탔지마는 한반도의 각 연안과 여러 섬으로 나갈 때는 돛배를 타고 열심히 노를 저으며 해녀노래를 부르곤 했다.[57] 곧 노래는 노동작업에 이바지하는 것으로, 작업 조율을 위한 기능으로써 '노동촉진의 효과', '정신적 분발의 효과', '질서부여의 효과'가 있다.[58]

각편들을 살펴보면,

이어사나   이어싸나
이어싸나   이어싸나
요네둑지[59]   밤바다에
파도가들엉   궁글리곡[60]
자그만   여자의 마음
한구미[61]들어   궁글리네

우리베에   //[62]   선주님아   선주사공
뱃머륵만   //   돌려주소   //
우리형제   //   삼형제가   //
들어사난   //   네도맞고   네도야맞고[63]
등도맞고   //   백만서가   //
다맞아간다 힛 //   어기야차 힛   //

우리야베는 춤나무로 지은베라
춤매새끼 느는 듯이[64] 잘도나간다

---

57) 김영돈, 『제주의 민요』(제주도, 1992), 163~167쪽.
58) 김대행, 「제주도 민요의 노래인식」, 『제주도 언어민속논총』(제주문화, 1992).
59) 이 내 어깨.
60) 파도에 흔들리고.
61) 한스러움.
62) 선소리를 그대로 따라 부름.
63) 하네와 젓거리 노를 젓는 사람들이 노래에 박자를 맞추어 배가 앞으로 잘 나가는 모습.

우리야베는 솔나무로 지은베라
솔락솔락 잘도 나간다

요놋뎅이 뭣을먹고
둥긋둥긋 슬졌는가
지름통을 먹었느냐
ㅂ름통을 먹었느냐

부모형제, 어린 자식을 떨어두고 떠나는 화자의 마음 한구석이 무겁다. 그러나 힘차게 노를 저으면서 앞으로 나아가는 모습이 마치 참매가 날 듯하다. 또 노래로 소나무로 지은 배에 힘을 불어넣어 빨리 나가는 모습을 보면서 상쾌함을 느꼈을 것이다. 한편 삼형제가 노를 잡고서니, 노젓는 동작이 잘 맞아 모든 일이 순조로우리라는 위안을 갖는다. 그러나 밀려오는 파도는 기름을 먹었는지, 바람을 먹었는지 부풀려져 엄청난 크기로 배 앞을 가로막는다. 노래는 노젓는 상황을 잘 표현했다.

2) 노동의 목적

물질은 기본적으로 환금 작물을 채취하는 경제활동이라 할 수 있다[65]. 노래에 나타난 작업 노동의 목적은 현실적으로 금전, 돈 버는 것에 두고 있다. 노동요에서는 노동의 목적이 직접 표현된다. 양태나 망건 등의 관망 노동요에서도 노동의 목적이 '큰집사곡 큰밧사는' 금전 추구에 있다.

힘든 노동으로 모은 돈은 남편 술값으로 지출되고, 그것은 회장술 값도

---

64) 참매새끼 나는 듯이.
65) 유철인, 앞의 글(1999), 38쪽.

못된다. 이러한 돈에 관한 사설은 삶의 극단적인 상황을 표현한 일부분이고, 출가해녀들이 모은 돈은 상당량 집안 경제에 보탬이 되었다.

결혼하기 전 물질작업으로 결혼 혼수를 마련한다거나 출가물질을 다녀와서 밭 떼기나 집을 마련하는 경우를 종종 듣는다.[66] 해녀들은 자라면서도 사시사철 밭농사를 하고, 물질을 해서 돈을 모아 가계에 이바지 하는 것을 당연하고 당당한 삶으로 인식한 것이다.

때문은   때문은
돈아니민   돈아니민
부모형제   피땀을
다떨어두곡   흘리느냐
울산강산   어기여라
뭣이나좋아   어기여라
부모형제   어기여라
이별을ᄒᆞ곡   어기여라
요산천을   이팔청춘
오랏던고   소년들아

산천의 초목은 전라도 제준데
우리야 몸이 지체홀 때는[67] 요객지 생활이 어떨소냐
고향이 따로있나 정이들면 고향이라
고향산천 버려두고 타향땅을 고향삼아 요디오란

---

66) 바깥물질을 치르면서 가정경제에 이바지했던 예를 자주 볼 수 있다(김영돈, 앞의 책(1992), 388~390쪽, 474~488쪽).
67) 머무르는 곳은.

말모른 돈아돈아 돈이좋지 않으면은
어느 누굴 믿고서 여기왔나

물로뱅뱅	//	돌아진섬에(68)	//
호픈두푼	//	모은금전	//
부랑자	//	만나면	//
ㅎ를아침	//	회장거리도	//
못ㅎ는금전//			

3) 노동기능적 상황

노동요의 특징 중에서 가장 두드러지게 나타나는 것은 노동의 상황에
대한 표현이다. 그리고 작업도구나 시간에 대한 인식, 혹은 공간에 대한 인
식들이 병렬적으로 나타난다. 대체적으로 출가물질을 갈 때는 한 척의 배
에 선주, 기관장, 사공, 화장아 등을 포함하여 해녀 15~16명 정도가 타게
된다. 배 위에서 여러 날 함께 숙식하면서 치르는 '난바르' 물질인 경우를
노래할 때는, 기능적 표현 중 시간과 공간에 대한 묘사가 중심이 된다. 여
기서 시간적인 표현은 노동을 독려하는 기능도 있다.

이물에는 이사공아
고물에는 고사공아
허릿대밋듸 화장아야
물 때 점점 늦어나진다

---

68) 물로 돌아진 섬에.

쳐라쳐 쳐라 쳐저어
고요호숨 질게쉬며[69]
지픈물속 들어가니
고동생복은 쌓였건마는
숨이바빠 못ᄒ더라

요물아랜 은과 금이 깔렸건만
노픈낭긔 열매로다[70]

5. 해녀 노 젓는 소리에 나타난 정서

1) 작업의 한계와 염세적 정서

해녀노래는 물질의 기능적 특성을 묘사하는 사설과 더불어 자신의 정서를 노래로 표현하는 두 특성을 지니고 있다. 특히 정서 표출을 담은 사설인 경우는 출가 당시의 심정이나 혹은 가족이나 남편에 대한 그리움, 사랑의 노래, 여정과 향수를 노래한다. 이러한 정서는 비극적이며 염세성을 띠는 경우가 많다. 또 노동의 한계를 인식하거나, 사랑하는 님과의 이별 혹은 자신의 삶에 대한 비탄 등도 표출된다.

물질 작업의 한계는 특수한 장비를 갖추지 않고 치르는 나잠 작업이라는 점에서 두드러진다. 20미터까지 잠수하여 2분 정도 작업하는 초인적인 능력을 갖추었으나, 전복이라도 보여서 물 속 깊이 들어갔다가 숨이 막혀

---

69) 고요하게 내쉬는 숨을 길게 쉬며.
70) 높은 나무의 열매로다.

죽는 경우가 있어서 물질 작업은 마치 목숨이라도 걸어놓은 것과 같다. 그래서 물질을 '혼백상자' 혹은 '칠성판을 등에 지고', '저승질을 왓닥갓닥' 하는 것에 비유했다.

물로야 벵벵 돌아진 섬에
삼시 굶엉 요물질ᄒ영[71)
한푼두푼 모여논금전
부랑자 술잔에 다들어간다

이여싸나   이여싸나
혼백상지[72)   등에다지곡
가심앞의   두렁박차곡
혼손에   빗창을줴곡
혼손에   호미를줴곡
혼질두질   수지픈물속[73)
허위적 허위적 들어간다

버쳤구나 버쳤구나 엿날말로[74)
순다리[75)에 좀우쳐져
보리떡에 숨이찻져

---

71) 세끼를 굶으면서, 이 물질을 하여.
72) 혼백을 넣은 함.
73) 한길 두길 깊은 물 속으로
74) 힘들었구나, 힘들었구나 옛적 말로.
75) 쉰다리라고도 함. 밥과 누룩을 섞어서 발효시키면, 달고 새금진 맛을 낸다. 여름철 음료 대용으로 씀.

불쌍ᄒ고 가련ᄒ 요예ᄌ덜 시간ᄀ린 요영업이여
아이고도 생각ᄒ민 설울러라 불쌍ᄒ다

요물속은 지픔예픔 알건마는[76]
요집살이 임의 속몰라 절색간장 다녹인다
우리님은 어딜가고 아니나 오는고
공동산천 가신님은 ᄒ번가난
또다시 돌아올 줄 모르더라

2) 비극적 인생관

노래 속에서 물질을 하는 곳은 '저승길'이어서, 두렵고 가기 싫은 곳으로 표현된다. 이 곳을 가야되는 운명, 이를 숙명이라고 여긴다면 그들의 의식은 진취적이고 강인하기보다는 체념적이고 순응적이라 할 수 있다.[77]

이러한 비극적 삶의 근원을 자신의 운명 혹은 인생관에서 찾고 있다. 특히 비극적 운명을 지닌 존재로 인식되는 대상은 '어머니'이다. 같은 여성으로서 자기를 낳아 준 어머니는 동류적인 존재이기도 하고 원망의 대상이기도 하다. 이러한 인생관은 자연과 비교, 대조하는 과정에서도 나타난다. 자연의 질서와 섭리와 삶과의 단절을 통해서 비극성은 표출된다. 자연은 자신들의 인생관을 표현하는데, 가장 가깝고 친근한 제재로 동원된다.

설룬어멍 날설아올적[78]

---

76) 물 속의 깊이는 알지마는.
77) 한창훈, 「제주민요와 여성」, 민속학 국제학술회의(3회)(민속학회, 1999), 49쪽.
78) 서러운 어머니 나를 서어올 적에.

어느바당 미역국먹언

절굽마다 날울럼신고[79]

ᄇ름불적 절일적마다[80]

궁글리멍 못사는구나[81]

저산천에 푸슘새는[82]

해년마다 오런마는

우리야 인생훈번 가면은

돌아올줄 몰라지네

어기야차 　　처라베겨라

저산으로 　　내리는물은

일만낭썹 　　다썩은물가[83]

요네우의로 　　내리는물은

일만간장 　　다썩은물가

처라베겨 　　처라 처

3) 의기로운 삶

해녀들의 강인한 삶은 남성들의 존재를 약화시켰다. 해경시[84]에 아낙이

---

79) 파도 칠 적마다 나를 울리는가.

80) 바람불고 파도 칠 적에.

81) 김영돈, 『제주도 민요연구(상)』(일조각, 1981), 141번 자료.

82) 저 산천의 초목들은.

83) 일만 나뭇잎 다 섞은 물인가.

84) 물질 작업을 일정시기 동안 금했다가 해금하는 것.

해온 해산물이나 해조류를 날라다 말리는 '품중'역할을 하는 남편에 대한 인식과 "해녀의 남편은 집에서 애기나 본다"는 속담도 같은 면에서 해석가 능하다. 김영돈은 제주해녀 노래 사설 속에는 "유다른 삶과 오달진 기개가 담겼으며, 제주해녀다운 삶의 방법과 어떠한 고난에도 까무러지지 않는 의지를 터득하고 탄탄한 의기로" 표현한다고 했다.

그 의기는 아마도 고난을 극복하는 원동력이 되었다. 극복의 방식은 노래 속에서 노동의 기백과, 현실적인 인식으로 혹은 기원하는 여성적 존재로 나타난다. 노젓는 기백과 젓고서 나아갈려는 의지는 해녀들이 지닌 삶의 에너지를 말한다. 후렴구 '쳐라쳐라', '이어싸 힛', '이여싸나 이여도싸나', '쳐라베겨'에서 느끼는 강력한 힘의 원동력은 그들 삶의 고통속에서 나온 것인지도 모른다.

물마루와 생의 '마루'는 어기찬 힘으로, 특히 노동으로 극복이 가능해서 자신들의 온 신체를 움직여서 나아가자고 노래한다. 그러다가 노젓는 장비가 파손될지라도 얼마든지 보수가 가능하다고 자위한다.

ᄆᆞ를ᄆᆞ를	중살르멍[85]
열두신뻬	설룽거려[86]
지고야가자	진도나가자
진도나가자	쳐라뒤야
요내착이	부러나진들
대마도산천	올곧은나무
없을소냐	요벤드레
끊어야진들	부산항구

85) 마루마다 힘을 내어서.
86) 열두뼈를 움직여서.

로프줄이	없을소냐
요내홀목	부러나진들[87]
부산항구	유도야병원
없을소냐	
젊은기상	놓았다가
집을사멍	밧을사랴
뭄쫑[88]으랑	집을삼앙
놀고개랑	어멍을삼앙[89]
요바당에	날살아시민
어느바당	걸릴웨시랴[90]

　이러한 의지에 찬 삶은 자연과 같이 해온 노동에서 얻은 교훈과 삶의 지혜에서 얻어진 것이다. "모자반 덩이는 집을 삼고, 놀 고개랑 어머니를 삼는다"는 표현은 늘 같이 해 온 노동 공간과 그들이 넘어야 할 가장 고통스런 대상을, 가장 친근한 대상에 비유하여 더욱 자연과 합일을 이루려고 했다.

　자연과의 불일치가 인간사의 비극적인 특성을 나타낸다면 자연과 합일된 모습에서 강한 힘을 얻게 된 것이다.

---

87) 이 내 손목 부러진들.
88) 해초명, 모자반 덩어리.
89) 파도의 고개는 어머니로 삼고.
90) 김영돈, 앞의 책(1981), 810번 자료.

4) 현실적인 인식

어렵고 위험한 상황에 대처하고 고난의 삶에서 가장 먼저 생기는 것은 '주어진 삶' 곧 노동에 대해 충실하려고 하는 자각과 현실에 대한 정확한 인식이다. 많은 해산물이 바다에 있으나, 다 차지 할 수 있는 것이 아니라 목숨이라는 것을 '담보'하였기 때문에 자신의 순간적 판단이 중요하게 된다. 한번의 실수가 자신의 목숨과 직결되고 죽음으로 전환되기 때문이다.[91]

이러한 현실인식은 생활적 표현에서도 자주 나타난다. "가버린 님을 생각해서 무엇하리," 어처구니 없는 생각을 바로잡고 대응하며, 자신의 본분인 해녀물질 역할로 추스리고 돈에 대한 인식 등 현실적인 삶에 집착하도록 한다.

산뛰는건   웅매로다[92]

여뛰는건   배로구나[93]

요바당에   은광금이

번질번질   깔렸어도[94]

노끈낭긔   열매로다[95]

놀다간건   //

간들잡놈   //

자다간건   //

---

91) 김영돈, 위의 책, 863, 871번 자료.
92) 산을 넘는 것은 매이고
93) 섬을 넘고 가는 것은 배로구나.
94) 반짝반짝 깔렸어도
95) 김영돈, 앞의 책(1981), 840번 자료.

님일러라   //

임조차   //

데려간님은   //

생각하는   //

내가잘못   //

알구야두구   //

속는 것은   //

여지의 마음이   ///(이여도싸)

근실ㅎ다   //

이어도싸 이어도싸 이어도싸나
삼돛돌앙 배질ㅎ게 선주사공 노념이여
붓대나심엉 글 잘쓰긴 서울양반 노념이여
쳐라 어기여차 어기여차 쳐라 베겨라 헤이
혼목을 젓엉 남을준덜 허리나지덕 배지덕말라

5) 소망과 기원

해녀들은 용왕신과 선왕에 대한 신앙심이 강하다. 용왕신은 바다밭을 수호하며, 선왕신은 선박의 수호신이다. 사람의 삶에 있어서 신앙은 상당히 큰 영적인 힘을 갖도록 하고, 어떠한 고난이라도 극복 할 수 있게 한다. 바다라는 특수한 환경에서 치르는 물질 작업과 조난 등 액을 제하고, 해상안전과 해산물의 풍요를 기원하게 된다.

'사수와당', 혹은 '울돌목'을 지날 때에는 수시로 바닷물에 '지'를 드려서 바다가 가라앉기를 바라고, 개인적으로 죽은 조상이 물과 관련이 되어 있을 경우에도 '지'를 바친다. 또한 공동의 신앙의례로서 영등굿은 해녀들의 기원의례로 손꼽을 만하고 바다에 인접해 있는 어느 마을을 가더라도 바닷가에는 해신에 기원하는 남당, 개당, 돈짓당, 해신당 등이 있다.

노래에서는 기원적 사설이 구체화되어 나타나고 항상 정성스럽고 간절한 태도로 노래하는 경우를 종종 볼 수 있다.

눈도나밝은　　서낭님아
앞발로랑　　　허우치멍
뒷발로랑　　　거두치멍
고동생복　　　좋은여로
득달ᄒ게　　　하여줍서
처라이여도ᄒ라
물아래랑　　　용왕님아
물우에랑　　　서낭님아
지어라지어　　훈목져라
섬의 가게

해녀노래에서는 삶의 한풀이를 넘어서서 그들의 의기로운 삶의 모습을 그대로 보여주었다. 조사하는 과정에 해녀노래를 부르던 보유자 안도인씨가 눈물이 나와서 한참동안 중단한 것을 본 적이 있다. 왜 우시느냐고 묻자 "옛날이 생각나서 그렇단다," "문화재도 되고 자식들도 성공하고 울지 말아요"하고 조사자는 대응했다. 곧 해녀노래의 생산층과 수용층의 미학적 경험은 이렇게 달라지고 있다. 해녀노래에 나타난 '고난'의 모티브는 생산층에 의한 것이라면 '극복'이라는 해석은 다소 수용층에 의해 해석된 것으로 볼 수 있다.

시대에 따라 해녀물질 작업에 관한 인식 역시도 변화되고 있다. 젊은 해녀가 가진 '자유직종'이며 '경제적으로 부가가치가 높은 직종[96]'이라는 해녀물질에 대한 인식이 과거 해녀노래 생산층이 지녔던 인식과는 다소 거리가 있음을 알 수 있다.

6. 나오며

제주의 해녀노래는 노를 저으면서 부르는 '노 젓는 소리'가 그 대표격이다. 이 외에도 1932년 세화리 해녀항쟁에서 부른 '해녀가'와 해녀춤을 구성하고 그에 맞게 음곡을 재구성한 '해녀노래'가 있다. 특히 '노 젓는 소리'를 통해서 노동현장과 삶, 제주여성 그리고 이 노래를 부르는 창자층의 정서를 찾을 수 있다.

해녀노래는 원시어업노동요로서 미학적 가치가 뛰어나 고난과 극복의 인간적 삶을 표현하는 문학적 양식樣式을 극명하게 보여주고 있고, 해양문명사적 관점에서 본 해녀노래는 노동 기능요機能謠로서, 노동이 생기면서 곧 바로 발생했다고 볼 수 있는데, 노동기원과 음악, 문학적 특성을 살필 수 있다.

또한 바다를 근간으로 생업을 이끌어 가는 사람들은 대체로 신앙처럼 소망과 기원을 하게되고 해신신앙은 해녀들에게는 정신적 지주였기 때문에 노래의 소재로 종종 등장한다.

기계화된 현실에서 노 젓는 기능은 사라졌지만, 생업의 현장에서 아직도 '노 젓는 소리'가 전승되고 있고, 육지부에서도 부르는 창자들을 만날 수

---

96) 유철인, 앞의 글(1999), 39쪽.

있다. 전통의 원시적 어업 노동요가 아직도 전승되고 있는 지역은 세계적
으로 희귀한데, 이 노래를 전수하고 보존 전승해야 할 필요가 있다.

현대소설에 나타난 제주해녀

김동윤

1. 머리말

본격적인 논의에 들어가기에 앞서 우선 용어를 정리할 필요가 있다. 바
닷속에 들어가 해산물을 채취하는 아낙네를 어떻게 부를 것인가 하는 문
제다. 이에 관해서는 강대원, 김영돈, 전경수, 한창훈 등에 의해 많은 논의
가 있어왔다. 저마다 여러 논거를 동원하여 '잠수潛嫂' 또는 '좀수', '해녀海
女', '잠녀潛女' 또는 '좀녀' 등으로 불러야 한다고 주장하였다. 해녀라는 호
칭은 일본인의 식민지 정책상 천시해서 그런 것이므로 잠수라고 불러야
한다거나,[1] 해녀는 원래 일본 용어라는 점 때문에 잠녀 또는 잠수라는 용
어의 회복과 정착이 바로 탈식민화의 과정이라는 주장이 있다.[2] 그러나 잠
녀라는 용어가 제주도만이 아닌 일본에서도 오래 전부터 사용되었던 것이
고, 해녀라는 용어는 원래 일본에서 온 말이지만 '물질'(해녀가 바닷속에 들어가

---

1) 강대원, 「서문」, 『해녀 연구』(한진문화사, 1973), 22쪽.
2) 전경수, 「제주연구와 용어의 탈식민화」, 『제주언어민속논총』(제주문화, 1992), 487~493쪽.

서 해산물을 채취하는 일을 일컫는 제주방언. 이하 방언형 그대로 사용함)하는 여인을 비하할 의도가 있는 것도 아니기 때문에,3) 굳이 해녀를 버리고 잠녀를 고집할 필요는 없다고 본다. 잠녀는 그 발음이 '잡녀雜女'와 혼동될 가능성이 있음도 고려되어야 한다.4) 잠수라는 용어도 '잠수潛水'와 혼동될 우려가 있다는 점에서 문제가 있다.

작가들도 여러 용어를 두루 사용하였다. 특히 현기영은 이 문제에 적극적인 관심을 가진 바 있다. 장편소설『바람 타는 섬』(1989)에서 그는 다음과 같이 기술한 바 있다.

애당초 '해녀조합'이란 말부터가 글러먹은 거라. 왜 우리가 '해녀'여? '잠녀' 지. '해녀'는 왜말이라. 물질하는 일본년들이 '해녀'라구. 그러니까 '해녀조합'이 아니라 '잠녀조합'이라 해야 옳은 거라. 이렇게 우리 이름까지 빼앗겼는데 다른 건 왜 안 뺏기겠어?5)

작중인물의 입에서 나온 말이지만 이는 작가의 단호한 생각이었던 것으로 비추어졌다.6) 현기영이 이 작품에서 줄곧 '잠녀'라는 표현을 고집하고 있음은 물론이다. 그런데 작품을 자세히 들여다보면 "마을 해녀들은 낮에는 물에 들고 밤에는 두 명씩 짝을 지어 미역밭에 야경을 돌았다"7)에서 보듯이, 같은 소설에서 '해녀'라는 말도 찾을 수 있다. 이는 무의식적으로

3) 김영돈, 「해녀의 명칭」,『제주의 해녀』(제주도, 1996), 42~50쪽.
4) 전경수, 앞의 글(1992), 492쪽; 한창훈, 「제주도잠수들의 생활과 민요」,『시가와 시가교육의 탐구』(2000, 월인), 333쪽.
5) 현기영,『바람 타는 섬』(창작과비평사, 1989), 70쪽.
6) 물론 그 이전에도 '해녀'라는 용어의 문제점이 몇 차례 지적된 적이 있었지만,『바람 타는 섬』에서의 이러한 언급이 나오면서부터 해녀라는 용어가 일제잔재이므로 잠녀로 써야 한다는 인식이 크게 확산된 것으로 보인다.
7) 현기영, 앞의 책(1989), 10쪽.

쓴 것이겠지만, 그만큼 '해녀'라는 용어가 보편화되었음을 입증하는 사례라고 할 수 있다. 현기영의 다른 저작들에서도 '해녀'라는 용어를 사용한 경우가 적지 않다.[8]

이런 점들을 볼 때 어느 용어나 모두 나름대로 문제를 지니고 있음을 알 수 있다. 따라서 이 글에서는, 인용문을 제외하고는, 가장 일반적으로 통용되는 '해녀'라는 용어를 사용하고자 한다.

지금까지 제주해녀에 관한 연구는 민속학·인류학·여성학·의학(생리학)·법사회학·경제학 등 다양한 분야에서 논의된 바 있다. 문학 분야에서도 민요를 비롯해서 설화·속담 등과 관련하여 해녀에 대한 연구성과들이 나오고 있다.[9] 그러나 아직까지 구비문학이 아닌 개인 창작 문학작품을 중심으로 제주해녀에 관해 본격적으로 논의해 본 바는 없는 것 같다.[10] 필자는 이런 점을 감안하여, 제주해녀를 다룬 소설들에 주목해 보았다.

소설 작품 가운데 제주해녀와 관련된 이야기를 다룬 것들이 꽤 있다. 고소설에서도 『배비장전裵裨將傳』의 후반부에 제주해녀가 등장한다.[11] 현대

---

8) 현기영의 창작집 『순이 삼촌』(창작과비평사, 1979)에서는 "상군해녀이던 당신이 갑자기 물이 무서워져서"(48쪽), "해녀들의 물질마저 허락되지 않았다. 해녀들의 궁둥짝같이 넓적둥글한 태왁"(103쪽) 등의 표현이 보인다. 산문집 『젊은 대지를 위하여』(청사, 1989)에서는 "해녀들은 물 속의 미역밭에 자맥질해 들어가"(89쪽), "해녀들은 물과 가까운 데서"(90쪽), "해녀의 노동요"(92쪽), "해녀봉기사건"(96쪽), "해녀들의 항일투쟁"(103쪽), "공동해녀 어로장"(165쪽) 등 여러 차례 해녀라는 표현을 쓰고 있다. 또한 이 책에서는 "우리들의 어머니, 잠수 고씨"(191~197쪽)라는 글이 실려 있는데 여기서는 줄곧 '잠수'라는 용어를 사용했다. 최근의 산문집 『바다와 술잔』(화남, 2002)에는 「탈중심의 변방 정신」(2002)과 「웅혼한 4·3 서사극—화가 강요배」(1992)에서 '해녀'로 지칭하고 있음을 볼 수 있다. 전자에서는 "70여 년 전의 해녀항일투쟁"(65쪽), "해녀항일투쟁을 소재로 쓰여진 나의 장편소설"(66쪽), "연인원 1만 7천여 명이 동원된 해녀항일투쟁"(67쪽) 등의 표현들이 있고, 후자에서는 "제주해녀들의 반일투쟁 이야기를 다룬 장편"(227쪽)이라고 언급되어 있다.

9) 제주해녀에 관한 그 동안의 연구 성과들에 대해서는 김영돈의 「해녀의 특이성과 연구방법」(『제주의 해녀』 제1장)과 해양수산부가 펴낸 『한국의 해양문화—제주해역』(2002) 594~595쪽 논저목록을 참조할 것.

10) 김영화, 「제주 바다와 문학」, 『영주어문』 제4집(영주어문학회, 2002)에서 제주해녀에 관해서 부분적으로 논의되었다.

소설의 경우 1940~1960년대에는 외지인 작가들에 의해 제주해녀가 그려졌다. 제주 출신 작가들에 의해서 본격적으로 해녀들의 세계가 소설화하기 시작한 것은 1980년대부터였다. 이러한 일련의 작품들은 그 예술적 가치와 더불어 제주해녀를 이해하는 자료로서도 충분한 의미를 갖는다. 소설은 사회와 현실의 반영이면서 문화연구의 요긴한 자료가 되기도 하기 때문이다.

따라서 이 글은 우리나라 현대소설에서 제주해녀를 형상화한 작품들을 정리하면서 그러한 소설들에서 제주해녀가 어떻게 재현되었는지를 고찰하는 데 목적을 두고 씌어졌다. 작가들의 눈에 해녀들이 어떻게 인식되고 있는지, 그 인식의 차이가 작품 속에 어떤 방식으로 반영되고 있는지, 인식의 차이가 나타나는 이유는 무엇인지 등에 유념하면서 경향별로 유형화하고 그것을 분석하는 것이 이 연구의 초점이다. 그리고 그러한 사항들이 제주문학의 차원만이 아니라, 제주학의 영역은 물론 한국문학 전반에서 각각 시사하는 바가 무엇인지를 탐색하는 데에도 관심을 가져 보았다.

2. 현대소설에 형상화된 제주해녀의 양상

필자는 제주해녀를 형상화한 현대소설 작품들을 통독해 보고 대체로 그 경향을 세 가지로 나눠 볼 수 있다고 판단하였다. 첫째로는 이국적·성적 이미지로서의 제주해녀, 둘째로는 생활인·직업인으로서의 제주해녀, 셋째로는 역사적 격변 속의 제주해녀 등이 그것이다.

---

11) 권순긍, 「'배비장전'의 풍자와 제주도」, 『반교어문연구』 제14집(반교어문학회, 2002)에 이에 관해 논의되어 있다.

1) 이국적·성적 이미지로서의 제주해녀[12)

현대소설에서 제주해녀를 그린 작품으로는 김정한의 「월광한月光恨」
(1940)을 가장 먼저 꼽을 수 있다. 김정한(1908~1996)은 경상남도 동래군 출신
으로서, 1933년부터 1940년까지 남해도南海島에서 보통학교 교원으로 근무
하면서 작품을 집필했던 적이 있다. 「월광한」은 그 때 썼던 단편소설이다.
이 작품은 그 공간적 배경이 제주도로 설정되어 있지는 않지만 제주해녀
가 주요 인물로 등장한다.

이 소설은 화자話者 '나'가 여름철에 S포구로 출장 나갔다가 자맥질하
던 해녀들을 보게 되면서 이야기가 시작된다. 그 해녀들은 일정 기간 제
주도를 떠나 '바깥물질'을 하는 '출가出稼해녀'의 무리였다. '은순이'는 그
무리의 일원인 '젊은 아주망'이다. '나'는 친구에게 부탁하여 그녀를 만
나게 되는데, 며칠 뒤 그것을 계기로 '이여도'에 함께 가자는 데 서로 의
기투합하여 둘만 배를 타고 바다로 나가게 된다는 것이 대체적인 작품의
내용이다.

…(전략) 제법 위즈워스의 '헤브라이 먼 섬에서 들리는 버꾸기 소리' 따위의
시구(詩句)를 웅얼거리면서 포구를 향해 터덕터덕 땜심 풀린 걸음을 걸었다.
　그러자 마침, 가던 날이 장날이란 격으로, 적은듯 하여 나는, 오리떼같이 한
창 자맥질에 바쁜 해녀(海女)의 한 무리를 발견하였다.
　해녀들의 생활에 대해서 일찍부터 흥미를 가지고 궁금이 여겨 오던 나는, 갑
자기 힘을 얻어서 그들의 일터로부터 가장 가까운 곳으로 달뜬 마음으로써, 그

12) 이 부분의 일부 내용은 필자가 「현대소설에 나타난 제주여성—외지인 작가의 작품을 중심
　　으로」, 『영주어문』 제1집(영주어문연구회, 1999)에서 논의한 사항과 중복되어 있음을 밝혀
　　둔다.

러나 겉으로는 짐짓 예사롭게 자갈을 차며 갔다.

깎아지른 듯한 낭떨어지 밑이었다. 갯바람에 축축한 너럭바위가 있고, 조금 떨어져서 아이들의 주먹만큼씩 한 미끄러운 청조약돌 밭에 그들의 옷과 구덕(바구니)이 올망졸망 놓여 있었다.

나는 나른한 다리를 너럭바위 위에 내뻗고서, 그들이 일하는 바다로 눈을 돌렸다.

하나, 둘, 셋, 넷,….

나는 무턱대고 세기부터 했다. 그러나 쏘대는 병아리를 세면 셌지 세어질지 만무한 일. 요리조리 날렵하게 빠져나가길 잘할 뿐더러 여태껏 망태와 킥을 밀며 물위에 떠다니던 놈이 불각시 허리를 꿉치고서 휘뚝휘뚝 뒤넘기를 치고 나면 이따라 동글한 엉덩이와 앙바틈한 다리마저 가뭇없이 물속으로 살아져 버렸다가 이놈인지 저놈인지 분간을 못하게 여기저기 푸뚝푸뚝 솟굴아 올랐다. 모두 다 수건으로 머리를 둥친 게며, 얼굴을 거의 반이나 덮은 수경 모양이며, 획획 하는 그들 특유의 한숨소리들이 아무리 꼭 다시 노려봐도 열놈이면 열놈이 죄다 마찬가지만 같다. 물론 어느 게 아주망이며 어느 게 비발(처녀)인지도 알 수 없다.[13)

여기에서는 해녀에 대한 낭만적 인식이 표출되고 있음을 엿볼 수 있다. 화자는 대표적인 낭만주의 시인인 워즈워드의 시를 읊조리면서 바닷가를 걸어가던 도중에 작업 중인 해녀의 무리를 목격하는 것으로 되어 있다. 한가롭고 낭만적인 분위기 속에서 이국적인 정취를 풍기고자 하는 작가의 의도를 어렵지 않게 읽을 수 있다. 특히 '동글한 엉덩이와 앙바틈한 다리'라는 표현에서 나타나듯이 화자는 해녀의 여성적인 매력에 주목하고 있다.

---

13) 김정한, 「월광한」, 『문장』 1940년 1월호, 58~59쪽.

다음에 이어지는 부분은 그런 면이 더욱 구체화된다.

결코 처음부터 무슨 데된 꿍꿍이셈이 있어서가 아니다. 다만 입때껏 궁금하게 여겨오던 그들의 생활과 풍속에 대한 가벼운 호기심에 끌려서, 나는 그들이 어서 물 밖으로 나오기를 기다렸다.

이윽고 그들은 이쪽을 향해서 악어떼처럼 헤엄질을 치기 시작했다. 순간 나는 어떤 불안에 가까운 것을 느꼈다. 수경을 건 얼굴들이 모다 사내들에게 지지 않게 억세었을 뿐더러, 마치 내가 무슨 큰 값진 고기덩이나 되는 듯이 앞을 다투어가며 몰려 왔기 때문에.

그러나 수경을 벗고 뭍에 나선 그들은 결코 무서운 악어도 아니고, 우악스런 난봉꾼도 아니었다. 말소리들이 다소 높으기는 하고 물론 한마디도 알아들을 수 없었으되 어딘지 역시 여자다운 구비가 있을 뿐 아니라, 더욱이 그들의 사팍진 아랫동이에는 단단한 가운데도 부드러운 선이 숨쉬고 있었다.[14]

화자는 '해녀들의 생활에 대해서 일찍부터 흥미를 가지고 궁금이 여겨 오던' 사람이었기에, '입때껏 궁금하게 여겨오던 그들의 생활과 풍속'을 확인하고 싶어서 해녀들의 작업을 유심히 지켜보고 있다. 그런데 화자는 그러한 지적 탐구에 그치고 있는 것이 아니라, 거기서 여성적인 매력에 더욱 주목하고 있다. '어딘지 역시 여자다운 구비가 있을 뿐 아니라, 더욱이 그들의 사팍진 아랫동이에는 단단한 가운데도 부드러운 선이 숨쉬고 있었다'는 표현에서도 그것이 확인된다. '꿍꿍이셈'은 다른 데에 있었던 것이다. 화자는 해녀의 무리 중에서도 특히 은순이에게 관심을 가진다. 은순이는 남편이 있는 젊은 해녀다. 화자는 "옥으로 깎은 듯이 푼더분한 얼굴에는

---

14) 김정한, 앞의 책(1940), 59쪽.

붉은 빛이 저절로 더해 오고, 매무시 좋은 흰 저고리 밑의 동그란 허구리며, 아기자기한 몸짓이 …(중략)… 홍겹고도 예쁘다"15)며 은순이의 여성적 매력을 흠뻑 느끼게 되었다. 이렇게 볼 때 "은순이는 해녀라는 직업을 가진 여성으로서가 아니라 '나'를 사로잡은 성적 매력이 있는 여성으로 대상화된"16) 것이다.

이처럼 「월광한」은 1930년대 후반 바깥물질을 하는 제주해녀들의 생활상이 어느 정도 반영된 작품이라는 데 의미가 있지만, 그것의 구체적인 양상에 대한 관심의 반영이라기보다는 다분히 호기심으로 접근한 결과임을 간과해서는 안 된다. 제주해녀가 이국적인 분위기 속에서 성적 대상으로 그려지고 있음을 주목해야 한다는 것이다. 1930년대 후반이라면 해녀항일 투쟁의 여진이 남아있는 상황이었을진대, 해녀들의 고통스런 삶에 관해서는 작가의 눈길이 거의 미치지 않고 있음을 알 수 있다.

허윤석의 「해녀」(1950)에도 제주해녀가 그려진다. 허윤석(1915~1995)은 경기도 김포 출신의 작가로, 그가 언제 제주도를 방문했는지 제주도와 어떤 인연이 있었는지는 잘 알려져 있지 않다. 허윤석의 「해녀海女」는 1948년 4·3 당시 토벌군으로 제주도에 상륙한 '김 중령'의 해골부대가 작전 수행 중에 겪는 일련의 사건을 소설화한 것이다.

이 소설에는 두 명의 '해녀'가 등장한다. '분이'와 '유모'가 그들이다. 이 해녀들을 통해 우선 느끼게 되는 인상은 원시성原始性을 지닌 이국적 여성의 이미지다.

　　최 상사는 느티나무를 돌아서 귤밭 머리로 젊은 해녀 한 사람을 데리고 왔다. 해녀는 옷이라고는 치마를 걸친 것뿐으로 붉은 팔을 그대로 늘이었다. 해녀치

---

15) 김정한, 앞의 책(1940), 72쪽.
16) 송명희, 「해녀의 체험공간으로서의 바다」, 『현대소설연구』 8호(현대소설학회, 1998), 431쪽.

고는 얼굴이 화안할 뿐만 아니라 산짐승이 사향냄새를 지니듯 젊은 살 냄새를 풍겨주는 것이 더더욱 좋았다.[17]

재산무장대在山武裝隊의 아내인 '유모'는 옷을 제대로 걸치지 않은 상태로 나온다. 치마만 입고 윗도리를 걸치지 않은 상태다. 아무리 4·3의 와중이어서 경황이 없는 상황이라고 하지만, 젊은 여성이 윗도리를 입지 않고 다닌다는 것은 선뜻 이해하기 어려운 부분이다. 시간적 배경이 10월말이나 11월인 점을 감안하면 더욱 그렇다.[18] 이런 점은 다분히 등장인물이 원시성을 지닌 이국적인 여성임을 부각하기 위한 작가의 의도가 드러난 것임을 짐작할 수 있다.

'분이'의 성적性的인 면과 관련된 일련의 행위를 보면 작가가 제주해녀에게 부여한 그러한 측면은 더욱 두드러지게 나타난다.

홍분한 손길에 등을 집히운 분이는 일언반구가 없이 고두령이 하자는 대로 몸을 치레했던 귤가지를 벗어 젖히고 대밭을 향해 앞을 섰다. 이런 밤이면 분이는 으레껏 사내들을 위하여 살을 내어맡겨야 할 때가 왔다고만 알았다. 네 사내가 분이를 따라 대밭으로 들어서자 산허리를 스쳐가는 운무가 때 맞춰 달을 묻어 주었다. …(중략)… 분이는 즐겁지도 않은, 슬프지도 않은 밤이었다. 다만 고두령 외에 세 사내의 각각 색다른 피부의 비밀을 다시금 느끼면서 몸을 겨우 가누었을 때는, 벌써 달빛은 곰바위 뒤까지 비치었고 동해안쪽으로 들어오는 탐조등의 강한 광선이 산허리를 걸쳐 무지개발 드리우듯 했다.[19]

---

17) 허윤석, 「해녀」, 『문예』 1950년 2월호, 24쪽.
18) 소설에 '여수순천사건 직후'라는 표현이 있다. 여순사건이 1948년 10월 20일 발발했으니, 「해녀」의 시간적 배경은 그 이후라는 것이다.
19) 허윤석, 앞의 책(1950), 15~16쪽.

여기서 '분이'는 위안부慰安婦와 다름없는 역할을 맡고 있는데, 그것은 거기에 어떤 강제가 주어졌기 때문은 아니다. 따라서 단순히 성적으로 개방적인 정도의 차원을 넘어서 그녀에게 성적인 도덕률은 거의 무의미한 것으로 보인다. 분이는 고 두령을 비롯한 네 사내와 관계를 맺는 것을 당연하게 생각하고 있다. 그것이 즐겁지도 않지만 슬프지도 않다고 여긴다. 더욱이 그녀는 '고 두령 외에 세 사내의 각각 색다른 피부의 비밀을 다시금 느끼기'까지 한다. 그것을 은근히 즐기는 측면이 있다는 것이다. 그만큼 상식적으로는 비정상적인 남녀간 육체관계가 여기서는 어느 정도 자연스러운 결합이라는 얘기다. 아무리 혼란의 와중이라고 하더라도 이렇게 원시적 상태의 성관계를 연상케 하는 서술은 용인하기 어렵다.

이와 관련하여 「해녀」에는 분이가 귤나무 가지를 꺾어 춤추며 노래부르는 장면도 나오는데, 이는 마치 미개인들의 민속춤을 떠올리게 한다. 그뿐만 아니라 이 작품에서는 분이나 빨치산들이 토벌군의 눈에 띄지 않게 하기 위해 몸을 위장할 때도 귤나무 가지를 이용하는 것으로 나타난다. 그러나 귤 가지로 위장을 하고 귤 가지를 꺾어서 그것을 흔들면서 춤을 추는 것은 실상과 거리가 먼 개연성이 없는 상황 묘사다. 귤이 제주도 특산물이긴 하지만 1940년대 후반의 상황에서 지천에 깔리지도 않았을 뿐만 아니라, 제주사람들이 귤나무를 꺾어 춤추는 도구로 삼는 경우도 없다. 그런데도 이 소설에서 마치 온 천지가 귤나무로 뒤덮여 있으며, 제주사람들의 모든 행위가 그것과 연관되는 것으로 묘사되고 있는 것은 비사실적인 것이다.

그렇다면 왜 이러한 왜곡된 서술이 나오는 것일까. 그것은 다분히 작가가 제주도의 이국적인 면에 초점을 맞추고 그것을 부각시키기 위해서 애쓰고 있기 때문에 초래된 결과라고 보아야 한다. 그런 이국적인 면을 드러내되, 그의 판단으로 제주도가 뭔가 원시적이라는 느낌을 강조하려 했을 것이며, 그것이 왜곡된 상황으로 표출되고 있는 것이다.

평안남도 대동군 출신의 작가인 황순원(1915~2001)은 1952년 8월에 제주도에 다녀간 적이 있다.[20] 「비바리」(1956)는 그때의 제주체험과 무관하지 않으리라고 본다. 「비바리」는 제주도 해녀 '비바리'와 1·4후퇴 때 제주도에 피난 온 육지청년 '준'의 사랑이야기를 담은 단편소설이다. 이 소설에서 보목마을 해녀 '비바리'는 피난차 서귀포에 와서 살고 있는 육지청년 '준'에게 접근한다. 이 둘은 모두 스물을 갓 넘긴 나이다.

고개를 돌렸더니 웬 잠녀 하나가 따라오고 있는 것이었다. 금방 물에서 나온 물기가 가시지 않은 어깨에 감물 들인 헝겊조각을 하나 걸치고는 한 손에다 전복과 소라가 들어있는 망태기를 들고 있었다. 그 전복이나 소라를 팔아달라는 것이었다.[21]

처음으로 '비바리'가 '준'에게 접근하는 장면이다. 의도적으로 접근한 비바리는 '첫만남'이면서도 전혀 수줍어하거나 부끄러운 기색이 없다. 더구나 그녀는 옷을 갖춰 입은 상황도 아니다. 이 인용문에 나타난 해녀의 의상은 '어깨에 감물 들인 헝겊조각을 하나 걸치고' 있는 것으로 묘사되었다. 이런 표현에서 조심성 없는 비바리의 성격도 파악되거니와, 한편에서 보면 이는 제주해녀에 대한 다소 비하적인 표현으로 볼 수 있다. 해녀복이 물론 일상복보다는 노출이 많긴 하지만 그렇다고 그것을 '헝겊조각'이라고까지 표현하는 것은 제주해녀들을 미개하고 원시적이라고 인식한 결과가 아니냐는 것이다.

---

20) 1952년 9월에 제주도에서 발간된 『신문화』 제2호 「문화다방」에는 "바루 전 달에는 시인 조병화 씨, 황순원 씨가 다녀가셨는데"(29쪽)라는 언급이 있다. 이에 관한 자세한 내용은 김동윤, 「한국전쟁기의 제주 문단과 문학」, 『4·3의 진실과 문학』(각, 2003)을 참조할 것.
21) 황순원, 「비바리」, 『문학예술』 1956년 10월호, 16~17쪽.

'비바리'는 도무지 부끄러움이 없는 여성이다. 그녀는 준이 혼자 멱을 감고 있는 곳에 거리낌없이 뛰어들어간다. 그래서 준이 놀라 몸을 가리며 도망치게 만든다. 더욱이 그녀는 아래와 젖만 가린 반라半裸의 몸을 그대로 남자에게 노출시킨다. 여자는 '야생의 처녀'이고 남자는 '문명의 총각'이라는 시각이 엿보인다. 이런 시각에서는 대개 문명의 사람들이 야생의 사람들을 문명으로 교화해야 한다는 입장에 서게 되기 쉽다. 한반도 사람의 우월감이 은근히 드러나고 있는 것으로 볼 수 있다.

이 날도 섬섬으로 건너가 물리지 않은 낚시를 드리워 놓고 있노라니까, 오래간만에 찌가 물 속으로 들어가는 것이었다. 준이가 한눈 파느라고 미처 보지 못한 것을 주인 집 영감이 보고 알려 주었다. 낚싯대를 잡는 순간 벌써 엔간히 큰 것이 물렸다는 걸 알 수 있었다. 낚싯대가 마구 휘었다. 주인 집 영감이 달려 와 맞잡아 주었다. 둘이서 조심조심 끌어올렸다. 그런데 낚시에 물린 것이 얼핏 물 밖으로 나타나는 것을 본 준이는 그만 낚싯대를 내던지며 뒤로 털썩 주저앉아 버리고 말았다. 사람의 머리인 것이다. 그러나 자세히 보니 그것은 죽은 사람의 머리통이 아니요, 산 사람의 것이었다. 머리 다음에 동체가 드러나고 그 다음에 둑으로 올라서기까지 하는 것이었다. 잠녀였다. 잠녀 중에도 다른 사람이 아닌 비바리인 것이다. 입에 낚시를 물고 있었다. 입술 새로 피가 번져 나왔다. 비바리는 옆에 누가 있다는 것은 아랑곳 않는 듯이 준이만을 바라보았다. 검은 속눈썹 속의 역시 검은 눈이 흐리지도 빛나지도 않고 있었다. 이윽고 비바리는 제 손으로 낚시를 뽑더니 그 피묻은 입술에 뜻 않았던 미소 같은 것을 띄우고는 그대로 몸을 돌려 바다로 뛰어 들었다. 그리고는 맵시 있는 선돛대를 보이면서 물 속으로 사라져 버렸다.[22]

---

22) 황순원, 앞의 책(1956), 21~22쪽.

해녀 '비바리'가 마치 인어와 다름없이 묘사되고 있다. 실소를 자아낼 정도로 리얼리티에 문제가 있는 부분이다.[23] 해녀가 제아무리 수영에 능수능란하고 바다를 삶터로 살아간다 하더라도 낚싯바늘을 일부러 입에 문다는 것은 상상하기 어렵다. 더구나 20대 초반의 처녀가 남자에게 관심을 끌기 위해 그런 행동을 한다는 것은 도무지 현실감이 없는 일이 아닐 수 없다. 소설 속의 제주해녀 '비바리'는 이처럼 정신적으로 미숙한 야생의 처녀로 황순원에 의해 그려지고 있다.

정한숙(1922~1997)은 평안북도 영변 출신이다. 그는 몇 차례 제주도를 찾았으며, 제주의 지식인들과 교류하면서 이들을 통해 제주의 역사와 문화를 접하고 설화·민요 등을 전해 들었던 것으로 알려져 있다.[24]

「해녀」(1964)는 해녀들의 절실한 삶과 운명이 비교적 잘 그려진 소설이다. 해녀가 제주도에만 있는 것은 아니기에 이 작품이 반드시 제주도를 배경으로 삼은 소설이라고 단정할 수는 없다. 그러나 그가 여러 차례 제주를 방문했고 「석비石碑」(1959)·「이여도IYEU島」(1960)·「귤밭 언덕에서」(1968)와 같은 제주도를 소재로 한 작품을 여러 편 발표했다는 점 등을 감안하면 「해녀」 역시 제주도 관련 작품으로 여겨진다. 열아홉 살의 '효순'이 이 작품에 나오는 해녀다. 효순은 아버지와 오빠 그리고 형부를 모두 바다에서 잃었다. 그러기에 그녀를 비롯한 그 마을 해녀들이 모두 뱃사람과 결혼하는 것을 상당히 꺼리는 상황이 설정되어 있다. 효순은 뱃사람인 '성균'과 관계를 맺으면서도 배를 그만 탈 것을 조건으로 내세워 몸을 허락한다. 결국 배를 타고 나간 성균을 기다리면서도 다시 물질에 나서는 장면으로 이 소설이 끝난다. 운명적 삶이라는 인식이다.

그런데 여기에도 제주해녀에 대한 다소 과장된 표현이 엿보인다. 물론

23) 김영화, 「제주 소재 외지인의 문학」, 『변방인의 세계』(제주대학교출판부, 1998), 159쪽.
24) 김영화, 위의 책, 163~164쪽.

물소중기만 입고서 물질하는 모습(행원리, 2002)

문학작품에 사용된 비유적인 표현임을 감안해야 하지만, 그 뉘앙스를 음미해 볼 필요가 있다.

어머니의 탯줄에서 떨어진 우리들은 바닷물에서 배꼽이 야물었고 가시 같던 잔뼈는 바닷물 속에서 산호가지모양 살쪄 올라 피부는 이젠 고기비늘모양 탄력이 생겼다.[25]

너울거리는 해초 밑엔 고기떼가 뿜어 놓고 간 머울거리는 알 속에서 헤아릴 수 없는 잔고기들이 꼬리를 흔들며 물구비를 타고 떠 흐른다. 그 뒤에는 언니도 귀네도 옥순이 어머니도 그리고 마을 아낙네들이 수경을 쓰고 헤엄치며 지나갔다. 바다 물속에선 그녀들의 살결도 유난히 희어 보인다.

---

25) 정한숙, 「해녀」, 『문학예술』 1964년 5월호, 16쪽.

수경은 어안(魚眼), 팔과 다리는 지느러미….

틀림 없이 그것은 바다고기 못지 않는 고기떼였다.[26]

피부가 '고기비늘 모양 탄력이 생겼다'고 하는가 하면, '수경은 어안魚眼'이고 '팔과 다리는 지느러미'와 같아서 '바다고기 못지 않은 고기'라고 해녀들을 묘사하고 있다. 절반은 물고기와 다름없다는 인식이다. 이 점은, 다음에 제시한 같은 작가의 소설 「귤밭 언덕에서」의 예에서 보듯, 제주해녀가 '인어'와 비슷하다는 인식과 일맥상통하는 부분이다.

섬마을의 처녀들도 청년들에 못지 않게 모험심이 강했다. 어렸을 때부터 전설과 설화를 믿고 자랐기 때문인 것 같다. 그녀들이 몸에 지니고 있는 유일한 무기란 해녀(海女)라는 이름뿐이다.

섬 처녀들은 수많은 나날을 물 속에서 살아야만들 했다. 그러는 동안에 그녀들의 흰 팔은 물고기의 지느러미를 닮았고 그녀들의 긴 다리는 해심을 잴 줄 아는 꼬리를 본받아 이제는 해풍도 파도도 겁날 것이 없었다. 그녀들은 지칠 줄 모르는 인어(人魚)가 되었다.[27]

황순원의 「비바리」와는 달리 상징적인 표현이지만 '인어'라는 표현을 하고 있는 점은 주목할 필요가 있다. 이것은 물론 거친 바다를 헤치며 당차게 살아가는 제주해녀의 강인성을 드러낸 것으로도 해석된다. 하지만 여기서도 그 뉘앙스를 보면 뭔가 다른 세계의 사람으로 비춰지고 있는 것만은 틀림없는 것 같다.

이렇게 볼 때, 일제강점기부터 1960년대까지 나온 제주해녀에 관한 현

---

26) 정한숙, 앞의 책(1964), 39쪽.
27) 정한숙, 「귤밭 언덕에서」, 『제주도』 36호(제주도, 1968), 264쪽.

대소설들은 김정한·허윤석·황순원·정한숙 등 모두 외지인 작가에 의해 쓰어졌음을 알 수 있다. 그런데 그 작가들은 대체로 제주해녀를 낭만적인 입장에서 인식하였다. 따라서 해녀들의 구체적인 삶의 양상에는 별다른 관심을 두지 않았다. 제주해녀의 실제적인 삶에 대한 형상화보다는 그들을 이국적 이미지나 성적인 대상으로 보는 경향이 많았다는 것이다. 제주도 사회 전반이나 해녀에 관한 이해가 충분하게 이루어지지 않은 상황에서 특이하게 보이는 존재를 작품 속에 담아내려다 보니 제주해녀가 낭만적이고 피상적으로 형상화되는 경향이 불가피했던 것으로 보인다.

특히 여기서 살펴본 소설들은 한국문학사에서 상당한 비중을 지니는 작가들의 작품임을 유의할 필요가 있다. 제주도를 제대로 체험하지 못한 많은 독자들은 이런 작품들을 통해 제주해녀에 관한 정보를 입수했을 것이다. 그것이 일반독자들에게 인식되는 제주해녀의 모습이었고, 상당수의 사람들의 의식이 그렇게 굳어졌을 가능성이 충분히 있다고 본다. 제주해녀는 근면하고 강인한 여성으로 상징되고 있기도 하지만, 관광산업이 발달하면서 실제와는 달리 새로운 이미지로 재생산되고 있는 점도[28] 외지인들에게 어느 정도 고정화되어 있는 해녀에 대한 낭만적이고 피상적인 인식과 무관하지 않을 것이다.

2) 생활인·직업인으로서의 제주해녀

1980년대 이후에는 주로 외지인 작가들이 아닌 제주 출신 작가들에 의해 제주해녀가 형상화된다. 이는 물론 제주 출신 소설가의 등단이 1970년대 이전에는 드물었던 점과 관련이 있다.[29] 제주 출신 작가들의 경우 지역

---

28) 안미정, 「제주해녀에 대한 이미지와 사회적 정체성」, 『제주도연구』 제15집(제주학회, 1998), 153~193쪽 참조.

사회에 관한 이해도가 부족한 데서 오는 문제점을 안고 있던 외지 출신 작가들과는 구별되는 입장을 취하는 것은 당연한 결과였다.

고시홍(1948~)의 단편소설 「표류하는 이어도」

채취한 해산물을 남편이 뭍으로 끌어올리고 있다(우도, 2004)

(1980)는 남편을 바다에서 잃고 농사와 물질작업을 하면서 살아가는 제주해녀가 주인공이다. 바다와 더불어 살아가는 30대 중반인 과부 해녀의 힘든 생활이 그려진 작품이다.

'억순'과 '빌례'는 친구 사이로, 둘 다 과부 해녀였다. 그런데 빌례는 첩이 되어 조금 편히 사는 반면, 억순은 스물두 살부터 과부가 된 이후 줄곧 두 아이들 키우며 혼자 살아가고 있다. 따라서 억순이의 삶은 빌례보다 훨씬 고달플 수밖에 없었다.

해산물을 따내기에 안성맞춤인 너댓 물찌 때부터 계속 높새바람이 불어닥쳤던 것이다. 연일 휘몰아치는 높새바람이 억순이의 애간장에 불을 질러 놓았다.

남편 제사가 내일인데 아직 모두 터에 놓았다. 여차 하면 숭늉만 떠놓고 제사를 지내게 됐다. 달포 안으로 다가선 시아버지의 담제일이며 비료값, 을선이 남매의 사친회비. 금년엔 해묵은 초가지붕도 갈아덮어야 한다. …(중략)… 지난번 태풍 때 무너진 돌담도 여태 그냥 있다. 돈 들어가야 할 곳이 돌담구멍만큼이나

---

29) 1970년대 이전에 제주 출신으로서 등단한 소설가는 1940년대에 활동했던 이영복(1942년 등단), 오본독안(1943), 이시형(1944)과 1960년대 이후의 강금종(1963), 오성찬(1969), 현기영(1975) 정도다. 김영화, 『변방인의 세계-제주문학론』(제주대학교출판부, 1998) 참조

많았다. 말 모른 돈이 발뻗고 앉아 숨돌릴 여유를 주지 않았다. 돈 나올 구멍이라고는 이승과 저승의 문턱, 바다 밑의 설드락밖에 없다. 믿고 의지할 곳이라고는, 숨통을 뒤웅박 하나에 저당잡혀 놓고 해물을 건져낼 수 있는 바다 속의 토지뿐이다. 겨울이 지날 때마다 초가지붕을 덮씌우는 은빛 모래가 사금파리였으면 했다. 바다를 잠재우는 수면제만 되었어도 좋겠다. 뒤웅박을 여 삼아 바닷속을 들락날락 할 수 있게만 해 줬어도 여한이 없겠다. 바다만 숨기척을 하지 않는다면 돈은 등짐으로 지어나를 수 있을 것 같았다. 우뭇가사리, 미역, 소라, 전복… 이 모두가 억순이에게 있어선 금은보화였다. 열 개의 발가락으로 하늘을 걷어차며 물 속으로 곤두박질 칠 때마다 숨통이 부어오르는 고통이 따를망정, 바다에서 거둬들이는 것들은 김을 매지 않아도 되고 비료값 걱정을 할 필요도 없기에 더욱 소중한 보물이었다.[30]

인용문에서 보면, 생활인이자 직업인으로서의 제주해녀의 삶이 잘 드러나고 있다. 해녀에게는 바다가 바로 생명이다. 억순에게는 남편 제사 비용, 시아버지 담제 비용, 자녀 사친회비, 비료값, 일꾼 품삯 등 '돈 들어가야 할 곳이 돌담구멍만큼'이나 많았다. 그것들은 '바다 속 토지'를 통해서 해결해야 한다. 그러니 우뭇가사리, 미역, 소라, 전복 등 해산물이 모두 해녀 억순이에게 있어서는 '금은보화'요 '소중한 보물'일 수밖에 없다. 물론 그녀에게 물질작업은 '열 개의 발가락으로 하늘을 걷어차며 물 속으로 곤두박질 칠 때마다 숨통이 부어오르는 고통이 따르는 버거운 일'이었다. 더구나 최근 얼마 동안 높새바람 때문에 물살이 거세어 물질하러 못 들어갈 형편이었으니, 억순은 걱정이 이만저만이 아니다. 며칠 후 날씨가 좋아지자 그녀는 비로소 물질작업에 나설 수 있었다.

---

30) 고시홍, 「표류하는 이어도」, 『대통령의 손수건』(전예원, 1987), 132~133쪽.

억순이는 동료들의 허우젯소리를 뒤로 하고 한참 난바다 쪽으로 나간 후에야 작업을 시작했다.

호오잇!

수면 위로 몸을 끌어올린 억순이는 휘파람을 불 듯 틀어막았던 숨통을 터뜨렸다. 하얀 포말이 수면 위로 흩어졌다. 다시 하늘을 향해 발길질을 했다. 물구나무를 서듯 하고 물 속으로 들어갔다. 들녘길을 줄달음치듯 바다 밑바닥을 더듬어 나갔다. 숨통이 저려오기 시작했다. 용왕님은 바다 속 어딘가에 산다 했으니, 물 속에도 숨돌릴 곳이 있을 법한데 해초의 숲과 물고기뿐이었다.

생복도 큼도 크다. 암천복인지 수천복인진 모르주마는…

껍질이 넓둥글진 걸로 봐서 암컷인 듯 했다. 수천복은 껍질이 움패어져 있다. 억순이는 전복 하나를 따내기 위해 거듭해서 수면 위와 바다 밑을 오르내렸다. 거친 숨을 몰아쉬며 곤두박질쳐댔다. 설드럭 틈에 박혀 있어서 힘이 들었다.

비창을 거머쥐고 대엿 차례 자맥질을 하고 나서야 전복 하나를 따냈다.[31]

억순이의 물질작업이 구체적으로 묘사되어 있다. 물 속 깊이 잠수하여 전복을 발견하였지만 당장 그것을 딸 수는 없다. 숨통이 저려왔기 때문이다. 따라서 그녀는 그것을 채취하기 위해 거친 숨을 몰아쉬며 여러 차례 수면 위와 바다 밑을 오르내려야 했다. 마침내 전복을 딴 억순이는 그만 목숨이 위태롭게 되고 말았다. 헤엄쳐 나오려는데 뒤웅박(테왁)의 작은 구멍에 물이 스며들기 시작하여 점점 가라앉고 있음을 알게 되었던 것이다. 그녀는 혼자 떨어진 채 작업하고 있었다. 때문에 그녀의 살려달라는 외침이 일행에게 전달될 수 없었다. 전복, 소라 등이 담긴 망사리가 점점 가라앉아 갔지만 식구의 생계를 책임질 그것을 버릴 수도 없었다. 억순이는 혼백상

---

31) 고시홍, 앞의 책(1987), 150쪽.

자와도 같은 뒤웅박을 껴안은 채 쉬지 않고 다리를 놀려댄다. 「표류하는 이어도」는 이렇게 제주해녀의 물질작업이 고통을 수반함은 물론 목숨까지 걸어야 하는 행위임을 잘 드러내고 있는 작품이다.

현기영(1941~)의 『바람 타는 섬』(1989)은 1932년에 일어난 해녀항일투쟁이 중심사건이지만, 해녀들의 생활상이 잘 재현되어 있는 작품이라는 데에도 의미가 있다. 제주해녀들의 삶이 총체적으로 형상화된 작품이라고 할 수 있다는 것이다.

이 장편에는 출가해녀들의 삶의 양상도 잘 나타나고 있다. 바깥물질에 나선 '여옥' 등은 울산 부근의 목섬 주위에서 작업을 하였다. 섬 주위에 스무 척 가량 떠 있는 해녀배마다 여남은 명의 해녀들이 딸려 물질작업을 하는 장면이 그려진다.

잠녀들은 질펀하게 밀려오는 밀물을 타고 점점 얕은 데로 이동하며 작업했다. …(중략)… 목섬 근처를 일터로 삼은 잠녀들이 거진 250명 가량 되는데, 그들은 해안가를 따라 띄엄띄엄 자리잡은 처용, 성외, 해창 같은 조그만 포구에 방을 빌어 살면서 날마다 물때 맞춰 이 근처로 물질 나오곤 했다.

목섬의 밑뿌리가 잠뿍 물에 잠기자 작업 끝 호루라기 소리가 울리고 넓게 흩어졌던 잠녀들이 자기네 배를 향하여 모여들기 시작했다. …(중략)… 여옥네 동아리가 먼저 배에 닿았다. 화덕에 장작을 피우던 무생이 얼른 뱃전에 작은 사닥다리를 내리고 채취물이 가

경상북도 구룡포에 정착한 제주해녀(2003)

득 든 태왁 망사리를 끌어올려 주었다. …(중략)…

이씨와 무생이의 도움을 받으며 잠녀들이 잇따라 배 위로 올라왔다. 모두 한 결같이 푸르뎅뎅 몸이 언 그들은 기갈든 사람처럼 정신없이 화덕불에 덤벼들었다. …(중략)… 장작불에서 연방 불똥이 탁탁 튀어올라 벗은 살에 떨어지건만 감각이 마비되어 뜨거운 줄 몰랐다.[32]

초여름인데도 수온이 차가운지라 해녀들이 무척 추위를 느끼고 있다. 그래서 제주바다에서는 1시간씩 하루 4~5차례 물질하던 제주해녀들이 울산바다에서는 30분씩 8차례 작업을 하게 된다. 몸이 언 해녀들은 작업이 끝나자마자 허겁지겁 정신없이 화덕불이 있는 곳으로 덤벼들지 않을 수 없다. 이런 고통스런 바깥물질에 출산을 앞둔 임산부까지 나서고 있다.

그녀(덕순이 : 인용자 주)는 태왁덩이처럼 팽팽하게 부른 만삭의 배를 안고 간신히 배에 올랐는데, 미처 화덕불 앞에 닿기도 전에 썩은 짚덩이처럼 무릎 꿇고 쓰러지며 눈을 하얗게 뒤집는 것이었다. 모두들 기겁하여 덕순에게로 달려들었다. 더운물을 전신에 끼얹고 팔다리를 주무르면서, 꽉 닫힌 어금니를 숟갈로 떼어 더운물을 먹이자, 오디 먹은 입처럼 새까맣게 질려 있던 입술에 차츰 생기가 돌아왔다. 모두들 안도의 숨을 내쉬었다.

"에이그, 그 조캐, 몸도 무거운데 쉬지 않구서! 태왁같이 물에 동동 뜨는 그 배로 벌면 얼마나 벌겠다구, 쯧쯧"

하고 이씨가 곰방대에 담배를 피워 물며 혀를 찼다.[33]

만삭의 임산부가 바깥물질에 참여하여 생명을 걸다시피 하면서 작업하

---

32) 현기영, 앞의 책(1979), 187~188쪽.
33) 현기영, 위의 책, 188쪽.

고 있는 것이다. '덕순이'는 점심때 첫 진통이 왔는데도 물질을 계속했다고 털어놓는다. 결국 동무들의 부축을 받으며 귀가하던 덕순이는 비명을 지르며 땅바닥에 주저앉고 만다. 미처 집으로 옮길 겨를도 없었다. 대바구니에 미리 준비해 두었던 보릿짚을 길바닥에 깔고 동료들의 도움으로 아이를 낳기에 이른다. 탯줄은 물질작업 도구인 미역낫으로 끊었다. 길에서 낳은 여자아이니까 '길녀'라고 부르자고 했다. 그렇게 길에서 딸을 낳은 덕순이는 몸조리도 제대로 하지 못한다. 그녀는 일주일 만에 갓난아이를 데리고 물질작업을 재개한다. 보릿짚을 깐 작은 대바구니를 아기구덕으로 대신 사용했는데, 그녀가 물질하는 동안에는 남자 사공이 배 위에서 아기를 돌봤다.

시린 몸을 녹이려고 물에 나온 잠녀들이 벌떼같이 불턱에 덤벼들 때, 제일 경황없이 허둥대기는 역시 아기 딸린 덕순이었다. 자기 몸도 녹여야지, 아기한테 얼어붙은 젖꼭지를 물릴 수 없어 끓는 물에 쌀가루를 풀어 미음을 만들어 먹여야지, 불턱에서 탁탁 튀는 불똥이 발에 떨어져도 모를 지경이었다. 그녀의 발등과 발목에는 화상 입은 거뭇거뭇한 상처들이 늘어가고 있었다.

한번은 동해안을 따라 오르고 내리는 큰 연락선인 경신환이 바로 옆을 지나치면서 큰 파도를 일으키는 바람에 여옥네 배가 크게 흔들렸는데, 그 서슬에 대바구니에 들어 있던 아기가 그만 물로 굴러떨어진 적이 있었다. 아기가 떨어지는 순간, 옆에 있던 순주가 뛰어들어 아기를 번쩍 쳐들어 올렸으니 망정이지 하마터면 큰일날 뻔했던 것이다. 길에서 낳은 아기라 역시 목숨이 모질었던 모양이다.[34]

34) 현기영, 앞의 책(1979), 264~265쪽.

갓난아이를 데리고 물질작업을 하면서 벌어지는 기막힌 상황들이 서술되고 있다. 아이에게도 산모에게도 그것은 큰 고통이었다. 그렇게 하지 않으면 살아갈 수 없었던 것이 당시 제주해녀의 보편적인 실정이었음을 이 작품에서는 말하고 있다.

해녀들이 바깥물질에서 아기를 낳고 어렵게 키워나가는 경우도 있지만, 어린아이를 데리고 바깥물질을 가는 경우는 훨씬 더 많았다. 『바람 타는 섬』에서도 아기 업개 소녀를 고용하여 물질을 간다. 그렇게 데리고 간 어린아이가 여남은 명이 되었으니, 어떤 때는 아기를 잃어버려 소동이 발생하는 일도 있었다. '행원댁'의 네 살 난 아기는 다른 아기들과 함께 놀다가 사라져버려 모두를 대경실색하게 하기도 했다. 아기는 엄마를 마중한답시고 포구까지 나갔다가 울다 지쳐서 물가 옆 바위틈에 끼여 앉은 채 졸고 있었던 것이다.

해녀들은 모진 바람과 싸워야 하는 경우가 비일비재했다. 작업을 하다가도 강풍이 몰아칠 기운이 느껴지면 지체없이 철수해야 했다. 해녀들은 서둘러 함께 노를 저어야 살아날 수 있었다.

잇따라 밀어닥치는 파도는 흰 갈기를 날리며 달려오는 성난 말떼 같기도 하고 흰 이빨을 드러낸 상어떼 같기도 했다. 배가 좌우로 위태롭게 기울어질 때마다 뱃전에 부딪친 파도는 더러 배 안으로 넘어들어 오기도 하고 허옇게 포말을 날려 소낙비처럼 사람들 머리에 쏟아붓기도 했다. 빈 돛대에 바람이 찢기는 날카로운 소리, 여기저기서 느슨해진 거멀못이 삐걱거리는 소리… 배가 뒤집어질지 모른다는 생생한 공포감, 그러나 공포를 느끼는 것도 잠깐일 뿐, 잠녀들은 심한 멀미 기운에 휘둘려 정신을 가눌 수가 없었다.

앙다물었던 입에서 괴로운 신음이 새어나오더니, 드디어 속에 넣은 것이 넘어올라왔다. 누군가 먼저 울컥 하니까 기다렸다는 듯이 너도나도 무섭게 토악

질을 해대는 것이었다. 쓸개물까지 젖 먹은 것까지 다 뒤집혀 올라오는 듯이 괴로운 토악질이었다.[35]

공포를 뛰어넘는 극한의 상황을 극복해 나가면서 물질작업을 하지 않으면 안 되었다. 그만큼 제주해녀들의 물질은 목숨을 걸고 해야 하는 작업이고, 바깥물질을 나갈 경우에는 그 고통이 더욱 극심했음을 알 수 있다. 그 것은 쉬어 갈 수 있는 일도 아니었고 거부할 수 있는 일도 아니었다. 제주해녀들에게 그것은 숙명이었다.

오성찬(1940~)의 「보제기들은 밤에 떠난다」(2000)는 제주도의 어촌사람들이 바다를 터전으로 운명적인 삶을 살아가는 모습들이 전반적으로 그려진 중편소설이다. 여기에는 어촌사람들 생활의 한 영역으로 제주해녀들의 생활이 형상화되어 있다.

이 작품에 나오는 '우식 할머니'는 뛰어난 해녀였다. 열두 살 때 애기상군이 되고, 열일곱 살에 처음 바깥물질을 시작했던 할머니는 여든이 넘도록 물질을 한다. 할머니는 이른바 '되짐배기'로 불렸다. 되짐배기란 상군 중의 상군해녀로, 다른 사람은 한 짐 몫을 캘 때, 도루 가서 져올 만큼 갑절의 역량이 있는 해녀를 말하는 것이다. 할머니의 전언을 통해서 제주해녀가 러시아 블라디보스토크까지 바깥물질 다녀온 일화 등이 소개된다.

할머니의 말에 따르면 영등달 보름이 지나서부터 이른 무리가 떠나기 시작해서 늦어도 3월 보름 전까지는 모두들 떠났기 때문에 이때는 섬이 거의 비다시피 했다고 한다. 그 당시 육지 물질에 타고 가는 배는 모두가 풍선. 이런 배에 열여섯, 열입곱, 큰배에는 스물까지도 잠수들이 담뿍 탔다. 풍선은 하늬바람이나 갈

---

35) 현기영, 앞의 책(1979), 285쪽.

바람이 솔솔 불어주면 이틀 사흘 만에 육지에 닿을 수 있었으나 샛바람이나 거세게 불면 섬마다 포구에 대면서 쉬엄쉬엄 갔기 때문에 어떤 때는 보름도, 스무날도 걸렸다. 외사촌 오빠는 새로 지은 배를 연락선 고물에 밧줄로 매달고 청진까지 끌고 가서 거기서부터는 노를 저어 두만강을 건넜다. 청진에서 두만강을 건너 블라디보스토크까지 꼬박 사흘 길. 배에 탄 아무도 가 보지 않고 소문으로만 듣던 미답의 땅으로 가는 길이라 기대 반, 두려움 반, 시종 가슴이 두근거렸다. 일행은 선발된 상군들로 모두 열 명 한 동아리였다.[36]

제주해녀들은 풍선風船을 타고 짧게는 2일, 길게는 20일 걸려 육지에 도달하고 있다. 바깥물질 자체는 물론이거니와 거기를 오가는 행로마저도 험난했던 것이다. 11명의 상군해녀들로 구성된 바깥물질 동아리는 기대와 두려움 속에 미답의 땅에 당도했다. 블라디보스토크에서 할머니의 일행은 주로 다시마를 채취하는 일을 했다. 오성찬은 제주해녀들이 그곳에서 이른바 '기릿물질'을 한 것으로 서술하고 있다.

…(전략) 기리물질이란 3관 5백 매 무게의 무거운 납을 추 삼아 손에 잡고 쏜 살같이 물 속으로 들어가서는 어쨌거나 시간을 절약하여 다시마를 따내는 작업수단이었다. 손에 잡고 들어간 연철추는 바닥에 닿는 대로 놔버리면 배 위의 사람이 줄을 당겨 끌어올려 버린다. 물 속의 사람은 작업을 하다가 숨이 막힐 지경이 되어서야 미리 배에서 내려뜨려 놓은 장대를 쭝긋쭝긋 당겨 신호를 하고, 그러면 다시 배 위에서 장대를 끌어당겨 사람을 건져내었다. 낯선 이방에서의 이렇듯 위험하고 무모한 작업, 이거야말로 순 우격다짐, 바다와의 싸움이었다.

그런디 끌어올릴 때 배 위의 사름이 약간만 굼뜨게 행동해 버리면 물 속 사

36) 오성찬, 「보제기들은 밤에 떠난다」, 『보제기들은 밤에 떠난다』(푸른사상, 2001), 253쪽.

름은 숨이 차서 복을 먹게 되고, 물위에 올라온 다음에도 물도 벌겅, 산도 벌겅, 그날은 아무 일도 못해시녜….37)

그런데 이 '기릿물질ギリガツキ'은 원래 일본 해녀들이 행하는 물질 방식이다. 일본 해녀들은 부부가 배 한 척을 타고 나가서 아내는 잠수하여 해산물을 채취하고 남편은 배 위에서 장대를 잡아당기는 기릿물질을 치른다.38) 물론 일본 해녀들의 물질 방식을 제주해녀들도 따라 했을 수는 있다. 하지만 별다른 배경설명을 하지 않은 채 제주해녀의 '기릿물질' 장면을 서술하는 것은 문제가 있다고 본다. 그것이 제주해녀들 사이에서 일반적으로 행해졌다는 오해를 불러일으킬 수도 있기 때문이다.

일본 규슈에 물질 갔다가 빠져죽은 할머니의 동갑내기 육촌 '춘자'에 관한 사연도 이 작품에 소개된다. 그녀는 열여덟 살에 울산으로 첫 바깥물질을 나간 이후 국내외 여러 곳에 바깥물질을 다녔다. 그러다가 일본 와카야마에 물질을 갔을 때 그곳 중개상과 눈이 맞아 거기에 눌러앉게 되었다. 그러나 일본 생활은 순탄치 않았다. 딸 하나 낳고 살던 중 남자가 본처에게 가버리고 말았던 것이다. 그 이후 딸 하나를 키우면서 물질작업으로 연명하던 그녀는 결국 바닷속 귀신이 되었다고 한다.

이 소설에는 "할머니나 어머니처럼 해녀가 되기는 죽어도 싫다고 가방 하나 달랑 들고 새벽참에 무작정 대처로 달아나버린 해순이"39)와 "어머니 따라 잠수가 되기 싫다고 대처로 나가서 술집작부가 되었다는 벼랑가 '벌래낭개집' 봉순이"40)에 관한 언급이 잠깐 나온다. 해순이와 봉순이처럼 젊은 여성들의 해녀 기피 현상은 실제로 제주도의 각처에서 두루 두드러지게

---

37) 오성찬, 앞의 책(2001), 254~255쪽.
38) 김영돈, 앞의 책(1996), 480쪽.
39) 오성찬, 앞의 책(2001), 203쪽.
40) 오성찬, 위의 책, 295쪽.

나타나는 상황이다. 해녀의 생활이 무척 고달프다는 것과 함께 해녀의 수가 급격히 줄어들고 있는 현실 상황을 소설을 통해 파악할 수 있다.

이렇게 볼 때 생활인·직업인으로서의 제주해녀는 온갖 고통을 감내하며 생명을 걸고서 숙명처럼 살아가고 있는 것으로 현대소설에서 형상화되고 있다. 생활인·직업인으로서의 제주해녀의 양상이 낭만적 인식에 따른 이국적·성적 이미지와 병행하여 나타나는 경우는 거의 없다. 특히 1980년대 이후 제주 출신 작가들에 의해 생활인·직업인으로서의 제주해녀는 구체적으로 조명되었다. 고시홍의 「표류하는 이어도」에서는 연안바다에서 물질하며 생계를 꾸려나가는 해녀의 고달픈 삶이 그려져 있고, 현기영의 『바람 타는 섬』과 오성찬의 「보제기들은 밤에 떠난다」에서는 연안바다에서의 물질과 바깥물질이 두루 묘사되고 있다. 특히 『바람 타는 섬』은 제주해녀들의 삶이 총체적으로 형상화된 작품이라는 데 의미가 있다.

제주사회에 대한 이해도가 낮은 외지인 작가들과는 달리 제주 출신 작가들은 기본적인 조건에서부터 낭만적 인식이 이루어지기는 어려웠다. 제주 출신 작가들의 경우 자신의 가족과 이웃사람이 바로 생활현장의 해녀였기 때문이다. 그런 그들에게 해녀가 생활인이요 직업인으로 비춰지는 것은 당연한 현상이었다.

3) 역사적 격변 속의 제주해녀

문학의 사회적 참여에 대한 기대가 높아지면서 제주해녀의 생활에 대해서도 역사적 시각을 토대로 접근하기 시작하였다. 역사적 격변 속의 제주해녀는 1980년대 후반 이후의 작품에서 두드러지게 나타난다.

현길언의 「껍질과 속살」(1986)과 오경훈의 「세월은 가고」(1989), 현기영의 「거룩한 생애」(1991)는 1930년대 해녀항쟁과 해방 직후 '4·3'을 겪는 제주

홍합을 까는 추자도의 해녀들(2002)

해녀들이 그려진다는 점에서 볼 때 유사성을 보이는 작품이다. 하지만 그 시각은 각기 다르게 나타난다.

현길언(1940~)의 단편소설 「껍질과 속살」은 역사에 희생된 개인의 삶에 초점을 맞춘 작품이다. 1930년대 제주 바다에서 일본 잠수기선들이 해산물을 남획하자 이에 분노한 해녀들이 잠수기선을 불태우는 등 시위를 벌였는데, 그 때문에 일경에 체포되어 징역형을 받았던 '송순녀' 여인이 해방 후 4·3 때에도 다시 그것으로 인해 고통을 받았다는 이야기가 형상화된다. 이 작품은 특히 1930년대에 있었던 해녀 시위가 항일 운동의 일환이 아니라, 생존을 위한 몸부림이었다는 시각을 표출하고 있다.

> …(전략) 해녀들의 생존을 위한 순수한 행동을 왜 공산주의 이념의 껍질로 씌워놓았느냐 말입니다. 더구나 어떤 의도를 충족시키기 위해 그렇게 해석되었다면 더욱 안 되지요. 그 해촌에서 미역이나 뜯고 소라나 잡는 여자들에게 무슨 거창한 구호나 이념이 필요했겠습니까?[41]

해녀들의 투쟁이 '순수한' 것이었음이 강조되고 있다. 미역이나 뜯고 소라나 잡는 해녀들에게 무슨 거창한 구호나 이념이 있었겠느냐는 것이다. '껍질'은 이념으로 씌워져 있지만, '속살'을 들여다보면 개인의 고통이 담겨있다는 논리다. 이른바 남도리 해녀사건의 주동자로 알려진 송 여인의

---

41) 현길언, 「껍질과 속살」, 『닳아지는 세월』(문학과지성사, 1987), 198쪽.

삶을 추적하는 '성 기자'는 개인이 맞닥뜨리는 고통스런 상황은 무시한 채 거기에 지나치게 역사적인 의미를 부여하는 것이 문제임을 지적하고 있다.

> … 결론적으로 말씀드린다면, 해녀 사건은 민족 이념에 투철한 여인들의 항일운동도 아니었고, 우국 청년들에게 영향 받은 반일 저항운동도 아니었습니다. 더구나 여성해방운동이나, 가진 자에 대한 못 가진 자들의 싸움은 더욱 아니었습니다. 단지 그것은 생존을 지탱하려는 구체적인 삶의 현장에서 일어날 수 있는 원초적인 싸움이었을 뿐입니다. 그렇기 때문에 이 사건은, 해녀가 되어 바다 깊숙이 들어가 작업을 해본 체험이나, 해녀로서 자신의 채취물을 제 값을 못 받고 팔아야 하는 분함이나, 자신의 어장을 잠수기선에 빼앗기는 그 절박함을 체험해 본 사람이 아니면 이해할 수 없습니다. 우리는 이념을 위하여 사실을 미화시킬 수 있고, 또한 어떤 사실에 의미를 부여할 수도 있습니다만, 결과적으로 그것은 사실을 왜곡시키는 허위가 될 수도 있다는 점에 유의할 필요가 있습니다. (후략)…[42]

이념을 위하여 사실을 미화시키지 말아야 한다는 말이다. 당사자의 입장에서는 해녀사건 때문에 감당하기 힘든 엄청난 피해를 입었다는 것이다. 그래서 그는 "그래, 여러분들이 바로 송여인이 되어 보세요. 역사적 발전보다 더 소중한 것은 개인의 삶입니다. 역사를 이념화할 때 개인의 진실은 은폐되기 쉽고, 더하면 개인의 삶 자체를 말살할 수도 있습니다. 이념은 시간이 지나면 퇴색되어 그 허구성이 드러나지만, 개인의 진실은 영원히 진실입니다"[43]라고 엄숙히 선언한다. 개인의 진실이 존중되지 않는 역사적 접근이 도대체 무슨 의미가 있겠느냐는 항변을 진지하게 제기한 것이다.

---

42) 현길언, 앞의 책(1987), 200~201쪽.
43) 현길언, 위의 책, 202쪽.

역사기록의 이면에 존재하는 개인의 진실을 추적해 보았다는 면에서 이 작품은 그 의미가 부각된다.

그러나 이 작품에서 작가는 비극의 원인이 어디에 있는지에 대해서 좀더 근원적으로 살피지 않은 것으로 여겨진다. 이념을 위해 사실을 미화하는 것도 물론 문제가 되지만, 그것보다는 4·3의 비극성에 더 근원적인 문제가 있다는 사실을 간과하고 있지 않느냐는 것이다. 과연 개인의 행동에 지나친 의미를 부여함으로써 개인에게 상처를 준 것이 더 큰 문제였는지, 사실을 확인하지도 않고 빨갱이로 몰아 무조건 족치려던 4·3의 광포성狂暴性이 더욱 문제였는지 면밀히 따져보아야 할 필요가 있지 않을까 한다.

오경훈(1944~)의 중편소설 「세월은 가고」는 1930년대의 해녀항쟁과 1948년의 4·3이라는 역사적 사건과 관련하여 제주해녀를 형상화하고 있는 작품이다. 시대적 배경 면에서도 그렇고 여주인공의 삶에서도 현길언의 「껍질과 속살」과 비슷한 점이 많은 작품이다.

열여덟 살에 야학소를 졸업한 해녀 '해선'은 일제를 배후에 둔 해녀어업조합의 부당한 착취에 맞서 해녀항쟁에 참여한다. 그때 그녀는 '도식'이란 청년을 좋아했는데, 도식이 시키는 대로 시위에 앞장섰다가 경찰에 붙잡혀 간다. 주동자를 대라고 추궁당하며 고문을 받으면서도 해선은 끝내 도식의 이름을 입 밖에 내지 않는다. 결국 재판 결과 그녀는 징역 1년 집행유예 2년을 선고받는다. 반면 고문 받은 해선과는 달리 도식은 행방을 감춘다. 시위사건 직후 사라진 도식을 4년 동안 기다리다가 부모 강요에 못 이겨 결혼하였다. 몸을 숨겼던 도식은 사건이 마무리되어 세상이 가라앉자 모습을 드러내었다.

세월은 흘러 해방이 되었다. 그런데 해방된 조국에서도 해녀들에 대한 수탈이 재현된다. 도식은 해녀의 권익을 위해 나서자고 외친다. 그는 격문도 쓰고 회의도 열면서 사람들을 선동한다. 하지만 그는 여전히 미더운 모습을 보여주지 못한다. 도지사 면담에서 오히려 법적 절차 무시한 데 따른 추궁만 당하고, 어업조합 사무실에서는 함부로 서류함을 부수는 등 돌출행동을 한다. 곧 새 세상 된다며 그는 날뛴다. 도식은 투쟁 과정에서 이러저러한 부탁을 해선에게 하지만 그에게 도무지 신뢰감을 가질 수 없는 해선은 협조하지 않는다. 그런 와중에 4·3이 일어난다. 마을이 온통 불바다가 되고 경찰은 빨갱이를 색출한다고 야단이다. 해선은 남편이 귀가하지 않아 걱정하던 차에 연행된다. 그녀는 옛날 갇혔던 구치소에서 또 고문을 당한다. 폭도 남편이 있는 곳을 대라는 것이다. 서북 출신 경찰은 살려주는 조건으로 해선에게 동거를 요구한다. 서북 사나이와 동거하던 해선은 그가 외출한 틈을 타 거기서 빠져나와 고향집으로 간다. 이웃 할머니가 입산을 거부하는 남편을 도식 내외가 죽였다는 말을 그녀에게 전해주는데, 아들 종식은 폭도 잡는다며 총놀이를 한다.

이렇게 해선은 「껍질과 속살」의 송순녀 여인과 비슷한 고통을 겪는다. 모두 일제 때 수탈에 대한 투쟁과 관련하여 옥고를 치렀고 4·3의 와중에서도 경찰에 붙잡혔는데 일제 때의 투옥 경력 때문에 고통을 당한다. 그러다가 서북청년단 간부의 마음에 들어 잠자리를 같이하는 조건으로 석방되는 상황도 두 작품에서 공히 나타난다. 그런데 「세월은 가고」의 경우에는 해방 직후의 바깥물질의 정황에 대한 기술에 주목할 필요가 있다.

제주에서 물일하기는 엿죽이라마씀. 육지는 뻘바당이라 뱃물질하기 막 궂읍니다. 그 날은 어찌하다 그리됐는지 캄캄 바당에 배가 닻을 내리게 된 겁주. 물은 깊어 숨은 짧은디 무엇이 보입니까. 닻을 걷어 배를 옮겨줬으면 좋으련만 선주는 무슨 셈을 치는 건지 덕판 위에 누워 하늘만 보고 있는 거라마씀. 화가 안 날 수 있수꽈. 내가 선주한테 가서 대들었십주. 이리 내려와 봅서, 호미질하다 사람 손목 베어질 판인디 물일 할 수 있수꽈, 못하쿠다, 하고 배로 올라가려니 선주가 태왁을 뺏아 휙 던져버리면서 밀처내지 않읍니까. 너 같은 년은 아니해도 좋아, 물일할 사람 썼어, 하고 다른 잠수들만 싣고 돌아와버리는 거라마씀.44)

　해방 직후에 있었던 바깥물질에서의 수탈 양상에 관한 언급이다. 바깥물질하는 해녀에 대한 수탈은 일제강점기만이 아니라 해방 이후에도 계속되었던 것이다. 선주의 횡포가 구체적으로 나타나고 있다. 제주해녀들의 힘겨운 삶이 해방된 조국에서도 별로 나아지지 않았음을 이 소설을 통해 파악할 수 있다. 제주해녀들에 대한 수탈과 4·3이 무관하지 않다는 사실, 그리고 4·3의 와중에서 해녀들의 희생이 컸다는 사실 등을 이 작품에서는 말하고 있다.

　현기영의 단편 「거룩한 생애」의 주인공 '간난이(양유아)'도 제주해녀. 그녀는 해녀의 딸로 태어나 열 살에 아버지를 잃고, 밭과 바다로 번갈아 드나들며 일하는 어머니를 대신해서 일곱 살 아래 어린 동생을 업고 키웠다. 열세 살부터 물질을 배우기 시작한 그녀는 열일곱 나이에 상군해녀가 되었다. 간난이는 대마도와 주문진 등으로 바깥물질을 다녀오는 등 억척같이 일한 끝에 부친이 잃어버렸던 밭을 되사기까지 한다. 스무 살이 되어 여섯 살 연하의 김직원 장손과 혼사를 치른 그녀는 모진 시집살이 끝에 물질 나간 일이 계기가 되어 두 달 만에 봇짐 싸고 친정으로 돌아오고 말았다. 시집에서는 해녀의 물질을 천하게 여겨 하지 못하도록 막았던 것이다. 얼마 후 시어머니와 남편의 다짐을 단단히 받고 시집에 들어갔으나 곧 시아버지가 죽고 시어머니 병구완을 하는 어려운 처지에 놓인다. 그 와중에 물질하여 번 돈으로 남편을 읍내 농업학교까지 졸업시켰지만 남편은 왜놈의 앞잡이가 되기 싫다며 마을에서 야학당 선생 자리를 맡는다. 그녀는 다른

---

44) 오경훈, 「세월은 가고」, 『유배지』(신아문화사, 1993), 12쪽.

해녀들과 함께 야학공부를 하며 조합의 부당한 수탈을 감시하는데, 창씨개명과 조선어말살정책 등이 시행되면서 힘든 세월을 보내게 된다. 그러던 차에 사건이 터진다.

왜놈들은 그 무렵 화약 연료인 감태라는 해초를 잠녀들로부터 강제로 공출받아왔는데 지정된 수량에서 조금만 모자라도 이백여 잠녀들을 꿇려놓고 단체기합을 주기 일쑤였다. 허벅지를 벌겋게 드러낸 물옷 바람의 여자 몸으로 자갈밭에 무릎 꿇는 벌을 받아야 했으니, 그런 수모가 어디 있을까. 그날은 물결이 높아 채취물이 적을 수밖에 없었는데도 벌을 주려고 하자, 여자들이 아우성치며 달려든 것이다. 조합서기들 중에 한 놈은 꽁지 빠지게 줄행랑을 놓고 한 놈은 붙잡혀 뭇매를 맞았다. 주동자가 따로 없는 우발적인 사건인데도 간난이는 다른 세 여자와 함께 주동자로 몰려 이십일 구류를 살았다. 네 여자 모두 물건 계량할 때 입회자로 나섰다고 해서 보복을 당한 셈이었다.[45]

조합의 비인간적이고 부당한 처사에 본능적인 저항을 한 것뿐인데, 그로 인해 구류를 살게 되었던 것이다. 그후 태평양전쟁이 터지고 해녀들은 허기진 몸으로 감태 채취에 강제 동원되었다. 간난이는 못 먹은 채 힘든 노동을 하며 출산을 했으나 약하게 태어난 아이들 둘은 곧 죽고 만다. 이듬해 다시 출산하자 무당집에 호적을 올리며 목숨을 보전케 한 뒤, 징용대상인 남편을 인솔자로 하여 아홉 명의 해녀와 함께 금강산 위의 장전에 바깥물질을 간다. 그러던 차에 종전이 되었고 간신히 삼팔선을 넘어 고향으로 돌아온다. 호열자가 창궐하여 삼백 명 목숨을 앗아가고 민심이 흉흉하던 차에 1947년 삼일운동 기념대회에서 경찰의 발포사건으로 여섯 명이 사망

---

45) 현기영, 「거룩한 생애」, 『마지막 태우리』(창작과비평사, 1994), 42쪽.

하자 온 섬이 총파업에 돌입한다. 육지부에서 응원경찰대, 서북청년단이 대거 미함정을 타고 들어오면서 대대적인 검거를 시작했다. 간난이네도 시숙부가 붙잡혀 간 데 이어 남편도 끌려갔다. 남편은 석달 만에 만신창이인 채로 풀려났으나 병마와 싸우는 몸이 되고 말고, 4·3봉기가 있게 된다. 병중의 남편은 경찰이 찾아오자 스스로 동맥을 끊는다. 겨울이 되자 이번엔 간난이를 붙잡아가려고 군화발자국이 찾아왔다. 어린 아들을 부둥켜안은 채 부들부들 떨고 있는 간난이 앞으로 시어머니가 막고 서서 미친 듯이 허우적거리면서 며느리의 무죄를 주장했으나 그녀는 불순분자의 명단에 올라 있었다.

기상천외하게도 그것은 왜정 때 만들어진 경찰기록이었다. 칠팔 년 전 왜놈 조합들과 맞서 싸우다가 이십일 구류 산 것이 기록에 올라 남편과 한통속의 사상불온자로 점찍혀 있었던 것이다. 그것이 그녀의 죄였다. 일제에 의해 불온분자라고 낙인찍힌 자는 해방된 땅에서도 여전히 불온분자였다. 정말 귀신이 곡할 노릇이었다. 왜놈들한테 대항한 것이 칭찬받을 일이지, 왜 죄가 되느냐고, 간난이는 가슴을 치며 통곡했다. 그러나 그들은 눈 하나 꿈쩍하지 않고 차디차게 비웃었다. 삼팔선이 그어질 때 우연히 이북에 놓여 스무날 가량 머물렀던 것을 놓고, 나쁜 사상을 가지지 않았다면 왜 그렇게 오래 이북에 머물렀느냐는 것이었다.[46]

해녀로서 부당한 일제의 착취에 맞선 것이 해방된 조국에서 죄가 되고 있다. 게다가 남편의 징용을 피할 겸 돈도 벌 겸 금강산 부근에 바깥물질 갔다가 해방을 맞아 돌아온 사실도 이북에 머물렀다는 이유 때문에 사상

---

46) 현기영, 앞의 책(1994), 55쪽.

을 의심받고 있다. 결국 간난이는 그날 저녁 바닷가 모래밭에서 여덟 명의 마을 사람들과 함께 총살당한다. 한 제주해녀의 삶은 현대사의 격변 속에서 비참한 종말을 고하고 말았던 것이다. 생활인으로서 부끄럽지 않은 삶을 살았으면서도 역사에서 외면당하고 나아가 무참히 희생당해야 했던 민중의 실체로서의 제주해녀상을 「거룩한 생애」를 통해 파악할 수 있다.

한림화(1950~)의 단편소설 「불턱」(1987)은 제주도의 고통스런 역사 속에서 살아온 제주여인들의 억척스런 삶을 '순덕이 어멍'에게 말하는 형식으로 서술한 소설이다. 20세기 초의 신축제주항쟁(이재수란), 1930년대 해녀항쟁, 해방 직후의 4·3 등을 겪어온 제주여성들의 삶이 해녀들의 탈의공간이자 몸을 녹이는 공간인 '불턱'에서 이야기된다.

그러니까 제주 잠수들은 일본이 이 땅을 삼키기 전에도, 삼킨 후에도 여전히 물질을 해오고 있는 터, 워낙 섬이 좁다 보니 삼월 초순경에 미역허채가 끝나면, 손바닥만한 척박하기 이를 데 없는 땅뙈기에 부친 농사에 매달리기엔 세월이 너무 길어 잠수들은 돈벌이를 하러 타지로 떠났다가 추석명절을 전후하여 귀향하는 게 관행이 됐지. 저 멀리 러시아 땅인 블라디보스톡으로, 동경열도로, 대마도는 물론이고, 오키나와 그리고 대련으로, 가까이는 한반도 해안 어디에나 출가(出家)하여 물질을 하고 있네.

어디에나 사람 사는 곳에는 악덕한 인간이 있게 마련이어서 출가 잠수의 등을 쳐 먹고 사는 전주(錢主)가 득시글거려 문제가 심각했다네. 출가 잠수들은 저들도 모르는 사이에 인신매매를 당해서 돈값을 하느라고 노예처럼 물질이며 궂은 일을 다 하며 겨우 목숨을 부지하는 경우가 이즈음에 이르러서도 비일비재하다네. 어떤 잠수는 도망치려다가 들켜서 갯벌에 내던져져 죽을 뻔한 사고도 얼마 전에 발생 했었다네.[47]

1932년에 벌어졌던 상황이다. 국내외에서 바깥물질하는 제주해녀에 대한 일반적인 수탈의 양상이 서술되고 있다. 해녀들의 공동체 질서가 형성되는 공간인 불턱의 의미를 확인시켜주는 작품이라고 할 수 있다. 사건을 중심으로 한 서사적 형상화라기보다는 제반 상황에 대한 소개에 비중을 두는 경향이 강한 소설이어서 해녀들의 생활이 생동감 있게 그려지지는 않는다. 아울러 이 작품에서는 1930년대인 경우에는 제주해녀로서 겪는 역사적 체험이 서술되고 있는 반면, 그 이외의 상황에서는 해녀만이 아닌 제주여성 일반의 역사적 체험이 나타나고 있다.

앞에서도 검토하였던 현기영의 『바람 타는 섬』은 해녀의 삶을 총체적으로 형상화하는 가운데 특히 역사적 사건의 맥락에서 접근한 작품이다. 바깥물질 나간 세화・하도 마을 해녀들은 갖은 수탈을 당한다.

…(전략) 세화・하도 잠녀들이 단체로 한 자리에 모이게 되자 자연히 전주와 서기에 대한 푸념이 불쑥불쑥 튀어나오기 시작했다. 그러다가 어느 날 고향에서 뜻밖의 소식이 전해졌다. 세화 잠녀반장인 이도아한테 온 그 편지는 청년회 명의로 된 것인데, 내용인즉 천초(우무풀) 국제 시세가 갑절 이상 뛰었다는 신문 보도가 나왔는데 값을 제대로 받고 있느냐는 것이었다. 그런 줄 까맣게 모르고 있던 잠녀들은 속았다는 생각에 치를 떨며 분개했다. 우무 한 근에 적어도 이십 전을 받아야 마땅한 것을 겨우 십전밖에 못 받다니!

그러나 상전과 다름없는 것이 왜놈 전주라 정말 말 한 꼭지 붙이기도 두려운 존재였다. 경찰은 물론 현지 어업조합 임원들까지 그와 한 통속이었다(현지 어업조합도 봉이 김선달이 대동강물 팔아먹듯이 입어료라는 명목으로 잠녀들을 수탈하고 있었다). 이마빡에 바늘을 찔러도 피는커녕 진물도 안 나오게 생긴 전

---

47) 한림화, 「불턱」, 『꽃 한 송이 숨겨 놓고』(한길사, 1993), 184쪽.

주 구로다에게 천초 값 올려달라고 해봤자 공연히 미움만 살 뿐 공연히 들어줄 가망이 없었다. 그러나 속은 걸 알아버린 이상 유구무언으로 앉아 있을 수만은 없는 노릇이었다.[48]

뼈빠지게 노동을 하면서도 형편없는 대우를 받고 있는 제주해녀들의 비참한 상황이 드러나고 있다. 전주와 서기, 현지 어업조합 등이 모두 한통속이 되어 해녀들을 기만하고 있다. 물론 그것은 일본제국주의와 관련이 있다. 바깥물질 나갔던 해녀들은 고통 속에서 세월을 견딘 후 고향으로 돌아온다. 해녀들은 현실의 모순을 절감하고 그 대책을 논의하게 된다.

우리 잠녀생활은 참말로 비참합네다. 소로 못 나면 여자로 나고 여자 중에 제일 불쌍한 것이 우리 잠녀들이우다. 썰물 나면 동해바다, 밀물 나면 서해바다, 정처없이 떠도는 신세, 겨우 소라 한두 개 잡으려고 요새 같은 겨울 찬물에도 들어사 하고, 어린것들은 어멍을 기다리며 울다 지쳐 갯가 이 돌 틈에 앉아 졸고 저 돌틈에 앉아 졸고…

우리가 그 힘든 물질 하려면 장정만큼 먹어사 기운을 쓰는데 점심마저 굶기 일쑤라마씸. 하도 배가 고파 물에 나오자마자 입에 거품 물고 나자빠지는 사람이 어디 한둘이우꽈. 톱밥같이 목에 칵칵 메는 밀기울 수제비 먹으려면 사발에 눈물이 뚝뚝 떨어집네다. (후략)…

세상이 해도 해도 너무나 불공평합네다. 우리 불쌍한 잠녀를 보고 맷돌 지고 물에 들라, 짚을 지고 불에 들라 하니 어찌 삽니까. 개미같이 일하는 우리 잠녀, 아니 개미보다 더 불쌍한 것이 우리 잠녀들이우다. 개미 사회엔 착취가 없수다.[49]

---

48) 현기영, 앞의 책(1994), 269쪽.
49) 현기영, 위의 책, 343~344쪽.

'소로 못 나면 여자로 나고 여자 중에 제일 불쌍한 것이 우리 잠녀들'이라는 말에서 제주해녀들의 비참한 생활을 확실히 가늠할 수 있다. 그뿐만 아니라 개미보다 더 불쌍한 것이 해녀라고 자신들의 처지를 인식하고 있다. 원래 힘든 생활에 더하여 착취까지 자행되고 있기 때문에 제주해녀들의 고통은 배가될 수밖에 없었다.

> …(전략) 단결만이 우리의 힘이우다. 우리 같은 약자들은 단결 안 하면 못 살아쌤. 다들 들어서 알고 있을 테주만, 저번 우리가 울산에서 전주와 싸워 이긴 건 일심으로 단결한 때문이우다. 여러 말할 것 없수다. 우릴 제일 괴롭히는 것이 뭐우꽈? 우리 잠녀들을 이익되게 합네 하면서 도리어 우리를 억누르고 속이고 빼앗는 단체가 대관절 뭐우꽈? (후략)…50)

그래서 제주해녀들은 어용 해녀조합을 분쇄하기 위한 투쟁에 나서지 않으면 안 되었다. 살기 위해서는 그들이 어쩔 수 없이 단결하여 일어날 수밖에 없는 상황이었다. 착취의 배후에는 일제가 있으니 해녀들의 생존권 투쟁은 곧 항일투쟁이기도 하다. 현기영의 『바람 타는 섬』은 이처럼 투쟁하는 해녀상, 공동체로서의 해녀상이 구체적으로 그려진 작품이다.

현길언의 「껍질과 속살」, 현기영의 『바람 타는 섬』·「거룩한 생애」, 오경훈의 「세월은 가고」, 한림화의 「불턱」 등에서 보듯이 현대소설에 나타난 역사적 격변 속의 제주해녀는 20세기에 제주에서 벌어진 주요 사건들과 함께 다루어지고 있다. 그 가운데에서도 특히 1930년대 해녀항쟁을 집중적으로 형상화하고 있으며, 4·3과 연관된 작품들도 적지 않다. 1930년대 해녀항쟁이 주된 시대적 배경이었던 것은 그 사건에 해녀들이 중심인물로

---

50) 현기영, 위의 책, 344쪽.

활동하였기 때문에 당연한 것이라고 할 수 있다. 그런데 그 사건은 해녀들만이 아닌 제주사람 전체가 맞닥뜨렸던 삶의 조건과 밀접한 관련성이 있다. 따라서 역사적 격변 속에 놓여진 제주해녀의 삶은 광풍의 현대사를 힘겹게 헤쳐온 제주사람 전체의 그것과 일치하는 것이라고 할 수 있다.

3. 나오며

지금까지 현대소설에 나타난 제주해녀의 형상화 양상을 이국적·성적 이미지로서의 제주해녀, 생활인·직업인으로서의 제주해녀, 역사적 격변 속의 제주해녀 등 세 가지로 나누어 살펴보았다. 논의한 내용을 정리하면 다음과 같다.

첫째, 1960년대까지의 제주해녀에 관한 작품들은 김정한의 「월광한」, 허윤석의 「해녀」, 황순원의 「비바리」, 정한숙의 「해녀」·「귤밭 언덕에서」 등에서 보듯이 모두 외지인 작가에 의해 씌어졌다. 그런데 이들 작품에서는 대체로 제주해녀를 낭만적으로 인식하여 그 구체적인 삶의 양상에 별다른 관심을 두지 않았다. 제주해녀를 이국적 이미지나 성적인 대상으로 보는 경향이 많았다는 것이다. 특히 이 소설들은 우리 문학사에서 상당한 비중을 지니는 작가의 작품들이다. 따라서 제주도를 제대로 체험하지 못한 많은 독자들은 이런 작

물질을 마치고 집으로 돌아가는 추자도의 해녀(2002)

품을 통해 제주해녀에 관한 정보를 입수했을 것이고, 사람들의 의식을 그렇게 굳혀놓았을 가능성이 적지 않다.

둘째, 1980년대 이후에는 주로 오성찬 · 현기영 · 현길언 · 고시홍 · 오경훈 · 한림화 등 제주 출신 작가들에 의해 제주해녀가 본격적으로 형상화되었는데, 이들의 작품에서는 해녀들에 대한 낭만적 인식을 거의 찾을 수 없다. 고시홍의 「표류하는 이어도」, 현기영의 『바람 타는 섬』, 오성찬의 「보제기들은 밤에 떠난다」 등에서는 생활인 · 직업인으로서의 제주해녀의 양상이 구체적으로 형상화되어 있다. 이 작품들에서는 제주바다에서의 물질작업이든 타지에서 행하는 바깥물질이든 해녀들이 인고하며 맞닥뜨려야 할 생업으로 인식된다. 제주해녀들이 생명을 걸고서 자신들의 힘겨운 삶을 숙명으로 인식하며 살아가고 있는 것으로 형상화되고 있는 것이다.

셋째, 문학의 사회적 참여에 대한 기대가 높아지면서 제주해녀의 생활상도 역사적 시각을 토대로 접근하는 소설들이 나오기 시작하였다. 현기영의 『바람 타는 섬』 · 「거룩한 생애」, 현길언의 「껍질과 속살」, 오경훈의 「세월은 가고」, 한림화의 「불턱」 등의 소설에 나타난 역사적 격변 속의 제주해녀는 20세기에 제주에서 벌어진 주요 사건들 가운데 1930년대 해녀항쟁에 집중되어 형상화되는 경향이 강하고, 4 · 3과 연관된 작품들도 적지 않다. 1930년대 해녀항쟁이 주로 부각되는 것은 그 사건에 해녀들이 중심인물이었기 때문에 당연한 것이라고 할 수 있다. 그런데 그 사건 역시 해녀만이 아니라 제주사람 전체의 삶의 조건과 밀접한 관련성이 있다. 따라서 역사적 격변 속의 제주해녀의 삶의 양상은 처절한 현대사를 헤쳐 온 제주사람 전체의 그것과 일치하는 것임은 물론이다.

이 연구는 제주해녀를 형상화한 현대소설을 통독하고 그것을 유형화하여 분석하는 데 역점을 두었다. 그러다 보니 전체적으로 볼 때 평면적인 기술로 흐른 경향이 있다는 점, 각 작품을 저마다의 전체적인 주제와 연관시키는 데 다소 소홀했다는 점 등이 문제로 지적될 수 있다고 본다. 추후 각 유형에 따라 좀더 구체적인 논의를 시도할 경우 이런 점들에 대해서는 보완할 필요가 있다. 다만, 산재한 관련 자료를 찾아 실증적으로 정리하고 그것들을 유형화했다는 면에서는 제주학뿐만 아니라 한국현대소설 연구의 차원에서도 나름대로 의미 있는 작업이 되었다고 생각한다.

우선, 제주학 연구와 관련해서는 현대문학 작품을 적극 활용할 필요가 충분함을 확인할 수 있었다. 제주도 문제를 학술적인 차원으로 접근하는 것은, 그것이 올바른 방향으로 진행되고 있느냐의 여부를 떠나서, 그 필요성만큼은 더 강조하지 않아도 될 정도로 진전을 보이고 있다고 할 수 있다. 문학 분야도 예외는 아니어서, 설화와 민요 등 구비문학을 중심으로 제주 문학 연구가 활성화되고 있다. 하지만 현대문학의 경우 제주학의 차원에서 접근하는 일이 아직 드문 편이다. 물론 현대문학 작품의 경우 작가의 개성이 두드러지게 나타나게 마련이지만, 그것이 결코 지역과 무관할 수는 없다. 오히려 작품이 창작되고 발표되는 시점에서 지역의 현실 상황을 잘 반영하는 것이 문학작품임을 인식할 때, 제주도를 형상화한 작품들은 제주도 연구에서 의미 있는 자료가 되는 것이다. 해녀의 경우, 앞에서 검토해 본 작가들간의 인식 차이는 사회 전반의 그것을 그대로 표출하고 있는 것으로 보아도 큰 문제가 없지 않을까 한다. 게다가 소설 속에서 드러나는 디테일과 상상력은 역사적 기록물에서 간과하고 마는 해녀들을 둘러싼 삶의 진실을 찾는 데에도 유용하리라 믿는다.

다음으로, 한국 현대문학의 현실과 관련하여 지역현실과 문학의 관계에 대한 정립의 필요성을 다시금 상정할 수 있다. 문학에서 개별성을 존중하는 지역적 시각이 필요하다는 것이다. 지역의 현실과 역사를 문학화하면서도 그것에 대한 구체적인 탐색을 소홀히 하는 문학은 특히 현지사람들에게는 받아들이기 곤란한 경우가 많다는 것이다. 이는 제주해녀를 다룬 문학에만 국한되는 사항이 물론 아니다. 다른 지역의 다른 부류의 삶을 다룬 경우 역시 마찬가지다. 그런데 여기서 지역적 시각이 필요하다는 것은 반드시 그 지역 출신 작가에 의해 창작되어야 한다는 것과는 별개의 말이다. 형상화 대상에 대해 작가가 애정을 갖고 진지하고 치밀하게 접근했을 때라야만 비로소 문학적 리얼리티가 확보될 수 있다는 것이다. 따라서 여기서 한국현대문학 전반의 문제도 짚어볼 수 있다. 한국문학의 경우 서울을 중심으로 논의되고 있고 각 지역의 문학은 거의 인정하지 않거나 열등한 문학으로 취급하는 게 현실이다. 지역마다의 개별적인 상황, 즉 특수성을 인정하지 않은 채 보편성만을 강조해 왔다는 것이다. 이는 결국 문학의 다양성을 해치고 획일화를 가져옴으로써 한국문학의 폭과 깊이를 스스로 위축시키는 결과를 초래하고 말 것이다. 해녀를 다룬 현대소설들의 분석을 통해서 우리는 그런 점에 대해 확인할 수 있었다. 해녀를 형상화한 작품의 경우 지역성과 관련하여 고찰하느냐 그렇지 않느냐에 따라 그 평가는 전혀 다른 방향으로 나올 수 있는 것이다.

제주 출가 해녀의 현지적응

좌혜경

1. 출가 물질의 역사

출가出稼는 해녀 자신들 고향이 아닌 다른 지역으로 이동하여 물질 하는 것을 말한다. 곧 돈을 벌기 위해 타지로 나가 작업하는 형식이라 할 수 있다. 제주해녀들인 경우 근대기를 겪으며, 제주를 떠나 육지부 혹은 외국까지 눈을 돌리게 되면서 출가물질을 떠나기에 이른다.

이러한 출가 물질의 직접적인 동기는 일본 잠수기 어선들의 남획으로 어획물이 줄어듦과 동시에, 한편으로는 외부세계와의 연결 망 형성으로 이루어진 것으로 보고있다. 1876년 병자수호조약 체결에 성공한 일본은 한반도로 눈을 돌리면서, 일본 어민들은 한반도로 출어하기 시작했으며, 1880년대 초부터 일본의 잠수기 어선 137척이 전복을 200관씩이나 한꺼번에 채취해간다. 잠수기 어업의 조선 출어의 시초는 1879년 4월, 야마구치현 출신의 요시무라吉村与三씨가 잠수기 한 대를 가지고, 제주도 부근에서 조업한 것이 시작이었다. 그 후 야마구치, 나가사키 양현에서 동업자가 출어하고, 주로 제주도를 근거지로 하여 남해안에서 조업하였다.[1] 잠수기 어업은 잠수복을 착용하고, 공기를 배급받으면서 하기 때문에 오랜 시간 물속에서 작업 가능하여, 어장은 곧 황폐화 됐다. 1885년 나가사키현 왕복문서에서는 조선인의 전복채취는 일본 잠수기 어선의 1/10정도 밖에 못된다고 하고 있다. 곧 직접 해녀가 물에 들어가서 채취하는 양은 잠수기 어선에 비할 바가 아니었던 것이다.

잠수기선의 남획으로 전복 멸종 상태가 시급하게 다가옴에 따라, 새로운 작업 장소를 찾아서 1895년부터 제주해녀가 경상남도로 첫 출가 물질을 떠나고 그 이후 제주해녀들은 출가물질을 극성스럽게 치렀으며, 그 범위도 상당히 넓었다. 경상도, 강원도, 다도해, 경북, 함경 등 육지부 뿐 만 아니라 일본 도쿄, 오사카, 중국 칭다오와 다렌, 그리고 러시아 블라디보토크 등 많은 곳에 출가물질을 나갔다. 결국 출가 물질은 어장의 황폐화와 전복이나 소라 등 경제적인 환금이 가능한 상품이라는 것, 그리고 자신의 노동력에 대한 경제적인 인식이 가능해진 데서 온 것으로 볼 수 있다.

출가의 방법은 경남, 경북, 전남, 전북, 대마도 등지에는 대부분 5톤의 범선을 이용하였다. 배에는 보통 12~15인이 타고, 연령은 17~30세까지의 여성들이 대부분이며, 이들은 최고로 능력이 뛰어난 상군 해녀들이었다. 그 외에도 선두사공 1명과 사공 1~2명이 타고, 6정의 노를 이용하는데 보통은 해녀가 노를 젓는다.[2]

특히 외국 출가 물질 중 일본 출가 물질은 대단했다. 양국의 출가 물질에 대한 직접적인 관련성을 찾아보면, 두 가지 현상을 발견할 수 있다. 먼저 일본 해녀가 조선에 출가하면서, 이에 따라 두 지역 해녀들의 작업 능

---

1) 吉田敬市, 『朝鮮水産開發史』(朝水會, 1954); 金榮·梁澄子, 『海を渡った朝鮮人海女』(東京 : 新宿書房, 1988), 230쪽 재인용.
2) 桝田一二, 「濟州島海女」, 『桝田一二地理學論文集』(東京 : 弘詢社, 1976), 81쪽.

력 비교 면에서 제주해녀가 작업 능력 우위 인정을 받게 되고, 둘째는 일본인 잠수기 업자의 조선 진출로, 잡을 물건이 줌과 동시에, 잡은 물건은 바로 경제적인 가치로 환원이 된다는 경제적 인식이 가능해진 점이다.

에히메현愛媛縣 조사 보고서에 따르면 미사키三崎의 남성 해사海士(아마시)들이 1895년 이후 한반도에 출어, 그 규모나 어획량이 손꼽을 정도였는데, 울릉도를 비롯하여, 부산, 제주, 거제, 거문도 등에 주로 출어하였다. 출어는 책임자의 인솔하에 집단적으로 이루어지고, 5~6톤의 무동력선인 노를 젓는 선박으로 3, 4월에 출발하여 25~30일 정도 걸려서 거문도나 부산 근교에 도착하였다. 약 5개월 간 조업을 한 후 9월, 10월에는 귀환하였다고 정리하고 있다.3)

한편 제주해녀의 일본 출가 물질은 1903년(明治 36년) 미야케지마三宅島를 시작으로, 주로 미에현을 다녀왔다. 미에현 해녀들은 조선으로 출가했으나, 제주해녀에 비해 일의 능률이 떨어지다는 이유로 오히려 제주해녀들을 수입해 가기에 이른다. 곧 일본해녀의 조선 출가는 제주해녀가 일본 출가물질 하게 된 발단이 된 것이다.

마스다 이치지는 제주해녀가 이세 및 일본해녀에 비해서 노동 임금이 저렴하고, 능률이 비교적 높고, 추위에 강해서 이후 출가 해녀들의 수는 해마다 증가하여, 1932년(昭和 7)에는 1,600명이나 된다고 했다. 일본 출가 물질 해녀는 고용관계에 따른 자가 많았다. 미야케지마는 김녕의 선두船頭 김병선金丙先 씨가 해녀 수명을 데리고 출가한 것이 그 시초이다. 1932년 8월에는 미야께지마 츠보다무라坪田村 산치우라三地浦에 대정과 구좌의 해녀가 240명에 달했다고 한다. 기선汽船에 의한 일본의 출가는 쓰시마를 제외하고는 대부분 오사카 경유이다. 오사카와 제주도간에는 특별한 경제관계에

---

3) 渡部文也・高津富男, 『伊予灘漁民誌』(愛媛縣文化振興財團, 2001), 172쪽.

놓여 있었기 때문에, 1922년 군대환君代丸(기미가요마루)의 개통과 더불어 '조선우선朝鮮郵船', '니기기선尼崎汽船', '가고시마 상선' 등이 경쟁적으로 여객을 운반했다. 해녀들은 가장 싼 뱃삯으로 도착하고, 그 이후 목적지에는 기선이나, 철도에 의해 이동한다. 능력면에서 뒤진 이세 해녀는 1929년 이후 조선 땅에서 발을 끊게 되었다.[4]

1930년에 이르면 출가 인원은 5천명에 이르게 되며, 1931년부터는 함경북도까지 출가하게 된다. 1932년 경에, 일본에 출가한 해녀 수는 1천 6백명에 이르고, 1933년에는 소섬 출신 문덕진이 칭다오靑島로 가서 포浦를 사고 미역포자를 이식하여 중국 물질을 시작하기도 했다.[5]

에히메현愛媛縣미사키초三崎町 연안에도 바다를 산 상인 친척들의 주선으로 제주해녀들이 집단적으로 갔다. 1949년 신어업권제도新漁業權制度가 시작되기 전에는 촌락에 입어료를 지불하고 조업을 했다. 미사키 '구시'에는 20인 정도의 해녀가, 6월에서 10월 어기漁期에 집단으로 와서 천초 등을 채취했다. 아직도 작업했던 날짜를 도장으로 표기했던 자료가 남아 있다.[6]

제주도 해녀의 일본 시장의 진출은 1895년을 기점으로 잡고, 세 시기로 나누어 이루어 졌다고 한다. 첫 시기는 1895~1945년의 자유이민 시대로 이민을 자유롭게 할 수 있었기 때문에 제주해녀들은 집단으로 뛰어난 물질 역량을 바탕으로 해당 지역에서의 작업량에 대한 세금을 내면서 활동이 가능해서 자유롭게 한반도나 일본 중국 러시아 등으로 진출할 수 있었다. 1945~1960년대 지역적 이민시대에는 국경이 있어서 외국으로 이민이 제한되었기 때문에 밀항이라는 방식을 선택하였다. 1970년대부터 현재까지는 국제이민시대로 합법적인 국제이민만이 가능한데, 여전히 합법적 이

4) 桝田一二, 앞의 책(1976), 82~83쪽.
5) 김영돈, 『한국의 해녀』(민속원, 1999), 417~421쪽.
6) 渡部文也·高津富男, 『伊予灘漁民誌』(愛媛縣 文化振興財團, 2001), 173쪽.

민도 있지만 불법적 체류방식도 있었다.[7]

출가에 대한 고찰은 제주해녀들의 근대 생활사이고, 나잠업자의 동태 파악을 위해 간과해서는 안 될 부분으로써, 출가물질에 대한 민속적 적응 그리고 문화이동, 새로운 환경에 적응하면서 생기는 문화의 재생산 등을 살필 가능성을 지닌다. 제주해녀들은 상당 부분 자신들이 지녔던 문화를 변용하고 다른 외부세계에서 얻은 문화를 수용하면서 환경에 적응해 나갔던 것이다.

2. 현지적응과 경과

1) 일본 보소반도 − 생존을 위한 인고의 삶과 징용물질[8]

일본과 해녀 교류의 역사 기록으로 가장 오래 된 것은 헤이안 시대 초기 엔기延喜5년(905)에 율령 시행세칙을 편찬한 엔기시키延喜式이다. 여기에 '탐라복耽羅鰒 6근'이라는 구절이 나와 있다. '탐라복'의 정체를 통해 제주해녀와의 관계를 추정할 수 있다. 이것은 탐라산인 탐라에서 무역 혹은 조공으로 수입된 전복인가 혹은, 탐라로부터 온 해녀들이 전복을 채취한 것인가[9], 그렇다면 이미 제주도 해녀와 일본 해녀(아마) 사이에 교류가 있었는가라는 점이다. 또 전복의 형태가 탐라복의 형태는[10] 아닐까?

제주해녀의 출가지로는 주로 도쿄(三宅島, 大島)을 비롯하여 미에三重, 시즈

---

7) 李善愛, 『海を越える濟州島の海女』(東京 : 明石書店, 2001).

8) 이 지역의 자료는 金榮·梁澄子, 『海を渡った朝鮮人海女』(東京 : 新宿書房, 1988)에서 자세히 조사되어 정리되어 있다. 이를 바탕으로 서술하고자 한다.

9) 시바료타로, 『탐라기행』(서울 : 학고재, 1998), 271쪽.

10) 田辺悟, 『日本蠻人傳統の硏究』(東京 : 法政大學出版局, 1990), 180쪽.

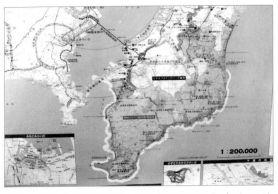

제주해녀들이 물질했던 지바현 보소반도[房總半島] 지도(2003)

오카静岡, 지바千葉, 도쿠시마德島, 고치高知, 이시카와石川, 후쿠이현福井縣 등에 집중되었다. 일본에 출가했던 제주해녀들은 식민지 해녀들이 늘 당했던 수탈이나 혹은 계약 위반 등의 부정적인 면을 부인하지 않는다.

이를 잘 파악할 수 있는 자료가 있는데, 보소반도 외측 가츠우라勝浦, 아마츠天津, 후토미太海, 와다우라和田浦 내측으로, 지쿠라天倉, 호타保田, 가나야金谷, 다케오카竹岡의 총 8개소를 4년 동안 돌아서 28인의 해녀들을 만나 기록한 사실에는 1987년까지 살아있던 제주해녀들의 일본물질에서 겪는 인고의 삶이 잘 정리되고 있다.

(1) 와다우라의 우라우케

1983년 와다우라和田浦에는 4인의 현역 해녀들이 있었다. 이정연(72세), 이태옥(72세), 고인옥(68세), 양춘옥(66세)이 고무옷을 입고, 보통 1일 평균 5시간 동안 물질작업을 하고 있었다.

이들은 1922년 제주도와 오사카간 출항했던 군대환(기미가요마루)을 타고, 출가 물질을 나왔다. 1918년 15세 때 와다우라에 온 해녀인솔자인 박기만씨가[11] 1920년 말부터 매년 어기漁期가 되면 입찰에 따라 우라浦를 사는데 이를 '우라우케'라고 했다. 주로 전복 바다, 우뭇가사리 바다 등으로 어획

---

11) 金榮·梁澄子, 앞의 책(1988), 21쪽.

물의 종류, 해녀인원수 등에 따라 산출금액과 입찰액이 결정된다. 당시 한국인은 원주민 어업권과 토지를 사용하지 않아서 바다를 살 권리가 없었으므로 일본사람 권리자의 이름을 빌어 입찰에 참가했다.

박씨의 인솔로 해녀들은, 4월이 되면 군대환을 타고 일본으로 왔으며, 9월에 다시 제주로 돌아오게 된다. 보통 18인 정도가 이곳에 있었고, 해녀들은 박씨를 '대표자', '책임자'라고 불렀다.

(2) 가나야의 감태 뜯기

1986년경에 가나야金谷에는 현역 해녀들이 있었다. 고봉순(70세), 김정인(64세)과 남편 김찬수(64세) 그 외 이효순(76세), 김창숙(56세), 김옥순(29)이 있었다. 고봉순은 25세 때(1938년) 물질보다는 방적공장에서 일하기 위해 현해탄을 건넜는데, 남편이 인솔자여서 천초 해녀들을 데리고 다녔다. 그래서 20세가 되어서야 물질을 배우게 되고, 이후부터 작업을 했다.

김정인은 '군의 명령'에 의한 '징용' 물질을 강조한다. 남편 김찬수씨는 1939년 국민 징용령이 발표되자 '탄광에 가지 않아도 좋다'라고 하는 대체조건으로 감태 자르는 징용에 응했다. 곧 아내는 해녀로, 남편은 선장으로 징용된 것이다.

감태 끊는 작업은 한 척의 배를 사용하여 선장 1인과 해녀 1인에 의해 행해지고, 허리에 끈을 매고 한번 밑으로 내려가서 숨이 지속되는 한 감태를 자르고, 다시 끈을 당겨서 신호를 보내면 선장이 배

떠밀려온 감태나 해초를 줍는 지바현 아마(2003)

위로 끌어올린다. 배에 수확물이 가득 차면 일단 돌아오고 감태를 육지에 내린 후, 다시 반복했다.

감태는 화약을 만들었기 때문에 어업회 관계자와 하급 병사들이 감태를 말린 후 불로 태워 재를 만들어 가져갔다. 곧 제주해녀들은 일본인 침략 전쟁을 지탱하기 위한 알맞은 노동력으로 이용된 것이다.

(3) 가츠우라의 입어 불인정

가츠우라勝浦에는 1938년부터 해마다 인솔자 박기만 씨가 그 지방 어업 조합의 의뢰를 받고 10명의 해녀들을 데려왔다. 본격적인 해녀가 없던 가츠우라에서 해사들을 대신해서 전복 따는 해녀들을 받아들인 것이다. 여기 온 해녀들은 한림 한경 지역 출신자들이 대부분이었다.

역 앞에서 파칭코를 운영하고 있는 한림읍 협재 출신 장정순(66세)은 자식이 물질하는 것을 반대할 정도로 넉넉한 집안의 딸이었으나, 출가 갔다 온 선배들의 이국의 진기한 풍물에 대한 화려한 체험담에 매혹되어 자유로이 살고픈 심정으로 출가했다.

현해탄을 건너 이바라끼현 미도, 요코하마, 지바현 아지키 등을 전전하다가 가츠우라에 정착한 것은 1948년 만 28세 때였다. 당시 이곳에는 해녀들이 10~23명 정도가 와 있었는데, 뒤에는 도쿄와 오사카 교외로 이동하여 갔다. 이외에도 두 사람 서인규(65세), 김효순(69세)이 같이 물질했다. 그때 여기에는 30~40대 남성인 해사가 8명 있었다. 지역민들은 해녀에 대해 편견이 상당히 심했으나 돈을 벌기 위해서 물질을 하면서, 일본인들에게 바보 취급도 당했다.

가츠우라에서도 1943년부터는 전복을 잡는 대신에 감태를 뜯었다. 가츠우라 해사들은 처음에는 해녀들의 입어를 반대했는데, 그 이유는 조합원들이 해녀들을 환대했고, 늙은 해사들보다 몇 배의 어획량을 취했기 때문에

'질투'를 한 것이다.

전쟁 후에는 가츠우라 관할 구역이 아닌 곳에 사는 사람에게는 입어를 인정하지 않았다. 장정순은 텐진에 살림을 꾸리고 있었기 때문에 해사들의 반발을 사게 된 것이다. 그래서 가츠우라 어협관할로 이사했으나, 조선인이라는 이유로 입어권은 얻지 못했다.

2) 일본 쓰시마─정착과 물질 방법의 변화와 대응

현재 쓰시마對馬島에는 한국인이 20명 정도 있다. 세대수는 15~16세대이다. 1955에서 1960년경에는 밀항으로 물질하러 오거나 숯 구우러 온 사람 등 2,800명의 한국인이 있었다. 현재 이들은 조국으로 돌아가거나, 오사카, 도쿄, 야마구치 등에 흩어져 살고 있다.

쓰시마 전체에는 물질하는 해녀가 250~300명 정도가 있다. 이중 100명의 해녀가 여성이다. 제주 출신은 3명만이 남아있다. 마가리曲는 원래 여성아마 만이 있는 곳으로 유명하다. 쓰시마의 출가물질 현장 중 제주해녀들이 가장 많이 활동했던 곳은 가미쓰시마초인 도요豊, 아지로網代, 와니우라鰐浦, 사쓰나佐修奈, 고즈나小綱, 니시도마리西泊 등이다.

(1) 해녀노래를 잘 부른 정○숙

제주에 살면서 쓰시마에 출가 물질을 갔다 온 경험이 있는 정○숙씨를 만나서[12] 해녀노래(네 젓는 소리)와 쓰시마 출가물질에 대한 조사가 가능했다.

출가해녀들은 3월에 제주 땅을 떠나 8월 추석이 가까워 올 때까지 출가지에서 살았는데, 그곳은 제2의 고향이 되었다. 정○숙도 17살에 조카들의

---

12) 자료조사 : 2002년 1월 17일, 제보자: 안덕면 대평리 정○숙(여, 82).

쓰시마의 이○춘 어머니(2003)

아기업개로 출가물질을 시작한 이후 23살(1944년)까지 쓰시마에 여러 차례 물질을 갔다. 제주에서 부산까지는 여객선으로, 다시 부산에서 쓰시마까지는 발동선을 탔다. 15~20명이 한 배를 타고 이즈하라, 고즈나, 사쓰나, 니시도마리까지 갔는데, 여기서의 물질은 뱃물질로 '농투선'이라는 배로 일정지역까지 노를 저으면서 제주에서 불렀던 해녀 노래를 불렀다.

물질은 아침 9시부터 오후 4시까지 했다. 주로 소라와 전복을 잡았고, 해초로는 감태, 몸, 미역 등을 10월에서 겨울까지 작업했다. 잡은 해산물은 숙부인 정○헌에 의해 부산에 와서 팔았다. 일제 때에는 감태를 말려서 팔기도 했다. 당시 쓰시마에는 일본 해녀들이 없어서 주로 제주에서 데려간 해녀들이 소라나 전복을 잡았다.

점심 식사는 도시락을 싸고 가서 먹었고, 식사로 쓰는 식량은 주로 제주도에서 가지고 간 보리, 좁쌀, 말린 고구마 빵은 가루가 주된 것이었다. 날씨가 추우면 한두 시간 작업하고 배 위로 올라와 불을 피워서 몸을 데우려고 하면, 뱃사공과 뱃주인은 빨리 내려가 작업하라고 등을 떠밀곤 했다.

정○숙의 숙부는 정○석으로 쓰시마에 가 바다(浦)를 사서 해마다 제주의 해녀와 뱃사공들을 불렀다. 대평리, 가파도, 사계, 한림, 고산 해녀들도 끼여든다. 주로 3월에 가서 추석 8월까지 작업하고, 또 미역 작업을 하게 되면 9월까지 있다가 돌아온다. 한달동안, 계속해서 날씨가 좋으면 매일 작업하고, 보통은 10일에서 15일 정도다.

부식은 지역주민들에게 소라를 주어서 바꾸어 얻기도 하고, 또 전복 껍질을 땔나무인 장작이나 호박과 같은 야채들과 바꾸어 먹곤 했다. 첫해에는 60원을 벌고 다음 해에 80원을 벌어 명주와 광목 한 통, 이불 혼수, 요 강단지를 구입하여 23세에 시집을 갔다. 그리고 자신이 번 나머지 돈은 살림에 보태어 썼다.

제주해녀들 중에는 '해묵이'를 하는 사람들도 있었다. 8월을 지나 9월, 10월, 동짓달까지 뭄을 캐거나, 미역을 말려서 일본사람들에게 팔곤 했다.

(2) 가파도 출신해녀 이○춘

쓰시마 긴釜에 살고 있는 가파도 출신해녀[13] 이○춘(여, 75)은 배의 선장이었던 아버지를 따라서 9살(1936)에 쓰시마에 왔다. 아버지는 가파도 출신 어부로, 발동선과 운반선을 가지고 뱃물질을 했다. 쓰시마는 바다가 깊고 물살이 거칠기 때문에 일반 나잠으로 잠수해서 작업하기가 어려웠다.

뱃물질은 주로 해녀 5~10명 정도를 배에 태우고 먼바다로 나가서 물질하는 것이다. 배가 기계선으로 바뀌면서 1954년부터는 콤프레샤 물질을 배위 물질을 했다. 콤프레샤는 배 위에서 산소를 공급하고, 산소 공급 줄을 메고 바다로 들어가 작업하는 것을 말한다. 배 위에서 센도船導가 산소 통과 줄을 관리하게 되는데, 물질하는 해녀는 망시리와 산소통을 메고서 작업을 하며, 소라와 전복이 가득 차면 신호를 해서 배 위로 올라와 잡은 물건을 비우고 다시 내려가 작업하는

제주해녀들이 작업했던 니시도마리 해변(2003)

---

13) 자료조사 : 2003년 2월 7일~2월 11일. 제보자-가파도 출신해녀(이○춘, 여 75, 1928년생).

식으로 진행된다. 처음 콤프레샤를 할 당시는 흰 무명옷을 입었으나, 2년 뒤 1956년경에는 고무옷이 나오게 되어 작업은 더욱 수월하게 되었다. 테왁을 짚고 무명옷을 입은 때는 대여섯 발(한발이 1미터 50) 들어갈 수 있었으나, 콤프레샤는 열다섯 발, 스무 발을 들어갈 수가 있었다.

아침 8시에 나가서 12시까지 작업하고, 뭍으로 나오는 일없이 배 위에서 12시에서 1시까지 점심을 한 후 다시 오후 1시부터 4시까지 작업을 한다. 총 7시간 반 정도 작업에 임한 셈이다.

당시 전복은 아주 많아 하루 30~50kg 정도를 딸 수 있었고, 소라는 100~200kg를 작업했다. 특히 쓰시마 북단인 도요豊나 와니우라鰐浦와 같은 곳에도 전복이 많아, 바다에는 작업하는 배가 열 척 이상 떠 있었다고 한다. 채취한 물건은 사가는 제주사람이 있었고, 일본 쪽으로 가서 팔기도 했다.

결혼 전에는 아버지와 같이, 도요에서 살고 그리고 한국에 들어왔다가 어머니가 병환이 나서 돌아가신 후에는 후루사토古里에 정착했다. 결혼 후 무역하는 남편과 같이 여러 지역을 이사 다녔다. 니시도마리西舶, 오사카, 다시 쓰시마로 돌아와서 가모이세鴨居賴를 거쳐 긴琴에 정착하여 지금까지 살고 있다. 쓰시마에서 물질은 보통 4월에서부터 시작되는데, 이 때는 물이 차갑기가 이를 데 없다. 그래서 다리 시리는 병이 생기고 고혈압으로 인해 69세에 물질을 그만 두었다. 요즘은 오사카에 있는 자식들 집과 쓰시마를 왕래하며 지낸다. 1년에 제사를 세 번 모시고 물질을 시작하는 날에는 바다에 가서 요왕지를 드리는 것도 그대로 지키고 있다.

지금 긴琴에는 전복 소라를 캐는 50대의 남자 아마인 해사가 3,4명이 있다. 이들의 물질은 10년 정도 전부터 했으며, 처음 왔을 당시는 물질했던 일본 사람들은 거의 없었다고 한다.

3) 일본 시코쿠四國 – 정착과 현지민과의 조화

1922년에 제주 오사카 간 군대환君代丸의 개통은 제주해녀들의 일본 출가 물질의 직접적인 계기가 되었다. 이때 무로토미사키室戸岬에 터를 잡은 김녕리 출신 정씨 가족의 예에서 제주해녀들의 출가 물질의 역사와 그 출가경위, 그리고 출가지에서의 삶 등을 추적할 수 있었다.

당시 무로토미사키室戸岬 다카오카高岡에 정씨의 백부가 자리를 잡고 있었으며, 그리고 미타카三高에는 장張씨 집안, 그리고 미츠三津에는 정씨 가족이 자리잡았다.

(1) 무로토미사키[14])의 정씨 가족

정씨의 장남(현, 68)이 처음 일본에 간 것은 15세인 1952년이었는데, 당시 출가 물질에 대한 상황을 잘 기억하고 있었다. 어머니는 군대환을 타고 17세인 1928년에 출가물질을 떠났다. 아버지는 어머니보다 2년 앞서 1925~1926년쯤인 16세 때부터 먼저 드나들고 있었다.

양친은 같은 마을에서 태어나 결혼을 했다. 아버지가 김녕을 비롯한 구좌읍 해녀들을 인솔해서 갔기 때문에 군대환이 김녕 앞바다에 와서 대기하면 덴마선이 군대환까지 해녀들을 태워서 갔다.

특히 부친이 시코쿠 무로토미사키室戸岬 쪽으로 간 이유는 미리 간 장씨와 인척관계가 가장 주된 연고였다.

제주해녀들은 처음 도착하고 테왁을 짚고 천초를 캐었고, 3월에 출가해서 9월에 다시 환고향을 했다. 이처럼 해방 전에는 자유롭게 드나들 수 있었으나, 해방 후부터는 그곳에 정착하게 되었다. 1953~1954 이후부터 일

---

14) 자료조사 : 2003년 4월 6일, 제보자 : 정○일(남, 68).

부 테와 해녀들이 콤프레샤 물질을 하였다. 정씨 가족 역시 배를 이용한 콤프레샤 물질을 했는데, 부친은 배 위에서 생명줄을 끌고 산소통과 호수를 관리하였으며, 어머니는 물 속에 들어가 물질을 하면서 천초를 뜯었다. 천초 작업이 주를 이루었고, 전복이나 소라 등은 양이 별로 많지 않아, 비록 잡더라도 자신들의 부식으로 사용할 정도였다.

당시 한국인들은 배를 사서 콤프레샤를 했다. 일본인들은 배만 소유하고 한국인 해녀들을 이용했으며, 콤프레샤를 사용하지 않는 해녀들은 여전히 테와물질을 했는데 전체의 삼분의 이 가량이다. 큰 배인 경우는 '쌍머구리선'이라고 해서 두사람이 한 팀이 되어 콤프레샤 작업을 했다.

물질 작업은 힘을 요하고 또, 추위에 잘 견뎌내야만 했다. 특히 여성들은 수압과 추위를 견디는 힘이 남성들보다 강하여 여성 쪽이 물질작업에 더욱 참여하게 되었다. 뱃물질인 경우는 작업하러 들어가면 천초가 많을 때는 한 시간에서 한 시간 반 정도를 작업하고, 배 위로 올라와 불에 몸을 데우는 데, 그 횟수는 하루 중 서너 번 된다. 그리고 테와 해녀는 한 두시간씩 작업하고, 두세 번은 뭍으로 올라와 불턱에서 몸을 데웠다. 장작은 바다에서 건져낸 나무를 주로 이용했다.

정씨 가족은 1951년부터는 무로토미사키에서 일본 오사카 니시나리로 이사해서 정착하게 된다. 오사카에서는 하루 벌이가 가능했다. 그래서 물질 작업 시기인 3월에서 9월 동안만 무로토미사키에 가게 되고, 작업이 끝나면 다시 오사카로 돌아왔다. 대부분 제주도에서 건너간 사람들이 이러한 형식으로 삶을 꾸려 갔으며, 철공소와 같은 곳에서 일했다. 부친은 해방 전에는 12월에서 1월 기간에 제주에 와 해녀모집을 했다. 전쟁 후는 일본 내 오사카후大阪府 쓰이다시 오다비초에 사는 사람들을 중심으로 모집했는데, 당시 오사카에 있던 해녀들은 대강 30대 이상이었다.

무로토미사키 어업조합과 천초 계약을 맺어, 해녀 모집을 했을 때 부친은 해녀에게서 수입의 10%를 받고, 그리고 어업조합에서도 10%를 받았다. 당시 하루 공장노동자의 일당이 300원에서 400원 정도인데 비하면, 두부부가 3월에서 9월까지의 벌이는 상당히 많은 금액으로 한해 벌어서, 제주에서 집 한 채를 살 정도였다(소화 32년(1957)경 90만원 정도).

당시 어업조합은 해녀들과 직접 계약이 어려웠기 때문에 인솔자와 년 단위로 계약했다. 계약기간을 설정하고, 채취한 천초를 킬로 단위로 계산했으며, 미리 선급금으로 계약금의 일부를 주기도 했다. 밀항 해녀들이 많은 경우는 경찰과도 유착관계가 긴밀해야 했고, 일본인과의 관계도 좋아야 한다. 특히 무로토미사키인 경우는 일본인들도 배를 가지고 있었기 때문에 인솔자와 해녀들 간의 관계는 아주 좋았다.

그렇지만 출가 해녀들은 어업조합 조합원 자격도 못되고, 의견도 제시할 수가 없었으며, 단지 계약자로서의 자격 밖에 가지질 못했다.

무로토미사키는 바다가 세어서 간조와 만조차가 아주 심했다. 주로 천초는 해안에서 10~20미터 나가서 캐었다. 바다에서 뜨고 온 천초를 말리지 않고 날것으로 100킬로씩 묶어 어업조합으로 넘기면, 바로 인근 일본인들이 말려서 팔았다.

대체적으로 출가 해녀들의 생활은 공동으로 이루어졌다. 10평정도 되는 건물 중 한 칸에 6명 씩 살면서 숙식을 해결했다. 1945년 직후에는 50~60만원 정도 벌었는데, 물질을 하지 않을 시기에 생활비로 다 써 버리는 경우도 허다했다.

전쟁 전에는 천초로 만든 한천이 군인들의 식사로, 그리고 약재로 이용했기 때문에 모자랄 정도였다. 특히 감태인 경우는 말려서 태워 그 재를 화약의 재료로 썼다. 또 정씨 일가는 무로토미사키에서 천초 작업이 끝나면, 와까야마日和山에까지 출장물질을 가서 천초 작업을 했으며, 또 나가사키에 가서 전복을 따고 파는 일을 2년 정도 했다.

정씨는 해방 전에 있었던 해녀들이 연세가 많아 작업이 불가능했고, 그 이후 천초도 차츰 사라져서 1965년부터는 인솔자의 일을 그만두었다.

(2) 1970년대 고치현 다카오카의 잠수들

"고치현高知縣 다카오카高岡는 오사카에서 1시간 남짓 버스를 타야 하는 곳으로 제주해녀들이 머물고 있는 마을은 40여 호 밖에 안 되는 자그마한 곳, 출가해녀들은 오전 7시부터 2시간 반, 또 오후에 2시간 반씩 함께 하루 5시간의 수중작업을 한다. 방수 스폰지 옷을 입고 잠수기선의 공기보급을 받아 1회에 2시간 남짓 천초를 뜯는다. 이들은 단지 채취물을 망사리에 집어놓아 채취하면, 뭍에서의 건조작업이나 검근檢斤 등은 현지 일본종업원이 도맡아 한다. 제주해녀들은 하루 250kg정도 따며 일본 해녀들 보다 서너배나 능률이 높기 때문에 매우 환영받고 있었다. 사생활은 가스로 밥을 짓고 방마다 TV가 갖춰있어 매우 편한 편이나 영화관도 없기 때문에, 소일에 지루함을 느낄 정도였다. 그들은 5만원의 월급을 받고있다고 말하고 있어 의문이 가는데, 당초 출가계약에는 kg당 채취요금을 36원으로 하여 선주와 50%씩 균분均分한다고 되어있는 만치 하루 250kg씩 20일만 채초採草한다해도 월 9만여 원은 돼야 하기 때문이다. 그리고 번거로운 수속이 늦어 천초 채취적기(3월부터 8월)보다 한달 반이나 늦게 들어가서, 많은 천초가 녹아버렸다고 한다. 이와 같은 문제점은 해녀 초청招請이 본도 해녀대표 이범구씨와 다카오카高岡어협 측의 의뢰를 받은 본도 출신 교포 장모 씨간에 개인자격으로 이루어진 때문인 것으로 판단된다. 앞으로는 수협 등 단체가 근로 조건 등을 확실히 다짐받아 계약을 해야 할 것이다. 일례로 우리 해녀보다 기술이 뒤진 일본 해녀들이 일당 5천원(20일 작업이면 10만원)씩이나 받고 있다는데 모순점을 들 수 있다"[15]

한편 1970년 4월 14일, 일본 고치현高知縣 다카오카高岡어협 관내로 출가했던 본도 출신 해녀 고춘자(구좌면 월정리)가 5월 22일 하오에 물질도중 사망했다.[16] 그래서 26일 하오 무로토미사키 다카오카 공민관에서 거행된 장례식에는 어협관계자들과 지방민 1백 50명이 참석했다. 무로토미사키 시장은 해초 채취 기술에 몸바친 고인을 추모한다는 감사장을 추서했다[7].

이곳에서의 물질은 1920년대부터 70년대 제주해녀의 일본 출가 물질의 일례를 보여주고 있다. 이 지역에서는 능력 있는 제주해녀들이 필요했고 실력을 인정했기 때문에, 지역민들에게 상당히 환영받았음을 알 수 있다.

4) 경상북도 구룡포―잠수권리 획득을 위한 투쟁의 역사[18]

국내 출가물질 해녀들의 생활 역시 쉬운 일이 아니었다. 동아일보 1920년, 4월 22일자에는 「가련한 운명, 제주의 생명, 흉악한 객주, 도내인사의 분기, 당국태도의 냉정」이라는 제하의 논설을 발표한 바 있다. 기사를 보면 당시 출가 해녀들은 1만여 명에 달하고, 4월에서 9월까지 부산이나, 울산 등지로 출가물질을 가서, 활동하는 여자의 수효는 4천여 명이나 되는데, 한사람 평균 3백 원어치를 생산하여 120만원의 큰돈을 벌었으나, 객주들의 농락으로, 반년간의 벌이

구룡포에 출가한 제주해녀의 집(2003)

15) 『제주신문』, 1970년 7월 4일자.
16) 『제주신문』, 1970년 5월 23일자.
17) 『제주신문』, 1970년 5월 27일자.
18) 자료조사 : 2003년 1월 3일~7일, 제보자 : 김○희(남, 73) 외 제주해녀 10명.

구룡포에 출가한 제주해녀들이 작업했던 바다(2003)

가 헛수고가 되는 경우가 허다했다고 적혀 있다. 또 1923년에서 24년에는 육지부 기장機張에 출가한 해녀들에게 심한 욕설과 모독을 하고 폭행사태까지 발생했다. 그래서 경남도 당국과 '해녀 입어에 관한 협정'이 체결되는 결과를 가져왔다.[19]

돈벌이를 위해 제주해녀들은 경상북도 구룡포 지역으로 나갔다. 그 지방에서 물질하는 해녀들을, '지선해녀' 혹은, '지방해녀'라고 불러 이들을 출가해녀와 구분하고 있다. 돛배인 풍선을 이용하거나, 혹은 여객선을 이용하여 구룡포에 물질 나간 해녀들은 구룡포의 풍부한 해초와 해산물을 채취하였는데, 채취행위를 '무레질'이라고 불렀다.

현재 구룡포에는 1리에서 7리까지 어촌계가 구성되어 있는데, 제주해녀들이 주로 속해 있는 어촌계는 6리이고 대부분 6리에 살고 있다.

(1) 경북 재정지구 입어권과 해녀 권익문제

1950년대는 어장매매와 해녀들의 권익문제, 곧 입어권과 판매권에 의한 권익이 제기되고, 경북 출가해녀들의 입어 및 입어 분규로 인해 경북 재정지구 입어재정권이 제정된 시기이다.

1949년 제헌국회에서 '조선어업법'을 한국 '수산업법'으로 기초하고 있을 당시 해녀들의 권익보호와 수탈행위를 막기 위해서, 해녀들에게 독립된 바다를 확정하여 주던가, 아니면 입어 관행에 의해서 수탈할 수 없는 조항을 삽입하여 달라는 요청을 강대원康大元, 고용우高龍雨에 의해 건의하기에

---

19) 강대원, 『해녀연구(개정판)』(한진문화사, 1973), 131쪽.

이른다. 이로 인해 1950년 '한국 나잠어업수산조합'이 결성되고[20] 1952년에는 수산업법에 '입어관행보호법'이 제정되었다.

그러나 경상북도 어업 조합은 공동어장내의 천초, 은행초, 앵초의 채취 행사권을 입찰공매하여 그 대금으로써 어업조합의 사업자금을 충당했다. 이처럼 공매한 경우는 공동어장내의 해조류를 해녀들이 채취하고자 하더라도, 매수자가 엄금하고, 조합원이 행사할 수 없는 모순을 안고 있었다. 출가 해녀들은 이러한 해조류 어장을 개척한 장본인이이서 마땅히 그녀들의 노력은 인정되어야 했다. 그러나, 그 지선(地方) 해녀들과 차별대우를 받은 것이다.[21] 그래서 경북 방면에 출가한 본도 해녀들의 자유 입어권의 문제는 경북어조의 계속적인 압박으로 재차 분규를 일으키게 되어, 2천여 해녀들은 사활기로에 섰다.[22]

가장 큰 문제의 초점은 지선해녀를 우선적으로 입어케한다는 어조측의 주장과 함께, 출가해녀 없이도 경북지역 출신 지선해녀 만으로 가능하고 제주해녀 역시 자연 안건제로 입어할 것과 관행도 말살이라는 주장을 폈다.[23]

그런데 본도 해녀 1,400명 중 1,200명은 실행 입어권 보지자로서 관행을 가지고 있으므로, '지선해녀'라는 문구가 '관행이 있는 해녀까지 포함한다'면 제주해녀는 당연히 포함된다고 주장 가능하다. 그 대안으로 제주 출가 해녀들에게 "각서 이외의 금액은 회수치 못할 것이고, 관행이 있는 해녀는 지선해녀와 동등한 자격으로 입어시키고, 허가처분이 아직 되지 않을지라도, 입어할 수 있도록 경찰국과 연결하여 준다"는 것에 합의했다.[24]

결국 제주도는 출가 해녀 권익보호 차원에서 전국 25개 지역에 현지 실

20) 강대원, 위의 책, 106~107쪽.
21) 『제주신보』, 1954년 6월 9일.
22) 『제주신보』, 1954년 7월 11일.
23) 『제주신보』, 1954년 8월 3일.
24) 『제주신보』, 1954년 8월 4일.

태 조사를 나가게 되었고, 당시 경북 연안에 출가한 2, 3천명의 해녀들이 착취를 당하게 되는 사실을 알게 되어, 1954년부터는 '경북재정지구慶北裁定地區' 교섭을 벌이게 되는데, 그 교섭기 3항목은 유명하다.[25)]

'경북재정지구'는 제주도 해녀들이 해마다 출가하는 곳으로, 경상북도의 구룡포九龍浦, 감포甘浦, 양포良浦의 3개 어업협동조합관내 제1종 공동어장이다. 당시 제주도인 경우는 우뭇가사리가 연간 20만근 정도 밖에 되지 않았고, 경북인 경우는 80만근 정도가 생산되었다. 그래서 상공부는 1956년 1월13일 입어관행을 인정했다. "관계어업 조합은 제주도 해무 당국이 인정한 제주도 출가 잠수에 대한 각기 향유하는 공동어장 내의 입어 관행을 다음의 조건 아래 인정할 것. 입어 수면 구역은 향유 공동어장 전역, 입어의 방법은 나잠裸潛, 입어기간은 5월 1일부터 8월 말일, 채취물의 종류는 천초, 은행초, 앵초, 패류 등이며 입어 인원은 감포 어업조합이 191명, 양포어업조합이 279명, 구룡포 어업조합이 6백 명이다"라고 재정인원을 확정했다.

1956년, 4월 경북 출가해녀들의 계획은 지정인원 1,070명으로 한정되었으나 신청인원이 100명이 초과해 재정인원 조절에 고심하게 된다. 그런데, 해무청당국의 지시로 도내 4개 어조에서 출가신청을 받고 그 회원 할로 300원씩을 징수하였다. 1,070명을 출가시키는 근본 방침은 변함 없었으나, 나머지 해녀들이 출가를 고집했던 것이다. 이와 같은 상황은 출가물질의 극성스러움과 너나없이 돈벌이를 위해 출타하는 제주 여성들의 한 단면을 볼 수 있다. 당시 해무청 당국이 '출가증을 가진 자'를 고집했지만 자유출가인수를 합치면 4천여 명의 해녀들이 출가를 지원한 것이다.[26)]

그 당시 해녀들의 입어는 국가 관여 없이 이루어지던 것이었으나, 입어 관행에 따라 '어촌계'가 어촌 부락 단위로 조직되고 공동어업권을 행사하

---

25) 「경북해녀문제 교섭기(3)」, 『제주신보』, 1954년 8월 4일.
26) 『제주신보』, 1956년 4월 1일.

고 있었다. 그래서 해녀들의 입어권이나, 입어 시기, 채취물 채취, 수익분배 방법에 따른 통제는 잠수회가 맡았다.[27]

그렇지만, 비밀히 행해지는 어장매매가 해녀들의 권익을 짓밟고 있었는데, 수산업법 제 10조에는 엄연히 이러한 행위가 금지되었다. 곧 "어업협동조합의 조합원은 정관이 정하는 바에 의해서 당해 어업 협동조합이 향유하는 공동어업권의 범위 안에서 각자 어업을 할 수 있고", 또 "공동어업은 일정한 지역 내에 거주하는 어업자의 어업경영상 공동 이익을 증진하기 위하여, 필요한 때에 한해 면허한다"고 되어 있었다. 그러나 어업협동조합에서는 미역인 경우 곽암주霍巖主에게 행사료를 받고 팔아버리면, 곽암주가 제주해녀들을 모집해서 해조류 한 근당 얼마씩 요금을 받고 채취한다. 그리고 입어행사료, 어협수수료, 지도원 수당, 위탁판매수수료 등, 수많은 명목으로 해녀들의 수입을 수탈해 가는 것이다.[28]

관행입어 재정은 어장매매를 줄이고, 출가 해녀의 권익을 증진시키는데 기여한 바가 컸는데, 양포, 구룡포, 감포 향유 공동 어장 전 지역에 입어할 수 있게 된 것이다. 그래도 어장 매매는 계속되고 문제가 되자 드디어 경북 측에서는 1967년에 '입어관행권 소멸확인 소송'을 제기한 것이다. 제주도 측의 패소로 판결이 났고, 즉각 피고측에서는 항소를 제기했다.

그러나 이러한 교섭에도 불구하고 다시 출가 해녀들의 분쟁이 야기된다. 도 출가 해녀들의 역경을 말하는 가운데, 수산업법으로 입어권이 보장되는 출가해녀들도 곽암주와 상조회에 의하여 7할 이상의 수익을 불법적으로 착취당했다.[29]

뿐만 아니라 '입어문제 재분규'로 2천여 명의 해녀들이 사활의 기로에 서게 된다.[30] 그래서 해녀 분쟁 절충이 시작되고, 방어진을 포함한 울산군 내에는 본도에서 5, 6백 명의 해녀가 매년 출가하여, 천초와 미역, 그 밖의 패류 등을 채취했는데, 경상남도인 경우 해녀 1인당 입어료는 48년에 1천원, 49년에 1천5백원이었는데, 1957에는 3천원으로 오르고, 1958년에는 4천원으로 오른 것이 원인으로, 입어료와 판매권에 의한 유혈소동까지 있었다.

어장 매수자를 '전주'라고 하는데, 전주들에 의한 어장매매가 극성스러웠고, 이 또한 해녀 착취 방법이었다. 어장매매는 범법으로 6개월 이상의 징역과, 만원 이하의 벌금, 그래서 어장의 우선권이 반드시 '해녀'에게 있으며, 어장매매는 있을 수 없다고 해녀들의 권익에 대한 법적인 보장을 했다. 이로 인해 해녀 권익 침해를 방지하기 위한 촉구가 제기 된 것이었다.[31] 도와 수산단체에서는 "출가증 소지자만 출가하라", "인솔자의 감언이설에 속아 밀출가하지 말라"면서 1966년에는 출가를 억제해야 한다는 방침을 세웠다.

1967년에는 재정지구 3개 어협이 '입어관행권 소감확인 소송'으로 입어 실적이 없는 제주도해녀 6명을 상대로 '입어관행이 소멸되었음'을 대구지방법원에 제기한다. 곧 피고측이 패소 판결을 받고, 제주 출신 해녀는 매년 공동어장에 입어하는 자만이 관행에 의해 '입어권' 있는 것이고, 최근 입어 경력이 없는 해녀는 입어권이 없다는 것이다.[32]

그 결과 1968년에 피고들은 원고측의 부당성을 지적했으나, 다시 "최근에 입어한 실적이 없는 피고들은, 감포, 양포, 구룡포 공동어장의 등록 말소절차를 이행하라"고 다시 피고에 대한 패소판결을 내렸다. 소송패소 후 해녀들은 경남이나 전남 등 다른 지역으로 출가 물질을 가는 경우가 많았

---

30)『제주신보』, 1954년 7월 11일.
31)『제주신문』, 1963년 5월 21일.
32)『제주신문』, 1975년 6월 13일.

다. 그때 제주에서의 해녀 수입은 평균 1만2천오백원이나 이에 비해 출가 해녀는 2만3천원 정도가 되었다.[33]

(2) 경북재정지구 구룡포 출가물질 상황

경상북도 양남, 감포, 양포, 구룡포, 대보는 '경북재정지구'로 유명한 곳이다. 이 지역 어업조합에 해녀들이 각 조합 별로 300명 씩 1,070명의 출가물질 인원이 확정된 곳으로 원래 목적은 출가 물질해녀들의 권익을 보호한다는 취지 하에서 이루어졌다. 해녀의 수가 배정되면 제주도 바닷가 동네를 중심으로, 1개 부락당 30명에서 80명 정도 구좌, 표선, 남원, 서귀포를 중심으로 해녀들을 모집하였다.

대체로 여객선, 혹은 발동선을 이용하거나, 풍선이나 돛배, 혹은 차닷배를 이용하여 차좁쌀, 보리쌀, 된장, 콩잎과 같은 부식을 싸고 노를 저으면서 구룡포까지 물질을 나갔다.

제주해녀들이 가지고 간 특이한 음식들은 육지부 해녀들에게 손가락질의 대상이 되었다. 콩잎을 어떻게 날 것으로 먹을까, 된장은 끓이지 않고 어떻게 먹을까, 좁쌀도 씻지 않고, 밥을 해먹는다는 것이다. 이러한 음식문화의 차이는 제주해녀들의 일상을 괴롭히는 일 중의 하나가 되었다.

거주는 주로 집단적으로 이루어졌다. 50명 정도가 한 지역에 머무르는데, 약간 명씩이 집집마다 배치되었다. 집단 작업에 의해 천초, 은행초(도바라고도 함), 앵초 등을 캐었고, 이 취득물에 대해서는 조합에서 관리했으나, 중간 수수료를 착취하고 판돈을 착복하기까지 했다. 이때 구룡포 공동어장은 생산물이 많기로 유명했으며, 천초는 주로 일본으로 수출하고, 한천업자들에 의해 팔려나갔다.

---

33) 『제주신문』, 1975년 6월 14일.

또 당시는 해녀벌이 뿐만 아니라, 남편과 함께 오징어잡이를 해서, 부부 동반으로 육지로 나갔는데, 이처럼 가족단위로 출가하는 경우도 많았다.

재정지구의 해녀들은 공식적인 통로를 거쳐서 나가기도 하고, 반면 밀출가 행위도 극성스럽게 이루어졌다. 당시 제주민에 대한 권리는 인정되지 않았기 때문에 비록 정착을 했을 지라도 밀출가 하여 신분을 숨기고 10년 이상을 산 사람들이 많았으며, 남의 집 방을 빌려 살다가도 60~70년대 사이에 해산물 가격이 급등하여 고가로 판매해서, 자기 집을 마련하여 생활이 향상되었다. 이때 지선해녀들은 제주해녀들에게 물질을 배우고 익혀나 갔다.

제주도에서는 물찌 때만 가능하던 물질이 구룡포에서는 물찌라는 것이 없었기 때문에, 날이 좋으면 언제든지 매일 물질을 할 수 있었다. 그래서 제주해녀들은 거의 매일이나 다름없이 물질을 했다. 따는 해산물로는 전복 과 미역, 천초, 은단(보라성게) 솜(말똥성게), 그리고 '헛물'이라고 하는 해삼, 고동, 문어 등을 잡았다. 전복은 크기가 좀 작은 편인데, 미역과 같은 데 붙어서 웅성거리며 올라오고, 빗창으로 떼는 것보다 호멩이로 줍는 편이 쉽다. 그리고 물 속에서는 콤프레샤로 물질하는 잠수기선의 잠수부 보다 해녀들이 더 강했다. 잠수부가 해녀들의 영역을 침범해오면 미역 자르는 낫으로 산소호수를 끊겠다고 으름장을 놓곤 했다. 잠수기 어선은 11종 허가를 받고 해안에서 15미터 이후에서 작업을 해야 하는데도 불구하고 해녀들의 작업장에 침범을 하는 것이다

미역은 미역어장을 공매로 인수한 곽주 혹은 곽암주라고 부르는 임자가 있었다. 그러면 곽주와 서로 계약을 하고 생산량에 곽주가 8할을, 그리고 해녀는 2할을 배당 받았다.

돌바당의 깨끗한 구룡포 해안에 1970년대 초까지 매일 물질을 했으나 생산물 감소로 80년대 초반부터는 다른 인근 지역인 강원도와 강구, 영덕

등지로 물질을 나갔다.

5) 강릉시 주문진[34] ─ 나잠 어업권의 수용과 해녀 어법 전수

강원도 강릉시 주문진은 거의가 제주해녀들이다. 나머지 지방해녀 몇 분들인 경우도 처음부터 물질작업을 한 것이 아니라 제주해녀들에게 그 기술을 습득, 같이 작업하면서 배웠다고 한다.[35] 강원도인 경우 남편은 오징어 잡이로 아내들은 물질을 하기 위해 왔다가 어업권을 획득하고 정착한 해녀들이 대부분이다.

(1) 주문 5리 제주해녀들

주문진읍은 행정구역상 12리로 구성되고 있으나, 읍내에는 3개의 어촌계가 있다. 바닷가 주변의 자연부락인 주문진리, 오리진리, 우암진리를 합한 종합 어촌계인 주문리 어촌계, 그 외 주문 5리 어촌계, 6리 어촌계다. 주문진 5리 어촌계에는 조합원 수가 114명이 되고, 해녀는 70년대까지 12명이었다가 현재는 8명만이 작업에 임하고 있다. 이 지역 출신 2명과, 나머지 6분은 제주도 해녀다.

제주도 해녀들은 젊었을 때 이 지역에 정착하여 물질을 했으며, 거의 60세가 넘었다.

해녀들은 '수심발이'라고 하는 상군이 세 사람이 있고 주로 50대는 10발,

---

34) 자료조사 : 2003년 4월 24~27일.
　제보자 : 가. 주문진 5리 어촌계장(송원선, 남, 52); 나. 제주 안덕면 대평리가 고향인 이○숙 어머니(여, 68); 다. 주문진리 어촌계장─김부영 (남, 57); 라. 해녀 6분.

35) 龜山慶一, 『漁民文化の民俗研究』(東京 : 弘文堂, 1986), 13쪽. 강원도 명주군 연곡면 연진리에도 출가해 온 제주도 해녀들로부터 기술을 습득하고, 그 지방해녀가 조업하고 있다고 조사되고 있다.

홍합을 채취하는 주문진 출가 해녀(2003)

60대는 5발 정도 들어간다. 수입은 주로 전복, 미역, 성게, 해삼 등으로 개인당 연 2,000만원 정도가 된다. 미역은 건조해서 국을 끓이는 용으로 쓰는 참미역과, 쌈을 싸먹거나 튀겨 먹는(미역부각) 구멍 난 쇠미역이 생산된다. 미역을 생미역으로 자유롭게 채취할 수 있던 때는 1975년 경 이후부터인데, 실제 자연산은 자가 수요 정도다.

주로 채취하는 해산물은 전복이다. 종표 1.5~2cm 짜리를 년간 2,000만원 정도, 자연살포해서 바다에서 키우므로 자연산이나 다름없다. 전복 따는 시기는 보통 11월에서 12월까지이며, 이 시기가 가장 가격이 좋다. 어촌계가 채취 일자라든가 판매를 모두 관여하고, 8cm 미만의 전복은 캐지 않으며, 어촌계가 전복을 선별하고 출하한다.

전복은 관리선 잠수부보다 해녀들이 더 많이 잡는다. 관리선의 잠수부들은 해녀들처럼 전복이 있는 돌 틈을 알고 다니지 못하기 때문이다. 그리고 전복은 빗창보다는 호멩이(호미)로 잡는 편이 더욱 쉽다. 전복이 주로 돌 틈새에 끼여서 있기 때문이다.

성게는 아카성게와 보라성게, 솜으로 구분하고 있는데, 아카는 7~8월에 잡고, 금어기는 9월이다. 보라성게라고 하는 구로성게는 5~6월에 잡고, 솜은 10월에서 겨울에 걸쳐 잡는다. 어촌계가 성게 바당을 성게업주들에게 넘겨서 3년간 기부금 형식으로 받고 해녀와 업자가 직접 거래를 하고 있다. 성게는 6월부터 시작하여 8월까지 작업을 하고 해녀들은 이 성게 알을 간 후, 1kg당 인건비로 2만원을 받고 있다.

그 외 해삼, 미역, 멍게, 홍합 등은 채취한 물량 전부 해녀들이 갖고서 판매한다.

미역은 3월에서 6월 중순까지 자연산 미역을 채취했으나, 급격히 해산 자원이 고갈되고 있는 실정이다.

(2) 주문진의 제주해녀

주문진 어촌계에는 주문진리, 오리진리, 우암진리를 합한 종합어촌계다. 어촌계원이 500명이고 제주해녀가 11명이 있다. 이들은 어촌계원으로 인 정되었으며 가입비는 없다. 물론 제주해녀들은 조합원이다.

비록 주문진 어촌계가 어장은 넓지 않은 편이나 단일 어촌계로는 계원 수가 많고, 강릉시 2002년 수산분야 종합평가 최우수를 받을 정도로 조합 이 활성화 되어있다.

주로 전복과 성게가 수입을 좌우하고 있는데, 전복은 봄, 가을, 여름에 채취하는데, 23회 정도 작업하고, 해녀가 모두 참여하는 것은 17~18회 정 도가 된다. 어촌계별로 작업 시기와 가격도 조정하고, 8cm 이하의 전복은 잡지 않는다. 해녀들인 경우 전복 채취를 해서 어촌계와 그 수입 배당비율 이 7 : 3이다.

자원관리로는 전복 종패 작업을 들 수 있다. 1년에 3천만원어치의 종패 는 무상지원 1,500만원, 그리고 어촌계에서 1천5백만원 어치를 더 사온다. 성게 역시 자연산 아카성게가 많이 생산되어 기대치가 높은 종목이다.

원래 미역은 1~2월에 채취를 하지만, 암반에 해초가 돋지 않아서 올해 는 미역채취를 금했다. 해녀 개인당 연수입은 2천에서 3천, 그리고 나이든 해녀들은 천 정도의 수입을 얻는다. 어촌계의 자원 관리 덕택이다.

어촌계 총대에서 홍합 바위를 3년 간, 300만원에 개인업자에게 빌렸는데, 개인업자와 계약한 해녀들이 아침 6시 30분에 물질을 나가서 11시까지 작업했다. 하루에 거의 세 시간 가량 작업하는 셈이다. 홍합은 껍질 채, 킬로 당 800원이고, 보통 한사람이 200kg 정도에 따서 하루 15, 16만원 벌이를 한다. 딴 홍합은 시중 판매를 위해 부산 쪽으로 가지고 나간다. 조개 역시 150만원의 행사료를 받는다.

자원고갈로 인한 자원보존을 위해서 채취일정을 조절하고, 크기를 제한하고 있으며, 이 지역도 해녀들이 사라지면 스쿠버들에게 기대하고 있다.

3. 대응과 변용

근대기의 출가물질에서 해녀들은 출가 물질간, 바다의 특성에 맞게 적응하면서 지역 사람들과 공존하기 위한 새로운 삶을 시작했다. 그러면서도 자신의 물질 작업 방법을 전수하기도 하고 또한 외부세계의 것을 받아들여 변화하기도 했다.

일본과 강원도 경상도로 출가 물질 간 해녀들의 어업권의 문제, 물질도구 및 현지민과의 관계를 대응과 변용 중심으로 살피고자 한다.

1) 물질과 입어권

우선적으로 해녀들이 출가물질에서 맞부딪치는 것은 입어권이다. 강원도에 출가간 해녀들인 경우는 어업권을 바로 인정받았으며, 구룡포에서는 입어권 획득을 위해 투쟁했다. 그러나 일본 출가 물질에서 '소라채취어업증'이나, '준조합원' 대우는 노동력 수탈을 위한 회유책의 일환이었다.

(1) 강원도 강릉시 주문진읍 주문5리 나잠어업권

강릉시에는 5년에 한번 강릉시장이 수산
업법 제 44조 제3항에 의해 어업권을 교부
하고 있다.

물질 작업을 '나잠어업'으로 규정하고 있
으며, 1998년 강릉시 주문진 나잠 어업신고
제 98-3호 어업신고필증을 보면 다음과 같
이 설정되어 있다.

출가 해녀들에게 배부한 강릉시
나잠어업증(2003)

ㄱ) 어업의 종류 : 나잠어업

ㄴ) 시설의 종류 및 규모 : 해당없음

ㄷ) 어업의 방법 : 산소 공급 장치 없이 잠

수한 후 낫, 호미, 칼, 갈쿠리 등을 사용하여 패류, 해조류 기타 정착성 수

산 동식물을 포획, 채취

ㄹ) 조업 또는 시설의 위치 : 강릉시 연안 일원

ㅁ) 포획 채취물 또는 양식물(생산종묘)의 종류 : 전복, 홍합, 골뱅이, 우렁생

이, 문어, 성게, 미역, 다시마, 천초, 우뭇가사리

ㅂ) 어업의 시기 : 1. 1~12. 31

ㅅ) 유효기간 : 1998. 2. 25~2003. 2. 24(5년간)

(2) 일본 보소房總반도 가나야金谷 아마하天羽어업 협동조합 정관[36]

가나야 아마하어업 협동조합 정관에는 '어민'에 대한 규정이 있다. 곧
"이 조합 지구내에 주소를 두고 일년 동안 90일 이상 영업하고 그것에 종

---

36) 일본 보소반도의 예는 金榮·梁澄子, 앞의 책(1988) 자료를 바탕으로 정리, 이하 같음.

사하는 어민"으로 되어 있다.

이 정관의 문제점은 '어민'이라는 자구에 그 한계가 있었다. 곧 가나야의 관습과 전통으로는 나잠업을 하는 '해녀'라는 존재가 없었기 때문에 과연 제주해녀가 어민으로 인정될 수 있는가라는 점이다.

그래서 이 지역에서는 '소라채취 어업증'이라는 허가증을 주었다. 그러나 이 시책은 시행하려고 내건 것이 아니라, 회유책의 일환이었다. 해녀들과의 토의 끝에 경계선을 그어서 바다의 일부를 해녀들에게 내주었으나, 일시적인 방책으로 이용한 것이다.

(3) 보소반도 가츠우라 어협의 준 조합원 대우

가츠우라에는 일본인이라면 다른 지역에 살면서 물질하러 오더라도 입어를 인정했으나, 한국인에게는 입어권을 인정하지 않았다. 그렇지만 해녀들 입어 승인에 있어서 준조합원 대우를 해주었다. "조합의 정관은 일본인을 대상으로 한 것으로 조선인은 대상 외"라고 하면 제주해녀들은 "그러면 일본인이 아니어서 일본의 법률도 조합규칙도 지킬 의무가 없음"이라 저항하면서 서로 대치되었다.

일본인은 해산물 수입에 수수료 1할을 낸다. 그러나 제주해녀는 1할 5푼의 수수료를 내어서 입어를 하고, 조합으로부터 '준조합원 대우'를 받았지만, 발언권과 선거권은 인정되지 않았다. 이러한 조합원 형식도 본인 일대에 한한다는 것으로 일본인들과 동등하게 정식으로 조합원이 된다는 것은 인정하지 않았다.

2) 물질도구의 변용

일본해녀가 제주해녀들의 물소중이가 좋아서 입는다거나, 일본에 출가

간 후 물질도구인 '테왁' 대신 탐포, '이소오케磯桶'를 자신들에 맞게 바꾸어 사용하는 등 도구의 사용에 있어서 변용이 있었다.[37]

(1) 테왁을 탐포로, 혹은 스티로폼으로

제주해녀들은 본소반도에 가서 주로 테왁을 사용하지 않고 일본식 테왁인 탐포를 사용했다. 일본 지역마다 명칭이 다른데, 오케, 이소오케, 탐포라고 한다. 와다우라 출가해녀들도 비록 일본제의 탐포를 사용했음에도 불구하고, 일본인이 사용하는 것과는 방법이 달랐다. 일본에서는 좁은 쪽을 위로, 넓은 쪽을 아래로 사용했지만, 제주해녀들은 그것을 역으로 사용했다. 탐포위에 상반신을 올려 놓고 쉬기에는 넓은 쪽이 훨씬 편했던 것이다. 그것은 제주도 테왁에 익숙한 해녀들이 도구 사용방법을 달리 취한 것이다.

탐포를 뒤집어 수영하고, 수확물을 넣어서 무겁게 되면, 망시리를 통속에 넣고 수영하는 것보다 훨씬 빨라서 좋다고 한다.

파도가 거친 와다우라에서는 나무통을 사용했지만, 가나야와 다카오카에서는 발포 스티로폼 덩어리를 천이나 그물로 싸서 테왁 대신 사용하고 호타에서는 고무제의 부표에 포를 씌우고, 발포 스티로폼 덩어리를 중앙의 고리 부분을 내어서 사용한다. 포를 씌우는 것은 성게의 침에 찔려 구멍 나지 않게 하기 위함이다.

(2) 빗창 대신 이소가네로

일본 와다우라에 출가물질 간 해녀들은 전복을 따는데, 빗창 대신 이소가네를 사용했다. 그러나 이 도구는 빗창과는 달랐다.

이소가네는 길이가 제주 빗창 보다 길고, 한쪽은 전복을 따는 빗창 기능

---

37) 金榮·梁澄子, 앞의 책(1988), 42쪽, 142쪽의 예.

빗창과 비슷한 시라하마
이소가네(2001)

이 되기도 하고, 다른 쪽은 갈구리처럼 구부러져 성게나 소라를 취하는 호멩이 역할을 하는 편리한 도구이다.

제주도 해녀들은 전복 채취할 때 바위 위로 올라온 것을 주로 따면서 짧은 빗창을 사용하는데 익숙했으나, 바위 구멍 속에 숨어있는 전복을 따기에는 이소가네가 적당했다. 도구 사용에 서투른 해녀들은 처음에는 전복을 상처내기도 하곤 해서 이소가네의 유용함에 별 관심이 없었으나 차츰 이소가네가 익숙하게 되고 편리하다는 것도 알게 되었다.

(3) 질구덕38) 대신 유모차로

제주의 해녀들은 보통 물질 도구와 채취한 해산물을 실어 나르는 데, 질구덕을 사용했다. 그러나 와다우라에 간 해녀들은 유모차에 도시락과 탐포, 이소가네 등을 담아서, 집에서 아마고야(해녀 탈의장)로 가 옷을 갈아입고 바다로 나간다.

(4) 작업형태와 고무옷

일본에 출가 물질간 해녀들의 작업형태는 잠수기선에 의한 것과 재래형 단독 잠수방법으로 대별되고, 작업복은 방수용 스폰지로 되어있어 매우 편리하나, 곳에 따라선 아직도 앞가슴을 들어낸 소중기를 입고하는 원시 작업형태가 1970년대까지 남아있었다.39)

곧 고무옷을 입고, 잠수기선에서 공기를 호흡 받는 콤프레샤 작업을 한

---

38) 대나무로 만든 바구니.
39) 『제주신문』, 1970년 7월 4일자.

것이다. 일반적으로 물질 할 때 입는 물옷인 '소중기'가 고무옷으로 바뀐 시기가 일본에서는 60년대 후반으로 거슬러 올라가는데, 일본 출가 물질 간 해녀들에 의해 사용했던 고무옷이 1970년경에 한국에 직접 가지고 들어와 사용되고 곧 바로 직수입 된 점을 알 수 있다.[40]

3) 현지민과의 관계

(1) 미츠키, 다이버와의 싸움

일본 보소반도 가나야에서는 잠수들과 미츠키와의 싸움이 그치지 않았다. 미츠키 방법은 파도가 잔잔한 바위지대에서 성행하던 어법으로 배 위에서 물안경으로 밑을 내다보면서 가재나 소라, 전복 등을 찔러 채취하는 방법이다. 그런데 작업 방법이나 수확물을 비교해보면 해녀 쪽이 훨씬 효과적이다. 미츠키들은 '해녀는 천적이다'라고 까지 단언했다. 그래서 해마다 생활권을 지키기 위해 분쟁이 일어났는데, 조선인 연맹(1945~1949)에서 활동했던 김기철(金基喆, 65세)씨는 일본 보소 반도에서 일어난 일본인과 해녀와의 분쟁을 해결하기 위해 전력을 다했다. 그 일례로 가나야와 시즈오카의 동포 동지가 싸우는 것을 중재했는데, 그 결과 해녀는 어업협동조합 정조합원은 될 수 없고, 다만 일대에 한해서 비조합원이 된다는 결정을 얻었다.

미츠키 작업을 끝내고 돌아오는 아마(2003)

---

40) 무로토미사키에 출가 물질 해녀를 인솔했던 정○일씨 백부는 한국에 들어와 여수 울산 등지에서 고무옷 장사를 시작했다. 1970년에는 3만원, 1975년 당시는 한 벌 가격이 5~6만원 정도, 1980년에는 8만원, 1990년에는 12만원, 2004년 현재는 20만원 정도나 된다고 했다.

가나야에서도 자주 다이버들과 해녀들의 분쟁이 생겼다. 어협은 해녀들의 영역을 늘려주었음에도 불구하고, 금어禁漁구역까지 침범하고, 한편 다이버들이 해녀들 영역을 침범한다는 것이다. 그러나 어협조합 측은 다이버들을 옹호하고, 바다의 물건이 없어진 것은 수질오염과 다이버들에 의한 피해보다는 오히려 해녀들 남획이 가장 큰 원인이라고 보았다.

(2) 일본인에게 물질 전수

일본 보소반도 지쿠라千倉에 살고 있는 사카모토坂本씨는 자신의 집 창고에 살았던 조선인 해녀에게서 물질하는 것을 배웠다. 부모가 한국 사람과 함께 물질하면 쇼쿠해녀職海女가 된다고 종용했다.

그리고 '제사'와 같은 집안의 모임에 초대되어 김치를 먹고, 한국 음식을 먹고 조리했으며, 바다에서 물질할 때 수영하는 방법도, 도구의 사용법도 해녀들을 따랐다. 이소오케 사용도 통이 넓은 쪽을 위로 향하게 하고 해녀들이 하는 것처럼 따라서 했다. 손으로 밀어 나가면서 발만으로 수영하는 것, 일본의 긴 이소가네를 허리에 차지 않고 손에 잡은 채로 수영하거나 잠수하는 것 또한 한국 해녀들에게서 배운 것이다.

그리고 해녀 소중기가 뚱뚱하더라도 배가 나오지 않아서 일본 아마들도 즐겨 입었다. 이것을 일본 사람들은 '조선' 혹은 '초센'이라고 불렀다.

4. 나오며

출가는 해녀 자신들 고향이 아닌 다른 지역으로 이동하여 물질 작업 하는 것을 말한다. 곧 돈을 벌기 위해 타지로 나가 작업하는 형식이라 할 수 있다.

제주해녀의 출가 물질에 따른 현지 적응과정과 민속적 대응 양상을 문헌과 현지조사를 통해 고찰했다. 지역은 일본 보소반도를 비롯하여 일본 쓰시마, 일본 시코쿠 무로토미사키, 그리고 강원도 주문진과 경상도 구룡포를 중심으로 살펴보았다. 각 지역마다 그 적응과정 상에 나타난 현지 대응과 변용 과정의 여러 특성들을 정리하여 결론으로 삼고자 한다.

출가의 직접적인 동기는, 일본 잠수기 어선의 남획을 들 수 있으며, 일본출가는 제주해녀가 일본해녀에 비해 능력 면에서 우월하고, 또한 해산물의 경제적 가치 환원이 가능해짐에 따라서 물질 작업에 대한 인식 전환을 들 수 있다. 우선 현지 적응 과정을 살펴보면, 1922년 경부터 군대환(기미가요마루)의 출항으로 제주의 많은 출가해녀들이 일본 보소반도로 출가했다. 인솔자가 그 지방 어협의 의뢰를 받거나, 입찰에 따라 우라浦를 사서 모집되어 갔는데, 이들에게서 생존을 위한 인고의 삶을 찾을 수 있다. 특히 일제 하에서 화약재료가 되는 감태를 자르는 징용의 성격을 띤 물질에서 식민지 해녀들이 당했던 전쟁을 위한 노동력 수탈의 성격을 읽을 수 있고, 그 이래 1970년대까지 일어났던 계약 위반 등 출가물질에 나타나는 부정적인 면을 부인할 수가 없다.

해방 전에는 주로 부산을 경유해서 쓰시마로 건너가 3월에서 9월까지 전통적인 어법으로 물질 했으나, 1954년경 이후부터는 주로 콤프레샤 물질을 했다. 해방 후에는 많은 사람들이 정착했고, 쓰시마 물질의 특징은 전통도구를 이용한 나잠어법에서 콤프레샤 물질로 전환, 작업 방법 변화가 이 지역 물질의 특징이다.

무로토미사키에서는 어업 조합이 해녀들과 직접 계약이 어려웠기 때문에 인솔자와 년 단위로 계약했다. 계약기간을 설정하고, 채취한 해산물의 양에 따라 금액을 정해서 지불했는데, 미리 선급금을 주기도 했다. 그리고 그 지역 주민들이 배를 가지고 있어서 해녀들을 필요로 했기 때문에 지역민과 해녀 관계는 긴밀하게 유착되어 있었다.

구룡포의 출가해녀들에게서 권리획득을 위한 투쟁의 역사를 살필 수 있다. 출가해녀들은 지방해녀들에게 천대를 받았으며, 출가 해녀들의 권리는 망각되고, 당시 어협조합은 제주해녀 탈퇴를 강요하기에 이르렀다. 그래서 출가해녀와 대표들은 해녀권익옹호를 위해 노력했으며, 경상북도 감포, 양포, 구룡포를 중심으로 경북재정지구를 정해, 재정인원 1,070명으로 확정했다. 결국 지방해녀와 동등한 자격으로 입어하게 되었다.

강원도 강릉시 주문진에서는 나잠 어업권을 얻었을 뿐만 아니라 현지민들에게 해녀 기술을 습득, 동등한 권리를 가지고 생업현장에서 작업했다.

또 어릴 적부터 자맥질로 물헤엄을 배우고, 육지와 바다의 경계를 넘어서던 경험은 출가물질을 가서도, 새로운 환경을 학습하고 쉽게 적응케했다. 출가물질간 해녀들은 외부 세계의 문화를 받아들이면서, 생업권 획득을 위한 노력을 했던 것이다. 강원도에 출가간 해녀들은 입어권을 바로 인정받았으며, 구룡포에서는 입어권을 획득하기 위한 투쟁을 했다. 그러나 일본 출가 물질은 달랐다. 일본인들은 해녀들에게 '소라채취어업증'이나, '준조합원' 대우를 해주었으나, 이것은 노동력 수탈을 위한 회유책의 일환이었다.

해녀들은 일본에 출가 가서 물질도구인 '테왁' 대신 '이소오케'를 자신들에 맞게 바꾸어 사용하는 등 물질도구의 변용이 있었다. 현지 일본인들과의 관계에서 미츠키와 다이버들 싸움이 자주 일어났고, 반면 일본인에게 물질 작업 전수를 시키면서 서로 공존해가며 그 사회에 적응해 나간 것이다.

마을어장 자원의 채취방식과 공존
-한국 해녀들의 작업형태 비교-

안미정

1. 들어가며

해녀海女들이 물질(潛水, 자맥질)하는 수중은 대개 15미터 이내로 육지와 이어지는 대륙붕이며, 이곳은 마을의 공동어장이다. 흔히 여성이 바다 속에서 물질한다는 것이 독특하게 여겨지곤 하지만 수중에 잠수하여 식량자원을 채취하는 어로 행위는 보편적인 현상이다.[1] 이들이 채취, 채포하는 해산물들은 대개 전복, 소라, 문어, 해삼, 성게, 미역, 톳 등이고 지역별로 조

---

[1] 고대 이집트의 유물 중에는 수영하는 여인의 모습을 형상화한 숟가락이 있다. 그리고 이러한 방식의 수중 사냥은 프톨레마이오스 시대의 농민들, 북미 체사피이크만의 인디언들, 프랑스 남서부 가스코뉴지방의 밀렵꾼들이 하는 방식이었다고 한다. 그리스 크레타 섬의 신화에 등장하는 글라우코스는 이 섬의 사람들에게는 잠수신이며, 안테돈에는 클라우코스라는 직업 잠수부가 있었다. 고대 그리스나 고대 로마에서 잠수(潛水)는 일부 집단의 전유물이었고, 이 집단의 구성원들은 고유한 규칙과 습관 외에도 비밀 의식을 지니고 있었다(클로드 리포・이인철 역, 『인류의 해저 대모험』(서울 : 수수꽃다리, 1988)). 인도네시아의 바조족은 작은 배(소페)를 타고 바다를 떠돌며 사는 바다의 유목민으로 이들은 육지에 정착하지 않고 해산물을 채집하며 살아간다(밀다 뒤르케・장혜경 역, 『바다를 방랑하는 사람들』(서울 : 큰나무, 2003)).

금씩 차이가 난다. 그것은 바다 속 해수의 온도와 지형이 다르기 때문이다. 한국 해녀의 발상지로 여겨지는 제주도에는 다른 지역보다 상대적으로 많은 해녀들이 일을 하고 있으며, 그들이 일하고 있는 바다 속 곳곳에는 이름들이 있다. "모살밧(모래가 깔린 밭)", "조작지밧(자갈이 깔린 밭)", "머흘팟(커다란 돌멩이가 깔린 밭)," "서우여(식인 상어가 나타나는 암초)," "홍합여(홍합이 자라는 암초)," "구제깃여(소라들이 서식하는 암초)" 등 갖가지 지명들은 대개 지형의 특성 혹은 특별히 많이 나는 해산물의 이름을 넣어 '밭(밧, 팟)'으로 불려지고 있다. 바다 속에 밭이 있는 셈이다. 민속학자 김영돈과 고광민은 해녀들이 일하는 마을의 공동어장을 통틀어 '바다밭'으로 지칭하였고,2) 이지치 노리꼬(伊地知紀子)는 제주도 해안마을 행원리 주민들의 톳과 우뭇가사리 채취를 바다밭의 일로 기술하고 있다.3)

농민의 토지와 어민의 바다를 비교한 한상복 교수는, 농민은 동식물과 상호의존적 공생관계에 있는데 반해 어민은 양식의 예외가 있기는 하지만 대부분 동식물을 일방적으로 착취하는 기생적 관계에 있다고 하였다.4) 농민의 토지 이용과 어민의 바다 이용은 투자에서도 다르게 나타난다. 농민의 토지가 개별 소유권으로 제한받는데 비해, 어민의 바다는 비교적 무제한적 개척의 여지가 남아 있어 농민은 1차적으로 토지에 투자하는 반면, 어민은 어로의 장비와 기술에 투자한다는 점을 비교하였다. 따라서 장비와 기술이 발달하면 자본의 규모가 커지고 그에 따라 어업조직은 복잡해지며 어획물의 분배체계도 더욱 복잡해지는 것이 어업의 특징이라고 하였다. 어민과 같이 해녀들은 바다의 자원을 획득하지만 전복, 소라 씨를 뿌리는 자

---

2) 김영돈, 『한국의 해녀』(서울 : 민속원, 1999); 고광민, 「평일도 '무레꾼'(해녀)들의 조직과 기술」, 『도서문화』 10(1992), 97~122쪽.
3) 伊地知紀子, 『生活世界の創造と實踐: 韓國・濟州島の生活誌から』(東京 : 御茶の水書房, 2000).
4) 한상복, 「농촌과 어촌의 생태적 비교」, 『한국문화인류학』 8(1976), 87~90쪽.

연 양식을 한다는 점과 바다밭에 서식하는 자원을 채집하는 점에서 농민과 어민의 양쪽 특성을 모두 가지고 있다.

어촌계의 어장도漁場圖에는 간혹 해녀들의 바다 속 밭 이름들이 기록되기도 한다. 하나씩 각각의 이름으로 표시된 바다밭들은 방언으로 표기되고 육지의 농토와 달리 명확한 경계는 있을 수 없다. 바다 속에 밭이 있다는 것은 누군가 이 밭을 소유하고 경작하며 추수하는 농경의 의미가 투사되어 있다는 것을 짐작하게 한다. 일본의 해녀를 연구하였던 미국 인류학자 플래스D. Plath)는 "농민(peasant)을 트랙터가 없는 경작자라고 한다면, 해녀는 '바다의 농민'"이라고 하였다.5) 그 뜻은 해녀들이 산소 공급장치 없이 물질을 하기 때문인데, 이것이 20세기의 눈으로 보면 시대착오적인 사람으로 보일지 모르나 이들이 스쿠버장치 없이 물질한다고 하여 그 일이 단순함을 뜻하지 않으며, 물질은 지역 환경에 끊임없이 적응하면서 진화하는 것임을 지적하였다. 트랙터가 없이, 즉 산소 공급장치가 없이 일하는 바다의 농민, 해녀들은 바다 속에도 밭을 두고 있고 그 밭에 씨를 뿌리며 또 수확을 한다.

제주도의 많은 해촌海村에서는 바다밭의 풍요를 기원하는 풍어제가 해마다 열리며, 제주도 동김녕리의 잠수굿은 바다 농사를 가장 잘 보여주는 해녀들의 대표적인 의례이다. 이 굿이 치러지는 과정에는 바다 속의 세계가 눈앞의 가시적인 세계로 펼쳐지고, 해녀들이 바다밭의 잡초와 돌멩이를 치우며, 씨를 뿌린다. 그런 후에 무당이 어느 밭에서 어떤 해산물을 채취할 수 있는지 점을 친다. 이 의례에서 등장하는 바다밭은 육지의 농경지와 다를 바 없다. 다만, 마을의 공동소유이며 현재는 지구온난화와 각종 개발사업 등으로 인해 점차 자원이 고갈되고 있는 밭이다.

---

5) 데이비드 플래스(D. Plath) · 유철인 역, 「환경에 대한 적응: 일본 해녀(아마)의 경우」, 『탐라문화』 18(1997), 499~507쪽.

소라와 전복은 해녀의 잠수에 의해 채취되는 대표적인 해산물이나 양식을 통해서 시장에 유통되기도 한다. 그러나 해녀가 채취한 것과 양식된 것과는 가격차이가 있지만 품질과 맛에서 다르다는 관념이 이 차이를 정당화해준다. 소라와 전복의 상품가치에는 채취기술의 가치가 포함된 것이며, 고가치의 상품일수록 채취기술의 가치도 높다는 것을 전제한다. 예를 들어, 수심이 깊은 곳에서만 채취할 수 있는 전복은 더 깊은 곳으로 잠수할 수 있는 기술을 가진 해녀에 의해서만 채취가 가능하다. 고도의 잠수기술로 채취된 해산물일수록 시장가격은 더 높아진다. 따라서 시장에서 가격경쟁이 있는 상품이란 해녀들의 고도의 물질기량을 통해 얻어지는 결과이며, 이런 점에서 물질의 가치는 자원 채취를 통해 발현된다고 할 것이다.

한국의 해녀들은 바다가 있는 전국에 분포하지만, 해녀에 대한 국내 연구의 대다수가 제주도에 거주하는 해녀들에 대한 연구이며, 그 외 지역에서의 해녀 연구는 제주에서 출가물질(육지로의 바깥물질)을 갔었던 제주 출신 해녀들의 현지 정착, 적응의 과정을 다룬 것이 있을 뿐이다.[6] 이 글에서는 제주도와 제주도 이외의 지역에서 물질하고 있는 해녀들의 물질작업 형태를 다루고자 한다. 물질작업 형태에 주목하는 이유는 마을 어장의 자원은 마을 어촌계에 등록된 해녀들만이 채취할 수 있으나, 지금도 다른 곳으로 이동하는 물질작업은 이뤄지고 있으며 이로써 어장에 입어할 수 있는 자격의 문제가 작업형태에 영향을 주고 있기 때문이다. 그리고 어장에 대한 권한을 가진 어촌계, 어장을 임대하는 선주나 수산상회 등은 해산물(자원)의 분배 과정에 참여하면서 해녀들의 물질작업의 형태를 다양화 한다. 따라서 물질작업 형태는 해녀의 물질기술을 어떻게 이용하는가를 보여주는 동시에 채취된 해산물의 수익이 어떻게 분배되는가를 보여준다. 또한 해양생태

---

6) 오선화, 「죽변지역 이주 잠녀의 적응과정 연구」(안동대학교 석사학위논문, 1998); 양원홍, 「완도에 정착한 제주해녀의 생애사」(제주대학교 석사학위논문, 1999).

계의 변화와 남획은 자원 고갈의 원인이며, 이는 해녀들이 다른 곳으로 이동하는 요인이 되고 있다. 뿐만 아니라 자원의 고갈은 물질을 포기하거나 해녀들 간의 자원채취 경쟁을 심화시키기도 한다. 이기욱 교수는 해녀들의 물질작업이 근본적으로 협동을 바탕으로 이루어지는 작업이 아니라 치열한 경쟁 속에서 개별 노동에 근거하고 있는 작업이라고 지적한 바 있다.[7] 필자는 바다밭의 자원을 이용하는 제 관계가 해녀들의 물질기술을 이용하는 작업형태로 나타난다고 보며, 지역별 사례를 살펴 볼 것이다. 그리고 제주도 해안마을의 사례를 통해 바다밭의 자원 채취 경쟁이 어떻게 해녀공동체를 만들어가는 지도 기술하고자 한다.

이 글의 바탕인 현지조사는 2001년 여름부터 2004년 겨울까지 비정기적으로 이뤄졌으며, 제주도 사계리, 경상남도 구룡포, 충청남도 신진도, 강원도 주문진의 해녀들을 만났고, 일부 작업 모습을 참여관찰하였다. 이들은 다양한 연령층의 해녀들이었으나 대개 고령의 여성들이었다. 반면에 어장 관리 책임을 맡고 있는 어촌계장은 모두 중년의 남성들이었다. 조사기간 동안 해녀와 같은 나잠업자裸潛業者가 많은 일본에서의 단기간 방문식의 여러 차례에 걸친 조사가 이뤄졌었다. 여러 곳에서 아마(ぁま, 海士, 海女)들을 만났고 그들의 작업도 볼 수 있었다. 한국과 달리 일본에서 나잠업은 여성에게만 한정된 일은 아니다. 나잠업의 성별 노동 분업에 관해서는 차후에 논의의 장을 기대하며, 먼저 한·일간에 흐르고 있는 해류와 해녀·아마의 분포 사이에 연관성이 있음을 보도록 하겠다.

---

7) 이기욱, 「마라도 주민의 적응전략」, 전경수 편, 『한국어촌의 저발전과 적응』(서울 : 집문당, 1992), 15~60쪽.

2. 해녀의 분포와 해류

산소 공급장치 없이 전통적 채집방식으로 잠수하는 여성들은 한·중·
일에 분포하고 있는 것으로 알려지고 있다.[8] 일본에도 관서지방의 해녀 발
상지라고 여겨지는 곳이 있으며, 한국보다 더 많은 수의 나잠업자들이 있
다.[9] 한국과 일본의 나잠업자들이 분포하는 곳은 쿠로시오 난류가 흐르는
지역에 위치하며, 특히 2월 10℃, 8월 25℃ 등온선을 기준으로 여성 나잠
업자들의 분포를 볼 수 있다<그림 1, 2, 3> 참조). 이점은 나잠업이 해류와 밀
접한 관계가 있음을 시사한다.

1933년부터 1937년까지 5년간 제주도를 답사했던 마스다 이치지(枡田一
二)의 기록에 의하면, 1931년 한·일간 나잠업자의 수는 4만5백38명(남자 만8천7
백63명, 여자 2만1천7백75명)이었다. 남자 나잠업자의 33%인 7천19명이 오키나와
에 있으며, 여자 나잠업자의 40%는 제주도가 차지하고 있다.[10] 해류와 나
잠업 간의 관계에 대해 그는 제주도의 나잠업자들의 환경으로서 난류(쿠로시
오의 지류)와 조석간만의 차가 "해녀어업"에 가장 중대한 역할을 하고 있는
것으로 지적한 바 있다. 그러나 해녀의 분포와 이동, 정착지들을 연결하는
해류는 그동안 주목받지 못해 왔다.

---

8) 김영돈은 "직업인으로서의 해녀는 한국과 일본에만 분포"하고 있다고 지적한 바 있다(김영
돈, 『한국의 해녀』(서울 : 민속원, 1999)). 다나베 사토루는 해녀연구의 공통성과 보편성을 가
지는 지역으로서 일본과 지리적으로 가까운 제주도를 지적하고 있으며, 태평양의 마리아나
제도, 미크로네시아의 섬들과 바시해협에 연결된 대만의 란따오섬(蘭嶼)에는 남자 나잠업자
있다고 하였다(田辺 悟, 『海女』(東京 : 法政大學出版局, 1993), 82쪽).

9) 여성만이 물질을 하는 곳으로서는 지바현의 시라하마, 이시카와현의 아마마치(海士町)와 헤
구라지마(舳倉島), 남성과 여성이 함께 하는 곳으로서는 후쿠오카현의 가네자키(鐘崎), 그리
고 에히메현(愛媛縣)의 미사키쵸(三崎町)와 오키나와의 이토만에서는 남성 아마(海士)를 만
날 수 있었다. 가네자키(鐘崎)가 관서지방 해녀의 발상지이다.

10) 마스다 이치지(枡田一二), 제주시 우당도서관 편, 『제주도의 지리적 연구』(1995(1932)), 68
쪽. 여기에 제시한 제주도 나잠업자의 수는 1932년 8월의 통계이다. 그리고 마스다 이치지는
당시 한반도의 다른 지역에서는 나잠업자가 존재하지 않았다고 하였다.

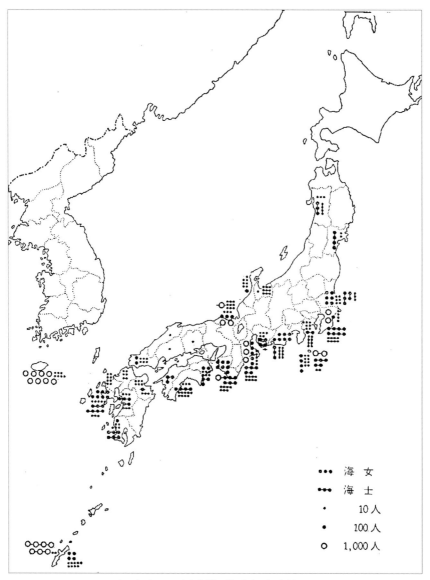

<그림 1> 1930년대 한·일 해녀海士의 분포도

출처 : 마스다 이치지(桝田一二), 제주시 우당도서관 편 『제주도의 지리적 연구』(1995, 1932), 79쪽.

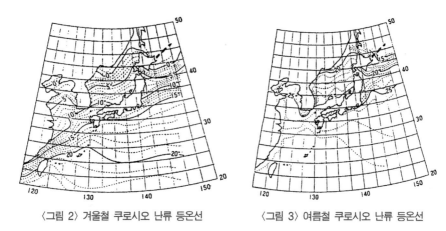

〈그림 2〉 겨울철 쿠로시오 난류 등온선 〈그림 3〉 여름철 쿠로시오 난류 등온선

출처 : Kohara, Yukinari, "Ecological Consideration of the Distribution of Female and Male Divers on the Coasts of Japan and its Neighborhood", *Proceedings of the 1st World Jamnyeology Conference*, World Association for Island Studies and the Institute for Peace Studies, Cheju National University, 2002, p.70.

<그림 1>에서 보듯이 한·일간 나잠업자의 분포에서 가장 두드러진 특징은 한국에서는 여성 나잠업자만이 나타난다는 것이다. <그림 2>와 <그림 3>은 겨울과 여름, 한국과 일본의 근해에 흐르는 쿠로시오 난류의 등온선을 나타낸 것이다. 한국과 일본에서는 겨울철 10℃와 여름철 25℃ 등온선의 분포가 유사하며, 이 범위 안에는 <그림 1>에서 보여주듯이, 일본의 여성, 남성 나잠업자가 혼재함을 볼 수 있다.

쿠로시오 난류가 흐르는 길목에 제주도가 위치하고 있으며, 이 난류는 다시 동해로 올라간다. 제주도를 감싸고 있는 주변 해류는 동계형(11월~익년 5월)과 하계형(6~10월)으로 구분할 수 있다. 겨울과 봄에는 고온, 고염분의 대만 난류수(쿠로시오난류의 지류)가 제주도 동쪽 해역을 비롯하여 제주도 서쪽의 해역까지 분포하고, 여름과 가을에는 축소하기 시작하여 8, 9월에는 소멸한다. 여름철의 해황은 대마난류수가 다시 제주도 서쪽 해역에 나타나는

10월까지 지속된다.[11] 이러한 제주도의 주변 해류의 변화는 해녀들의 이동과도 밀접한 관계를 갖고 있다. 제주의 해녀들은 지금도 목돈 마련을 위해 한시적으로 다른 지역으로 이동하여 물질작업을 한다. 제주의 남동쪽 해안마을의 한 해녀는 제주도의 물질은 겨울이 낫고 여름은 육지가 낫기 때문에, 목돈을 벌기 위해 육지 돈벌이에 나섰다고 하였다. 그녀의 이동시기는 4월부터 추석명절까지로, 이는 과거 제주의 해녀들의 출가물질 시기와 거의 일치한다. 곧, 제주 주변에 쿠로시오 난류의 지류인 대마난류수가 축소되는 시기에 육지로 이동하고 있는 것이다.

국내의 나잠업자들의 수적인 분포도 이 해류의 흐름과 무관하지 않다. 2003년 통계청이 실시한 어업기본통계조사자료에 따르면, 한국의 나잠업자의 수는 맨손어업을 포함하여 집계되었으며, 그 수는 2002년 22,755명, 2003년 21,222명으로 감소하였다. 맨손어업자가 포함되기 이전인 1999년부터 2001년까지 해녀어업의 인구수는 <표 1>과 같다.[12] 이 표를 통해 해녀 인구가 감소추세인 것과 함께 주목되는 것은 지역별 분포도이다. 가장 많이 분포하고 있는 지역을 순서대로 보면, 제주도-경상남도(부산, 울산 포함)-경상북도-강원도이다. 이것은 <그림 2>, <그림 3>의 쿠로시오난류의 흐름과 한국 나잠업자의 분포간의 깊은 연관성을 보여주는 것이다.

아울러, 해류는, 여성만이 물질하는 한국의 나잠업이 남녀간의 피하지방 두께 차이에 근거한 여성의 강한 내한력을 고려하였던 초기 생리학적 관점에서 선회해야 함을 보여준다.[13] 왜냐하면 <그림 1>에서 보듯이, 가장

11) 고유봉, 「제주해역의 자연지리적 배경」, 『한국의 해양문화: 제주해역』(서울 : 경인문화사, 2002), 1~13쪽.

12) 통계청의 인터넷사이트(www.nso.go.kr)에서 통계DB(KOSIS)를 통해 검색한 자료이다. <표 1>의 어업종사가구원이란 만 15세 이상의 가구원 중 조사기준일 직전 1년 동안에 1개월 이상 판매를 목적으로 해면에서 어업에 종사하는 사람을 가리킨다.

13) Hong Suk Ki and Hermann Rahn, "The Diving Women of Korea and Japan", *Scientific American* 216(March), 1967, 34~43쪽.

따뜻하고 가장 추운 지역(대만, 오키나와, 혼슈의 북부지역)에서는 남성 나잠업자만이 작업하고 있는 것을 볼 수 있기 때문이다. 그리고 보편적 어로행위의 하나로써 나잠이 한국과 일본의 다른 지역에서도 행해지고 있음에도 불구하고, 두 지역에서만 직업적 나잠업자가 존재하는 것은 생태학적 유사성에서 나아가 역사적 맥락을 고려한 사회문화적 접근이 필요함을 지적하고 있다.

〈표 1〉 시도별 어업종사가구원(해녀어업) 인구

(단위 : 명)

구분	1999년	2000년	2001년
부산광역시	942	550	569
인천광역시	0	17	-
울산광역시	737	371	626
강원도	327	175	136
경기도	0	1	-
충청남도	177	155	75
전라북도	0	3	10
전라남도	0	203	32
경상북도	1,098	810	969
경상남도	18	348	15
제주도	5,678	4,492	5,047
계	8,977	7,125	7,479

출처 : 통계청의 인터넷사이트(www.nso.go.kr)

3. 해산물의 채취와 분배

한국의 수산업법상 나잠업자들이 바다에 들어가 수산동식물을 채집하는 활동을 '입어入漁'라고 표현하며, 이들이 들어갈 수 있는 바다는 지역의 시, 군, 구청장의 면허를 받은 어장을 말한다(수산업법 제8조). 나잠업자들은 이러한 면허를 받은 바다에서 '패류, 해조류 또는 정착성 수산동물을 관리, 조성하여 포획, 채취하는' 마을어업(수산업법 제8조 1항의 7)에 종사하는 사람들이다.14) 이들이 들어갈 수 있는 수심의 허용한도는 수심 15미터까지 입어할 수 있다(수산업법 시행령 제10조 1항의 2). 지속적인 생산, 그리고 지속적인 소득을 위해 어촌계는 어장 안에서 종패사업을 한다.15) 이것은 종패를 사다가 어장의 한 곳에서 키운 후 해녀들에 의해 채취하는 것을 말한다. 해녀는 바다 속에서 작업을 할 수 있는 잠수기술을 가지고 있고, 어촌계는 마을 어장의 자원에 대한 배타적 권리를 가지고 있다. 일부 품목을 제외하고 어촌계가 종패사업으로 길러 채취된 해산물일 경우 이것은 해녀가 채취하더라도 해녀의 것이 아니다. 몇 곳의 사례를 통해 좀 더 자세히 살펴보도록 하자.

1) 누가 채취할 수 있는가 : 구룡포

경상남도 포항시 구룡포리의 어촌계는 구룡포항의 끝자락 바닷가에 있다. 2003년 1월3일부터 6일까지 제주 출신의 해녀들을 만났고, 어촌계의

---

14) 한국표준직업분류에 따르면, 해녀는 어업숙련종사자(직업분류코드 63) 내 내륙 및 연안어업 종사자(6302)에서 해녀(63023)로 분류된다.
15) 종패사업이란 마을 어장의 일정지역에 전복, 소라, 성게와 같은 어패류의 종패를 뿌려놓고 일정기간 동안 자연양식 하는 것을 말한다. 양식기간 동안 이 지역에서의 채취 작업은 금지한다.

계장과 간사, 과거 제주에서 해녀 모집일을 하였던 김한영씨와 제주출신의 해녀들을 만날 수 있었다.[16] 구룡포 어촌계의 계원은 모두 283명(이 중 해녀 60명)이며, 그 중 제주출신 해녀가 30명 있었다. 제일 나이 어린 해녀가 38세(2003년 기준)이며, 최고령은 제주 출신으로 78세였다. 전복, 미역, 천초, 성게 4개 품목만을 어촌계에서 입찰하며, 나머지는-해삼, 고동, 문어 등-개인이 알아서 수산상회로 넘기거나 혹은 반찬거리가 된다. 한때는 거의 모든 제주 해녀들이 타지 출가물질을 구룡포로 왔다고 할 만큼 이곳은 자원이 많은 곳이었으나, 지금은 어장이 황폐화되어 어촌계에서 전복과 말똥성게를 양식하고 있다. 양식된 전복과 말똥성게에 대해 어촌계와 해녀의 몫은 각각 3 : 7로 나눈다. 천초와 같이 양식하지 않는 것은 어촌계와 해녀가 각각 2.5 : 7.5로 분배한다. 연간 어촌계의 생산량은 <표 2>와 같다.

〈표 2〉 2002년 구룡포 마을어장 생산실적 현황

품목별	생산실적		어촌계 수익 (단위 : 원)	해녀채취료 (단위 : 원)
	수량(kg)	금액(원)		
미역	215망사리	4,300,000	4,300,000	—
천초	14.006	12.045.160	3,011,290	9,033,870
피보라성게	6,493	12,986,000	3,246,500	9,739,500
말똥성게	1,459.3	107,258,550	32,177,570	75,080,980
전복	1,075.6	96,584,000	28,975,200	67,608,800
계	215망사리/3,033.9	233,173,710	71,710,560	161,463,150

* 2003. 1. 4. 구룡포 어촌계 자료

전복종패사업은 대구의 종묘장에서 가져온 약 3cm 크기의 종패를 어장

---

16) 이 글에 나오는 사람들의 이름과 배의 이름은 가명으로 하였다.

에 투여하는 것이다. 이 사업은 수협의 지원과 어촌계의 자비로 이뤄지며, 금채기를 두었다가 7cm 이상의 것만을 추석명절을 겨냥하여 채취한다. 종 패사업을 위해 해녀들은 전복의 천적인 불가사리를 한 사람당 20마리씩을 잡는 어장 청소를 한다. 말똥성게는 2~3월에 양식하여 10월에 채취하는데 강원도에서 알이 없는 성게를 1kg당 3,000원을 주고 1년에 10,000kg을 사 서 양식한다. 말똥성게는 보통 다른 성게에 비해 고가로 팔리며, 일본으로 수출한다.

(1) 어업 분쟁

구룡포에서 만났던 김한영씨는 과거 제주도에서 타지로 가는 해녀 모집 일을 하여, '해녀관리' 때문에 제주도 내 마을을 모르는 데가 없을 정도라 고 하였다. 구룡포의 제주부인회의 친목회원들도 그를 통하여 만날 수 있 었다. 제주출신 해녀들에 대해 묻자 그는 구룡포 마을어장의 자유입어권 분쟁에 대한 이야기를 꺼냈다.

(당시) 공동어장이 남북으로 전체 32개 부락이 있었는데, 56년도 정도에 경상 북도 지역이 감포, 양포, 구룡포, 대보, 양남(울산 경계선) 등 5개 조합이 있었고, 1개 조합에 약 300명에서 500명 정도가 있었다. 그 중 구룡포가 제일 컸다. 20여 세에 시작하게 되었는데 투쟁 아닌 투쟁이 되었다. 해병대 출신이니 지역 해병 대 출신들이 힘 모아 주었다. 자기들 힘으로 채취 못하고 해녀가 아니면 안 되니 까. 그때 나는 권총반도를 풀어보지 않았다(2003. 1. 3, 저녁 구룡포에서).

일제시기에는 일정한 입어료만 물면 국내 어디서든 자유로 입어할 수 있도록 되어 있었으나, 해방 후 경남·경북 등에서는 거의 출가해녀들의 자유 입어를 거부, 일정기간의 어장을 어업권자로부터 사들인 어장주(전주

또는 곽암주라고도 함)들에게 고용되어 채취물을 6 : 4 또는 7 : 3제로 나눠 가짐으로써 해녀들이 수탈당했다. 이에 1954년 어업조합 서기로 있던 이가 스스로 해녀대표가 되어 경북 양남, 감포, 양포, 구룡포, 대포 지구에 출가하는 본도 해녀들의 입어 관행 인정을 청구하는 재정신청을 제기하고, 1956년 1월 '전기 5개 지구에 총 1,070명의 입어 관행을 인정한다'는 재정을 받게 되었다. 그러나 이러한 자유입어의 보장에도 공공연히 이를 무시 계속 어장을 매매함으로써 출가해녀들은 어려움을 겪었었다.[17]

이러한 분쟁은 '누가 어장에 들어갈 수 있는가'라는 자격(자원채취권)에 대한 분쟁이며, 이러한 분쟁의 발단은 어장은 누구의 것인가(어장소유권)라는 소유권이 생기면서 발생한 것이다. 이후 1962년 수산업법은 연안 어촌민에 의해 조직된 어촌계에 이러한 권한을 위임함으로써 어촌계는 법률적인 효력을 가지고 바다를 통제하게 되었다. 해녀는 물질 기술을 가지고 있고, 채취할 수 있는 자원이 있는 어느 바다에서도 잠수해 왔다. 어촌계의 성립은 해류를 따라, 자원을 따라 이동해온 제주해녀들의 이동을 정착하거나 귀향하게 함으로써 공식적으로는 멈추게 할 수 있었다.[18] 그러나 구룡포에서 만난 제주출신 해녀들은 지금도 인근의 다른 지역으로 물질을 가고 있었다.

(2) 해녀의 임노동화

겨울바람이 거세어 물질작업이 없던 날 저녁, 인근의 다른 바다에서 물질을 한 후 잡은 성게의 알을 까고 있던 진순화씨를 만났다. 그녀는 다른 서너 명의 사람들과 성게를 까고 있었고, 장만한 성게알을 무게로 환산하

---

17) 홍성목, 「출가해녀의 권익문제」, 『해녀 현황과 문제점』(『제주신문』, 1970년 5월 2일) 참조.
18) 제주출신 해녀들의 현지 정착과정에서 어촌계의 성립이 정착의 주요한 요인 중의 하나였다 (오선화, 앞의 논문(1998) 참조).

여 돈을 받는다고 하였다. 제주도 출신의 이 해녀는 인근 어촌계로부터 바다를 산 어느 상회(이를 그들은 '회사'라고 부른다)와 계약하여 성게를 채취하였다. 그리고 채취한 성게를 상회로부터 1kg당 4~5천원에 사서 알만 골라낸 후 1kg당 2만원에 회사에 되판다. 만약 성게알이 3kg이면 그녀의 소득은 6만원이지만, 실질적으로 품값 15,000원을 제하면 그녀가 작업한 성게알은 1kg당 15,000원씩을 받는 것이다.[19] 진씨는 이날 아침 8시에 구룡포를 출발하여 9시에 물질작업을 시작, 오후 2시까지 물질하였다. 성게알이 3kg이면 약 3시간이 걸린 작업이라고 한다. 아래의 글은 진씨가 작업한 내용에 대한 그녀의 이야기를 기록한 것이다.

오늘은 회사 댕기는(다니는) 바당에 숨(성게)을 맡아서 작업하였다. 회사에서는 성게를 일본으로 수출한다. 어촌계는 회사에서 주문을 받고, 해녀를 시켜서 한다. 회사가 바다를 산다. 골병은 들어도 그날그날 돈이 나오니깐, 그리고 물건이 많으니깐, 제주보다 돈 많이 번다. 참보말(고동)은 키로에 구룡포 앞바다는 1,500원, 다니는 바다는 1,500원 중 해녀는 1,000원, 500원은 어촌계가 가진다 (2003. 1. 4, 구룡포 6리, 진씨의 자택).

진씨는 구룡포 어촌계의 계원으로서 구룡포 바다에서도 작업을 하며, 인근 어촌계의 바다를 산 '회사'에 고용되어 물질을 하기도 한다. 진씨처럼 작업을 하는 사람들은 아침 일찍 봉고차로 작업장소로 이동하고, 작업이 끝난 후에 다시 봉고차로 귀가한다. 이날 구룡포에서는 물질작업이 없었다. 진씨가 제주보다 돈을 더 많이 번다는 것은 그녀가 물질작업이 없을 때에도 다른 바다에 입어함으로써 소득을 올리기 때문이다. 그러나 회사에

---

19) 2003년 8월 일본의 미사키초(三崎町)에서는 아마(海士)들이 채취한 성게를 어협의 가공공장 직원들이 성게알만을 골라내어 포장하고 있었다.

고용되어 다른 바다에서 작업을 할 경우 그녀는 위에서 보듯이 참보말의 경우 해당 어촌계에 500원을 주고 있다. 이 500원은 다른 어촌계의 바다에서 자원을 채취하는 입어료인 셈이다. 이러한 작업방식은 제주도내에서는 거의 찾아 볼 수 없는 관행이다. 이러한 작업방식을 도표화하면 <그림 4>와 같다.

그녀가 다른 곳의 물질작업을 하는 것은 구룡포의 어장이 황폐화함에 따른 것이다. 자원의 고갈은 채취량의 감소와 작업일수의 감소로 이어지게 하고 결국 다른 곳으로의 입어기회를 만들어주기 때문이다.

구룡포 어촌계에서는 말똥성게가 주요한 생산품목이라고 하였으며, 수협에서 수매하고 있었다. 그러나 이날 진씨가 작업하였던 구룡포의 인근지역의 어촌계는 개인업자에게 어장 안에 있는 성게 소유권을 넘긴 것이다. 이 어촌계는 업자에게 어장의 자원을 팔아 성게 계약금을, 성게 채취에는 구룡포의 해녀들로부터는 입어료로 받음으로써 실질적으로는 지역 해녀들을 통하지 않고서라도 어촌계의 소득을 올리고 있는 셈이다. 수산상회(회사)는 어촌계로부터 성게에 대한 소유권을 갖게 되었고, 인근의 해녀를 고용하여 채취하고 또한 알을 까서 장만하는 일까지도 한꺼번에 처리할 수 있게 되었다. 해녀의 입장에서는 회사를 통해 구룡포 어장만이 아닌 인근지역의 어장에도 입어할 수 있는 기회를 가질 수 있으므로 더 많은 소득의 기회를 얻고 있다고 할 것이다. 그러나 어장의 채취권이 없으므로(즉 구룡포의 어장이 아니므로) 입어료를 내는 손해를 감수하고 있다.

이 사례는 해녀가 회사에 고용된 노동자로서 다른 어장에서 물질하고 있다는 것을 보여주며, 물질작업의 가치가 감해지는 손해를 보면서도 이동 물질을 하는 것은 구룡포 바다의 자원이 고갈되는 문제, 즉 어장의 황폐화에 따른 결과이다. 이는 식민지 시기 제주도의 어장황폐화가 타지 출가물질의 한 요인이 되었던 것과 같이 지금 구룡포의 해녀들은 과거의 그 때와

유사한 상황에 처해 있는 것이다.[20]

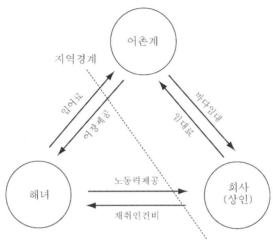

〈그림 4〉 구룡포 진순화씨의 작업형태

2) 어장의 임대와 감시 : 주문진

(1) 어촌계의 어장 임대

2003년 4월 24일부터 27일까지 주문1리와 주문5리를 단기간 조사하였으며, 어촌계장과 이곳에 정착한 해녀들을 만날 수 있었다. 아울러 주문진 바다 앞에서 횟집을 운영하는 잠수부를 만났으며 그는 스킨스쿠버였다. 주문5리 어촌계에 소속된 해녀는 8명 이었으며, 이중 제주 출신이 6명이었다. 이 지역에서도 전복과 성게는 어촌계의 주요 소득원이었고 양식을 하

---

20) 진관훈은 제주도 경제의 변동을 제주도 해녀들의 노동을 통해 고찰한 글에서 일본 잠수기선의 남획에 의한 제주도 어장의 황폐화가 한 요인이었음을 지적하였다(진관훈, 「식민지기 제주도 해녀노동과 제주도 경제에 관한 연구」(한국경제사학회 월례발표회 논문, 2001) 참조).

고 있었다. 전복은 어촌계와 해녀들이 각각 7 : 3으로 분배하며 그 외 해삼, 미역, 성게, 멍게에 대한 소득은 해녀들이 가진다. 성게는 업자(수산상회)들이 어촌계에서 성게를 받아가는 데에 대한 '기부금'을 내놓고, 해녀들은 채취, 알을 골라내고, 그것을 개인업자들에게 넘기고 있었다.

2003년 4월 25일, 비가 내리는 주문1리 어촌계 앞 바다에서는 홍합을 산 업자(수산상회)가 있어 해녀들이 홍합을 채취하였다. 이 업자는 어촌계에 4년 동안 홍합에 대한 '행사대금' 800만원을 주고 계약하였고, 해녀들은 채취한 홍합을 1kg당 800원에 이 업자에게 넘겼다. 많이 채취한 해녀는 500kg정도를 잡는다고 하지만 이날의 평균 소득은 16만원(200kg)이었다. 주문5리 어촌계에서도 성게의 채취, 매매 방식은 주문1리와 같았다. 해녀가 채취한 알을 까서 다시 회사로 넘기는 것은 구룡포의 진씨의 사례에서도 보았다. 그녀는 회사에 고용되어 다른 어장에서 작업을 하였다면, 주문5리의 해녀들은 자신의 어장에서 채취한 성게를 까서 회사로 넘기고 있는 것이 다르다. 주문진 사례에서 알 수 있는 것은, 어촌계로서는 어장을 임대하여 개인업자로부터 기부금, 행사대금과 같은 계약금을 받는 것이 목돈이 되며, 해녀와의 분배 몫이 발생하지 않는다는 이점이 있다는 것이다. 그리고 해녀에게는 앞의 진씨사례에서 보았던 입어료 명목의 수수료가 발생하지 않는다.

(2) 어장 감시

강원도 주문진은 제주도와 구룡포에 비해 상대적으로 다양한 작업방식이 혼재하며, 타지역에 비해 해녀의 수가 극히 적다. 주문1리와 5리를 합쳐 '관리선'(잠수기선)이 모두 4척이 있으며[21] 이들은 어촌계 입장에서 볼 때

---

21) 관리선은 흔히 어촌계에서 운영하는 어장관리 · 감시 기능을 하는 배를 말한다. 그러나 지역별로 관리선의 쓰임은 잠수기선, 해녀를 나르는 배로써의 다양한 기능을 하고 있다.

'암적인 존재'로 표현된다. 관리선은 통상 수심 12~15미터에서 작업하는데 거의 모든 해조류를 다 채취하기 때문이다. 주문1리 어촌계장은 그동안 "바다관리를 하지 않았던 과거에는 해녀와 스쿠버, '관리선'들이 절도하는 현상이 있어, 어촌계의 수입이 200~300만원이었으나, 2001년 계장이 된 이후(바다관리를 하여) 어촌계 수입이 4,200만원이었고, 지난해 태풍 루사의 영향으로 조업을 하지 못해도 4,200만원을 유지"했다고 말하였다. 그의 설명에 따르면, 이 지역의 "바다관리"는 어촌계 수입에서 큰 격차를 만들만큼 자원의 고갈문제 이상으로 중요한 사안이었다. 바다 관리를 위해 그는 계장이 된 이 후 해안도로 위쪽에 있는 어촌계 사무실 외에, 도로 아래쪽 바다의 바로 위에다가 새로운 사무실을 지었다. 바다를 감시하기 위해서였다. 사무실은 작았으나 바다를 향해 난 창문 앞에 그의 책상이 있었고, 거기에 망원경이 있었다. 스킨스쿠버와 관리선에 의한 절도와 남획에 대해 주문진 어촌계는 모두 부정적이면서도, 해녀들이 사라지면 스킨스쿠버가 대신할 것으로 전망하였다.

2002년 7월, 일본 지바현의 시라하마에서 만난 해녀와 지역의 관계자로부터 이 지역 해녀들이 고무복을 입지 않는 이유는 자원의 고갈을 방지하기 위한 것이라고 들었다. 스킨스쿠버뿐만 아니라 해녀의 고무복 착용이 장시간 채취로 인한 자원의 고갈에 요인이 된다는 것으로 자원의 존속은 전통적 나잠을 하는 해녀의 존속과 불가분의 관계였다. 하지만 강원도 주문진의 사례에서 자원의 고갈문제는 해녀의 존속과 관계없는 별개의 문제로 여겨지는 것이었다. 다양한 채취방식이 혼재한다는 것은 달리 말하여 어장의 자원을 '효율적'으로 채취한다는 것을 말하며, 또한 어장의 침입과 자원의 절도행위가 자주 일어날 수 있는 여지가 많다는 것을 보여준다.[22]

---

22) 이 지역의 상군해녀는 두 차례의 절도 채취로 말미암아 입어가 금지된 사례가 있었다.

자원 고갈이 심화되는 것은 당연한 결과였다. 그러나 주문진어촌계는 자원 고갈과 해녀의 감소 보다 어장의 침입과 절도를 막는 것이 보다 큰 문제였다. 주문진 어촌계의 소득은 바다관리, 즉 일당 5만원을 주고 감시자를 고용하여 어장을 감시함으로써 도둑맞는 자원을 지키는 것이 오히려 수입을 보장하는 길이 되고 있었다.

3) 어장의 주도권 : 신진도

앞서 본 구룡포와 주문진의 사례는 어촌계가 어장을 상회와 특정 해산물에 대한 계약을 하고 해녀들이 채취하고 있다면, 신진도는 어촌계가 선주, 해녀에게 어장을 분할하여 임대 계약하는 경우에 해당한다. 신진도리는 본래 섬이었다. 1993년 11월 정죽리의 안흥과 신진도간에 신진대교가 놓이면서 지금은 차량으로 이동가능하게 되었다. 안흥항은 고려시대에 여송麗宋 무역선의 기항지로서 대륙문화가 이곳을 통하여 들어 왔던 곳이기도 하다. 당시의 안흥항은 요아진要兒鎭이라는 하였으며 지금의 신진도를 일컫는다.23) 이곳은 군산과 목포, 인천에 이르는 해로가 발달한 곳이며, 난류와 해저 저층 냉류의 접경지역으로 해류의 영향을 많이 받는다.24) 이 지역은 제주도 연안의 계절별 해황과 반대로 나타난다. 신진대교가 생기면서 신진도에는 유입인구가 증가하고 있고 매립지대에는 모텔과 낚시꾼, 유람선 관광객을 상대로 하는 음식점들, 해녀들이 채취한 해산물의 도매업을 하는 수산상회들이 늘어서 있었다. 2003년 2월 22일, 23일, 그리고 5월 25

---

23) 고려시대 무역통로로 국제 무역항으로 잘 알려진 예성강 입구의 벽란도가 있다. 이 벽란도를 중심으로 두개의 항로가 있었는데 11세기 말엽까지는 벽란도~옹진~중국의 산동성(등주), 그 후로는 벽란도~안흥항~흑산도~중국의 절강성(명주)으로 이어지는 항로가 있었다(근흥면지편찬위원회, 『근흥면지』(한솔인쇄기획, 2002)).
24) 근흥면지 편찬위원회, 위의 책.

일 두차례에 걸쳐 신진도에서 이 지역 해녀, 제주출신 해녀, 선주를 만났다. 그리고 한시적으로 물질하러 온 제주도의 젊은 해녀 송연희씨를 만날 수 있었다.

(1) 물질 네트워크

2003년 5월 25일, 송연희씨를 안흥의 임시 거처인 집에서 만났다. 송씨는 제주도 동쪽 해안마을에서 물질 잘하는 상군 해녀이다. 송씨는 이곳이 고향이지만 이곳으로 오게 된 과정은 시댁의 식구들과 관련 있다<그림 5> 참조. 그녀의 시외숙모가 "해녀사업"을 하려 했었다. 계획은 실행되지 않았지만, 그 일로 그녀는 경상남도 통영에서 3일간의 작업을 하다가 안흥으로 오게 되었고, 4월부터 추석 전까지 해녀배를 탈 예정이었다. 시외숙모인 김영자씨(여, 62세)는 이곳에 살고 있는 해녀이지만 그녀의 고향은 송씨의 가족들이 살고 있는 제주도 해안마을이다. 김영자씨는 시누이인 '안흥하우스' 할머니가 안흥에 있어서 그 '연줄'로 오게 되었다. 그 시누이도 과거 이곳으로 물질 왔던 제주해녀였다. 그리고 김씨의 여동생도 신진도에 정착한 해녀였다.

'안흥하우스'는 안흥항에 위치한 횟집으로 그 뒷골목에는 제주에서 올라온 해녀들이 무리지어 거주하고 있었다. 임시 거주처에는 한두 명이 함께 방을 쓰거나 조금 큰 방은 대여섯 명이 함께 살기도 한다. 송씨는 한시적으로 이곳에 왔으며, 그 이유는 "목돈을 마련하기 위해서"이다. 주변의 다른 해녀들도 대다수가 그러했다. 그녀가 살고 있는 곳은 안흥이지만 그녀가 물질을 하러나갈 때 타는 배는 신진도에 사는 김준석씨의 배이다. 선주 김씨는 그의 배에 해녀 10명을 태워서 "공지바당"으로 작업을 나간다. 그 몫으로 해녀들로부터 배삯을 1인당 월 30만원씩, 300만원을 받는다.

송씨에게 안흥하우스 할머니는 시이모이고, 김씨는 시외숙모이다. 시이

모가 물질로 왕래하던 안흥에 시외숙모 김씨가 오게 된 것이고, 김씨가 정
착한 후 그녀의 해녀사업 계획으로 송씨가 오게 되었다. 그리고 김씨의 여
동생은 언니를 따라 신진도에 정착하였다. 송씨의 시집이 제주도인 것은
그녀의 시어머니가 이곳으로 왕래하던 해녀였던 점과 관련이 있으며, 고향
이 신진도이긴 하지만 그녀의 신진도 물질작업에 관해서는 시집 식구의
친족관계가 주요한 구실을 하였다.

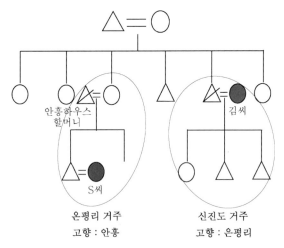

〈그림 5〉 송씨와 김씨의 관계

(2) 해녀와 선주

신진도리에는 어촌계가 있지만 실질적으로 어장의 해산물 채취와 거래
과정은 해녀와 선주의 역할이 주도적이다. 신진도와 안흥은 신진대교를 사
이에 두고 마주하고 있는 가까운 거리에 있고, 이 두 지역에 거주하는 해
녀들은 각각 자신들이 소속된 배가 있었다. 신진도리는 <표 3>에서 나타
나듯이 다양한 방식으로 어장에 입어하고 있는 것을 볼 수 있다. 이곳의
특징은 어촌계와 선주, 어촌계와 해녀, 선주와 해녀의 관계가 나타난다는

것이며, 어장임대에서 해녀가 계약의 주체로 나서고 있는 점이다.

〈표 3〉 2003년 안홍과 신진도의 해녀배

해녀배	인원수	구성	작업장	계약관계	판매
K호	20(21)	지방해녀들*	임대한 바다	해녀-어촌계, 선주	A수산/B수산
J호	10(9)	제주해녀 5	공지바당**	해녀-선주	A수산
B호	8	제주해녀 6	임대한 바다	선주-어촌계	○○수산
H호	12	제주해녀 7	임대한 바다	선주-어촌계	○○수산

* 지방해녀들이란 안홍과 신진도의 현지출신의 해녀들을 말한다.
** 공지바당이란 개인에게 매매되지 않은 바다이며 마을 어장이 아닌 곳을 말한다.

K호는 이 지역 해녀들이 직접 어촌계에 어장 임대료를 내어 어장을 빌리고, 선주와 계약하여 배를 이용하며, 채취한 것은 정해진 수산상회로 넘긴다. 이 배에 탄 해녀들은 채취한 해산물에 대한 모든 처분권을 가져 물질작업의 주도권이 이들에게 있다. 이들은 해마다 이해타산을 고려하여 배 주인을 바꿔서 계약을 하기도 한다(배삯은 개인당 한달 15만원). 대체로 선주는 "해녀 신랑(남편)"이다. 이 배에서 채취한 해산물은 해녀들의 남편이 경영하고 있는 수산상회에 반반씩 넘겨준다. 스무 명의 해녀가 잡은 것을 10명씩 나눠서 두 상회에 주고, 가격은 정해진 시가대로 무게에 따라 받을 수 있다. K호에는 송씨의 동갑내기 친구인 주명하씨가 타고 있다. 그녀의 남편은 신진도에 있는 'A수산' 상회를 경영하고 있다. 이와 같이 K호의 선주나 수산상회는 같은 배를 탄 동료의 남편들이므로 결국 해산물 채취과정에서 발생하는 모든 수익은 해녀의 가구에 분배가 되고 있다. 그러나 K호의 해녀들은 어촌계, 선주와 계약해야 할 목돈이 있어야 한다. 2003년 1월 22일, 주명하씨를 만났을 때, 그녀는 K호를 타고 있는 해녀들을 중심으로 영어조합법인營漁組合法人 신청을 하고 허가를 기다리는 중이었다. 어장에 대한

권리를 확보하기 위해서였다. 법인을 하게 되면 개인 자격으로 어장을 임대하는 것보다 더 "수월"하기 때문이다.

J호를 탄 해녀들은 어촌계 관할이 아닌 곳, "공지바당"인 어느 곳에서든 작업을 한다. 선주들은 월 30만원씩의 배삯을 받고 해녀 10명을 태운다. 작업장은 그날그날 해녀들 이 원하는 "공지바당"으로 가서 작업을 한다. "공지바당"이란 어촌계의 영역이 아닌 바다로 이것은 엄연히 말하면 국유지인 셈이다. 이 바다는 안흥에서 약 40분 나간 거리에 있으며 최대는 2시간정도 나가서 작업을 하기도 한다. 제주도에서 온 송연희씨는 이 배를 타고 있고, 김준석씨가 배의 선주이다. J호에서 잡은 해산물을 주명하씨의 남편이 운영하는 'A수산'으로 넘겨진다. J호의 선주는 주명하씨와 가까운 인척 관계에 있고, 송씨와 주씨는 또한 동갑내기 친구이다. 해녀들은 'A수산'으로부터 전표(채취량이 적힘)를 받고, 시세에 따라 계산된 금액이 매월 개인별 통장으로 입금이 된다. 2002년 기준으로 전복은 1kg당 5만원, 해삼은 6천원이었다. J호는 '공지바당'에서 하기 때문에 어촌계와 관련될 일이 없다.

B호와 H호는 선주가 어촌계에 어장 임대료를 내고 작업 하는 배들이다. 해녀를 고용한 선주가 이들의 작업량을 장부에 기록해뒀다가 귀향하는 날에 맞춰 돈을 준다. 이는 과거 제주해녀들이 타지로 물질 와서 전주와 거래하던 방식이다. 그리고 제주해녀들이 안흥에서 머무는 집세와 기름값, 전기세, 수도세 등 각종 세금은 선주가 부담 하며, 다만 식비만을 해녀들이 자비로 한다. 이에 비해 J호를 타고 있는 해녀들 중 5명의 제주해녀는 집세와 기타의 모든 비용은 자신들이 부담하고 있다.

위의 4개의 해녀배는 어장 임대를 누가 하는가에 따라 선주와 해녀의 관계가 달라지는 것을 볼 수 있다. 어장 임대를 선주가 하였다면 해녀는 고용되는 입장이고 해산물에 대한 처분권도 선주가 가진다. 반면 해녀가 하였다면 선주와 계약하는 위치에 있으며 처분권도 이들이 가진다. 따라서 어장에 대한 주도권이 누구에게 있는가에 따라 해녀와 선주의 관계가 규정된다. 다만 어장의 임대가 필요하지 않는 경우(J호의 사례) 선주와 해녀의 관계는 선장이 어장을 임대한 경우(B호나 H호 사례) 보다 상대적으로 자유롭다고 볼 수 있다. 이렇게 4개의 해녀배는 저마다의 구역에서 작업을 하지만, 인근에 있는 국가시설 앞바다에서는 모두가 함께 작업을 하기도 한다. 이곳은 위험한 곳이지만, 이곳에서의 작업을 처음 시도한 것은 주명하씨이며 영어법인을 추진하고 있는 것도 그녀였다. 그녀는 신진도에서 물질을 잘하는 상군해녀이고, 그녀의 어머니는 제주도에서 이곳으로 물질 왔다가 정착한 해녀였다.

4. 공존의 방법

앞의 여러 사례들과 달리, 제주도의 마을 어촌계에서 어장 임대와 특정 해산물에 대한 독점적 계약은 보기 힘든 관행이다. 마을어장은 마을의 해녀들만이 들어 갈 수 있으며, 다른 곳으로의 이동 물질은 육지 혹은 일본으로 가는 경우가 있을 뿐이다. 반면에 제주도에서는 관광업이 해녀들의 물질과 연관되는 경우를 볼 수 있다.[25]

1) 잠수해산물직판장

제주도 남서쪽에 있는 사계리는 마을 뒤쪽으로 큰 산(산방산)과 옆으로는

---

25) 관광산업은 문화를 상품화하고 이 과정에서 지역주민들은 자기비하, 자아상실, 소외감정 등을 경험하게 된다(전경수 편역, 『관광과 문화』(서울 : 일신사, 1994), 16쪽). 제주도의 관광토산품들 중에는 과거 제주 해녀들이 입었던 '물옷' 차림에 한 팔을 들어 하늘을 향한 젊은 해녀의 모습이 각종 관광상품으로 재생산되고 있다.

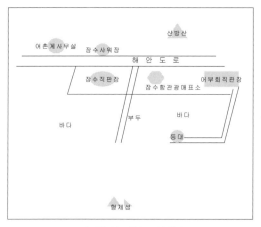

〈그림 6〉 제주도 사계리

유명관광지인 용머리 해안가가 있는 마을이다〈그림 6〉 참조).26) 이 마을의 어촌계에 등록된 해녀는 73명으로 연령은 45세에서 75세에 이른다. 마을 어장 한 가운데는 형제섬이라는 무인도가 있는데 이곳이 주로 해녀들의 작업장이다. 형제섬까지는 어촌계의 관리선(해녀를 나르는 배)인 '공영호'를 타고 약 15분 내지 20분이면 도착한다. 이 마을은 산방산과 용머리 해안 그리고 최근에는 잠수함관광 매표소가 들어서 관광객을 실은 전세버스들이 수시로 해안도로를 지나다닌다. 이 도로를 사이에 두고 '잠수샤워장(탈의장)'과 '잠수해산물직판장'이 있다.

잠수해산물직판장은 마을 해녀들이 직접 해산물을 판매하는 곳으로 이 장사를 시작한 것은 2004년 2월 1일부터이다. 이보다 한 달 앞서, 잠수함관광 매표소가 영업을 시작하여 부두를 왕래하는 관광객들이 많아 졌기 때문이다. 잠수함으로 관광객을 실어 나르는 배와 공영호(해녀배)는 같은 부두에 정박한다. 이 부두로 이어지는 길목에서 해녀들은 검은 고무복을 반만 입은 채 해산물을 판다.

잠수해산물직판장 판매는 어장에서 물질하는 해녀들만이 조를 짜서 해산물을 판매할 수가 있다. 주로 소라, 문어, 해삼을 팔며, 미역과 고동(보말)은 '서비스'로 준다. 간혹 관광객을 데리고 온 택시기사에게는 고기를 팔기

---

26) 사계리에 대한 내용은 2004년 2월 13일부터 20일까지 조사한 내용을 바탕으로 서술하였다.

도 한다. 물질 갔던 해녀가 작살로 쏘아 잡아 온 것을 당번조 해녀들이 구입하여 되파는 것이다. 당번조에게 판 해녀는 자신이 직접 판다면 더 좋은 가격으로 팔 수 있지만, 팔아달라는 당번조에게 그냥 넘긴다. 이런 상황은 조가 돌아가면서 운영되므로 언젠가는 이 해녀에게도 돌아 올 일인 것이다. 당번은 한 조에 약 13명(6개조)으로 구성되는데 동네 골목을 기준으로 가까운 집끼리 한조로 묶은 것이다. 젊은 사람이나 나이든 사람 구별 없이 같은 조가 되고, 주로 젊은 사람은 판매를 하고, 나이든 사람은 직판장 안에서 미역을 삶거나, 손님에게 나갈 초장과 마늘을 준비하는 등 뒤에서 일을 한다. 붉은 플라스틱 대야에 해삼, 돌멍게, 소라, 낙지, 전복을 담아 놓고서 관광객의 선택을 기다린다.

"소라 한 사라(접시) 드시고 가세요", "해삼, 돌멍게 한 사라 드시고 가세요" 고무복을 입은 해녀들은 관광객의 시선과 발길을 잡기 위해 소리친다. 이들은 판매하는 날에는 물질을 하지 않음에도 고무복을 입는다. 이것이 그들이 '해녀임'을 관광객에게 보여주기 때문이다. 판매하는 해산물은 물질작업 때 채취했던 것이며 이를 보관하였다가 판매 당일에 바다에서 꺼내 온다. 관광객과 흥정하는 해녀는 직접 도마에서 해산물을 썰어 흰 접시에 담아주고, 직판장 안에서 다른 해녀가 마늘과 초장, 젓가락을 꺼내 온다. 직판장 밖에는 관광객이 먹을 수 있는 간이 탁자와 의자가 마련되어 있다. 관광객이 먼저 소주를 찾거나 해녀들이 소주를 권한다.

이 일은 대개 일사분란하게 이뤄진다. 따로 시키는 사람도 지휘하는 사람도 없다. 누군가는 수중에 보관된 해산물을 가지러 가고, 누군가는 미역을 삶고, 초장을 담아 두며, 물질 작업 때가 끝날 즈음이면 국수나 죽을 끓여 두었다가 물질한 해녀들에게 주기도 한다. 개인별로 정해진 역할이나 의무가 있지 않음에도 일이 돌아간다. 마치 '일'이 되기 위해서 해야 할 것이 무엇인지를 서로가 다 알고 있는 것 같다. 아침 약 9시부터 준비하여

해녀와 관광객들의 흥정(2004)

저녁 해가 저물 때까지 당번조는 관광객을 대상으로 직판장 앞에서 해산물을 판매하고, 이렇게 하루 판매한 것은 그날 참여한 조원이 모두 똑같이 나눠 갖는다.

또 다른 마을 내 유명관광지인 용머리 해안가에서도 오래전부터 조(6개조)를 짜서 해산물을 판매하는데, 이 조에는 물질하다가 은퇴한 해녀들도 함께 한다. 따라서 관광객을 대상으로 한 용머리 판매조와 직판장 판매조가 매일매일 돌아가며 운영되고, 물질 작업시기가 되면 이 세 가지 일들은 서로 겹쳐질 수도 있다. 만약 그렇다면 해녀는 그날 소득이 많을 쪽을 예상하여 선택한다. 나머지 한두 가지 일은 포기하는 것이다. 모든 일은 참여한 자에게만 수익이 돌아간다.

2) 부富의 형평성

바다는 육지의 토지와 같이 경계가 분명하지 않기 때문에 사유화가 어렵고, 마을어장은 어촌계에 등록된 자만이 입어할 수 있는 배타적이면서도 또한 공동의 소유물이다. 그리고 물질의 특징은 집단적으로 이뤄지지만 개인의 기량에 따라 소득이 달라지는 점이 있다. 기량의 차이는 작업 후 바로 눈앞에서 서로간의 소득 격차로 확인되는데, 어떻게 해녀 개개인들의 이해관계는 조정될 수 있을까?

(1) 기량의 차이와 해녀배삯

"공영호"는 5.65톤으로 사계리 어촌계가 해녀를 나르고 어장을 관리하는 목적으로 두고 있는 해녀배이다. 공영호의 선장은 발동기선이 나오기 전부터 해녀배를 탔었다. 그를 해녀들은 여전히 "사공"이라고 부른다. 2004년 2월 15일, 오전 8시 30분이 지나 탈의장으로 해녀들이 모여들었다. 공영호는 9시경에 출발하여 어장 내 몇 군데를 거치면서 형제섬으로 갔다. 군데군데에서 해녀들이 바다 속으로 뛰어들었다. 하군이 제일 먼저 입수하여 제일 먼저 나오며, 상군이 제일 늦게 입수하고 나중에 나온다. 이날 공영호를 타고 나갔던 해녀들의 작업은 <표 4>와 같다.

〈표 4〉 사계리 해녀들의 작업시간(2004. 2. 15)

물질 작업 시간			작업장소	채취한 해산물	인원(45명)	공영호 이용여부
들어간 시간	나온 시간	총작업시간				
08 : 45	–	–	연안	미역	2명	×
09 : 30	12:00 무렵	2시간 30분	연안	미역, 소라	20명 내외	○
10 : 00	13:20	3시간 20분	형제섬	소라	6명	○
10 : 00	14:00	4시간	형제섬	소라, 문어, 돌멍게, 고기 등	17명	○

사계리 해녀들은 모두 한 배에 타서 이동하다가 자신이 판단하는 지점에서 바다에 든다. 작업장소를 선택하는 것은 해녀 자신의 경험지식으로 판단하며, 대개 기량이 뛰어난 해녀들은 더 멀리 깊은 곳으로 잠수를 하였다.[27] 선장은 해녀들이 바다에 들어갈 때 한 번, 작업을 마치고 바다에서

---

27) 물질은 바다 속에 자신의 몸을 적응시켜야 가능한 몸의 기술(technology)이다. 또한 해녀들은 조류와 바람의 방향을 감안하여 바다에 들어가며 해저의 지형을 읽는 능력은 그들의 물질경험을 통해서 얻어지는 지식이다.

나올 때 두 번 배를 운항한다. 마칠 때도 해녀들이 있는 몇 지점을 돌아서 실어 나르며, <표 4>에서와 같이 기량이 좋을수록 작업시간은 더 길었다.

공영호를 이용하지 않는 나이든 해녀 2명을 제외하고 모두 배를 이용하여 작업을 하였고, 이들은 하루 배삯으로 3,500원을 선장에게 준다. 작업시간의 차이는 기량의 차이, 그리고 소득의 차이를 암시한다. 조사기간 중 배를 타는 해녀들 간에 배삯에 대한 불만이 나왔다. 모두가 똑같이 배를 이용하지만 소득은 달라지기 때문이다. 일찍 물 밖으로 나오는 해녀들은 배삯이 비싸다며, 선장에게 잡는 양이 다르니 배삯도 차등이 있어야 한다고 주장하였다. 이 불만은 언뜻 보기에 선장과 다른 해녀들에게 향하는 것으로 보이나, 배삯 차등을 주장하는 목소리에는 소라의 크기가 7㎝ 이상으로 된 것, 게다가 잡을 수 있는 양도 점점 줄어들고 있는 배경이 있었다. 이것은 선장이나 다른 해녀들에게 문제의 원인이 있지 않다는 것을 의미한다. 이 불만에 대해서는 더 이상 진척이 없이 유야무야 되었다.

(2) 어부회의 장사와 풍어제의 정성

2004년 2월 17일 오전 10시경, 물질 나가기 위해 직판장 근처에 모여 있던 해녀들 앞으로 해녀회장이 나서더니 다가올 풍어제 때 해산물을 팔 것인지 말 것인지를 의논에 붙였다. 회장의 말에 따르면, 어부회에서는 풍어제 날을 기점으로 장사를 시작한다는 것이고, 그러면 해녀회에서 하는 장사는 어떻게 하는 것이 좋은가라는 의논이었다.[28] 해녀들

작업 후 공영호에 오르는 모습(사계리. 2004)

은 잠수직판장보다 더 많은 돈을 들여 짓고 있는 어부회의 직판장에 대해 상대적으로 위축되는 것도 있었고, 잠수함 관광객들을 사이에 두고 경쟁하게 되는 것도 이들에게는 부담이 되는 상황이었다. 회장의 말이 끝남과 동시에 여기저기서 이야기가 터져 나왔다.

물질 나가는 모습(사계리. 2004)

동시다발의 이야기는 회장에게 하는 말도 아니고, 특정인을 겨냥해서 하는 말도 아닌 그냥 자기의 소리를 내는 것이었다. 잠시 소란한 소리가 멈추자, 회장은 이야기를 정리하였다. 그것은 해녀회는 풍어제 날이 "정성을 들이는 날"이므로 장사하지 말기로 하며, 그러나 어부회에서 장사를 한다면 어부회만 돈을 벌기 때문에 해녀회에서는 어촌계장을 통해 이날 아무도 장사하지 않고 "정성" 들이자는 뜻을 전달하기로 한 것이다. 이렇게 결정이 나자, 회장 옆에 서서 듣고 있던 어촌계장이 어부회에 풍어제에 올릴 돼지 한 마리를 준비하라고 이야기 하겠다고 하자 모두가 좋아했다. 이 회의는 불과 10여 분 만에 끝났고, 이들은 바로 고무복으로 갈아입어 물질하러 나갔다.[29]

(3) 욕심과 명심

2월 20일, 샤워장 앞에 모여 앉아 이야기 하던 해녀들에게 공영호 선장

---

28) 사계리 어촌계에는 어부회와 잠수회가 있다. 부두 동쪽에는 어부회 직판장이 공사 중이었고, 풍어제를 기해 판매를 시작하려고 하였던 것이다.
29) 2005년 8월 사계리 어부회의 직판장사는 해녀회와 공동으로 운영하고 있었다.

이 다가와 길바닥에 같이 앉았다. 그는 전날 물질하다가 나와 버린 상군해녀가 있어서 "사인"을 받겠다고 하였다. 일순간 해녀들은 어제 작업에 대한 이야기로 여기저기서 말이 오고갔다. 나의 옆에 앉아 있던 젊은 해녀가 옆 사람에게 "갔던 곳이 아닌 바당은 무서워서" 못들어 가겠드라, "바당이 안 다니던 바당이라 무서워서" 그녀가 배를 안타고 나와 버렸다는 그 해녀였다. 약속을 어기고 물의를 빚었으므로 어지간히 책임추궁이 따를 것 같았지만 아무도 그 해녀가 누구인지를 따져 묻지 않았다. 선장은 사고가 난 줄 알았고, 만약 사고가 나더라도 자신에게 책임이 없다는 것을 확인받고자 해녀들에게 "사인"을 받겠다는 말이었다. 공영호는 보험에 가입되지 않았기 때문에 선장이 느끼는 부담은 컸다.

사계리 해녀들의 일터는 부두 앞에 있어 어부들의 배만이 아니라 잠수함 관광객을 나르는 배가 수시로 어장을 가로질러 다니고 있었다. 선장은 다른 배 선장들이 해녀들은 어디까지 가느냐고 물었다며 경각심을 주었다. 젊은 상군은 이런 일이 자신의 욕심으로 생긴 일이기도 하지만, 그건 "구젱기(소라)를 큰 거 잡으면서 좀녀들이 널러진 거(널리 퍼지는 짓)"라며, 수협이 정한 7cm 이상의 소라를 잡기 위해 해녀들은 더 멀리 나가게 되는 것이 원인이라고 주장하였다. 언제부터인가 형제섬에서 작업하던 해녀들이 섬을 중심으로 더 멀리 퍼지게 되었고, 그러다보니 안 다니던 바다 속을 가게 되는 것이다. 앉아있던 해녀들은 사인을 할 것인지 안 할 것인지를 논하기보다, 이구동성으로 "바당의 물건에 홀련 실수하는 거", "명심허랜 허는 건 좋은 거"라는 말을 끝으로 고무복을 갈아입으러 탈의장으로 들어갔다. 사인을 받겠다던 선장도 물의를 일으킨 젊은 해녀도 더 이상 말이 없이 이 일은 여기서 끝이 났다.

(4) 해석

위의 세 사례에서, 공영호 배삯의 문제는 서로 기량이 다른 해녀들 간의 이익을 조정하려는 일이며, 어부회의 장사문제는 한 어촌계에 소속되어 바다를 공유하는 어부회와 해녀회가 장사도 공평하게 해야 한다는 해녀들의 생각을 보여준다. 공영호 선장의 "사인" 이야기는 점점 없어지는 해산물과 일정크기 이상을 잡아야 하는 문제가 해녀를 더 먼 바다 더 깊은 바다로 잠수하게 함으로써 발생한 일이다. "물건"에 대한 욕심은 누구나 가지고 있고, 그것을 잡기 위해서는 더 큰 위험부담을 감수해야 한다는 것도 누구나 알고 있다. 그래서 이들은 혼자 물질하는 것을 자제하고 바다 속에서 욕심내는 것이 이들 사이에서 금기시 되어 왔다.[30]

배삯과 어부회 장사, 그리고 젊은 해녀의 개인행동은 모두 이익을 추구하는 개인과 집단의 모습을 보여주는 사례이며 동시에 해녀집단이 그것을 어떻게 조정해 가는가를 보여준다. 기량에 따른 소득 차이, 그리고 배삯 지불의 형평성을 제기하는 사례는 만약 소득의 차이가 점점 커진다면 배삯은 차등지불 될 것이다. 그러나 소득의 차이가 발생하는 것은 개인 기량에 달려 있고, 능숙한 기량을 발휘할 수 있는 것은 모든 해녀의 물질 인생에서 한때이다. 그래서 소득의 차이는 있어야 하고 또 감수되는 일이기도 하다. 이들은 언젠가는 더 많이 채취할 수 있는 자원의 몫이 자신들에게도 돌아온다는 것을, 혹은 이미 그 몫을 가졌었음을 서로 알고 있다. 물질하는 몸이 늙는 것이 자연 이러한 사실을 알게 해준다. 부(富)를 이루는 근본적인 토대는 해녀의 개인적 기량이 아니라 지속적으로 재생되는 자원에 있는 것이다. 따라서 자원의 지속적 재생이 이들에게는 중요한 문제인 것이다.

어부회의 장사 사례에서 보듯이, 해녀들은 개인과 집단의 이익은 공평해

---

30) 김영돈, 『한국의 해녀』(민속원, 1999); 한림화, 『제주 바다: 잠수의 사계』(서울 : 한길사, 2000).

야 한다는 것, 이것은 역으로 어느 한 개인이나 집단의 이익이 커지는 것을 막는 것이기도 할 수 있다. 모두의 바다에서 일하여 얻은 부富가 어느 한쪽으로 이익이 축적된다는 것, 그것은 이들의 관념에서 볼 때 형평성에 맞지 않는 일인 것이다. 작업하는 날은 정해져 있으며, 같이 바다에 들어가고 같이 나온다. 바다는 모두에게 같은 기회를 주는 모두의 재산이다. 여기서 얻은 부富가 비슷해지는 것이 모두에게 형평성이 맞는 것이다.

3) 위험과 공동선共同善

사계리 해녀들의 사례에서 이들이 문제삼는 내용만이 아니라 해결방식도 눈여겨 볼 만 하다. 각 사례에서 해녀들은 사안별로 결론을 내리기보다는 사안을 공유하고 공감하는 것으로 끝맺음한다. 앉거나 서있거나, 탈의장 앞길에서나 직판장 앞 혹은 직판장 방에서나 이들의 회의는 자유자재로 열리며 손을 들어 다수결의 표결방식도 찬반토론식도 아니다. 그러나 모두가 자기 생각을 말하고 그것은 함께 있는 특정인을 지향하지도 않았다. 그리고 간혹 누군가 생각을 말하기도 하고, 그 말을 받아 또 다른 누군가가 대화를 이어간다. 이렇게 모두가 동시에 이야기 하고 나면 결론을 향한 분위기가 흐른다. 이런 분위기 속에서 마무리 하는 것은 회장일 수도 있고 모두일 수도 있다. 그리고 내용은 모두가 이미 공감하고 있는 것으로 더 이상의 설명도 없다. 여기까지의 시간은 대개 20여 분을 넘지 않았다. 그래야 물때에 맞춰 작업을 나갈 수 있기 때문이다. 어부회의 장사에 관한 회의도 거의 많은 시간은 동시다발

사계리 어촌계 운영방침(2004)

로 이야기를 하는데 쓰였고 시작과 정리는 회장이 하였다. 더 이상의 설명이 필요치 않는 결론, 모두가 공감하는 그것, 형평성을 맞추려는 것, 해녀회도 어부회도 함께 '정성'을 올리는 것이 가장 합당한 대안이 될 수 있는 것, 욕심내지 말고 명심해야 하는 것. 그럼으로써 가능해지는 것은 무엇이고 이와 같은 선택이 모두에게 타당하게 여겨지는 가치는 무엇인가?

민속학자 김영돈과 소설가 한림화는 제주 해녀들의 공동체 의식, 미풍양속에 대한 다양한 사례를 소개하였고, 한림화의 소설은 그것을 문학적으로 형상화하였다.[31] 개인의 이익이 공동의 이익을 초월할 수 없게 하며, 이것이 수긍이 되는 까닭은 이들 사이에 있는 물(바다) 속 욕심 금지의 불문율에서 찾을 수 있다. 더 큰 소득을 위한 젊은 해녀의 욕심이 좌초한 결과, 그리고 거기에 다른 해녀들의 반응은 명심해야 한다는 것이었다. 사계리 어촌계 사무실 중앙에는 '어촌계의 운영방침'이 적혀 있다. "공존, 공영, 공익"

기량이 다양한 해녀들 사이를 조율할 수 있는 불문율, 그건 위험 때문이다. 물질 자체에서 비롯되는 생명의 위험만이 아니라, 작업규칙을 어기면 돌아올 입어권의 박탈과 그로 인한 생계의 위협 등등. 그래서 물건(팔게 될 해산물)에 홀리지 말고, 다른 해녀들과 같이 움직이고, 명심해서 일해야 하는 것이다. 또한 이것이 모두에게 받아들여질 수 있는 까닭은 지금 상군이라 하더라도 언젠가는 하군이 되는 것을 그들의 선배가 잘 보여주기 때문이다. 그리하여 개인 간, 집단 간의 이익이 상충되는 빈번한 마찰에도 해녀 공동체는 지속될 수 있는 것이다. 이 결과는 공동체의 유지통합을 목적으로 한 의도된 결과가 아니라 모든 해녀 개인들이 잘 살 수 있는 공동의 선을 선택함으로써 얻어진 결과이다.

---

31) 한림화, 『꽃 한송이 숨겨놓고』(한길사, 1993).

5. 나오며

　일반적으로 공동체성은 전통에 기반을 둔 사회, 농촌이나 어촌에서 찾는 연구경향이 있다. 그리고 외부의 요인에 의해 공동체성은 변화 위기에 직면해 있음이 지적되어 왔다. 여러 도서지역의 어촌마을을 연구하였던 정근식과 김준은 시장의 논리와 국가정책의 개입으로 어촌공동체는 경쟁과 통제가 강화되고 있음을 지적한 바 있다.32) 그리고 마을이 공동으로 소유하는 어장, 이것이 공동체성을 유지시키는 가장 중요한 공동체의 자원이며, 그래서 규제의 대상이 되고, 마을은 공동체성을 유지시키기 위해 통제의 성격을 띤 규제들이 있다고 하였다.33) 앞서 살펴보았던 많은 지역에서도 어장에 대한 감시와 규제가 있었다. 그런데 어떻게 마을의 공동 어장이 마을의 공동체성을 만드는 것일까? 공동체의 자원에 대한 규제는 어떻게 공동체성을 유지시킬 수 있는가? 공동체성은 규제를 통해 이뤄질 수 있는 것인가?

　지금까지 해녀와 어촌계의 바다 자원 채취를 둘러싼 지역별 사례들을 보았다. 이 글의 목적은 해녀들이 공통적으로 직면하고 있는 자원 고갈의 문제에 대응하며 살아가는 생활상을 보여주고자 하는데 있었다. 해녀들의 작업형태는 지역별로 다양하였다. 특히 제주도를 제외한 지역에서는 어장의 임대가 이뤄짐으로써 해녀, 어촌계, 선주, 수산상회 간의 다양한 고용과 계약 관계를 만들어 내고 있었다. 다양한 관계가 자원의 분배에 있어 몫의 분할을 다각화시키는 동시에 그 이면에는 새로운 고용과 계약의 관계가 해녀의 물질작업 형태에 반영되고 있다. 이러한 다양한 관계가 개입될 수 있는 것은 어장의 주인이 누구인가(자원의 소유권)라는 것에서 비롯되고 있다.

---

32) 정근식 · 김준, 「시장과 국가 그리고 어촌공동체」, 『도서문화』 14(1996), 117~153쪽.
33) 위의 논문, 145쪽.

또한 자원의 고갈은 다른 지역으로의 이동과 더 깊은 곳으로 물질하게 하는 요인이 되고 있다. 그래서 신진도의 일부해녀들이 벌인 영어법인화는 더욱 의의가 있다. 이들은 어장에 대한 주도권을 자신들에게 유리하도록 만들고 있으며, 이는 자신이 채취한 해산물에 대한 처분권을 가질 수 있다는 것을 보여준다.

모든 지역에서 어장의 자원을 둘러싼 개인들의 이익추구는 일어나고 있었다. 그런데도 마을의 공동재산을 이용하는 개인들의 이익 추구는 어떻게 모두의 공동선(공존, 공영, 공익)을 만들어 낼 수 있는가? 기량의 차이는 소득의 격차를 만들지만 지속적으로 채취할 수 있는 자원이 있는 한 모두에게 부富의 기회가 돌아오며, 물질 인생의 주기를 통해 해녀들은 이러한 형평성에 따른다. 욕심은 입어권과 생명의 위협을 줄 수 있으므로 개인의 지나친 이익 추구를 늘 명심하게 만든다. 바다의 자원과 몸의 기술은 모두의 부富를 공평하게 함으로써 또한 공동선을 지키게 한다. 이들의 공동선은 욕심의 위험성, 부의 형평성이라는 두 축을 통해 만들어진 것이다. 제주 해녀공동체의 욕심에 대한 강한 터부(taboo)와 자원 재생에 대한 의례(잠수굿, 풍어제 등)도 이러한 맥락에서 이해할 수 있을 것이다.

일본 아마의 민속

문무병·좌혜경

1. 들어가며

일본에서도 나잠업으로 소라 전복을 캐는 남성과 여성들이 오래 전부터 존재했다. 이러한 부류의 생업을 영위하며 살아가는 사람들을 '아마海女, 海士'라고 하고 있다. 일본 아마에 대한 표기에는 해인海人, 해녀海女, 해사海士, 어인漁人, 잠녀潛女, 수인水人, 백수랑白水郎 등이 있다.

『삼국지三國志』 위지魏志 동이전東夷傳 왜인조倭人條에는 3세기 경 일본의 사회상을 기록하는 중에 "사람들이 좋아하는 고기와 전복을 채취하고, 바다의 깊고 낮은 곳에 관계없이 모두가 물에 들어가 그것을 채취한다"고 되어 있다. 그리고 만엽집萬葉集에는 시가현滋賀縣 시가마치滋賀町 고마쯔小松 히라比良 마을의 남성아마가 그려져 있다.[1]

일본서기日本書紀에 의하면 인현仁賢 천황 6년(493)에 히타카키시日鷹吉士를

---

1) 野村伸一, 「アマの生活史序說」, 『해양문명사에서의 잠녀의 가치와 문화적 계승』(제1회 세계잠녀 학술회의 발표요지집, 2002), 32쪽.

마른 전복 노시아와비(도바시 바다 박물관. 2002)

고려에 보낼 때, 아키타매飽田女라고 하는 여자가 일본인 남편인 아라키鹿寸가 키시吉士와 함께 고려에 가는 것을 울며 슬퍼하였다라고 했다. 이 아키타매라고 하는 사람은 가라아마하다께韓白水郎暎의 손녀에 해당하는 여성이었다.

이러한 기록과 더불어 엔기시키延喜式(927년)의 주계식상主計式上의 기사 속에 탐라포耽羅鮑가 등장하고 있다. 탐라포는 탐라산이라고 하는 것보다는 제주도 해인이 잡은 전복이라고 생각한다면, 제주도와 일본 사이에 아마들의 교류가 있었음을 추정할 수 있다.

또 아마의 역사 기록을 알 수 있는 것으로 목간木間이 있다. 이 목간이라는 것은 나무에 문자로 각刻을 해놓은 것으로, 지바현千葉縣 보소반도房總半島와 시마반도志摩半島에서 발견되었다. 지바현千葉縣 보소반도房總半島 시라하마치白浜町 시라하마白浜 목간에서는 천평天平 17년(745) 10월 목간의 발굴로 나라奈良시대 보소房總의 남단에서 마른 전복 6근 정도(3.6kg)를 조세租稅로 바쳤다는 사실을 알 수 있다.2)

일본 아마의 분포는 북은 아오모리현青森縣에서, 남쪽은 오키나와현沖繩縣에 이르기까지 각 현에 분포되고 있으며, 그것은 일본 전 지역이라고 해도 과언이 아니다. 홋카이도의 아이누 역시 헤엄치면서 해초인 곤부昆布를 채취했었다고 한다. 아마가 많은 지역을 현 별로 보면 일본해 측은 니가타현新潟縣, 이시카와현石川縣, 후쿠이현福井縣에 집중하고, 태평양 측은 지바현千

2) 上總國安房郡白濱鄕戶主日下部床呂戶白髮部鴨輪鰒調陸斤.

葉縣, 시즈오카현靜岡縣, 미에현三重縣에 집중하고 있다.3)

아마의 유형으로는 일본 이시카와현石川縣 노토반도能島半島의 와지마시輪島市 아마마치海士町, 헤구라지마舳倉島나 미에현三重縣 시마반도志摩半島 스가지마菅島, 쓰시마對馬島의 마가리曲처럼 여성들이 주로 물 속에 들어가 작업하고 있는 곳과, 에히메현愛媛縣미사키초三崎町4) 처럼 남성인 '아마시'가 있는 곳이 있다.

한편 일본 아마 중 가장 전통어법이 남아 있고, 아마의 고향이라고 하는 후쿠오카현福岡縣 무나가타군宗像郡 겐카이초玄海町가네자키鐘崎 여성 아마는 일본아마의 원조라고 일컬어지는 데 고무옷이 나오기 전에는 대부분 여성들이 작업했으나, 근대에 들어서 고무옷을 입은 이후 주로 남성들에 의해 행해지고 있다.

겐카이초玄海町 가네자키鐘崎에서는 그들의 여성아마의 기원을 다케우치武內宿彌가 삼한三韓에서 돌아오면서 제주도의 해녀를 데리고 와서, 가네자키의 아마들을 가르쳤다는 설과 원양어업遠洋漁業으로 나간 가네자키의 어부가 제주도의 해녀와 결혼하여 함께 돌아왔다는 설 등 가네자키의 해녀의 기원은 상당히 오래되었고 한국 제주도와 연결시켜 설명하고 있다. 또 가네자키의 아마들은 현해玄海의 여러 섬들뿐만 아니라 멀리 일본해日本海의 노토국能登國의 와지마시輪島市 헤구라지마舳倉島, 또는 쓰시마對馬島의 마가리曲까지 물질하러 나가서 일본 아마의 원조가 된 것이다.5)

이 글에서는 일본 아마의 유형과 채취물의 시기 및 도구, 작업 방법을 조사지역 별로 정리하여 일본 아마의 생업과 민속적 환경을 보고하고, 그리고 이를 바탕으로 형성된 신앙과 축제를 살펴서 민속 문화의 현대적 수

---

3) 田辺悟, 『日本蠻人傳統の硏究』(法政大學出版局, 1990), 71~72쪽.
4) 渡部文也・高津富男, 『伊予灘漁民誌』(愛媛縣文化振興財團, 2002), 81쪽.
5) 鐘崎漁業協同組合編, 『範前鐘崎漁業誌』(1992), 83쪽.

용과 이용에 관해서 살피고자 한다.

이 글은 한국 해녀와의 민속적 측면의 비교뿐만 아니라 해양 문명사에서 제주해녀의 위상 등을 연구하기 위한 기초자료가 될 것이다.

2. 채취물 종류와 작업 방법

1) 후쿠오카현福岡縣 겐카이초 가네자키[6]

가네자키鐘崎는 나잠수 어업의 원고향母村이라고 일컬을 정도로 나잠수 어업 전통이 남아있다. 가네자키는 전통적으로 여자들만이 나잠수 어업에 종사하였으나 고무 옷이 생기면서 물질은 남성들의 전유물이 되어 현재 여성들은 몇 안 된다.

에도기江戶期의 가네자키의 아마들도 출가出稼를 해서 전복을 땄다. 구로다한黑田藩은 중국과의 무역으로 은銀을 얻기 위해 말린 전복을 무역해서 가네자키의 아마들에게 그 의무를 부담했는데, 그 양을 채우기 위해 아마들은 쓰시마난류를 따라 쓰시마對馬島, 이키壹岐, 고토열도五島列島, 와지마輪島까지 가서 물질해야만 했다. 가네자키에는 바다에 "돌

겐카이초(玄海町) 가네자키의 아마(가네자키 박물관. 2001)

---

6) 가네자키 조사시기는 2001, 7월 20~24일. 제보자 本田岬씨(1916년생), 本田力江씨(1920년생), 本田左助씨(1943년생).

을 던지면 '아마' 누구라도 맞는다"라고 할 정도로 나잠수 어업에 종사하는 사람이 많았다. 그러나 현재는 남자 13명에서 14인 정도만이 잠수어업에 종사한다. 해사海士인 남성 나잠업자는 지금부터 40~50년 전에 생겼다고 한다.

다른 지역 사람들은 이 마을을 선진先進마을로 여겨 시찰을 온다. 젊은 사람들이 다른 직종으로 옮기지 않고, 대학을 나와서도 이 아마의 생활을 한다는 것은 그만큼 생활을 보장받는다는 것과 자신의 일에 자부심을 갖는 것을 뜻한다. 3대가 이 물질 작업을 이끌어 온 혼다本田佐助 씨(남, 58)의 경우도 두 아들이 대학을 나온 후 물질작업만으로도 유복하게 생활할 수 있다고 한다.

(1) 채취물

나잠수 어업에 따르는 채취물은 전복, 소라, 성게가 주를 이룬다.

어업조합의 조업 규칙은(2000년도 지정) 아마들 전원에 의해 결정되고 지켜지고 있다. 우선 미역은 매년 2월 15일부터 4월 30일까지 채취한다. 조업시간은 오전 8시 30분부터 오전 11시까지이다. 그리고 검은 성게는 4월 18일부터 5월 1일 까지, 오전 8시부터 10시까지 두 시간이다. 붉은 성게는 8월 11, 12일 이틀간이며, 8월 17일 이후 이틀간을 작업한다. 해삼은 12월 10일부터 12월 30일 까지 20일간이며, 조업시간은 오전 8시 30분부터 오전 11시 30분까지 잡는다.

주로 많이 채취하는 전복과 소라는 5월에서 8월까지 작업하고(2001년도의 경우), 6월 1일부터 전면 해금을 해서, 오전 8시부터 오전 11시 30분까지 잡는다. 전복과 소라의 채취를 2일간 작업을 하면 2일은 쉰다. 소멘노리는 회원이 결정해서 채취한다.

오키노시마에 외방 물질을 가는 경우는 7월 1일부터 7월 31일, 그리고

9월 1일부터 9월 30일까지 두 달간인데, 오전 7시 30분부터 오전 11시 30분, 그리고 오후 13시부터 17시까지다.

(2) 물질 방법

전통 나잠수 어법을 살펴보면, 물에 잠수하여 작업하는 것을 '이소이리'라고 하고 한번 물에 드는 것을 '히토카시라', 추워지면 휴식하러 육지로 혹은 배 위로 올라오기까지를 '히토시오'라고 한다. 아마의 종류는 직접 육지에서 바로 어장으로 해산물을 채취하러 가는 경우와, 남성은 어업에 종사하거나 배를 타고 여성 아마들의 잠수 작업을 도와주는 센도船導의 역할을 한다. 전자를 '가타아마'라고 하는데, 이는 배를 타지 않고, 육지에서 바로 직접 물질 가는 아마이다. 보통 나이가 들어서 잠수 작업 능력이 떨어진 하군 아마들이며, 물질 작업 할 적에 어장까지 배로 가는 아마와 구별

오케를 이용하는 오케아마(2001)

도모오지의 도움을 받고 물질하는 아마(2001)

해서 부른다.

배에 타서 어장으로 가는 아마를 '쵸우아마'라고 불렀고, '가타아마'는 '오케'를 사용했기 때문에 '오케아마'라고도 불렀다. 아마들이 수영하면서 짚고 이동하거나 쉬는데 이용하는 통인 '오케'는 가네자키의 오케야에서 제작했다.

해녀들이 타는 배를 '아마후네'라고 하는데, 이 배를 타고 뱃물질을 하는 쵸우아마는 한 두명의 아마와 센도船導역을 하는 남성 1인이 타고서 작업한다. 센도를 '도모오지'라고 부르는데, '도모오지'는 대나무로 된 긴 장대인 '히키자오' 앞에 하얀 천을 붙여서 표시하고, 깊은 장소에 잠수한 아마에게 그 끝을 잡게 해서 재빠르게 끌어올리는 방법으로 작업을 행하고 있다.[7]

한 척의 배에 아마가 두 명이 작업할 때는, 센도의 역할은 배를 이동하며 작업 상황을 살피고 물질 작업에 임한다. 대체적으로 가족끼리 구성원

---

7) 田辺悟, 앞의 책(1990), 599~606쪽.

을 이루어 행하므로 센도는 보통 남편이나 형제가 되는 경우가 흔했다.

(3) 물질도구

암초에서 전복을 따는 철제의 칼(빗창)을 '아와비가네'라고 하며, 전복이나 소라를 따서 넣는 망시리를 '아와비부쿠로', '사자에부쿠로'라고 한다. 또 바다 속의 전복이 숨이 짧아서 채취하지 못할 때 전복껍질로 표시해 두는 것을 '기리가이'라고 하며, 이것을 허리에 감긴 '하치코'에 차거나 묶었다가 사용한다.

아마들이 아래 입는 잠방이를 '이소베코'라고 한다. 나중에는 바지 밑을 걷어올린 것처럼 변용되었다. 이소베코 천의 중심부에는 태양이 빛나는 것처럼 무늬를 누벼서 다섯 개를 붙이는 데, 이를 '사시코'라고 한다.

그리고 면포를 수건크기로 잘라서 머리에 묶는 것을 '아다마가부리'라고 하며, 아와비가네 위와 마찬가지로 '大'라는 글자를 쓴다. 이는 '많이 잡는다'는 뜻으로 전복을 많이 따주기를 기원하는 것이다. 고무 옷으로 바뀐 이후도 머리에 종종 쓰고 다녔다고 한다.

수건의 끝에는 검은 색을 이용해서 가지모양의 그림을 그린다. 이것은 죽은 사람의 영혼인 '호도케가제'를 물리치는 주술적 기능이 있다고 믿고 있다.

물안경은 처음에는 '후다츠메가네'(쌍안경)를 사용했다. 메이지(明治) 경에는 코가 나오도록 된 '히도츠메가네'(단안경)였으나, 그 이후 코와 입이 안경 속으로 들어가게 된 단안경으로 바뀌었다. 코가 튀어난 단안경에는 공기 주머니가 붙어 있지 않았다. 안경의 아래쪽 금속구 부분에 입에 물린 고무관이 붙어 있는데, 이 고무관을 입에 물어 공기를 보내면, 수압으로 인해 안경이 얼굴에 붙었을 때 부드럽게 된다. 안경 만드는 가게에서 얼굴에 맞게 제작해주었으며, 물안경은 목재로 만든 장방형의 상자 '메가네바꼬' 속에 잘 간직해 두었다가 사용했다. 물안경을 닦을 때는 쑥을 이용하였고 물안경을 사용하여 바다 속이 잘 보였기 때문에 전복의 어획고가 훨씬 증가되었다.

2) 시마반도志摩半島 도바시島羽市 스가지마8)

스가지마菅島는 이세만伊勢灣에 위치하며 주위는 20Km, 면적은 443Km²의 섬으로 미에겐 도바시에서 정기연락선으로 15분 거리이다. 인구는 약 800명의 섬으로 반농반어 생활과 약 60~100명의 아마들이 물질에 임한다. 전세계적으로 진주양식지로 유명한 미키모토 진주섬과, 바다박물관이 있는 해양문화 관광지인 도바시島羽市와 이세신궁伊勢神宮과도 지척의 거리에 있다.

미키모토 진주섬의 진주 캐는 아마
(미키모토 박물관 자료)

스가지마는 섬이어서 순수한 어촌이나, 모두가 전업 아마라고는 할 수 없다. 전업어가도 있지만, 비좁은 농토를 개간하기도 하고 여성들은 남편들의 고기잡이를 돕기도 하고, 물질작업에 간접적으로 참여한다. 또 가까운 도바시와 같은 곳에 나가서 일한다.

이곳 사람들은 해신신앙과 그 의례를 축제화 하여 관광산업에 눈을 돌리고, 전통적인 물질 어법漁法을 고수하면서 자원고갈을 막고, 생산활동을 지속해 가고 있다.

---

8) 자료조사: 2002년 7월 9일부터 17일. 제보자: 스가지마(菅島)어업 조합장인 기노시타테이치(木下正一)씨, 어업조합 전무인 기노시타구메오(木下久米夫)씨, 구메오씨의 어머니, 부인인 기노시타가츠요(木下克代), 건설회사를 경영하시는 전 어업조합장 마쓰무라(松村辰郎)씨.

(1) 채취물

스가지마에서 물질은 1년에 전부 12~17번 정도다. 그리고 어업 조합이 해산물 채취와 해금 일자를 정하고 있으며, 정 조합원 100명, 준 조합원 100명이 활동하고 있다. 스가지마의 해산물은 채취의 종류에 따라 해경(解禁)을 하고 작업시작을 하는데, 이를 '구치아케'라고 한다. 채취물의 구치아케 시기를 정리하면, 이 섬 아마들이 주로 따는 어패류는 전복, 오분자기, 성게, 소라, 문어, 해삼과 천초, 미역 톳, 김 등으로, 해경시기가 각각 다르다. 전복인 경우 7월 15일에서 9월 15일 경에 잡고 해경날짜는 어업회에서 결정한다. 9월 중순이 넘으면 산란기여서 금한다. 구치아케는 소라와 전복, 성게, 문어를 잡기 시작하는 날을 칭하는 데, 올해 (2002년)는 7월 12일부터 시작되었다.

나마코(해삼)는 미츠키 방법9)으로 작업하며, 11월 20일에 해경을 하여 1월까지, 9월 15일부터 11월 30일까지는 이세에비(왕새우)를 잡는다. 가츠오 (다랑어)는 3월에서 5월, 사바(고등어)나 아지(전갱이)는 5월에서 8월, 스르메(오징어)는 5월 8일 해경해서 9월 말까지 잡는다.

바다의 해초 채취 일자도 날씨와 주문에 따라서 약간은 달라진다. 텡구 사(천초)는 6월 중순에 1~2회, 아라메(대황)는 5월 말에서 6월까지 2~3회, 와 카메(미역)는 3월 1일에서 4월, 천연 미역은 3월에서 5월까지, 히지키(톳)는 4월말에서 5월 말, 노리(김)는 11월에서 4월 중순까지 작업한다. 전복은 크기를 재는 자를 가지고 다니면서 10cm 이하가 되면, 다시 물 속으로 되돌려 키운 후 잡는다. 해경 날에는 마을사람 누구라도 바다에 들어가 작업을 할 수 있다.

---

9) 나마코(해삼)는 미츠키 작업으로 채취한다. 이 방법은 배 위에서 거울로 물 속을 보고 물고기나 해산물을 찔러서 얻는 방법이다. 이것은 원시적인 방법으로서 과거에는 채소에서 짠 기름을 뿌려 바다를 깨끗이 하면 바다 속이 투명하게 들어와 거울 대용으로 사용했다(岩田準一, 『志摩の海女』(アーテクミューヅアム, 1942), 10쪽).

(2) 물질방법

스가지마普島는 여성아마들이 주로 활동하고 있다. 아마를 '이소도' 혹은 '아마도'라고도 한다. 물질 방법에 따라 가까운 바다에서 직접 나가거나 배를 타고 가서 일정 지역에 내려서 작업하는 '가치도' 아마와 '후나도'인 뱃물질 아마가 있다. 스가지마의 아마들은 아침 10시경에 몸을 데우기 위해 불쬐는 곳인 '가마도'에 나와 10명 정도가 한 곳에 모여서 몸을 데우고, 10시 30분쯤에 물에 들어 12시 30분이 되면 물에서 나오기 시작한다. 물질 작업 시간은 2~3시간 정도다. 배에 타지 않고서 물가에서 헤엄쳐 나가 이소바(磯場 – 채취구역)에 가서 물질하거나, 한배에 5명 정도를 태우고 일정 장소에 가서 내린 후, 물질작업을 하는 자를 '가치도' 라고 한다. 이들은 물에서 짚고 헤엄쳐 이동하는 오케(磯桶, 이소츠보)라는 통을 들고, 종려나무로 만든 7~8m의 밧줄을 통과 허리를 연결하여 멀리 떨어지지 않는 범위 내에서 작업한다.

'후나도'는 배를 타고 나가 작업하는 '아마'로서 남성 보좌역 '토마에'가 도우미역을 한다. 주로 부부가 같이 물질 작업을 하게 되는데, 깊은 곳에서 기량이 뛰어난 여성아마들이 주로 하고 있다. 배에서 아마는 '오모리'라는 무거운 추를 잡고 바다로 내려 간 후 작업을 하고, 채취물을 취한 후 줄을 당기면 배 위에서 안전을 위해 허리에 매는 밧줄인 '이사츠나' 혹은 3~4m의 장대인 '히키자오'를 이용하여 끌어당기는 것이다.

배 위의 '토마에'가 물속에서 올라오는 아마의 동태를 파악해야 하기 때문에, 아마는 반드시 하얀 물질옷인 '이소나카네'를 입는다. 그리고 머리에도 하얀 머릿수건 '이소데누키磯手拭'를 쓴다. 고무옷을 입고 물질을 하더라도 반드시 그 위에 흰옷을 입는 것이 원칙이다. 자원의 고갈과 남획방지를 위해 스가지마에서는 물안경 없이 손으로 더듬어 해산물을 채취하는 방법인 '데사구리'와 '메쿠라사가시'를 한다. 배로 작업하는 후나도가 4~5명이 있고, 대부분은 가치도이며, 가치도를 실어 나르는 배가 20~30척이 있다.

해녀의 계급으로는 나이에 상관없이, 능력이 뛰어난 상군을 '오가츠키'라 하고 그 외를 '안샤레'라고 한다. 해경의 날 잡은 것은 어업조합에서 공동구매를 한 후 경매한다.[10]

(3) 작업도구

스가지마의 아마는 종래에는 '이소기'라는 물질옷을 입었다. '이소기'는 '이소샤츠'와 하반신을 두르는 속치마인 '이소나카네'를 통칭한다. 이소나카네는 무명수건 두개를 사용, 위쪽과 아래쪽에 끈을 달아서 묶는다. 지금은 하얀 내의를 입은 후 이소나카네를 입는다.

머리에는 '이소데누키', '우시로 하치마키'라고 하는 수건을 쓰는데, 별모양 혹은 사선을 그려 넣어 마魔를 물리치는 것으로 삼아서 부적 대용으로 썼다.

스가지마의 아마(2002)

전복을 뗄 때 사용하는 도구를 '노미', '이소노미'라고 한다. 숙련된 해녀인 '이리도'는 짚 포승줄로 허리에 졸라맨 노미가 녹이 슬어 배의 가죽에 일생동안 녹이 피었다고 할 정도로 아마들에게 노미는 전복과 함께 친근한 대상이었다.

그리고 노미에는 여러 종류가 있는데, 형태가 길고 짧은 것이 있다.

아마가 짚고서 물질하는 통을 '이소오케' 혹은 '이소츠보磯桶'라고 하며, 근래에

---

10) 2002년, 36명이 잡은 것은 전복 37kg(kg당 구로 아와비는 7151엔, 아카 아와비는 6000엔), 소라는 154.9kg(kg당 840엔)였다.

는 '탐포'라고 하여 자동차 튜브와 같은 도우넛형 모양의 것을 사용한다. '가치도'는 이소오케를 이용하여 헤엄쳐 나가 작업하고 어획물을 통 속으로 넣는다.

배로서 물질하는 '후나도'가 사용하는 '스가리'는 전복 채취물을 넣는 그물 자루이다. 종려나무 줄로 엮으며, 허리에 매단 줄(오비나와, 帶繩)에 이어서 몸에 착용한다.

3) 에히메현愛媛縣 사다미사키반도佐田岬半島 미사키초三崎町[11]

미사키三崎는 나잠어업을 하는 남성들이 유명하다. 그들을 아마라고 하지 않고 '아마시海士'라고 부른다. 이러한 남성에 대한 역사적인 기록으로는, 1830~1844년경에 300여 명의 아마시가 있었다고 전한다. 현재도 100명의 남성 아마가 작업에 임하고 있다.

아마시들이 사용하는 도구들(미사키초 팸플릿)

이들은 오키나와 이토만에서 왔다는 설도 있다.[12] 과거 메이지明治에서 쇼와昭和 기간에 걸쳐 북큐수, 남한南韓까지 출가를 나갔고, 깊은 곳에서 물질작업이 가능하고 물 속에서의 작업시간도 길기 때문에 미사키 아마시들은 자신들의 능력을 인정받았다.

---

11) 자료조사 : 2003년 8월 10일~13일.
12) 三崎町, 『夢, 最先端 三崎町勢要覽』(2000), 6쪽.

(1) 채취물

미사키초의 전통 남성 아마시(海士),
미사카초 팸플릿

미사키의 아마시들은 주로 어패류를 거의 연중 작업한다고 해도 과언이 아니다. 주로 전복이나 소라, 오분자기, 성게 등을 채취하는데 미사키 어업 협동 조합의 아마시 조합은 어장관리와 조업일자 등을 지정하고 있다. 채취물의 종류는 정해진 구치아께解禁기간에 채취하여야 한다. 1월 7일부터 3월 11일까지는 해조류를 중심으로 해삼과 성게 등을 채취하고, 4월 15일부터 10월 15일까지는 전복, 소라, 오분자기 등을 채취한다.

각 어패류의 해금시기를 보면, 4월 5일에 톳과 김 해금, 4월 15일에는 전복과 소라를 해금한다. 5월 30일에 천초 해금, 7월 12일에 솜, 성게 해금, 8월 1일에는 보라성게 해금, 9월 1일부터 이세에비(왕새우)를 잡고서, 10월 15일이 되면 작업을 종료한다. 그리고 1월 7일에는 검은 성게, 해삼 해금을 한다. 3월 11일에는 다시 월동조업을 중지한다.

해사 조합의 결의에 의해서 조업시간도 규제되고 있다. 하루 중 오전 8시부터 오후 4시까지 작업하며, 그리고 하루의 어획량도 지정되어서 한사람이 소라 30kg까지 잡을 수 있다.

(2) 작업 방법

미사키 아마시들의 작업 방법은 크게 두 가지로 구분되는데, 다루(다라이, 나무통)를 가지고 하는 '뵤우단'이라고 하는 다루아마시樽海士와 '구리아게'인 분동아마시分銅海士로 나뉜다. 이 둘은 잠수하는 방법과, 그 잠수 깊이에서 차이가 나고 있다.

다루 아마시는 나무 통으로 직경 40cm, 깊이 약 30cm의 통에 의지하여 잠수한데서 붙여진 이름이다. 보통 15m 정도 깊이까지 들어갈 수 있으며, 시간은 1분에서 2분 정도다. 물 위로 올라오면 다루 통에 기대어 약 1분간 정도 휴식한다.

분동아마시는 잠수할 때, 약 6.75~10kg의 분동(분도 혹은 돈부리라고도 함)과 약 42m 정도의 생명줄(이노치즈나)을 가지고 배 위에서 잠수한다. 바다 밑에서 숨이 다할 정도로 소라와 전복을 따고, 생명줄로 신호를 하면 배 위에서는 '가치코'라고도 하는 센도船導가 줄을 들어올리게 된다.13) 깊이 잠수하여 작업하고, 긴 시간 작업 가능하므로 채취량이 많다. 이 분동 아마시 중에서도 가장 능력이 뛰어난 잠수부를 '오아마시'라고 한다.

주로 남편이 물 속에 들어가 작업하므로, 부인이 '가치코' 역할을 하기도 하고, 혹은 동료끼리 '아마시' 혹은 '가치코' 역을 번갈아 가면서 하기도 한다.

(3)작업도구

'가루이가고'는 '모츠코'라고도 하는 것으로, 집에서 배로 작업하러 갈 때, 여러 물건들을 놓고 운반하는 대바구니이다. 이 속에는 도시락과 옷(훈도시), 그리고 전복을 딸 때 쓰는 '아와비가네' 등을 놓는다. 또 배 위에서 불을 지필 땔나무 등도 담는다.

1961년경 웨토스츠를 입기 전에 입었던 옷으로 훈도시는 목면으로 만들고, 대부분 하얀 색이다. 물질 작업 갔다 온 후 이 훈도시 위에, 방한용으로 둘러쓰던 얀다長着를 입는다. 이는 목면을 여러 겹으로 하여 외투처럼 만든

---

13) 渡部文也・高津富男, 『伊予灘漁民誌』(愛媛縣文化振興財團, 2001), 85쪽.

작업 갔다온 후 해산물을 분류하는 미사키초
남성아마시(2003)

옷으로 일곱 여덟 겹으로 되어
있고, 두꺼워서 물이 들어가지
않게 되었다.

넓게 해서 머리를 싸는 수건을
'데누구이가부리'라고 한다. 전
복이나 소라를 따는 '가키다시'
는 한쪽은 '아와비오코시'인 전
복을 따는 도구로 쓰고, 철제로

만든다.

둥근 테와 형태의 발포스티로폼이 나오기 전에 나무로 만든 통인 '우키
다루'를 사용했다. 물위에 올라 왔을 때 배에 대어 쉬기도 하고, 통을 짚고
서 수영하기도 했다. 우키 다루 밑에 달린 그물 망인 테고網袋에 전복이나
해산물을 따서 놓는다

4) 지바현千葉縣 보소반도 시라하마마치14)

시라하마마치白浜町는 보소반도房總半島 남단에 위치하고 동서 10.25km,
남북 4km, 면적 17.07km²가 된다. 남쪽은 태평양에 접하고 북쪽은 지쿠라
초千倉町와 접해 있는 일본의 대표적 '아마의 촌'으로, 점차 인구도 감소하
는 추세이다. 1965년경에는 아마작업이 아주 왕성해서 1,000명이 넘는 해
녀들이 있었으나, 쇼와昭和 59년(1984)에는 아와비鮑(전복)아마가 약 366인, 그
리고 천초天草 아마 237인이 있다. 남성들은 30년 전부터 작업에 임하기 시
작했는데, 헤이세이平成 11년(2000)에는 약 300명 정도가 감소해서, 남성 37

---

14) 자료조사 : 2001년 7월 20~24일, 2003 8월 8일~10일. 제보자 : 松本宰史(남, 51) 白浜町漁
業協同組合 組合長, 아마 기소도미코(여, 69), 기소다키코(여, 74).

명이 있고, 여성 아마가 300명
으로 단연 여성의 수가 많다.

또 일본서기日本書記에 미야
츠코國造가 아마가 채취한 진
주를 조정에 바치고, 가마쿠라
鎌倉시대에는 어업을 노래한
와가和歌에서도 시라하마의 해
녀 풍경을 노래하고 있다.

시라하마마치의 어업은 타

시라하마마치의 전통 아마(시라하마 어업조합그림. 2001)

이쇼大正 년간까지 고래어획과 같은 것이 많았으나, 근간에 이러한 어업은
쇠퇴하고 근해어업의 아마들 어획이 9할을 점유할 정도로 지금까지도 중
요산업의 하나가 되고 또 관광적으로도 소박한 어법으로써 중요한 자원이
되고 있다. 특히 보소반도 중에서도 시라하마에서 지쿠라까지가 전복 생산
량이 가장 많다.

(1) 채취물

시라하마에서 주로 채취하는 것은 전복과 소라, 오분자기와 천초, 톳, 감
태, 미역 등이 있다. 근간 어획량의 추이에 따르면 급격히 그 생산량이 감
소하고 있으며, 전복인 경우 쇼와昭和 48년(1973)에는 71.9t이었던 것이 헤이
세이平成 11년(2000)에는 14.6t 정도로 줄어서 시라하마마치 어업협동조합에
서는 쇼와昭和 57년부터 연간 약 20만개를 목표로 치패를 방류하고 있
다.15)

주로 아마들의 작업은 매년 5월 1일에 시작되어 9월 10일이면 전부 끝

---

15) 白浜町, 『しらはまの漁業』, 白浜町農水産課(2002), 18쪽.

시라하마마치 아마상(2003)

이 난다. 이 기간 중에서 매 일요일은 쉰다. 특히 전복은 5월 1일에서 8월 초순까지, 소라는 5월 한 달과 8월1일에서 9월 초, 오분자기는 5월 1일에서 8월 중순, 천초는 5월 1일에서 9월 초순까지이다. 그물을 사용해서 소라와 이세에비(왕새우) 등을 잡는데, 소라와 이세에비는 6, 7월 산란기만 금하고 1년 내내 작업한다. 그물작업인 경우도 8월 이외의 달은 매일요일 마다 쉰다.

잡는 크기를 정해서, 전복은 12cm 이하, 오분자기는 5.5cm 이하, 소라는 7cm 이하, 이세에비는 13cm 이하를 잡아서는 안 된다.

아마들의 작업 시간과 해금, 모든 규칙은 어업협동조합에서 정하고 잡은 해산물 역시 공동으로 모아서 판매한다.

(2) 작업방법

시라하마 아마는 작업 채취물에 따라서 구분되고 있는데, 소라나 전복을 채취하는 '아와비鮑(전복)아마'와 천초天草 작업을 하는 '천초天草아마'가 있다.

또한 깊은 물에서 소라 전복을 따는 아와비鮑아마 중에 배를 이용하여 작업하는 '후나아마'舟海女와 물가 쪽에서 수영해 가서 작업하는 '오카아마' 岡海女가 있다. 이를 '나다아마'라고도 한다.

후나아마는 한 척의 배에 해녀 1인이 분동을 배에서 늘어뜨려 잠수하여 물건을 채취하고 올라오면 장대를 내어 해녀가 올라오는 것을 돕는 역할을 하는 타자舵子 1인이 같이 타서 작업하는 경우를 말한다. 분동은 15kg을 써서 비교적 깊은 곳에 들어가 작업한다. '오카아마'는 10인 정도 그룹을 지어서 아마들이 옷을 갈아입거나 쉬는 '아마고야' 근처 앞 바다에서 배를 타고 바다 가운데로 나가 작업한다. 이들을 '오아마'라고도 한다. 그 영역은 해변에서 500m 정도다. 작업하다가 추우면 몸을 데우는 '지가라'를 배 위에 장치한다.

오카아마는 10인 정도 구룹을 지어서 다루를 사용하여 가까운 바다에서 작업한다. 보통 아마들은 9시 경에 아마고야

시라하마마치 아마의 모습(2001)

에 모여서 충분히 몸을 데운 후 11시 전후해서 물질 작업을 시작한다. 봄에는 1시간에서 1시간 30분 정도 작업하고, 또 여름에는 2시간에서 3시간 정도 작업해서, 1시간 정도 몸을 데우면서 휴식을 취한 후 다시 작업하러 나간다. 잠수능력은 대략 18m 정도에서 1분에서 1분 30초 가량 작업한다.

천초 아마는 천초 해금 기간만 주로 작업하기 때문에 일시적으로 아마들의 동료가 되기도 하고, 때로는 바위 곁에 불을 때어 몸을 데우면서 작업하는데, 잠수하지는 않고 물안경을 수면에 대고서 천초만을 뜯는다.

(3) 작업도구16)

과거 전통적인 아마의 모습은 상반신은 나체로, 훈도시만을 입고, 물안

---

16) 第39回, 白浜海女まつり進行臺本, 白浜海女まつり 實行委員會(平成15年度), 8~10쪽.

시라하마 물안경 형태(2003)

경 없이 작업하는 광경이었다. 전쟁 전 쌍안경을 쓴 후, 해산물의 채취가 늘었는데, 수압 압박조절을 위해서 소의 위장胃腸을 건조시킨 주머니를 안경의 양쪽에 붙여, 공기를 넣은 후 수압 조정을 하도록 했다.

다시 그 후 눈만을 덮고, 코가 나온 단안경으로 역시 소의 위장胃腸을 양쪽으로 붙인 것이 유행했지만, 다시 눈코 모두 안경으로 덮고, 수압 조정하는 주머니는 없어지게 되어서 현재 형태로 되었다. 단안경인 경우도 처음에는 철로 안경테를 만들었다가 불편하여 고무로 안경테를 사용한다. 안경을 만드는 명공名工인 지바현千葉縣 류자키마사히사龍崎政久 씨가 현 문화재 명공으로 지정되어 안경 만드는 기술을 전승하고 보존하고 있다.

목면으로 만든 상의는 샤쓰 형태이고, 하의는 반바지 형태이다. 머리는 수건이나 삼각포를 둘러쓰고 있다. 잠수할 때 짚고 떠다니는 나무통인 '다루'는 직경 30cm, 깊이 25cm, 하부는 약 15~20m의 로프를 감고 있다. 그리고 '타마리', '스가시'라고 하는 망으로 짠 부대를 통에 매달아 사용한다. 딴 전복이나 소라는 종려로 만든 망부대를 사용하고, 천초를 넣는 부대는 면실로 짜서 만들었다.

전복을 따는 도구를 '이소가네'라고 하는데, 크기가 큰 것은 60cm 정도다. 이를 '오오노미'라고 하며, 작은 것은 40cm 정도인데 '고노미'라고 했다. 시라하마에는 다른 지역과는 달리 아직도 전통 잠수기법을 이용하여 작업한다. 해산물 채취 양을 조절할 뿐 만 아니라, 자원관리를 위해서 고무옷 입는 것도 금지하고 있다. 스쿠버와 구분하기 위해서 오렌지 색 면 옷을 입고 작업을 한다. 스쿠버 방법으로도 소라나 전복을 쉽게 딸 수 있지만, 이처럼 전통적인 어법을 고수한다는 것은 전통을 계승하고 종種의 보호, 곧 자원 고갈을 막기 위해서이다.

5) 쓰시마 이즈하라초嚴原町 쯔쯔[17]

쯔쯔豆酸는 600세대, 인구 1,000명 정도의 마을이다. 쓰시마對馬島에서 아마들이 많기로 유명한 곳이다. 쓰시마 전체에는 물질하는 아마가 250~300명 정도가 있다. 이중 100명이 여성이다. 마가리曲는 원래 여성 아마 만이 있는 곳으로 유명하다. 이곳 마가리 여성들

물질작업을 준비하는 쯔쯔의 남성 아마(2003)

이 물질을 주로 한 이유는 경작지가 전혀 없었기 때문이며, 바다에 의지해서 주로 살기 때문이다. 쓰시마의 최남단에 위치한 곳인 쯔쯔는 반농반어의 특징을 지니고 있으며, 100명의 아마 중 30명 정도가 여성인데, 이들은 물질 작업을 전업으로 하지 않는다. 곧 논이나 밭이 있어서 여성들은 밭 노동에 임하고, 물질작업은 주로 남성들이 했다.

(1) 채취물

잡는 해산물은 전복, 소라, 성게이며 해초로는 천초, 청각, 톳 등이 있다. 톳은 70년부터는 채취하지 않고, 지금은 거의 생산량이 없다.

물질시기의 어업력은 4월 중순에서 9월 말이다. 그러나 6월 한달 간은

---

17) 2003년 2월 7일~2월 11일. 사지키바라(嚴原町, 漁業協同組合 組合長 남, 1939년 생). 곤도 (權燈, 嚴原町, 漁業協同組合 쯔쯔 支所長, 남, 1951년생).

미츠키로 작업하는 쯔쯔의 아마(2003)

전복 산란기이기 때문에 소라든 전복이든 모두 금채한다. 8월 15일은 추석이어서 쉬고 물질이 허용될 정도로 바다가 잔잔할 때는 언제든지 작업을 한다. 보라우니(성게)의 해경은 이사회에서 결정하며, 4월 15일부터 5월 말까지이고, 말똥성게는 7월 1일에서 9월 말까지다(2002년인 경우).

어로기를 살피면, 아카이카(오징어의 일종)인 경우는 9월에서 11월까지, 스루메용(오징어의 일종)은 9월 중순에서 11월 말, 방어는 7월에서 12월, 야루이카는 여름에서 12월까지다. 그리고 봄에 잡히는 오징어는 4월 말 경이 왕성하다. 한겨울인 1, 2월은 물질 작업을 하지 않아서 밭, 논, 산에 가서 일한다.

(2) 물질방법

주로 물질 담당은 남성들에 의해 행해진다. 여성은 물질하지 않고, 간조 시 혹은 구치아께(해경)하는 날, 탐포를 들고 잠수하여 성게나 해초를 뜯는 정도다.

남성은 배를 타고 나가서 나잠으로 작업하며, 1970년대까지는 0.5t에서 0.7t의 생가이 후네를 노 저어가 혼자서 작업했다. 주로 여름기 음력 6월에서 8월말까지 작업한다. 보통 물질 작업시간은 지소에 따라서 다르나, 오전 9시부터 오후 4시까지 작업하며, 점심시간은 특별히 정해져 있지 않다.

(3) 아마 위원회

1949년 이후 쓰시마의 8개 어촌계가 합병되어서, 아마 위원회를 어업조합위원회 내에 두고 있다. 아마 위원회는 물질 작업 날짜와 시간, 가부 등을 결정하며, 자연관리를 담당한다. 1년에 보통 물질 일수는 50일 정도다. 1992년 어업조합에서 소라 전복 총 생산가는 3억, 1991년에는 4억 정도가 되었다.

어업조합 구성에서 어촌계 조합원 자격은 90일 이상 작업을 해야하며, 여성은 법적 효력이 없고 준회원 자격만 가지고 있다. 자격심사위원회가 있어서, 조합원도 어획고가 없으면 준조합원이 된다. 어획고 중 6%는 수수료이고, 1.5%는 자원관리용, 혹은 어업권 행사료로 전부 7.5%가 조합의 몫이고, 나머지는 해녀들이 갖는다.

자원관리로는 크게 넷을 들 수 있는데, 우선 크기제한이다. 직경 3cm 이하의 소라나, 10cm 이하의 전복은 잡지 않는 것으로 나가사키 조합연맹에서 법적으로 지정하고 있다. 그러나 쯔쯔에서는 직경 3.5cm의 소라, 11cm 전복으로 그 크기를 늘려서 그 이하는 채취해서는 안 된다. 그리고 크기제한 뿐 만 아니라, 어획량도 제한한다. 소라는 2만kg, 전복은 1,900kg 정도다. 작업해서 돌아오면 규격이나 양을 조사해서 세 번 이상 어기면 벌금 5만엔, 작업 정지가 7일이다.

쯔쯔는 12개의 자연부락으로 구성되고 조합원 300명 중에서 정조합원이 145명이 있다. 쯔쯔는 아자모 지소와 같이 공동으로 작업하고 있으며, 어업조합장 1인, 부조합장 1인, 회계 1인으로 구성이 되어있다.

(4) 쯔쯔의 아마 사지키바라의 물질 예

사지키바라(嚴原町, 어업협동조합 조합장 남, 1939년 생)는 소학교 3학년 때 처음으로 물질을 했다. 그는 중학교를 졸업하면서 어업에 참고하기 위해 자신의 물질 작업의 이력과 물건들의 가격, 또는 당시에 일어나는 여러 가지 정황을 줄곧 일기로 써왔다.

소학교 3년(1949년 경)에는 소라가 1kg당 5엔(현재 500엔 정도), 전복 20엔(6,000~8,000엔) 정도였다. 중학교 졸업 후 23세까지는 만세기와 같은 고기를 잡고 여름에는 훈도시 하나만을 걸치고 물질작업을 했다. 훈도시를 입을 때는 작업을 오랜 시간 할 수가 없었다. 4시간 작업 후에 1시간 쉬면서, 불에 몸을 데운 후 물질작업을 지속한 것이다. 24세부터는 본격적으로 잠수업에 임했는데, 당시 남성아마는 20명 정도가 있었다.

잠수업은 한 달에 3천엔 정도를 벌었다. 산에서 노동 작업하는 인부의 월 임금이 300~400엔이었고, 공무원 봉급이 1천2백엔 정도인 것에 비하면 훨씬 많은 금액의 돈이었다. 웨토스츠(고무옷)는 26세경(1965)부터 입기 시작했다. 고무옷을 입은 이후 수입은 훨씬 늘어 하루에 1천엔 정도나 되었다. 당시 전복 가격은 아주 올라서 붉은전복(아카)이 6천엔, 검은 전복(구로)이 1천엔 정도 되고, 하루에 소라 전복을 60kg 정도 잡아서 전복이 1만엔, 소라 4천엔 어치 정도를 땄다. 그래서 하루 벌이가 7만엔 정도가 될 때도 있었다. 1960~1966년까지는 오징어잡이로 많은 수익을 올렸다.

물질은 91년(52세) 어업조합의 전무로 오면서 그만두었다. 수온이 올라가면 해초가 줄고, 겨울이 추우면 전복이 많이 잡히고, 겨울이 따뜻하면 소라가 많이 잡힌다고 물질 경험에서 나온 결과적인 말을 한다. 쓰시마의 아마들은 보통 70세가 되면 물질을 그만두는데, 요즘은 물질 작업을 선호하는 젊은이들이 별로 없다고

쯔쯔의 어업조합장 사지키바라씨(2003)

아쉬워한다.

5) 오키나와 이토만의 우민츄[18]

오키나와 이토만系滿에는 여성 아마가 없다. 바다에서 물고기를 낚거나, 잠수하여 고기를 창으로 찔러 잡거나, 혹은 야코가이(야광조개) 등을 채취하는 남성들을 오키나와 방언으로 '우민츄'漁師라고 한다. 대부분 이토만의 어부들은 남태평양 바닷가 먼 곳에 가서 참치나 다랑어 등 물고기를 잡고 여성들인 경우는 가족을 지키고, 잡은 고기를 오키나와 수도首都 슈리首里까지 가서 팔아 경제권을 담당하며 자식 양육을 책임졌다.

전쟁 전에는 목선을 이용하여 시마네현이나 야에야마, 필립핀까지 나가서 작업했는데, 바람이 없을 때는 5~6명 정도가 한배에 타서 노를 저어 작업했다.

잠수 일에 종사하는 사람들인 경우는 3월에서 5월까지 에비(새우), 야코가이, 다카세가이(조개의 일종) 등을 채취하며, 부라이(어랭이류)등의 물고기는 2m 정도의 두 갈래창으로 된 작살 '야리'를 사용하여 찔러서 잡았다. 한 달에 13일 정도는 배를 타고 전등을 이용하여 바다로 나가서 작업하고 아침에 경매를 한다. 이는 주로 돈을 벌 수 있는 새우가 밤에 잡히기 때문이다.

오키나와 우민츄 쓰하코상津波古은 구메지마 출신으로, 어렸을 적에 바다에 가서 놀면서 잠수하는 것을 배웠고, 17살에 이토만에 오면서 본격적으로 잠수일을 했다.

고무옷이 생기기[19] 전에는 주로 훈도시 하나 만을 걸치고 작업했으나

---

18) 자료조사 시기 : 2003년 8월 14일~8월 17일. 제보자 : 긴죠씨(金城宏 남) 이토만 어업조합장, 쓰하코씨(津波古 남, 1938년생) 漁師.
19) 白浜町, 『しらはまの 漁業』(白浜町農水産課, 2002).

고무옷이 생긴 후부터는 고무 옷을 입어 작업했다. 과거에는 잠수작업으로 야코가이, 다카세가이 등을 잡아 화장품, 집장식, 단추에 이용하여 많은 돈이 되었다. 지금은 잠수작업으로는 생활이 되지 않는다고 한다.

위에서 논의된 아마의 종류, 해산물, 작업도구를 표로 나타내면 다음과 같다.

〈표 1〉 물질방법에 따른 아마의 분류

작업도구와 명칭	가네자키(鐘崎)	스가지마(菅島)	미사키초(三崎町)	시라하마마치(白浜町)
직접 나감	오케아마 (가타아마)	가치도(물가에서 직접 나가거나, 일정 지역까지 배로)	다루아마시(樽海士), 뵤우단	오카아마(岡海女), 나다아마
배를 이용	쵸우아마 – 도모우지 – 히키자오(장대)사용	후나도 – 토마에 – 이사츠나(생명줄)와 히키자오 사용	분동(分銅) 아마시(구리아게) – 가치코 – 이노치츠나(생명줄)사용	후나아마(舟海女)가 도움
기타	분동을 잡고 물 속으로, 한 배에 1, 2인이 같이	상군을 오가츠키, 하군을 안샤레라고 함, 오모리를 잡고 물속으로	둥근 발포스티로폼 사용, 분동을 잡고 물 속으로 들어감	다루 사용, 분동을 잡고 물속으로

<표 1>에서 보는 것처럼 아마의 물질 작업 방법이나 도구 사용에 따른 아마의 종류는 두 가지로 대별되고 있다. 오케나 다루를 사용하여, 직접 해변에서 헤엄쳐나가 작업하거나, 배를 타고 일정지역 까지 나가서 작업하는 경우를 오케아마, 혹은 오카아마라고 부른다. 그리고 배를 이용하여 센도, 도모우지, 토마에, 가치코 등으로 불리는 사람이 배 위에서 히키자오, 이사츠나를 이용하여 끌어올리는 등의 도움으로 물질하는 것을 후나도 혹은 후나아마, 쵸우아마라고 한다.

〈표 2〉 해산물의 종류와 채취시기

해산물의 종류와 채취시기	가네자키 (鐘崎)	스가지마 (菅島)	미사키초 (三崎町)	시라하마마치 (白浜町)	ㅉㅉㅉ (豆酸)
와카메 (미역)	2월 15일부터 4월 30일	3월 1일부터 4월, 천연미역은 3월 1일부터 5월			
아와비 (전복)	5월에서 8월(금년 6월 1일부터 전면 해금, 2일은 출어하면 2일금)	7월 15일부터 9월 15일	4월 15일 해경 (海警) – 10월말까지	5월 1일부터 8월 초순	4월 중순~9월까지(6월과 8월 추석 금)
사자에 (소라)	"	7월 15일부터 9월 15일	"	5월 한달과 8월 1일부터 9월초	"
우니 (성게)	검은 성게 4월 18일 –5월 1일, 성게 7월 상순	7월 12일	검은 성게 1월 7일부터 3월 11일, 성게 7월 12일 해경		7월 1일에서 9월 말
보라성게	붉은 성게 8월 11일, 12일(2일간)	"	8월 1일 해경		이사회 결정, 4월 15일에서 5월 말
텡구사 (천초)		6월 중순	5월 30일 해경	5월 1일부터 9월 초순	
히지키 (톳)		4월말에서 5월말	4월 5일 해경		
노리(김)		11월에서 4월중순	4월 5일 해경		
해삼	12월 10일부터 12월 30일 중(20일간)	11월 20일에서 1월까지	1월 7일에서 3월 11일		
도코부시 (오분자기)			4월 15일부터 10월15일	5월 1일부터 8월 중순	
기타	오키노시마 출가물질 7월 1일부터 7월 31일, 9월 1일부터 9월 30일	아라메(대황)은 5월말에서 6월말까지 2~3회	10월 15일 물질 종료, 3월 11일 월동 조업 중지	물질 작업 기간 5월 1일부터 9월 10일	4월 중순부터 9월말 작업

<표 2>에서 살핀 바와 같이 어획물의 종류마다 시기가 결정되어 있고,

대부분의 지역이 거의 비슷한 시기에 채취되고 있음을 볼 수 있다. 대부분 어업 조합이 그 채취시기와 구치아케(해경) 날짜를 지정한다. 해산물 중 전복과 소라가 가장 많이 잡히고 있으며, 그 다음은 성게이며 해조류로는 천초와 톳, 김이다.

〈표 3〉 작업도구와 명칭

물질 방법에 따른 분류	가네자키(鐘崎)	스가지마(菅島)	미사키초(三崎町)	시라하마마치 (白浜町)
전복따는 도구 (빗창)	아와비가네	이소가네, 이소노미	아와비가네, 아와비 오코시	이소가네, 오노미, 고 노미
망부대(망시리)	아와비부쿠로, 사자 에부쿠로	스가리	테고	타마리, 스가리
해녀복(전통)	이소쥬방, 이소베꼬	이소기(이소샤츠, 이 소나카네)	훈도시, 안다	이소쥬방, 이소기 오 렌지색 목면 상의
머릿수건	아다마가부리	이소데누키, 우시로 하치마키	데누구이가부리	이소데누구이
물안경	후다츠메가네, 히도 츠메가네	데사구리, 메쿠라사 가시	메가네	메가네
짚고 물질하는 도구(테왁)	오케	이소오케, 이소츠보, 탐포	우키다루	오케

<표 3>처럼 각 지역마다 작업도구의 사용과 명칭이 약간씩 다르다. 자원 관리를 위해서 스가지마는 물안경을 사용하지 않고, 시라하마마치는 고무옷도 제한하고 있다. 특히 오케, 우키, 다루의 모양도 다른데, 그들은 전통의 오케를 간편하게 변용하여 우키나 다루, 그리고 발포스티로폼을 이용하고 있다.

3. 해신신앙과 축제

1) 이시카와현 헤구라지마의 해신신앙[20]

헤구라지마舳倉島는 일본 노토반도能島半島 가까이에 있는 섬으로 이시카와현石川縣에 속해있는 와지마시輪島市에서 약 50km 정도 떨어진 곳에 위치한 섬이다. 쇼와 43년(1968)에 노토반도국정공원能半島國定公園으로 지정되어 보존되고 있다. 이곳에는 여성 아마가 90~100명이 있다. 그녀들의 나이는 17세에서 87세 까지 물질 작업에 임하고 있으며, 13인의 여성 아마가 후쿠오카현福岡縣 겐까이초玄海町 가네자키鐘崎에서 350년 전에 건너왔다는 설이 있다.

이 섬에는 와지마시輪島市의 아마마치海士町의 주민이 6월 경에 섬으로 건너와 가을 중순까지(10월) 전복과 소라, 해초 등을 채취하는 잠수작업이 행했는데, 이를 시마와다리島渡リ라고 한다. 이 섬에 연고를 둔 아마마치海士町 사람들은 헤구라지마에 건너와 집을 지어 살다가 10월 15일부터 20일 사이에 다시 와지마시 아마마치로 돌아온다. 이곳 아마들도 출가물질의 경험이 있으며 한편, 온 식구가 배 위에서 거주하면서 배를 타고 해변을 돌아다니며, 일정지역에 배를 대고서 여성들은 마을로 들어가 행상을 하여 물건을 파는 나타마와리灘回リ를 행하기도 했다.

배 위에서 숙식을 하면서 생활을 영위하고, 배를 이용하여 고기를 잡으며, 주로 어업을 하는 관계로 신앙의식이 강하다. 그래서 섬 주변에는 일곱 개의 해신진자海神神社가 쭉 늘어져 있다. 각 신사에는 조별組別로 나누어 참배하고 관리하고 있는데, 헤구라지마에 '시마와다리'를 행할 때는 우선 섬

---

20) 자료조사 : 2003년 8월 4일~8월 7일. 제보자 : 오카도도시하루(大角歳春)씨, 헤구라지마치구장 (區長).

에 도착하면 자신 소관의 진자神社에 들러서 가내의 평안과 번영을 기원하고 다섯되升나 되는 제주祭酒를 마시면서 밤을 세웠다. 이를 고쥬츠이야五十通夜라고 한다. 각 신사의 신적인 성격과 신앙의 특징을 살피면, 생업신인 해신 신앙적 요소가 강한 신들이 거의 집합되고 있음을 볼 수 있다.

(1) 에비스진자

헤구라의 에비스 신사(2003)

에비스惠比須는 일본의 민간신앙에 있어서 생업을 수호하고 복과 이익을 가져다주는 신으로 믿어져왔다.

중세기 이후 칠복신에 포함되고 있으며, 주로 바다와 어업에 관계된 해신으로, 어업 번영을 위해 기원한다.

이 신은 다른 곳에서 이 섬으로 들어와서 복을 주는 외방 신으로 인식되고 있으며, 바다의 고래, 혹은 바다에서 흘러온 사체, 바다에서 주어온 돌인 '어멍'을 호칭하기도 한다. 결국 바다와 관련된 해신으로, 어민들에게 행운을 주는 신이다. 그런데 현재는 농업신, 상업신의 성격을 띠는 경우도 있다고 한다.[21]

각 신사를 소관하고 숭앙하는 단체들이 있는데, 이곳은 에비스조와 오오키타조大北組가 관리하고 있다.

---

21) 大塚民俗學會編, 『日本民俗事典』(東京 : 弘文堂, 1994), 86쪽.

(2) 이세진자

이세伊勢신궁(대신궁)에 대한 신앙으로, 신명神明신앙이라고도 한다. 왕실의 조상신祖上神으로, 일반사람들이 신앙하는 것이 허락되지 않았다가, 헤이안 후기平安後期부터 나타난 신사참배에 따라 신궁에도 참여한다. 이 섬에서는 '야시로사마'라고 불려지고 있는데, 과거에는 오크츠히메진자奥津比女神社와 섬 전체를 관장하는 신인 소우지가미總氏神가 같이 있었다. 오크츠히메진자가 다른 곳으로 이전되고, 여기가 이세신앙의 중심이 되었다.

한때 8월의 예대제例大祭가 아마마치에서 거행되기 전에는 신을 모시는 가마神輿를 보관했었다.

(3) 오크츠히메진자

아마의 선조가 원래 큐슈지방이었다는 유래를 갖는 무나가타의 세여신 중의 하나인 오크츠히메奥津比는 7월 23일 와지마시 가와이마치河井町의 마을 신인 쥬조진자重藏神社의 마츠리에 참여하는데, 이 신이 섬으로부터 건너 갈 때는 바다가 거칠었다가도 잔잔해진다고 믿고 있다.[22]

헤구라지마가 총본산으로, 에도江戸시대의 초기 섬에 있던 이세진자에서 현재지로 옮겨지고, 흔히 '니시노미야', '헤구라곤겐舳倉觀現'이라고도 하며, 다고리히메노미코토田心姫命에게 제사하고 있다. 옆에는 오와타진자大和田神社가 있고, 니시조西組와 오니시조大西組가 관장하고 있다.

(4) 곤삐라진자와 야사카진자

곤삐라진자金比羅神社는 곤삐라金比羅신을 모신 곳으로 항해안전을 기원한다. 그리고 어민들 사이에는 풍어를 기원하는 신이기도 하다. 이러한 해신

---

22) 野村伸一, 앞의 논문(2002), 53쪽.

신앙이 농사의 풍요를 기원하는 신앙으로 전이되어 신전 앞에 씨앗을 바쳐서 풍작을 기원하기도 하고, 수확기에는 첫 추수를 바치기도 한다.

야사카진자八坂神社는 돌을 쌓아 놓은 것으로 방역신防役神이 모셔져있으며 섬사람들의 심신의 건강을 기원하는 곳이다. 헤구라지마에는 돌을 쌓아 놓은 곳을 '게룬'이라고 하는데, 이것은 낮은 섬을 조금이라도 높게 보이도록 하거나, 아마들에게는 전복 채취의 작업장소 표지판 역할로 이용되고 있다. 손을 대거나 돌을 움직여서는 안 된다는 금기 사항이 있다.

(5) 류진이케龍神池와 관음당觀音堂

해신적 역할을 하는 용신龍神에 대한 전설이 있는 연못과, 관음을 모신 곳이다. 전설은 한 중이 이 섬에 왔을 때, 매일 밤에 섬사람들을 관음당에 모셔놓고 설교를 하였다. 어느 날, 젊은 여자가 맨 끝 좌석에 앉아 듣고 있다가 "나는 이 연못에 살고 있는 용입니다. 난파선 닻의 독으로 죽겠습니다. 성불을 하고 싶은데, 도와 주십시요"라고 했다.

다음날 아침 섬사람들이 연못의 물을 퍼내고, 연못 밑에 있는 크고 작은 두 모자母子 용의 뼈들을 추스려다 법장사분원法藏寺分院에 장사지내고, 가까운 바다에 부친父親 용이 살고 있다고 해 제사지냈다고 하는 데서 유래됐다. 이곳은 나카기타조中北組와, 가미기타조上北組가 관리하고 제를 지낸다.

(6) 겐카이초玄海町 가네자키의 해신신앙23)

가네자키鐘崎의 해신신앙은 생업과 아주 밀착되어 있다. 아마들이 타는 배를 '아마부네'라 하는데, 우선 물질을 시작할 때는 빨간색, 하얀색의 인형이나 뱃주인 아내의 머리칼을 바친다. 이것은 선왕신에 대한 의례로 인신공희적인 요소가 짙다.

---

23) 田辺悟, 앞의 책(1990), 605쪽 참조.

아마들은 전복을 많이 잡을 때 에비스惠比須 진자神社에 우선 한 개를 바친다. 전복은 날 것으로도 사용하지만 제례에 쓰일 때에는, 늘려서 말린 노시아와비가 유명하다. 이것을 아이가 태어나거나, 집안에 경사가 생겼을 때 선물하기도 하고, 신에게 바치는 의례용으로 쓰

호도께 가제에 걸리지 않게 하기 위하여 머릿수건에 ★모양의 표시를 하고 다녔다(가네자키 박물관. 2001)

는데, 보존식으로 유용하며 장수長壽와 발전을 상징한다. 하나의 생전복을 늘려서 말리면 노시아와비 2, 3개를 만들 수 있다. 해산물 중 전복, 해삼, 상어지느러미는 가장 귀한 것으로 여겼다.

음력 6월 11일은 시라시마白島의 신이 건너온다고 한다. 이날은 가네자키의 아마들이 반드시 참가하는 '시오가케'를 행한다. 이 제사는 와카마쓰의 바다에 있는 신에 대한 제사인데, 20여 년 전부터 행해졌다.

음력 6월 중순에 '이소자노구치아케'가 행해지지만, 그 전날에 아마와 센토우가 '하마미야사마'에 참여하여 전복과 소라의 공양과 풍어, 해상안전을 기원한다. 의식은 그날 오후에 바다에 나가 아마와 센토 각자가 제각기 큰 돌과 작은 돌을 주워서 그것을 가지고 '하마미야사마' 신전에 받친다.

그후 저녁까지 경내에서 나카마(동아리)들과 각자가 모여서 주연酒宴을 베풀고 공양을 한다. 이 날은 어업회에서도 신주神酒를 내려 돌린다.

구치아케의 전날 비가 와서 실시되지 못하는 날은 구치아케 후의 '시케'의 날 등에 행하는 경우도 있고, 해마다 한번은 반드시 행한다. 그 덕분에 바다에서 죽은 아마는 없다고 여긴다.

가네자키의 아마는 잠수하는 기간에 '호도케가제'에 걸리는 것을 두려

시라하마 아마마츠리 시연 장면(2001)

위한다. 호도케가제라고 하는 것은 진짜 감기에 걸린 것은 아닌 데도 고열
이 나는 상태다. 이 병에 걸리면 일할 기력이 없기 때문에 물질작업을 하
는 것은 불가능하다. 그 원인은 바다 밑에서 떠오르지 못한 연고緣故 없는
영혼에 잡힌 거라고 말한다.

　이 호도께가제를 물리치는 방법으로는 '미즈세가키'를 행한다. 미즈세가
키를 행하는 방법은 작은 통에 한 되 혹은 두되 정도 끓여서 가득 채우고
그 가운데에 차 잎을 넣어 거기에다가 자신의 연령의 수만큼 쌀을 넣는다.
아무도 모르게 그 통을 물가로 가지고 가서 직접 혼자서 한다. 물가에 이
르러서는 숨을 세 번 통속에 불어넣은 후 바다로 띄워보낸다. 그 때 향을
한 묶음 가지고 가서 피우는 데, 이 날 날이 잘 저물면 호도케가제가 낫는
다고 전한다. 만약 호도케가제가 심할 경우에는 미즈세가키를 2일간 계속
해서 행한다.

3) 시라하마마치 아마축제[24]

일본 지바현 안보우군安房郡 시라하마마치白浜町에서는 매년 7월 20일과 21일에 아마축제가 열린다. 37회를 맞이하는 축제는 주로 아마들의 문화와 삶의 현장을 보여주며, 신명과 오락, 집단과 협동적인 특성을 지니고 있었다.

특히 축제의 중심이 된 것은 민요이다.

1956년 7월에 신민요新民謠 '시라하마온도白浜音頭'를 발표하고, 이 민요 '시라하마온도'를 춤곡화해 봉오도리盆踊를 추면서 전국 각지로 전해지게 되었다. 민요의 유행에 발맞추어 지바현 시라하마마치 관광협회에서는 성

민요 '시라하마온도'를 기념하는 상징탑(2001)

---

24) 第39回, 白浜海女まつり進行臺本, 白浜海女まつり實行委員會(平成15年度), 8~10쪽, 자료조사 : 2000년 7월 20일~24일.

대하게 '시라하마 오봉축제'를 기획했던 것이 그 기원이다. 그런데 쇼와昭
和 42년 주로 마을의 부인회 아마들이 참여하면서, 하얀 '이소쥬반磯着'이
라고 하는 해녀복을 입고 출연한 후부터 축제의 명칭도 자연스레 '시라하
마 아마마츠리'로 바뀌었다.

　행사 프로그램은 양일 간 동일하게 꾸며졌다. 공연 유형은 무대공연으로
중국 잡기단 특별 야외공연, 향토 예능쇼, 엔가가수의 가요쇼가 공연된다.
광장에서는 풍어를 위한 떡 던지기, 시라하마 온도 교실, 시라하마 총오도
리, 용신의 춤(뱀춤)이 있다. 한편 서편항구 현장에서는 구난 구조 개犬의 시
연, 쿠로시오를 헤엄치는 아마의 대야영大夜泳, 불꽃놀이가 진행된다.

　떡을 바다에 던지는 의식의 상징성은 해녀들의 조업안전操業安全과 대어
大漁, 풍어豊漁를 기원하기 위한 것이다.

　출연자는 주로 주민과 관객이 중심이 되는데, 시라하마쵸 부인회의 춤
공연과 시라하마마치 체육협회 야구부 청년들이 이츠크시마진자嚴島神社의
에비스惠比須 해신을 싣고 가마를 매어 마을을 순회하러 떠난다. 이윽고 관
객들에게 노래와 춤을 가르치는 '시라하마온도교실'을 행한 후 기모노를
입은 마을 부녀자들과 참석자 모두가 무대를 돌면서 배운 춤을 음악에 맞
추어서 추는 '시라하마 총오도리'가 있다.

쿠로시오해류를 배경으로 활약하는 아마들의 대야영 모습(2001년 팸플릿 자료)

가장 중요한 종목이면서도 참여자들에게 큰 감동을 주는 것은 시라하마마치 어협漁協 부인회가 공연하는 '쿠로시오黑潮해류를 배경으로 활약하는 해녀들의 대야영大夜泳'이다. 100여 명 되는 해녀들이 하얀 전통의 아마복장을 하고 소리 없는 밤바다에 다이마쓰松明라는 횃불을 들고 큰 두개의 원을 만들면서 야영하는 장면은 마치 물에 뜬 두개의 달이 움직이는 것처럼 보여 밤 축제의 절정이다. 바다에서 의식을 잃어 쓰러진 동료를 찾으러 가면서 무사함을 비는 동료애를 강하게 반영하고 있는데, 보는 사람들을 감동시킨다.

물과 인간과 불이 조화를 이루게 되어 참석자들은 말로 형용할 수 없는 의례적 엄숙함과 진지함에 전율을 느끼게 된다.

에비스 신은 용의 형상을 하고, 여기저기 축제장을 다니면서 위용을 자랑하고 그 뒤 폭죽 행렬이 뒤따라 구경꾼들의 정서를 자극한다. 떡 던지기 역시 용신龍神에 바치는 재물이라 할 수 있다. 이처럼 신과 인간 자연이 무대를 중심으로 신성한 공간에서 하나가 된 셈이다.

축제의 기획과 추진은 주로 시라하마마치 관광협회와 기획관광과가 맡는다. 축제비용은 관에서 보조하면 주로 사업자나 호텔, 관광업자들의 후원금에서 처러진다. 이 축제에는 관동, 동경지역에서 많은 사람이 모이는데, 하루 저녁 관람자만도 2만명에 달했다. 관람객 중에서 관광객과 현지 주민의 비율은 8 : 2정도로 관광인프라에도 한 몫을 담당하고 있다. 인터넷과 언론을 통한 적극적인 홍보, 아마 축제배祝祭가요제,

아마카시라가 미카즈키진자에 전복을 비치는 장면(2002)

특산 음식물 제공 서비스 등 다양한 재미거리를 보여 준다.

4) 시마반도志摩半島 스가지마菅島 시롱고마츠리

시롱고마츠리 장면(2002)

시롱고 축제는 매년 7월 11일에 아름다운 시롱고 해변에서 행해진다. 시롱고 해변은 쿠로시오와 이세만의 급류가 합해져 물살이 세고 거칠다. 오사카에서 이세신궁에 바쳐지는 쌀을 실은 배가 난파되는 것을 막기 위해 소나무가 많은 이곳에 등대를 세운 것을 기념하고, 또한 대어大漁와 해상안전海上安全을 기원하는 시라하게진자白髪神社의 제사는 유명하다.

축제의 바다는 잔잔하고 뜨거운 여름날의 해변이다. 뿔각고동 소리를 신호로 '이소오케'를 들고 바다로 뛰어들어 전복을 따 진자에 바치는 의식이 축제의 중심이라 할 수 있다. 바칠 전복을 따는 장소인 시롱고 해변은 신성시해 일년 내내 금한다. 29명의 아마 중에서 구로黑 전복과 아카赤 전복을 가장 먼저 딴 해녀가 무게를 단 후 하얀 이소기를 입은 체 진자로 가서 바치고, 그 해의 '아마카시라'라는 영광을 얻게된다.

이처럼 전복을 바치는 해녀들의 신앙은 우리나라와 관계가 깊은 것으로 보고 있다. 일본의 응신應神천왕 때 고려로부터 오이소大磯에 표착한 고려왕 약광若光에게 일본의 아마가 전복을 바치던 의식이 전해지고, 그 이후 지금까지 여름의 제례(7월 18일)에는 신에게 전복을 바치던 것이 기원이 되었다. 그래서 전복이 없으면 제사가 이루어지지 않아 반드시 잡아서 봉납하도록 하고 이 전복을 '고쿠마루'御供丸라고 했다.25) 이것은 음력 6월 1일 미카즈키 진자에서 이세신궁에 노시아와비26)를 바치던 전통의식을 본 딴 것으로, 다른 섬에서는 모두 사라지고 이 섬에만 남아있다.

아마들의 조업이 시작되면 풍요 깃발을 단 배들의 해상 퍼레이드가 장관이다. 마치 온 섬이 순간적으로 들끓는 것 같다. 전통의 이소기를 입고 아마 컨테스트를 하여 퀸을 뽑고, 노래에 맞추어 춤을 춘다. 신성한 영역에서 딴 전복, 소라, 굴 등이 관광객들에 의해 순식간에 판매되었다.

올해 전복을 바쳐 한해동안 숭앙되고 존경받는 '아마카시라'는 미모가 뛰어난 기노시타가츠요씨木下克代, 여, 45)다. 가츠요씨는 '오카시라'로 상군 아마인데, 남편 기노시타테이씨남, 51)와 시어머니와 함께 물질을 한다. 아마사회에서 오케와 전복따는 노미, 전통 잠수복은 가장 중요한 물품이기 때문에 혼수품으로 꼭 지참을 했다. 이 물질 도구는 개인적으로 지정되어 있어서 공용이 불가능하다. 남편은 어업조합의 전무이면서도 어부일을 하는 아마시海士이다.

이토만의 하리장면(2002년 팸플릿 자료)

25) 田辺悟, 앞의 책(1990), 113쪽.
26) '전복을 길게 잘라서 말린 것'을 말한다.

땅과 물의 경계를 넘는 삶은 '마요께'라는 부적을 만들어서 집대문 앞에 걸어 놓는다. 하얀 머리수건이나 빗창에 별 혹은 사선 표시를 하여 마魔를 물리친다고 여겼고 태양과 달, 구름, 하늘, 산을 상징하는 색깔의 종이를 잘라서 나뭇가지에 끼워 일년 동안 처마 아래 꽂아 무사 안녕을 기원했다.

(1) 오키나와沖繩縣 이토만의 하리[27]

이토만系滿에서는 매해 음력 5월 4일 이토만系滿어항 안에서 바다의 혜택에 감사하고 해상안전을 기원하는 배경주, '하리競漕'가 열린다. 사바니 어선을 장식하고 달리면 마치 용이 바다를 헤엄치는 것과 같다고 한다.

이 축제는 450년 혹은 580년 정도 되었다고 할 정도로 오랜 역사와 전통을 자랑하고 있다. 이토만의 하리는 현내에서는 '하리'라고 하지만 이토만에서는 '하레'라 하고 있다. 이 하리 경주는 배경주의 축제적 성격만이 있는 것이 아니라, 해신에 대한 제의적 성격이 더 강하다.

우선 하리의 개막식은 일주일 전에 항구가 내려다 보이는 산덴모山嶺毛에서 징을 쳐 울려 하리 경주의 시기가 왔음을 알리고, 5월 4일 당일에는 아침에 신직神職을 맡은 남산南山과 이토만의 노로 및, 네가미根神, 이토만의 문중 대표 그리고 하리 경주에 참가하는 니시무라西村, 나카무라中村, 가미지마神島의 대표자들이 모여서 제사를 지낸 후 하리 경주를 시작한다.

이긴 순서대로 조상신氏神이 있는 백은당白銀堂에 승리를 알리고, 풍어와 안전 조업에 감사한다. 그리고 한해의 항해안전과 풍어를 기원하고 마지막으로 원을 만들어 춤을 추면서 하리우타를 바친다.

부속행사로 전복轉覆하레, 각 부락에서 아주 노를 잘 젓는 건장한 남성들을 뽑아서 2,150m의 거리를 경주해서 겨루는 우에이바레와, 중고생 청년

---

27) 자료조사 : 2003년 8월 14일, 15일. 이토만 어협조합장 긴죠씨(金城宏, 남66), 우민츄(漁師), 쓰하코씨(津波古, 남, 1938)

단체, 각 단체의 경주, 헤엄쳐 다니는 오리잡기 등이 행해진다.

하리가 행해진 다음 날인 5월 5일에는 바다에서 죽은 사람들이 해상에서 하레를 한다고 믿어져왔다. 이것을 '구소바레'라고 부르는데, 전해오는 말에 따르면 하리가 치러진 다음날은 바다에 고기잡이를 나가지 않는데도 바다에서 배 젓는 소리와 함께 사람들의 소리가 들렸다고 한다. 그래서 이토만에서는 하리 경주 다음날은 고기잡이를 하지 않는다는 관습이 있다.[28]

4. 나오며

이 글은 해양문명사에서 제주해녀의 위상을 추적하기 위한 연구의 일환으로 일본의 아마에 대한 현지조사 결과를 채취물 종류와 작업 방법 및 신앙과 축제를 중심으로 정리하였다.

일본에서는 특별한 도구 없이 바다에 잠수하여 해산물을 채취하는 나잠업자를 '아마'(海女, 海士)라고 하고 있다. 일본 아마에 대한 표기에는 해인海人, 해녀海女, 해사海士, 어인漁人, 잠녀潛女, 수인水人, 백수랑白水郎 등이 있다. 또 『삼국지三國志』 위지魏志 동이전東夷傳 왜인조倭人條에 아마에 대한 기록이 있다. 지바현千葉縣 보소반도房總半島 시라하마마치白浜町 천평天平 17년年(745) 10월 목간木簡의 발굴로, 나라奈良시대에 보소房總의 남단에서 마른 전복을 6근(3.6kg)을 조세租稅로 바쳤다는 사실을 알 수 있다.

일본은 각 지역마다 남성 혹은 여성이 작업에 참여하는 것이 다르고, 각 지역마다 아마의 민속적 특징을 가지고 있다.

겐까이초玄海町 가네자키鐘崎 여성아마는 일본 아마의 원조라고 일컬어지

---

28) 系滿はーれー行事委員會, いとまんはーれー, 2002年 6月 14日 팸플릿.

고 있으며, 아마의 고향이라고 할 정도로 전통어법이 남아있는 곳인데, 이들은 대마난류를 따라 쓰시마對馬島, 이키壹岐, 고토열도五島列島, 와지마輪島까지 가서 물질했다. 고무옷이 생기면서부터는 여성보다 남성들이 주로 작업하고, 채취하는 해산물은 소라, 전복, 성게가 주를 이룬다. 어업 조합의 조업 규칙은 아마들 전원에 의해서 결정되고 지켜지고 있다. 배를 이용하여 '도모오지'의 도움을 받으면서 작업하는 해녀를 '쵸우아마'라하고, 오케를 사용하여, 직접 바다로 나가 작업하는 아마를 '오케아마', '가타아마'라고 한다.

시마반도志摩半島 도바시島羽市 스가지마菅島는 반농반어의 생업을 영위해 가는 섬으로 여성 아마들이 주를 이루고, 전복, 소라, 성게, 해삼 등의 어패류와 천초, 미역, 톳, 김 등을 채취한다. 아마를 '이소도'라고 부르며, 가까운 바다로 '이소츠보'를 짚고 헤엄쳐 나가 작업하는 '가치도'와 배를 타고 나가 '토마에'의 도움으로 '이사츠나'나 '히키자오'를 이용하여 작업하는 '후나도'가 있다.

에히메현愛媛縣 사와다미사키佐田岬반도에 위치하고 있는 미사키초三崎町는 '아마시'라는 남성아마가 있는 곳으로 유명하다. 아마시들은 전복이나 소라, 오분자기, 성게 등을 채취하는데, 어협의 아마시조합은 어장관리와 조업일자 등을 지정하고 있다. 아마시는 작업 방법에 따라 '구리아게'라고 하는 '분동아마시'와 '보우단'라고 하는 '다루아마시'로 나뉜다. '가치코'가 배 위에서 '이노치즈나'를 이용하여 아마시 작업을 주로 돕는다.

일본 지바현 보소반도房總半島에 위치한 안보우군安房郡 시라하마마치白浜町는 전복, 소라, 오분자기인 패류를 주로 하는 아와비(전복)鮑아마와 천초 작업을 주로 하는 천초天草아마로 나뉜다. 여성이 300명, 남성이 37명으로 단연 여성이 숫자적으로 우세하다. 물가 쪽에서 수영해가서 작업하는 '오카아마'를 '나다아마'라 부르기도 하고, 배를 이용해서 작업하는 '후나아마'

가 있다. 배의 선장舵子이 장대를 이용하여 작업을 돕는다. 자원관리를 위해서 고무옷 입는 것을 금지하고 오렌지 색 면 옷을 입고한다.

쓰시마對馬島 이즈하라초嚴原町 쯔쯔豆酸는 100명의 아마 중 30명 정도가 여성이고, 나머지는 남성이다. 해산물은 전복, 성게, 소라이고 해초로는 천초, 청각, 톳 등이 있다. 여성은 해초를 뜯고 물질작업은 주로 남성들로, 배를 노저어가서 혼자서 작업한다.

오키나와沖繩縣 이토만系滿의 어사漁師인 우민츄는 남성들로 창으로 고기를 찔러 잡거나 잠수하여 야코가이, 새우 등을 잡는다.

아마들이 숭앙하는 신앙과 그 의례의 대표적인 예들을 보면 다음과 같다.

이시카와현石川縣 헤구라지마舳倉島는 배 위에서 숙식하면서 생활을 영위하고, 배를 이용하여 고기를 잡을 뿐 만 아니라, 잠수업으로 삶을 꾸려가므로 일곱 개의 해신진자가 있다. 마을의 각 조별로 관할 지역을 지정하여 관리하고 신앙한다. 대부분 그 성격은 생업을 수호하고 복과 이익을 가져다 주는 해신적 성격이 강하다.

후쿠오카현福岡縣 겐까이초玄海町 가네자키鐘崎에는 배 선왕에 대한 의식이 있으며, 구치아께解禁 바로 전날, 아마가 '하마미야진자'에 참가하여 돌을 바치면서 풍어와 해상안전을 기원한다. 그리고 바다에서 죽은 연고 없는 영혼인 '호도께가제'를 물리치는 주술적인 의식으로 '미즈세가키'를 행한다.

안보우군安房郡 시라하마마치白浜町의 해녀축제는 아마들의 문화와 삶의 현장을 신명과 오락, 집단과 협동성을 통해 잘 보여주고 있다. '이츠크시마진자'의 해신을 가마에 싣고, 온 마을을 순회하며 신을 놀린다. 그리고 '시라하마온도' 교실을 행하고 노래에 맞춰 오도리를 춘다. 아마들이 전통 잠수복인 '이소기'를 입고서 바다에서 횃불을 들고 대야영大夜泳을 벌이는데 이는 바다에서 의식을 잃은 동료를 찾으러 가는 모의적 상징성을 지닌 행위이다.

도바시島羽市 시마반도志摩半島 스가지마菅島 시롱고마츠리는 이소오케를 들고 바다에 뛰어들어 전복을 따서 진자神社에 바치는 신앙의례가 축제의 중심이다. '미카즈키 진자'에서 이세신궁에 '노시아와비'를 바치던 전통의 식을 본 딴 것으로, 이 섬에 만 남아있다.

오키나와沖繩縣 이토만系滿에는 '하리'라는 배경주가 열리는데, 해신에 대한 제의적 성격이 강하다.

일본의 해신 신앙과 축제는 상당히 밀접한 관련을 가지고 있음을 볼 수 있다. 곧 축제는 그들의 생활과 깊은 연관을 가지고 있으며, 오랜 전통을 현재적 삶에서 해석한 것이다. 의례를 바탕으로 이루어진 축제, 곧 생업과 놀이, 신앙이 하나가 되어있다.

일본 아마의 잠수실태와 특성

권상철 · 정광중

1. 들어가며

우리는 흔히 해녀海女(潛嫂)하면 당연히 제주도를 떠올린다.

그만큼 제주도의 해녀는 잠수어업의 대명사이자, 전통어업의 영위자로서 이미 우리들의 뇌리 속에 각인되어 있다. 그렇기에 많은 연구자들은 그동안 해녀들의 잠수실태와 특성, 생활과 문화, 도구와 기술, 출가물질, 여성직업으로서의 잠수업, 해녀민속과 민요 등 다양한 관점에서 연구를 진행해 왔다.

이와 같은 해녀에 대한 다각적인 연구는 국내 다른 농어촌 지역의 농·어업에 종사하는 여성들과 비교할 때, 매우 특이한 신체적 활동과 더불어 그들이 영위하는 가정 경제적 생활이나 또는 문화적 특이성을 소유하고 있다는 대전제가 배경에 깔려 있기 때문이다.

이러한 배경을 토대로 하여, 그 동안 행해진 국내외의 주요 연구를 보면 일제 강점기에 행해진 마스다 이치지桝田一二[1]를 비롯하여 강대원,[2] 김영

돈,3) 조혜정,4) 김영돈・김범국・서경림,5) 한림화・김수남,6) 권귀숙,7) 김
은희,8) 안미정,9) 이선애李善愛,10) 다카노후미오高野史男,11) 더 나아가 좌혜
경12)과 한창훈13) 등의 연구에 주목할 수 있다. 이들의 연구성과는 본 연구
의 진행과정에서 직접적으로 인용하지는 않았지만, 해녀들의 잠수특성, 생
활경제 및 민속문화 등 해녀집단과 관련된 소중한 정보와 더불어 기초적인
지식을 얻는데 많은 도움이 되었다. 또한, 이미 오래 전에 본 연구와 같은
대상지역을 바탕으로 행해진 세가와기요코瀨川淸子,14) 이시카와현립향토자
료관石川縣立郷土資料館15) 및 타나베사토르田辺悟16)의 연구 등도 현재와 과거

1) 桝田一二, 「濟州島海女」, 桝田一二地理學論文集刊行會 編, 『桝田一二地理學論文集』(弘
   詢社(日本 : 東京), 1976), 67~85쪽(원래, 이 논문은 1934년 오츠카지리학논문집(大塚地理
   學論文集) 제2집에 「濟州島海女の地誌學的研究」라는 제목으로 발표된 것이다).
2) 康大元, 『海女研究』(韓進文化社, 1973).
3) 김영돈, 『한국의 해녀』(민속원, 1999).
4) ① 조혜정, 「근대화에 따른 성 역할 구조의 변화 : 제주도 해녀 마을을 중심으로」, 『여성연
   구』 제5집(1987), 9~139쪽. ② 조혜정, 「제주 잠녀의 성 체계와 근대화」, 전경수 편, 『한국어
   촌의 저발전과 적응』(집문당, 1992), 63~112쪽.
5) 金榮敦・金範國・徐庚林, 「海女調査研究」, 『耽羅文化』 第5號(1986), 145~268쪽.
6) 한림화・김수남, 『제주바다 : 潛嫂의 四季』(한길사, 1987).
7) 권귀숙, 「제주해녀의 신화와 실체 : 조혜정 교수의 해녀론을 중심으로」, 『한국사회학』 제30
   집 봄호(1996), 227~258쪽.
8) 金恩希, 「濟州潛嫂의 生活史 事例研究를 中心으로」(高麗大學校 碩士學位論文, 1993).
9) 安美貞, 「제주해녀에 대한 이미지와 사회적 정체성」(濟州大學校 碩士學位論文, 1997)(본
   논문은 『제주도연구』의 제15집(153~193쪽)에도 실려 있다).
10) 李善愛, 『海を越える濟州島の海女. 海の資源をめぐる女のたたかい』明石書店(日本 : 東
    京, 2001).
11) 高野史男, 「衰退する海女漁業」, 『韓國 濟州島 日韓をむすぶ東ジナ海の要石』(中央公論
    社, 1996), 118~133쪽(본 연구는 이미 정광중이 한글로 번역하여 소개하였다. 정광중, 「쇠퇴
    하는 해녀어업에 대하여」, 『濟州島史研究』 第11輯, 2002, 47~58쪽).
12) 좌혜경, 「해녀민속과 해녀들의 민요」, 『한국・제주・오키나와 민요와 민속론』(푸른사상,
    2000), 201~252쪽.
13) 한창훈, 「제주도 잠수(潛嫂)들의 생활과 민요」, 『耽羅文化』 第20號(1999), 145~161쪽(아울
    러, 본 연구는 한창훈이 저술한 『시가와 시사교육의 탐구』(印)에도 수록되어 있다).
14) 瀨川淸子, 『海女(あま)』(未來社(日本: 東京), 1970).
15) 石川縣立郷土資料館編, 「海士町・舳倉島」(1975), 331~472쪽; 谷川健一編, 『海女と海
    士』, 『日本民俗文化資料集成』 第四卷(三一書房(日本 : 東京), 1990).

의 시점에서 변화과정을 이해하고 비교하는데 큰 도움이 되었다.

본 연구의 목적은 제주도 해녀의 특성과 해녀문화를 총체적으로 이해하기 위한 작업의 일환으로서, 지리적으로 인접한 일본지역의 아마(あま[海女] -제주도의 해녀처럼 잠수일을 주업으로 하는 여성)를 대상으로 하여 아마들의 잠수실태와 그 특성을 검토·분석하는데 있다. 나아가, 이 연구의 배경에는 제주도의 해녀와 일본 아마와의 유사점과 상이점을 발견해냄으로써, 궁극적으로는 똑같은 해녀집단의 사회적인 의미와 존재의 배경, 나아가 국경을 초월한 해녀문화의 지역적 차이 등을 구명하는 기초자료로 활용할 수 있다는 기대가 숨어있다.

이상과 같은 연구목적과 배경 하에서, 쿠로시오 해류를 따라 제주도로부터 선조들이 이동한 것으로 알려져 있는 일본의 이시카와현石川縣 와지마시輪島市 아마마치海士町와 헤구라지마舳倉島의 아마를 연구대상으로 삼고, 2002년 8월 23~30일까지 현지조사를 진행하였다. 본 연구의 결과는 당시의 조사내용을 바탕으로 행해진 것임을 밝혀두고자 한다.

일본에서는 해녀를 '아마あま[海女]'라고 발음한다. 따라서, 본 연구에서도 현지에서 부르는 표현을 존중하여 '아마海女'라는 용어를 사용하고자 한다. 그리고 비교과정에서 제주도의 해녀를 언급해야 하는 경우에는 제주도에서 많이 사용하는 '해녀'를 그대로 사용하여, 일본의 아마와는 구분하고자 한다. 물론, 이점도 제주도 현지에서 사용하는 표현을 존중하기 위해서이다.

그런데 한 가지 주목해야 할 점은 대개 일본에서 '아마'라고 하면 여성뿐만 아니라 잠수일을 하는 남자의 경우도 똑같은 발음으로 '아마'라고 하며, 한자어의 표기에서는 '해사海士(あま)'라고 구분하여 쓴다. 따라서 남성

16) 田辺悟, 『日本蜑人傳統の硏究』(法政大學出版局(日本 : 東京), 1990).

잠수를 표기해야 하는 경우에는 부득이 '해사海士(海男)'란 용어로 대체하여 사용하려고 한다. 이것까지도 현지의 표현을 존중하여 사용하게 되면, 여성 잠수와 혼동이 일어날 수 있다고 생각했기 때문이다. 더불어, 본고의 연구대상 지역에서는 여성 잠수인 아마들이 주로 활동하고 있기 때문에, 논의의 전개도 여성의 아마에 초점을 맞추어 행하였다. 그러므로, 상대적으로 남성 잠수인 해사와 관련되는 내용분석은 아주 미미하다는 사실을 덧붙여 두고자 한다.

2. 아마마치와 헤구라지마의 환경적 특성

1) 지리적 환경

이시카와현石川縣은 일본 47개 도도부현都道府縣 중의 하나로서 일본 국내의 지역구분 상으로는 중부中部지방에 속한다. 즉, 이시카와현은 일본열도의 가장 큰 섬인 혼슈本州의 대략 중간지점에 위치하며 니가타현新潟縣, 도야마현富山縣과 후쿠이현福井縣 등과 같이 동해(일본해)쪽에 면해 있다.

이시카와현은 동해(일본해)쪽으로 튀어나온 노토반도能登半島를 끼고 있는데, 이 노토반도의 북쪽해안에 인구 약 27,000명 내외의 와지마시輪島市라는 지방도시가 자리잡고 있다. 원래 와지마시라고 하면, 일본 국내에서도 둘째라면 서러워 할 정도의 칠기漆器생산으로 유명한 곳이다<그림 1>.

와지마시는 크게 와지마輪島지구를 비롯하여 오야大屋, 가와하라다河原田, 미즈이三井지구 등 8개의 지구로 나뉘며 다시 와지마지구는 6개의 소지구로 나뉜다. 이 6개의 소지구 중에는 아마마치海士町와 헤구라지마舳倉島가 속해 있는데, 본고에서 다루려는 해녀들은 바로 이들 두 소지구에[17) 거주

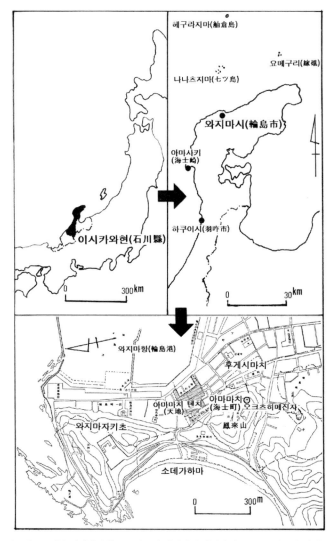

〈그림 1〉 일본 이시카와현 노토반도와 와지마시 아마마치(海士町)지구의 확대도
(자료 : 石川縣立鄉土資料館編, 「海士町·舳倉島」, 1975. 336~337쪽 등)

---

17) 행정구역상으로는 아마마치와 헤구라지마가 와지마시(輪島市)에 속해 있지만, 헤구라지마는 멀리 떨어진 부속 도서이기 때문에, 두 마을 단위를 통합하여 지칭할 때는 '지구(地區)'라는 용어를 사용하고자 한다.

하고 있다. 그리고 아마마치의 경우는 와지마시의 중심지에서도 아주 가까운 곳에 위치하고 있으나,[18] 헤구라지마는 아마마치 와지마항輪島港에서 약 48km 정도 떨어져 위치하는 작은 섬이다<그림 1>.

아마마치는 그 이름에서 유추할 수 있듯이, 바다에 의존하는 사람들이 사는 마을임을 알 수 있다. 그런데 아마마치는 한자어인「아마마치海士町」에서 보면, 남성 잠수들이 모여 있는 마을로 인식하기 쉬우나 실제로는 그렇지 않다. 그들의 선조대로부터 내려온 역사에 기초를 두자면, 마을이름도「아마마치海女町」로 정해야 하는 것이 자연스러운 일이지만, 여성 잠수의 마을이라는 의미가 될 경우에는 대외적인 이미지가 나빠지고 주변부로부터 멸시를 당할 수 있기 때문에, 애초부터 남성 잠수를 의미하는「아마마치海士町」로 했다는 것이다.[19]

원래 아마마치에 거주하는 어민 내지 아마海女들의 선조는 1569년에 큐슈지방九州地方의 후쿠오카현福岡縣 가네자키鐘崎로부터 이주해 온 것으로 전해지고 있다. 그 선조들은 남녀 합해 13명이었으며, 최초에는 노토반도의 남서쪽에 위치한 시가마치志賀町의 아마미사키海女岬 부근[20]으로부터 들어온 것으로 알려지고 있다<그림 1> 참조. 당시 큐슈지방으로부터 들어와 거주하던 선조들은 인구가 증가함에 따라 거주지가 부족하게 되었고, 따라서 당시 카가항加賀藩의 번주藩主에게 정착을 위한 거주지를 청원하게 되었으며, 그 청원이 이루어지면서 현재와 같이 와지마시의 한 구역인 아마마치를 점유하며 거주하게 되었다.[21]

---

18) 와지마시청(輪島市廳)에서 아마마치자치회사무소(海士町自治會事務所)까지는 도보로 약 20분 정도의 거리이다.

19) 현지에서 입수한 자료 중 마을이름의 역사나 변천과 관련되는 기록을 찾을 수 없었다. 여기의 내용은 아마마치자치회의 임원진으로부터 청취한 내용을 요약한 것이다.

20) 아마미사키(海士岬)라고 하는 '곶'의 이름은 당시 큐슈지방으로부터 건너온 아마(海士)들의 존재로 붙여진 것이라 한다(海士町開町350年記念誌編纂委員會,『海士町開町350年記念誌』(町自治會, 1997), 22쪽).

한편, 헤구라지마에 사람들이 거주하게 된 것도 상당히 오래 전의 일인 것으로 알려진다. 그것은 선조들이 큐슈지방에서 들어올 당시부터 원래의 정착지(현재의 와지마시의 入町 및 光浦町 지구)와 주변의 섬인 헤구라지마와 나나츠지마七ツ島 등으로 건너가 해초와 소라, 전복 등을 채취했기 때문이다. 한가지 중요한 것은 1970년대로 접어들면서부터는 많은 사람들이 헤구라지마에서 살다가 아마마치로 집을 구입하여 이주하게 되었다는 것이다. 그것은 자녀들의 교육과 취직, 결혼문제 등이 복합적으로 작용한 것이라 할 수 있으며, 더불어 어느 정도 아마마치나 와지마시 내에 별도의 주택을 구입할 수 있는 경제적인 여건이 마련되었기 때문에 가능한 일이었다.[22] 현재도 헤구라지마에는 아마마치나 시내의 다른 지구로 이주하지 않은 일부 사람들이 거주하고 있는데, 그들은 노년층이 대부분이며 예전과 마찬가지로 잠수일이나 어업에 의존하며 생활하고 있다.

아마마치로 이주한 사람들은 아직까지도 헤구라지마에 집을 가지고 있는 경우가 많다. 이 배경에는 비록 거주지는 옮겼지만, 잠수일이나 어업을 하는 연안어장이 헤구라지마 주변이라는 사실이 내재되어 있는 것이다. 따라서 아마마치에 사는 아마들이나 어업종사자들은 잠수철(3개월간)이나 고기잡이철이 되면, 헤구라지마의 주변어장으로 나가는 일이 다반사라 할 수 있다.

아마마치와 헤구라지마에 거주하는 사람들은 두 지구를 통틀어 조직된 '자치회自治會'에 소속돼 있는데, 이 자치회의 근간은 과거로부터 전통적으

---

21) 『海士町開町350年記念誌』에 의하면, 청원을 올리게 된 해는 1649년으로 당시 번주(藩主)로부터 하사받은 땅은 약 1,000평 정도의 규모였다고 한다. 아울러, 하사받은 1,000여 평의 지구는 '아마마치 천지번지(海士町天地蕃地)'라 하여 같은 아마마치 내의 주변지구와는 달리 별칭으로 부르고 있다. 1995년 시점에서 '아마마치 천지번지' 지구에는 220세대, 800여명이 거주하는 것으로 조사되었다(海士町開町350年記念誌編纂委員會, 위의 책, 22쪽).

22) 2002년 8월 26일에 아마마치자치회사무소를 방문했을 때, 자치회의 임원인 부회장, 총무 및 이소이리조합장(磯入組合長)으로부터 청취한 내용이다.

로 내려온 '구미組' 혹은 '아타리アタリ'라 불리는 작은 조직이다. 구미는 2002년 조사시점에서는 16개로 조직되어 있는데, 16개의 구미가 '아마마치자치회(海士町自治會)'를 이루고 있는 셈이 된다. 그리고 구미를 조직하는 기본틀은 과거 선조들이 아마마치지구에 정착하던 시절부터 같은 성씨를 지닌 친척이나 또는 같은 신을 모시는 가구家口23)끼리 연결된 혈연적血緣的·지연적地緣的 조직이라 할 수 있다. 이런 상황에서 보면, 아마마치와 헤구라지마에 거주하는 사람들은 한배를 타고 운명을 같이하는 일본식 '동족집단'으로 보아도 별무리가 없다고 할 수 있다. 결국, 아마마치와 헤구라지마의 두 지구에서 발생하는 모든 일이나 사안은 아마마치자치회에서 의견을 수렴하여 결정하고 집행하는 과정을 걸친다. 가령, 아마마치자치회에서는 청소년의 육성, 사회복지사업, 소속어장의 관리地先權, 공유재산의 유지·관리 및 행사, 기타 마을 발전 및 회원의 이익 등에 관한 중요한 사안을 결정하고 집행하며, 이들 사업이나 현안문제를 해결하는데 소요되는 자금은 원칙적으로 16개의 구미에서 분담하도록 되어 있다.24)

최근의 아마마치와 헤구라지마, 그리고 아마마치를 중심으로 좌우로 연결되는 두 지구의 인구수와 세대수를 비교해 보면 <표 1>과 같이 나타난다. 아마마치와 헤구라지마의 인구수는 2000년 시점에서 각각 583명과 164명으로, 전체의 2.1%와 0.6%를 차지하고 있다. 세대수는 157세대와 55세대로 두 지구를 합하면 와지마시의 2.3% 정도를 차지하는 것으로 나타난다. 이처럼 최근 경향에서 보듯이, 아마마치나 헤구라지마의 인구수와 세대수는 와지마시에서도 아주 낮은 비율을 점유하는 동시에 인접지구라 할 수 있는 후게시마치鳳至町나 와지마자키초輪島崎町보다도 낮은 비율을 보

---

23) 말하자면, 평소에 다니는 절(寺)이나 진자(神社) 혹은 오미야(お宮) 등이 동일한 가정을 일컬으며, 각 가정은 소속된 절, 진자 및 오미야 등의 운영과 그 외의 경제적 부담 등에 대해 나름대로의 권리와 책임을 가지고 있다.
24) 海士町開町350年記念誌編纂委員會, 앞의 책(1997), 30쪽.

이고 있는 것이 사실이나, 아마마치나 헤구라지마 출신이라는 관점에서는
표에 제시된 수치보다는 좀더 높아진다.[25]

〈표 1〉 아마마치·헤구라지마 및 주변 지구의 인구수와 세대수(2000)

구분	인구(명)			세대수/%
	남자	여자/%	계/%	
와지마시(輪島市) 전체	12,486/100.0	13,895/100.0	26,381/100.0	8.985/100.0
후게시마치(鳳至町)	1,308/10.5	1,516/10.9	2,824/10.7	912/10.2
와지마자키초(輪島崎町)	385/3.1	391/2.8	776/2.9	205/2.3
아마마치(海士町)	283/2.3	300/2.2	583/2.1	157/1.7
헤구라지마(舶倉島)	83/0.7	81/0.6	164/0.6	55/0.6

주 : 와지마시의 일부지구만을 간추렸기 때문에, 비율은 각 항목별로 100%를 충족시키
지 못하고 있으며, 동시에 각 수치는 항목별 전체 수를 토대로 사사오입한 수치임
자료 : 輪島市, 『輪島市統計書』, 2002, 6쪽에 의해 작성

이어서 아마마치의 주변 상황을 살펴보면, 아마마치의 북쪽으로는 와지
마시의 북쪽 끝 지구인 와지마자키초가 자리잡고 있고, 남쪽으로는 후게시
마치가 자리잡고 있다. 그리고 아마마치를 끼고 동쪽으로는 와지마항輪島港
이 위치하며, 헤구라지마행 정기선은 바로 이곳에서 매일 출발한다. 동쪽
으로는 소데가하마袖ヶ浜라는 백사장이 펼쳐지고 있는데, 이곳은 여름철 해
수욕장으로서의 기능은 물론 마츠리お祭り 때에도 미코시お神輿[26]를 물에

---

25) 기본적으로 아마마치나 헤구라지마 사람들은 큐슈지방(가네자키)으로부터 건너온 아마(海
士)들의 후예라고 느끼고 있으며, 이러한 동질성은 인터뷰 중에도 '아마마치 출신'이란 표현
을 자주 쓰는 사실에서도 확인할 수 있었다. 따라서 통계적으로 전체의 아마마치 출신자를
확인할 수는 없으나, 인터뷰에서는 와지마시의 타지구나 혹은 타시·현으로 결혼이나 학교
및 직장관계로 건너간 사람들이 상당수 있다고 한다.
26) 일본에서 축제(마츠리)를 할 때 신위(神位)를 모신 가마를 가리킨다. 축제 때에는 대개 남성들
이 앞과 뒤에서 2줄(좌·우측)로 미코시를 메고 일정한 구간을 행진하는데 축제가 끝나면, 미
코시는 평소에 신을 봉안해 놓은 신사(神社)에 가지고 간 후 다음해까지 보관하게 된다.

담그는 중요한 의식을 행하는 장소로 활용되고 있다.[27] 동쪽의 소데가하마와 아마마치의 주택가 사이에는 나지막한 호우라이야마鳳來山가 자리잡고 있어 시민공원으로 이용되고 있으며, 산자락 바로 아래쪽에는 아마마치 주민들이 항상 신성시하며 즐겨 찾는 오크츠히메진자奧津比女神社가 자리잡고 있다. 이 오크츠히메진자는 헤구라지마에도 만들어져 있는데, 이것은 그만큼 두 지구에 사는 사람들에게는 정신적인 지주역할을 하는 것으로 볼 수 있다.

헤구라지마는 와지마시로부터 48km 떨어진 북쪽 해상에 위치하며 전체 면적이 0.55㎢, 섬 둘레가 5,219m인 아주 작은 화산섬이다[28](<그림 2>). 면적으로 보면 제주도의 부속도서인 비양도(0.52㎢)와 거의 비슷하다. 헤구라지마의 모습은 마치 게蟹의 형상과 같다고 할 수 있으며, 북동~남서방향의 장축長軸을 보인다. 섬의 가장 높은 곳은 해발 12.4m 정도밖에 되지 않을 정도로 매우 평평한 형태를 보이며, 섬 한가운데는 주변 어장에서 조업하는 선박들을 위해 높이 38m의 등대가 높이 솟아 있어 헤구라지마의 상징(symbol)과 같은 역할을 하고 있다.

헤구라지마는 화산섬이기 때문에 화산분출 시에 흘러나온 용암류가 연안바다 속까지 흘러 들어가 수많은 암초를 형성하고 있다. 그렇기 때문에 섬 연안에는 해초류와 소라, 전복 등의 패류가 서식하기에 좋은 환경이 되고 있다.

헤구라지마에서는 북서~남서쪽 보다 북서~남서쪽에 이르는 지구가 삶의 중요한 요지要地가 되고 있다. 즉, 섬의 북서~남서쪽은 항상 계절적

---

27) 마츠리 때에 미코시(興)를 물 속으로 끌고 들어가는 이유에 대해서는 관계자로부터 직접 인터뷰하질 못했다. 그러나 아마마치나 헤구라지마 주민들의 역사나 문화를 전제로 할 때, 원래 그들의 조상들이 큐슈지방으로부터 노토반도로 이동해 오는 과정에서 모시던 신(神)도 같이 건너왔기 때문에 원래의 고향으로 건너가기 위한 의식에서 비롯된 것이 아닌가 생각된다.
28) 輪島市總務部企劃課, 『舳倉島』(輪島市, 2002), 3쪽.

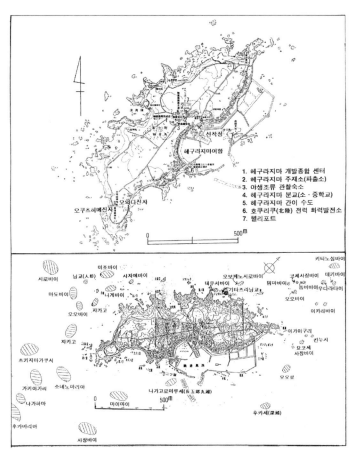

〈그림 2〉 헤구라지마 내의 주요 건물·경관요소 및 주변 어장의 분포
(자료 : 輪島市總務部企劃課,『舳倉島』(2002), 2쪽, 아마마치자치회 소장자료)

인 강풍과 파랑의 영향을 많이 받는 관계로 인해 취락이 형성돼 있지 않으며, 취락과 항구, 교육시설(소·중학교 분교) 및 어업관련시설(어판장 및 보관시설) 등은 반대편인 북서~남서쪽에 입지해 있다.29) 그리고 헤구라지마는 육지

---

29) 輪島市總務部企劃課, 위의 책, 1~2쪽.

에서 멀리 떨어진 이도離島이기 때문에, 헤구라지마항은 어항으로서의 기능뿐만 아니라, 이시카와현의 어업전진기지 또는 피난항으로서의 기능도 겸하고 있다. 아울러, 섬으로 찾아드는 진귀한 야생조류가 많아, 1978년에는 섬 전체와 주변 연안수역(약 135.8㏊)을 국정공원國定公園30)으로 지정하여 보호하고 있다.31)

2) 어업환경과 잠수환경

와지마시나 이시카와현을 포함하는 노토반도는 삼면이 바다로 둘러싸인 배경으로 인해, 과거로부터 어업에 의존하는 가구가 상당히 많았다. 노토반도 주변 해역은 난류인 쿠로시오해류와 한류인 치시마千島해류의 한 줄기가 만나 조경수역을 이루고 있기 때문에, 동해(일본해) 쪽에서도 어장형성에는 상당히 유리한 조건을 갖고 있기도 하다.

이와 같은 자연환경의 혜택을 받으며, 아마마치나 헤구라지마의 주민들은 과거로부터 거의 대부분이 어업에 의존하는 생활을 유지해 왔다. 그러나 주민들 대부분은 육지에서 가까운 연안어업에 종사하는 사람들이며, 그와 동시에 어선규모도 3t 미만의 영세어업에 의존하는 가구가 많은 것도 사실이다. 그렇지만, 전통적으로 와지마시가 칠기漆器 산업으로 유명한 지역으로서 전체적으로는 칠기를 생산하는 제조업 부문과 그것을 판매하는 도·소매업 부문에 종사하는 가구가 많으며, 결과적으로 아마마치와 헤구라지마의 두 지구에서는 거의 모든 가구가 1차 산업인 어업부문에 특화하는 경향이 높게 나타난다는 것이다. 그 결과, 와지마시의 수산업 전체에서

---

30) 국립공원 다음 등급의 공원으로서 국립공원과 마찬가지로 국가에서 지정하여 관리한다. 국정공원 다음 등급은 현립(縣立)공원이다.
31) 輪島市總務部企劃課, 앞의 책(2002), 13쪽.

아마마치가 차지하는 비율도 매우 높게 나타나고 있다.[32)]

　아마마치나 헤구라지마의 주민들은 거의 모두가 크든 작든 1척씩 배를 가지고 있으며, 장성한 아들을 둔 집안의 경우는 2척의 배를 소유하고 있는 경우도 적지 않다. 배를 가진 가구는 기본적으로 아마마치자치회의 하부조직의 하나로서 선주회船主會에 가입돼 있으며, 아마마치나 헤구라지마의 아마海女들도 선주회 내의 하부조직인 이소이리조합(磯入組合, 제주도의 어촌계 또는 해녀회(잠수회)에 해당됨)에 가입되어 있다.

　어업에 종사하는 선주회 사람들은 어업형태에 따라서 선망旋網, 채낚기一本釣, 자망刺網, 소형 저인망 및 대형·중형 저인망조합 등으로 구분·조직되어 있는데, 아마들의 이소이리조합도 바로 이들과 같은 선상線上의 조직이라고 할 수 있다. 이 배경에는 소라나 전복 등을 채취하기 위하여 많은 아마들이 배를 타고 멀리 떨어진 어장(헤구라지마, 나나츠지마 혹은 타지역의 마을어장 등)까지 이동해야만 하는 사실이 내재되어 있다. 이에 대해서는 3장에서 상세히 설명하고자 한다.

〈표 2〉 아마마치 및 헤구라지마의 연령대별 아마(海女)수와 그 비율(2001년)

연령별 거주지구	10대 (%)	20대 (%)	30대 (%)	40대 (%)	50대 (%)	60대 (%)	70대 (%)	계 (%)
아마마치(海士町)	1 (0.7)	16 (10.6)	32 (21.2)	33 (21.8)	29 (19.2)	30 (19.9)	10 (6.6)	151 (100.0)
헤구라지마(舳倉島)	3 (4.2)	8 (11.1)	6 (8.3)	11 (15.3)	9 (12.5)	19 (26.4)	16 (22.2)	72 (100.0)
합계	4 (1.8)	24 (10.8)	38 (17.0)	44 (19.7)	38 (17.0)	49 (22.0)	26 (11.7)	223 (100.0)

자료 : 아마마치 자치회 내부 보관자료에 의함

---

32) 한 예로서 1996년도 와지마 어협(수협)을 통해 판매된 판매액을 보면, 전체의 아마마치가 전체의 66.5%를 차지하고 나머지가 다른 지구가 차지하는 것으로 나타난다(海士町開町350年 記念誌編纂委員會, 위의 책, 67쪽).

<표 2>는 2001년도 시점에서 아마마치와 헤구라지마의 아마를 연령대별로 나타낸 것이다. 두 지구에 거주하며 잠수일을 행하는 전체 아마수는 223명이며, 이중 해사[海男] 2명을 제외한 221명이 여성이다. 연령대 별로는 아마마치가 40대, 30대, 60대, 50대의 순서로 많은 수를 보이는 가운데 가장 활발하게 잠수활동을 할 수 있는 연령층인 20, 30대 및 40대가 차지하는 비율은 전체의 53.6%(81명)를 차지하는 것으로 나타난다. 이에 반하여 헤구라지마는 60대, 70대, 40대, 50대의 순서로 많은 수를 보이면서, 잠수작업에서 다소 체력의 열세를 느끼게 되는 50대, 60대 및 70대의 비율은 전체의 61.1%(44명)를 나타내고 있다. 이러한 점은 1970년대 이후에 많은 젊은 세대들이 가족과 함께 아마마치로 거주지를 옮겼다는 배경과 더불어, 두 지구의 거주환경에 따른 젊은 세대들의 거주지 선호도를 단적으로 나타내는 것이라 해석할 수 있다.

여기서 한가지 중요한 사실은 전체 수에서는 다소 적기는 하지만, 10대와 20대의 아마들이 28명(12.6%)이나 존재한다는 것이다. 제주도의 상황과 비교할 때는 매우 특이하다고 할만하다. <표 2>에는 반영되지 않았을 것으로 사료되지만, 헤구라지마의 현지조사 시에는 올해 처음으로 언니(22세)와 함께 잠수일을 시작한 16세 소녀아마와도 인터뷰를 할 수 있는 행운을 얻었다. 따라서, <표 2>에 나타난 10대와 20대의 아마수는 두 지구의 잠수환경을 이해하는데 매우 중요한 일면을 제공한다고 할 수 있다.

이와 같은 배경에는 와지마시가 젊은 세대의 구직처가 그다지 많지 않은 지방 소도시라는 사실과 함께 소라나 전복채취를 위주로 하는 3개월(7월 1일~9월 30일)간의 잠수활동을 통해서도 비교적 고소득을 올릴 수 있다는 사실이 깔려 있다. 물론, 두 지구의 아마들이 고소득을 올릴 수 있는 환경은 이시카와현과 와지마시, 그리고 아마마치자치회가 일심동체로 서로 고민하고 노력한 결과라 할 수 있다. 그 대표적인 예로서 잠수작업 기간과 시간을 대폭 제한하는 것은 물론이고, 효과적인 종패種貝 투척사업 등을 적극적으로 행하며 자원관리에 만전을 기하고 있다는 점을 들 수 있다.

이러한 일본의 사례를 통하여, 앞으로 제주도도 젊은 세대의 해녀(潛嫂)를 육성하기 위한 나름대로의 방향성을 설정할 수 있지 않을까 생각해 본다.

다시 말하면, 제주도의 젊은 여성들에게는 잠수활동을 하는 해녀의 신분이 소득성이 높은 직업여성이라는 자긍심을 가질 수 있도록 해야 하며, 더불어 잠수일이 계절적으로나마 도전해 볼만한 가치가 있다는 생각이 들 수 있도록, 기존의 틀이나 제도를 과감히 쇄신해 나갈 필요성이 있다는 것이다.

한편, 두 지구의 아마들의 잠수작업을 행하는 어장은 크게 헤구라지마 수역, 나나츠지마 수역, 요메구리嫁礁 수역 및 타 마을어장[地先漁場] 수역으로 구분할 수 있다.

이중 타 마을어장 수역이란 일정한 기간 중에 해삼(11~3월)과 굴(4~6월)을 채취하기 위해 노토반도의 다른 마을어장에 입어료入漁料를 지불하고 사용하는 수역을 말한다. 그러므로 미역, 모즈크,33) 에고(우뭇가사리와 비슷한 해초류의 일종)34) 등의 해초류나 소라, 전복 등의 패류는 아마마치의 관리어장인 헤구라지마 수역, 나나츠지마 수역 및 요메구리 수역에서 채취하고 있다. 물론, 이들 어장은 행정구역상으로는 아마마치와 헤구라지마가 소속돼 있는 와지마시의 연안어장이다.

나나츠지마는 7개의 작은 무인도와 암초 등으로 구성돼 있으며, 와지마와 헤구라지마 사이의 거의 중간 지점(와지마항으로부터 약 23km 지점의 해상)에 위

---

33) 한국어로는 적당한 표현이 없는데, 한일사전에는 '큰실말'이라 하여 '갈조류에 딸린 해초의 일종'으로 번역하고 있다. 일본인들이 좋아하는 해초류의 일종으로, 보통은 종지 크기의 그릇에 생채로 적당한 양을 넣고 간장을 넣은 후 휘저어 먹는다.
34) 우뭇가사리의 일종(홍조류)으로 채취하여 잘 씻은 후에 햇볕에 말리면 갈색에서 하얀색으로 변하게 되는데, 이 상태로 어협조합으로 공동판매 한다. 아마마치나 헤구라지마 아마들이 채취한 에고는 의료용 실이나 고급요리의 장식용으로 사용된다고 한다.

치하고 있다. 이들은 약 5km 정도의 범위에 걸쳐 흩어져 있으며, 가장 큰 섬인 오시마大島는 면적이 약 38,240평, 섬둘레가 2.6km 정도이다.[35] 아마마치의 아마들에게는 이들 7개의 섬 주변도 중요한 잠수활동을 위한 어장이 되고 있으며, 따라서 나나츠지마 작업장까지는 반드시 배가 필요하다. 그것도 육지부에서 멀리 떨어져 있는 관계로 1~2명이 타는 소형어선으로 접근할 수 없다. 그 때문에 대부분의 아마들은 선장이 승선한 어선으로 왕래하고 있는 것이다. 요메구리는 암초성 무인도로 아주 작으며, 와지마항에서는 동북쪽으로 약 40km, 그리고 나나츠지마에서는 동쪽으로 약 30km 정도 떨어진 지점에 위치한다.

헤구라지마 수역에서 잠수어장은 <그림 2>와 같다. 제주도의 해녀들도 그러하듯이, 헤구라지마의 아마들도 평소에 소라와 전복, 미역과 우뭇가사리 등 종류별로 많이 나는(캐는) 장소에 이름을 붙이거나, 또는 해저지형이나 주변의 바위와 암초 등을 배경으로 해서 이름을 붙이고 있다. 이것은 두말할 나위도 없이, 아마들이나 어업 종사자들이 오랫동안 쌓아온 경험적인 사고에 의해서 탄생된 것이라 할 수 있다.

<그림 2>에서 가장 많이 나타나는 '바이(バイ)'는 바다 밑에 기복이 심한 바위가 있는 곳으로 수면 위에서 보면 검게 보이는 어장을 가리킨다고 한다.[36] 각 장소별로는 미역이나 모즈크 등의 해초가 잘 자라는 곳이 있기도 하고, 혹은 소라나 전복 등이 패류가 서식하기에 좋은 곳도 있다고 한다.[37] 이러한 사실은 아마 자신들이 잘 알고 있으며, 서로에게 가르쳐주거나 하지는 않는다고 한다. 이런 배경은 제주도 해녀들이 경험하는 상황과도 유사한 것 같다.

---

35) 輪島市總務部企劃課, 앞의 책(2002), 15쪽. 아울러, 나나츠지마(七ツ島)에도 25~30년 전에는 사람들이 거주했다고 한다(이소이라(磯入) 조합장으로부터의 인터뷰에 의함).
36) 石川縣立鄕土資料館編, 앞의 글(1975), 363쪽.
37) 2002년 8월 당시 헤구라지마 구장과 그의 부인과의 인터뷰 내용에 의한 것이다.

<그림 2>에서 보는 바와 같이, 헤구라지마의 아마들이 작업하고 있는 어장은 서남쪽으로는 비교적 큰 어장들이 많이 형성돼 있는데 반해 북동쪽으로는 주로 작은 어장들이 형성돼 있어 다소 대조적이다. 그리고 동쪽과 서쪽으로는 잠수작업을 할 수 있는 어장이 거의 형성돼 있지 않다. 이것은 근본적으로 해저의 지형조건과 크게 관련돼 있는 것이라 할 수 있는데, 실제로 크고 작은 어장들이 형성돼 있는 서남쪽이나 북동쪽 수역의 해저에는 용암이 많이 흘러 들어가 어장이 조성될 수 있는 좋은 조건을 제공하고 있다. 특히, 헤구라지마항이 위치하고 있는 동쪽으로는 거의 어장이 조성돼 있지 않으며, 실제로 조사기간 중에도 동쪽 수역에서는 아마들이 작업하는 광경을 목격할 수 없었다. 이 배경에 대하여 구장區長은 여러 차례에 걸친 항만 관련 공사 때문에 어장이 훼손된 점도 있고, 또 몇 년 전에 항구를 기점으로 하여 주변 수역에 소라와 전복 종패를 뿌렸기 때문에, 당분간은 채취하지 못하도록 규제하고 있다는 것이었다. 나아가 구장은 자신의 구장임기(임기 2년 중 2년째였음) 중에는 해금解禁하지 않을 방침이며, 해금의 결정여부는 구장의 권한이라고 덧붙였다.

3. 아마들의 잠수실태와 특성

1) 두 지구의 공통점과 차이점

아마마치와 헤구라지마의 두 지구에 거주하는 아마海女들과 해사들이 최초에 어떤 모습으로 잠수일을 하고 있었는지는 잘 모르나, 현재와 같은 모습 즉 아마들이 단독으로 고무 잠수복을 착용하여 잠수일을 하기 이전에는 젖가슴을 드러낸 채 거의 알몸인 상태로 허리에 이노치즈나(생명줄)라는

〈사진 1〉 이노치즈나(생명줄)를 허리에 메고
잠수일을 하는 아마 모습(2002)

긴 로프를 메고 소라와 전복을 캐는 모습이었다.[38] 어쩌면, 이러한 모습은 1970년대 초반까지 고무 잠수복이 보급되기 전에 볼 수 있었던 전통적인 모습이라 할 수 있다. 이와 같은 전통적인 방법은 고무 잠수복의 도입으로 큰 변화를 맞이하기는 했지만, 아직도 그 명맥은 이어지고 있다<사진 1>.[39]

이노치즈나를 사용하는 근본적인 이유는 전복을 많이 캐기 위한 수단이라 할 수 있다. 다시 말하면, 아마들은 전복이 많이 서식하고 있는 깊은 물 속에서 잠수시간을 최대한 늘려야 많은 양의 전복을 캘 수 있는 상황이 된다. 그러나 깊은 물 속에서 전복을 캐다 보면, 수면위로 빨리 부상하지 못하거나 또는 부상하는 도중에 호흡이 곤란해져 큰 사고를 당할 염려가 있다. 따라서 배 위에는 항상 물 속에서 전해오는 신호를 받고 이노치즈나를 잡아 끌어주는 남자가 한사람 있어야 한다.[40] 이러한 작업방법은 두 지구에서 공통적으로 행해지던 방법으로서 1960년대까지도 해도 보편적으로 행해지던 방법이었다.

현재 아마마치와 헤구라지마 아마들의 작업방법은 기본적으로는 제주도

---

38) 石川縣立鄕土資料館編, 앞의 글(1975), 389쪽.

39) 아마마치자치회의 임원진과 헤구라지마 구장으로부터 청취한 바에 따르면, 조사시점에서 이노치즈나(생명줄)를 사용하여 소라와 전복을 캐는 아마는 6명이 있다고 한다.

40) 배 위에서 이노치즈나를 잡아당기는 사람을 '타이시오토코(たいしおとこ)'라 부르며, 이들은 주로 남편이거나 부친이 담당한다. 그리고 한 번 잠수일에 나서면, 타이시오토코는 평균 100회 정도의 이노치즈나를 잡아당긴다고 한다.

의 해녀들과 별반 차이가 없다. 먼저 전반적인 잠수작업의 현황에 대하여 살펴보기로 하자. 두 지구의 해녀들의 잠수 작업기간은 매년 7월 1일부터 9월 30일까지 3개월 동안이며, 이외의 계절은 금채기禁採期로 정해놓고 있다. 3개월 동안도 둘째 주와 넷째 주 토요일은 남획을 방지하기 위하여 금채일로 정하고 있으며, 또한 잠수작업 기간 중 해산물의 채취시간도 일정하게 정해진 시간까지만 행하도록 규정하고 있다. 즉, 헤구라지마 주변어장에서의 잠수작업 시간은 오전 9시부터 오후 2시 반까지이며, 12시부터 1시까지는 점심시간으로 정하여 입수를 금하고 있다. 따라서 실질적인 잠수작업은 1일 4시간 반이다. 반면에, 요메구리 어장과 나나츠지마 어장의 경우는 아마들이 어장까지 이동하는 시간이 소요되기 때문에 작업시간을 오전 8시부터 3시까지로 정하고 있다.[41] 물론 점심시간은 12~1시까지로 휴식시간이다.

이러한 규정은 아마마치자치회에서 결정된 사안이며, 모든 아마가 거의 습관적으로 지키고 있다. 아마들이 반드시 지켜야만 하는 배경도 충분히 헤아릴 수 있다. 잠수어장은 거의 한정돼 있는 상황인 데다가, 특히 나나츠지마와 요메구리 어장은 너무 멀리 떨어져 있어서 단독으로 건너가서 작업하기에는 많은 위험이 뒤따른다. 그리고 헤구라지마 수역은 어디서나 섬 주변을 쉽게 조망할 수 있기 때문에, 다른 사람의 눈을 피하여 혼자서 잠수작업을 할 수 있는 환경은 되지 못한다. 어떻든 두 지구의 아마들이나 자치회에서는 어장의 자원관리와 더불어 개개인의 수익을 높이기 위하여 나름대로 노력하는 모습이 역력했다.

두 지구의 아마들이 사용하는 세 어장에서는 기본적으로 이소이리조합에 가입한 사람만이 잠수작업을 할 수 있으며, 회원은 1년에 입어료入漁料

---

41) 아마마치를 기준으로 하여 세 어장까지의 소요시간을 보면, 나나츠지마 약 20~30분, 요메구리 약 50~60분, 그리고 헤구라지마까지는 약 90여 분 정도 걸린다.

로서 15,000~20,000엔円을 납부한 후, 입어 허가증入漁 許可證이라 할 수 있는 '이소이리간사츠磯入鑑札'를 발급 받아야만 작업에 들어갈 수 있다.[42]

그런데 앞서 서술한 세 어장에서 소라와 전복 및 해초류를 캘 수 있는 자격은 기본적으로는 아마마치출신이면서 와지마시내에 거주하고 있다면 누구든지 가능하나, <표 3>과 같이 남성과 여성에 따라 몇 가지 예외적인 경우도 뒤따른다. 이 조건은 곧 이소이리조합을 포함하여 아마마치지부의 어협조합(한국의 수협지부)에도 가입할 수 있는 자격이 된다. 표에서 보는 바와 같이, 자연적으로 가입할 수 있는 자격은 아마마치출신이어야 한다는 점, 여성의 경우는 아마마치출신 남성과 결혼하거나 다른 지역 남성과 결혼했다가

〈표 3〉 아마마치·헤구라지마 두 거주지구의 어협조합의 가입자격(2002년)

가입가능	가입불가능
① 아마마치 출신이라면, 한 집안의 형제 아무리 많아도 희망자는 모두 가입할 수 있음	① 아마마치 출신 남성이 다른 지역의 양자로 들어갔을 때(이 경우에 남성의 성이 여성쪽 성으로 바뀌기도 함)
② 아마마치 출신 남성과 여성이 결혼했을 때	② 아마마치 출신 여성이 다른 지역의 남성과 결혼하여 성이 바뀌었을 때(이런 경우, 일본에서는 여성의 성이 남편쪽 성으로 바뀌는 것이 보편적임)
③ 다른 지역이 여성이 아마마치 출신 남성과 결혼했을 때	③ 다른 지역의 여성이 아마마치 출신 남성과 결혼하여 아마마치에 살다가 이혼했을 경우
④ 아마마치 출신 여성이 다른 지역의 남자와 결혼했다가 이혼했을 때	
⑤ 아마마치 출신의 여성에게 다른 지역의 남성이 양자로 들어 왔을 때	
⑥ 아마마치 출신 여성이 외국인과 결혼한 후 성이 바뀌지 않은 채 아마마치에 거주할 때	

---

42) 입어료는 아마마치에 거주하는 아마가 20,000엔이며 헤구라지마에 거주하는 아마가 15,000엔이다. 그리고 70세 이상 고령의 아마들은 무료이다.

이혼하여 원래의 성을 되찾았을 때 등이다. 따라서 가입자격은 크게 지연적地緣的이고 혈연적血緣的인 틀에 바탕을 두고 있음을 알 수 있다.

두 지구의 아마들은 잠수일을 할 때 고무 잠수복(현지의 아마들은 보통 '웨토스츠'라 부름)을 입으며, 허리에는 납(나마리)을 꿰찬다(<사진 2>). 납은 1개당 1kg인데, 보통 아마들이 사용하는 납의 무게는 연령이나 체중, 그리고 고무 잠수복의 두께[43]에 따라 다소 다르다. 일반적으로는 50세 이상의 중년일수록 무거운 중량의 납을 사용하고, 겨울철과 같이 물의 온도가 차가울 때는 잠수

〈사진 2〉 아마의 잠수 직전 모습 : 고무 잠수복, 물안경, 물갈퀴 착용 모습(2002)

복의 두께도 두꺼워지기 때문에 더불어서 납의 무게도 무겁게 한다. 나아가, 젊은 아마들은 체력에 따른 활동력이 뛰어나기 때문에 중년들보다는 납의 무게를 가볍게 하는 것이 보편적이며, 가령 20~30대의 아마들은 대개 2~3kg 정도의 납의 무게만으로도 충분히 작업을 한다는 것이다.

아마들이 잠수작업을 하는데 착용하는 물건에는 잠수복인 웨토스츠(보통 1인당 2~3벌)를 비롯하여 물안경[수이츄메가네(水中眼鏡)], 물갈퀴(아시히레), 손장갑(데부쿠로), 고무 모자帽子 및 납덩이 등이 있으며, 나아가 채취한 소라와 전복을 일시적으로 보관하는 다라이 또는 우키부쿠로浮き袋와 제주도의 비창에 해당하는 오비가네オ-ビ金 또는 아와비가네鮑金라 불리는 도구가

---

43) 고무 잠수복의 두께와 납의 무게에 대한 한가지 사례(자료제공 : 2002년 여름 현지조사에 의해 전설: 8~9월의 여름철에는 4mm 두께의 잠수복에 6kg의 납을 사용하고, 겨울에는 6~7mm의 잠수복에 11kg의 납을 사용하며, 또 4월의 굴 채취(다른 지역의 마을어장) 시에는 5mm의 잠수복에 7kg의 납을 사용한다고 했다.

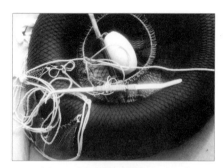

〈사진 3〉 헤구라지마 아마들이 사용하는
잠수도구(2002)

있다(〈사진 3〉).

이와 같은 개인적인 물건이나 도구 중에서 제주도 해녀들이 사용하는 것과 크게 차이가 있는 도구는 태왁과 망시리에 해당하는 '다라이'와 우키부쿠로라 할 수 있다. 다라이는 나무를 사용하여 둥글게 만든 것인데 높이는 대략 40~50cm이고 직경은 70~80cm 정도이다(〈사진 3〉 참조). 다라이는 제주도에도 일본어 잔재가 남아 있듯이, 보통은 가정에서 물건을 담아두거나 담고 운반할 때 사용하는 생활도구이다. 잠수일을 하는 도중에 의지하여 숨을 고르거나 잠깐 동안의 휴식을 취하기에는 다소 불편할 것으로 생각되는데, 아마마치와 헤구라지마에서는 보편적으로 많이 사용하고 있다. 특히 모녀지간이나 2~3명의 가족단위로 잠수일을 행하는 경우에는 다라이를 많이 사용하는 것으로 보인다. 우키부쿠로는 기능적으로 볼 때 제주도의 태왁과 유사하다고 할 수 있는데, 보통 사이즈의 튜브에 그물처럼 된 망사網絲가 달려 있고, 그 망사 속에 소라나 전복 등을 담을 수 있도록 돼 있다. 이 우키부쿠로는 50세 이상이나 혹은 수심이 10m 미만의 비교적 얕은 곳에서 잠수일을 하는 아마들이 주로 사용한다.

전복을 캘 때 사용하는 오비가네(아와비가네)[44]는 〈사진 3〉에서 확인할 수 있듯이, 양끝의 형태가 조금 다른 것들도 있다. 최근 두 지구에서는 일자형(一) 모습을 한 오비가네를 많이 쓰고 있으며, 아마들은 대개 오비가네

---

[44] 지역에 따라서는 '이소가네(磯金)'라고 부르기도 하며, 양끝의 형태가 조금씩 다르기도 하다(瀬川清子, 앞의 책(1970), 267쪽; 金榮·梁澄子, 『海を渡った朝鮮人海女』(新宿書房, 1988), 47~48쪽).

를 뒷허리춤에 차고 있다가 필요시 사용한다.

두 지구 아마들이 많이 사용하는 오비가네는 제주도의 비창보다는 다소 컸는데, 보통 35cm 정도의 길이를 보이며 한쪽 끝의 약 10cm 정도 부근에서 30°정도의 각도로 휜 형태를 취한다(<사진 3>의 아래쪽).

두 지구의 아마들이 채취하는 해산물은 패류인 소라와 전복, 굴, 해초류인 미역, 에고, 그리고 해삼 등이 있다. 제주도와 많이 나는 톳이나 우뭇가사리는 서식하지 않으며, 또한 굴과 해삼 등은 자신들의 어장에는 서식하고 있지 않기 때문에, 노토반도의 다른 마을어장에 입어료(2002년 8월 기준 1인당 10,000엔)를 지불하고 출가出稼하여 채취하는 것들이다.[45] 이들 해산물 중 가장 중요한 수입원은 소라, 전복, 에고 및 미역이라 할 수 있는데, 이들은 주로 와자마어협(아마마치 지부)을 통해 공동판매를 하며, 미역 등의 일부만이 개인적으로 판매하거나 친척집에 선물용으로 사용하기도 한다. 더불어 소라와 전복은 채취과정에서 각각 5cm 미만의 것과 10cm 미만의 것을 채취하지 못하도록 규정하고 있다.

한편, 아마마치와 헤구라지마 아마들 사이의 잠수작업에서 큰 차이를 발견할 수 있는 점은 없다. 구태여 두 지구를 비교하여 구별할 수 있는 점이라면, 잠수 작업장인 어장에 있다고 지적할 수 있다. 그리고 어장에 따라 배(어선)로 어느 정도의 거리를 이동하느냐 하는 점에 주목할 수 있다.

배를 이용한다는 측면에서는, 제주도의 해녀에서 찾아볼 수 있는 뱃물질의 형태라고도 할 수 있는데, 그렇다고 해서 두 지구의 모든 아마들을 반드시 뱃물질의 범주에 포함시킬 수 있을 지는 다소 의문점도 생긴다. 아마마치의 아마들 중에는 배를 소유한 선장이 자신의 남편이자 부친인 경우

---

45) 굴과 해삼 등은 각각 채취하는 시기(굴 : 11~3월, 해삼 : 4~6월)에 따라 다른 마을의 어장에서 채취하는 것들인데, 이 때는 주로 젊은 여성들이 참여하며 수입은 공동으로 분배한다고 한다.

가 많고, 헤구라지마에서는 2~4명 정도 탈 수 있는 작은 모터 배를 주로 이용하고 있는데, 대부분은 아마들 자신이 소유하는 동시에 직접 운전까지 하며 작업장과 항구 사이를 왕래한다. 따라서 제주도에서처럼 물리적인 거리의 이동에만 의존하는 뱃물질의 개념을 적용한다면, 헤구라지마의 아마들도 대부분은 뱃물질을 행하는 아마로 구분하게 된다.

중요한 사실은 배를 사용하는 배경이 시간을 절약하고 편리성을 추구하기 위한 수단이기 때문인지, 아니면 인간의 체력으로서는 도저히 극복할 수 없는 거리이기 때문에 배를 사용할 수밖에 없는 것인가라는 문제와 결부된다고 하겠다. 이 문제와 관련하여 두 지구 해녀를 적용시켜 보면, 헤구라지마의 아마들은 전자에 속하고, 아마마치의 해녀들은 후자에 속한다.

아래에서는 두 지구의 아마에서 대비할 수 있는 속성을 중심으로 검토하고자 한다. 아울러, 이하의 내용은 아마마치와 헤구라지마의 현지에서 직접 청취한 내용과 관찰한 내용을 토대로 하여 비교·분석하였다.[46)]

2) 아마마치 아마의 사례

아마마치海士町에 거주하는 아마들의 동향과 잠수실태에 대해서는 아마마치 자치회 임원진(부회장, 총무 및 회계) 3명을 비롯하여 이소이리조합장(KD씨, 63세)과 그의 부인(59세), 자치회 임원진에서 소개해 준 아마 아주머니 5명[47)] 등으로부터 청취한 내용을 골자로 하여 분석하였다.

---

46) 아마마치와 헤구라지마 아마들의 잠수실태에 대한 내용은 같은 조사단에서 활동한 안미정 (한양대학교 대학원 문화인류학과 박사과정(사회인류학 전공)선생의 도움을 크게 받았음을 밝힌다. 더불어, 이 지면을 빌어 안미정 선생에게 감사의 말을 전하는 바이다.

47) 임원진에서 소개해준 아마 5명은 조사단이 와지마시에 도착한 후에 아마마치자치회 사무로 찾아간다는 연락을 취한 결과, 그 쪽에서 미리 인터뷰할 수 있는 사람을 불러 대기시켜 준 분들이었다.

앞에서 언급했듯이, 아마마치에는 2001년 시점에서 151명의 아마들이 있다. 이들 중에서 아마마치자치회의 임원진으로부터 소개받은 아마 아주머니 5명과 함께 이소이리조합장의 부인으로부터 비교적 오랫동안 인터뷰를 할 수 있었다. <표 4>는 이들 6명의 아마생활과 관련되는 항목을 중심으로 정리한 신상자료이다. 표에서 확인되듯이, 6명의 아마는 연령적으로나 아마경력으로 볼 때 모두가 베테랑 급이다. 그리고 조사시점에서는 6명 모두가 50대로서, ②번의 SZ씨를 제외하면 5명이 1950년대 중반에서 1960년대 중반에 걸쳐 아마생활을 시작한 것으로 나타난다. 일본의 경우도 1950~1960년대 중반경의 농어촌 지역은 여러 모로 가난했기 때문에, 아마마치에서 태어난 여성으로서는 잠수일을 하지 않을 수 없었다고 한다. 이러한 배경은 선조 때부터 주로 바다를 무대로 생활해 왔고, 가정경제에서 현금화할 수 있는 대상도 부족했던 당시로서는 어쩔 수 없이 숙명처럼 받아들여졌을 것이라 여겨진다.

〈표 4〉 아마마치의 사례 아마(海女)에 대한 기본 신상자료(2002)

이름	연령(세)	최초 물질연령(세)	결혼연령 (세)	아마(잠수) 경력(년)	가족 중 아마존재 여부	기타
① HK씨	58	16	25	42	기혼인 두 딸(33세, 27세)	7형제 중 2명이 아마(海女)임.
② SZ씨	58	30	?	28	미혼인 딸(29세)	형제 중 아마는 없음.
③ HM씨	55	16	27	39	미혼인 딸(30세)	4형제 중 본인 혼자만 아마임.
④ NM씨	50	16	26	34	기혼인 두 딸(37세, 36세)	가족 중 여자는 본인 혼자임.
⑤ AJ씨	52	16	27	36	없음	딸(20세)이 있으나, 일반직장에 취직하여 생활하고 있음.
⑥ KD씨	59	13	25	46	미혼인 딸(33세)	딸은 고교졸업 후, 19세부터 물질을 시작함.

자료 : 2002년 8월 현지조사에 의해 작성

6명의 아마 중에서도 잠수경력은 ⑥번인 KD씨가 46년으로 가장 오래되는 것으로 나타난다. 그리고 ②번 SZ씨는 연령에 비해 아마경력이 낮은데, 그 이유는 오랫동안 남편과 함께 큰배(어선)로 어업에 전념하다 보니, 일찍부터 잠수일을 할 수 있는 상황이 되지 못했기 때문이다. ①~⑤번 아마들의 말에 의하면, 잠수일은 대개 13세부터 할 수는 있으나 상품가치가 있는 해산물을 본격적으로 잡을 수 있는 연령은 16세부터라고 한다. 이런 점에서 볼 때, ①, ③, ④, ⑤번 및 ⑥번의 아마는 연령적으로 주변환경에 제대로 동화되면서 아마생활을 시작한 것으로 생각할 수 있다. 특히 ⑥번 아마는 다른 아마들과는 달리, 아마추어의 아마에서 프로의 아마로 가는 코스를 밟으면서 기술과 경험을 쌓은 사례라 지적할 수 있다.

인터뷰 내용 중에서는 한 가지 흥미로운 사실을 파악할 수 있었는데, 그것은 6명의 아마와 같이 현재 50대 이상의 부모세대에 속하는 사람들과 30대 이하의 자식세대에 속하는 사람들 사이에서 나타나는 직업에 대한 인식 차이이다. 다시 말하면, 현재의 부모세대들은 아마라는 직업 선택이 단순한 돈벌이의 차원을 떠나서 가정경제의 한 축(軸)을 떠받쳐야 하는 '시대적인 배경'이 깊게 내재되어 있는데 반해, 자식세대가 생각하는 아마는 단순히 여름철에 재미를 톡톡히 볼 수 있는 돈벌이 직업이라는 이미지가 강하다는 것이다. 따라서 자식세대의 젊은 아마들은 잠수작업 기간인 7~9월 사이의 오후시간에는 시내 중심부로 나가 시간제 아르바이트를 하며 용돈마련에 열을 올린다고 부모세대들은 말하고 있다.

또한 부모세대들은 자신들이 어려운 환경 속에서도 부모의 말에 순종하며 대개 20대 중반에는 결혼까지 하여 가정을 꾸렸다면서,[48] 결혼 적령기에 이르렀는데도 그다지 결혼에 관심을 두지 않는 자식세대들에게 불만을

---

48) <표 3>의 ②번 SZ씨는 인터뷰 도중 자리를 뜨게 되어 결혼 연령 등 몇 가지 사항을 청취할 수 없었다.

토로하는 태도였다. 이처럼 부모세대들은, 자신들에게는 아마라는 직업이 선택이 아닌 필수였고 가정 경제상 잠수일을 하지 않으면 안 된다는 절박감이 있었던 만큼, 잠수일을 하는 과정에서 늘 '돈만 밝히는 자식세대들'의 사고에는 회한과 질타의 생각을 동시에 품고 있었다.

부모세대와 자식세대 사이에는 잠수일을 하게 된 동기에서도 인식의 차이가 확연히 드러난다. 부모세대는 과거에 자신들의 어머니가 잠수일 하는 것을 보고 자연히 배우게 되었는데, 지금의 젊은 세대는 어머니가 잠수일을 한다고 해서 무조건적으로 따라하는 자식은 없으며, 어디까지나 자기 스스로가 필요하다고 느끼지 않으면 하지 않는다는 것이다. 물론 그 필요성이라 함은 돈벌이라는 사실에 귀결되지만, 최근의 경향은 단순히 용돈 벌기의 수준을 떠나 특별한 목적을 위한, 즉 새롭게 유행하는 옷이나 새차新車 등을 구입하기 위해 잠수일을 한다는 것이다. 말하자면, 자식세대들은 부모세대들과는 달리 아마라는 직업에 목적성을 부여하면서 그 목적을 달성하는데 필요한 직업이라는 의식의 변화가 극명하게 나타나고 있다.

이미 지적했듯이, 아마마치의 아마들이 잠수작업을 벌이는 어장은 나나츠지마, 요메구리 및 헤구라지마 주변 수역인데, 그 어떤 어장도 아마마치에서는 멀리 떨어져 위치하고 있다. 그렇기 때문에, 일단 잠수작업을 하는 3개월 동안에는 배를 이용하여 집과 어장 사이를 왕래해야만 한다. <표 5>는 아마마치 아마들이 어장까지 나들이하는 과정에서 서로 이용하는 배와 동승하는 아마수를 정리한 것이다. 아마마치에 거주하는 아마들은 극히 일부의 아마(약 9명)를 제외한 142명이 자신의 배(선장이 남편이거나 부친, 혹은 시아버지의 경우)나 친척의 배 등 총 31척을 이용하는 것으로 나타난다.

집과 어장사이를 왕래하는 배의 선주들은 모두 이소이리조합에 가입돼 있는데, 배들은 어한기漁閑期인 여름철을 제외하면, 주로 자망이나 외줄낚기 방법으로 방어, 돔, 볼락 및 오징어 등을 잡는 어선들이다. 다시 말해,

어선들은 여름철 어한기에 아마들을 실어 나르는 것이기 때문에, 배를 가진 선주나 아마들에게는 동시에 이득이 되는 셈이다.

<표 5>에 제시된 31척의 어선규모는 정확히 파악하지 못했지만, 와지마시 전체의 어선규모를 참고하면 다소나마 이해하는데 도움이 될 것으로 판단된다. 2000년도 와지마시 전체의 어선수는 815척인데, 이중 3t 미만의 어선은 501척으로 61.5%를 차지하고 있으며, 3~5t의 어선은 120척으로 14.7%를 보이고 있다. 따라서 전체의 어선 중 621척(76.2%)이 5t 미만의 규모를 보이고 있어서,[49] 아마마치의 아마들을 실어 나르는 어선도 대략 이 정도의 규모를 가지고 있는 것으로 유추할 수 있다.

〈표 5〉 아마마치(海士町) 아마들이 이용하는 배와 동승하는 아마수(2002)

일련번호	선명(船名)	동승아마수	기타	일련번호	선명(船名)	동승아마수	기타
1	청좌환호(淸左丸號)	7	조합장	17	팔기환호(八起丸號)	6	
2	일환호(一丸號)	8	부조합장	18	해왕환호(海王丸號)	5	
3	청환호(晴丸號)	5	회계	19	부환호(富丸號)	3	
4	진광환호(進光丸號)	2		20	승양환호(昇陽丸號)	6	
5	어승환호(漁勝丸號)	8		21	천용환호(天龍丸號)	7	
6	신수환호(新壽丸號)	2		22	장복환호(長福丸號)	4	
7	용생환호(龍生丸號)	1		23	대기환호(大起丸號)	6	해사(海士) 1명 포함
8	변천환호(弁天丸號)	6		24	천리환호(天理丸號)	3	
9	준환호(隼丸號)	6	해사(海士) 1명 포함	25	보륭환호(寶隆丸號)	2	
10	희길환호(喜吉丸號)	4		26	풍진환호(豊辰丸號)	3	
11	신영환호(伸榮丸號)	2		27	승영환호(勝榮丸號)	1	
12	옥환호(玉丸號)	2		28	일영환호(日榮丸號)	6	

---

49) 輪島市總務部企劃課, 앞의 책(2002), 13쪽.

일련 번호	선명(船名)	동승 아마수	기타	일련 번호	선명(船名)	동승 아마수	기타
13	청영환호(淸榮丸號)	6		29	유즈키환호(ゆづき丸號)	2	
14	웅휘환호(雄輝丸號)	4		30	어생환호(漁生丸號)	7	
15	철진환호(七津丸號)	6		31	북승환호(北勝丸號)	9	
16	요생환호(要生丸號)	3		합계	–	142	

자료 : 이소이리조합 내부 보관자료(2002년)에 의해 작성

한 배에 동승하는 아마들과 선장(선주)은 채취한 어획물을 똑같은 비율로 분배한다. 그러므로 가령 1번 청좌환호(淸左丸號)에는 선주겸 선장인 조합장과 함께 7명의 아마가 동승하여 잠수작업을 하고 있는데, 7명의 아마가 채취한 전체 어획물은 1/8의 비율로 나누어 갖는 셈이 되는 것이다. 청좌환호에 동승하는 아마들의 구성을 보면 부인과 딸, 선장 쪽 친척이 2명, 나머지 3명은 인근에 거주하는 아마들이다. 이와 같은 분배방식은 이노치즈나(생명줄)를 허리에 메고 개별적으로 소라와 전복을 캐던 시절 이후에 보편적으로 행해진 것이라 한다. 결국 7명의 아마들은 연령과 체력 혹은 기술 정도가 다르기 때문에, 개인별로 소라나 전복을 채취하는 양에서도 차이가 나타나게 마련이다. 그렇지만 일단 같은 배를 타기로 약속된 이상은 많이 잡든 적게 잡든 관계없이 판매한 금액을 똑같이 나누는 분배방식을 취하고 있다. 조합장과 그의 부인의 말에 의하면, 오래 전부터 행해져온 분배방식이라고 하나, 구체적으로 언제부터 시작되었는지는 확인하지 못했다.

어떻든 배를 가진 선장도 아마 1인 역으로 계산하게 되는데, 청취한 내용에 의존하면 그래도 선장의 입장에서는 다소 손해를 보는 셈이라 하였다. 그 이유는 배 자체가 1,000~1,500만엔(5t 기준)으로 재산적 가치를 지니고 있기도 하고, 또한 각종 고장에 따른 배의 수리비나 운항에 필요한 연료비는 선장 혼자서 감당해야 하기 때문이라 한다. 충분히 납득할 수 있는 부분이다.

그런데 동승하는 아마는 해에 따라서 바뀔 수도 있다고 했다. 즉, 1년간을 주기로 하여 다시 다음해에도 동승할 것인지를 결정하게 된다고 했는데, 이 배경에는 개별적인 능력 차이가 미묘하게 작용할 수도 있다는 판단이 들었다. 그래서 더 더욱 동승하는 아마는 아주 가까운 친척이 아닌 경우에는 4번, 6번, 7번, 11번 어선 등의 사례에서 보듯이, 1~3명 정도의 아마로만 구성하여 잠수작업을 벌이는 경우도 많다. 동승하는 아마가 2명 미만으로 구성된 경우에는 대부분이 가족으로 선장의 부인과 딸 또는 며느리가 포함된다. 물론, 부인이 나이가 많을 때는 두 명 모두가 딸이거나 딸과 며느리의 구성이 될 수도 있다.

잠수어장은 하루하루의 채취하는 양(수입)에 따라 결정할 수 있다. 그러므로 소라나 전복을 주로 잡는 3개월 동안은 매일 전체적인 채취량을 점검해 보고, 다음날의 어장은 나나츠지마 수역으로 정할 것인지, 아니면 헤구라지마 수역으로 정할 것인지를 의논하여 결정할 수 있다.

한편, 9번과 23번의 어선의 경우는 해사(海士)가 한사람씩 끼여 있는데, 아마마치와 헤구라지마 두 지구를 통틀어 해사는 이들 2명뿐이다. 그것도 잠수경력은 3~4년 정도밖에 되지 않았으며 연령은 25세와 44세로 젊은 사람들이다. 안타깝게도 두 사람이 잠수활동을 행하게 된 직접적인 계기는 들을 수 없었으나, 일본 내에서의 해사는 한국사회와는 달리 희소가치를 느낄 수 있을 정도는 아니다.[50]

아마마치에는 해사가 그다지 자리를 잡지 못한 형편이지만, 일본 내 다

---

50) 田辺悟의 연구에 따르면, 일본 내의 해사(海士)는 북쪽의 아오모리현(靑森縣)을 비롯하여 후쿠시마현(福島縣), 지바현(千葉縣), 가나가와현(神奈川縣), 도쿠시마현(德島縣), 에히메현(愛媛縣)과 남쪽의 오키나와현(沖繩縣)에 이르기까지 상당히 많은 해안 어촌과 도서지방에 분포하는 것으로 확인된다(田辺悟, 앞의 책(1990), 71쪽). 아울러, 필자도 2003년도 8월 일본 조사시에 지바현 시라하마마치(白浜町)와 에히메현 미사키초(三崎町)에서 해사를 만나 인터뷰를 하기도 하고, 잠수작업 광경을 직접 목격하기도 했다(제주일보, 2003년 9월 16일자 22면, 제주시론(정광중, 「제주도의 잠수어업은 유지할 수 있을 것인가」)).

른 지역에는 해사가 주를 이루는 해안어촌도 많다. 그리고 지금은 정확히 파악할 수 없지만, 타나베사토르田辺悟가 조사했던 1973년도에는 같은 노토 반도의 하쿠이시羽咋市 타키마치瀧町에도 해사가 있었던 것으로 알려지고 있다(<그림 1>참조).[51]

2) 헤구라지마 아마의 사례

헤구라지마舳倉島에는 섬에 거주하는 사람들을 대표하여 여러 가지 일을 관장하고 처리하는 사람이 있는데, 그 대표자를 구장區長이라 한다.[52]구장 은 와지마어협의 사무와도 관련하여 마을 대표직을 겸하고 있다. 특히, 헤 구라지마 아마의 동향과 잠수실태에 대해서는 조사시점에서 구장직을 맡 고 있던 YU씨(60세)와 그의 부인(58세), 전 구장직을 맡았던 MS씨(남, 72세), 10 대와 20대의 젊은 자매 아마[KO씨, 16세(동생) 및 21세(언니)], 와지마어협 직원인 HM씨(남, 35세), IZ씨(남, 30세) 및 SN씨(남, 33세) 등으로부터 청취한 내용과 잠수 현장에서 직접 관찰한 내용을 토대로 하여 검토·분석하였다.

2001년도 헤구라지마의 아마수는 72명으로, 아마마치에 거주하는 아마 수에 비교하면 약 반수 정도의 인원이다. 이들은 거의 대부분이 헤구라지 마 주변 어장에서 잠수일을 하기 때문에, 아침 8시 정도부터 준비작업에 들어간다. 즉 잠수복과 모자의 손질이나 배에 싣고 갈 다라이나 우키부쿠 로, 물안경, 물갈퀴, 손장갑, 전복용 오비가네, 신호용 작은 깃발 등을 한곳 에 정리해 두거나 또는 미리 배에 실어둔다.

---

51) 田辺悟, 앞의 책(1990), 667~670쪽.
52) 구장의 임기는 2년으로, 대개 16개 구미(組)의 대표가 사전에 모여 의논한 후 구두로 결정한 다. 그러나 구장이라는 직책은 봉사직이기 때문에, 최근에 와서는 대부분이 바쁘다는 이유로 직책을 피하거나 거절하는 경향이 많아, 16개 구미 대표들이 특정인에게 부탁하는 형식으로 처리진다.

〈사진 4〉 헤구라지마 아마들이 사용하는 모터 배(2002)

잠수작업 시간은 오전 9시 정각부터이기 때문에, 대개 8시 40분 정도가 되면 배에다 잠수복과 여러 가지 도구를 싣고 작업현장(어장)까지 이동한다. 이 때 작은 모터 배들이 이동하는 모습은 한마디로 장관이라 할 수 있다. 작은 섬에서 수십 명의 아마들이 한꺼번에 항구로 나와 저마다 자신의 배에 혹은 평소 같이 이용하는 친구나 친척의 배에 각종 도구와 몸을 싣고 일제히 물살을 가르며 어장으로 향하기 때문이다. 서로가 그다지 떠들며 얘기하는 모습도 없이 습관적으로 몸을 배에 싣자마자, 배의 모터를 키고는 순식간에 항구를 빠져나가는 것이다.

어장까지 이용하는 배는 모터가 달린 작은 배로 2~4인 정도 승선할 수 있는 규모이다〈사진 4〉. 구태여 톤수로 지적하자면 0.5t 정도이다. 그리고 일부는 비교적 큰배라 할 수 있는 고기잡이용(3~5t) 어선으로 이동하는 아마들도 있다. 모터가 달린 작은 배에는 혼자서 타기도 하고, 모녀지간인 둘이서 혹은 친구나 친척 등을 포함해도 3~4명이 어울려서 타기도 한다. 물론 모터용 배는 아마들이 직접 운전하여 어장을 오간다. 그리고 고기잡이용 배로 어장까지 이동하는 아마는 점심시간이 가까워지면 가족인 남편이나 부친이 다시 어장으로 데리러 온다. 이 때 배를 운전하는 선장은 자신의 부인이나 딸의 위치를 잘 모를 수도 있지만, 다라이나 우키부쿠로에 꽂아놓는 삼각기의 색상을 보고 가족 근처로 다가가곤 한다. 섬 주변의 어장은 아무리 멀어도, 배로는 10분 이내의 거리이기 때문에 크게 문제되는 일은 없다. 그리고 아마들이 삼각기가 달린 깃발을 사용하는 진짜 이유는 어선들이 잠수어장 부근을 지나면서 자신들을 치지 않도록 사전에 그 위치를 알리기 위해서이다.

아마들의 잠수복은 배를 타고 이동하기 전에 집에서 미리 갈아입고 나오기도 하고, 더러는 배를 타고 어장으로 이동하는 과정에서 갈아입기도 한다. 또한 어장에 도착한 후, 시작 사이렌을 기다리면서 갈아입는 아마들도 있다. 중요한 사실은 정각 9시부터는 사이렌

〈사진 5〉 헤구라지마의 노령층 아마들의 잠수 직전 모습(2002)

소리에 맞추어 잠수일을 시작해야 하기 때문에, 집에서든 또는 배 안에서든 작업을 위한 개인별 준비는 어느 정도 완료해야 한다는 점이다.

구장의 말에 의하면, 헤구라지마는 섬이기 때문인지는 모르나 조류가 상당히 심한 편이라 한다. 그리고 바람도 자주 일기 때문에, 매일 이른 아침이 되지 않으면 아마들이 잠수하는 어장도 정할 수가 없다는 것이다. 섬 안에서나마 아마들의 잠수광경을 관찰하고 싶어서, 다음날 잠수할 어장의 위치를 물어봐도 날이 밝아 봐야 알 수 있다는 대답뿐이었다. 그리고 그 대답은 실제로 피부에 와 닿는 듯 했다. 이튿날 오전 8 : 30분 경부터 항구 앞에서 아마들이 탄 소형배가 어느 방향으로 가는지를 살핀 후, 이동하는 방향대로 섬 내의 도로를 따라가 보았는데, 아마들은 섬의 북동쪽 연안에 일제히 몰려있음을 확인할 수 있었다.

한편 일부 노년층 아마들(최소 70세 이상으로 보였음)은 배를 이용하지 않고 섬 안에서 3륜 자전거에다 필요한 잠수용 도구들을 싣고 자신들이 자주 가는 어장으로 이동한 후에, 물가에서부터 어장 쪽으로 헤엄쳐 나가며 작업을 시작했다〈사진 5〉. 그러나 이런 노년층 아마들은 대략 5~6명 내외로 보였다. 그리고 헤구라지마에는 아마마치를 포함하여 가장 연령이 많은 85세의

아마가 있는데, 이 노아마도 전복 채취량은 많지 않았지만 소라는 생각보다 많은 양을 채취하고 있었다.[53] 70세를 넘은 일부 아마들도 거동이 불편하지 않는 이상은 배를 타고 어장으로 나간 후, 수심이 다소 낮은 곳에서 작업을 하고 있었다.

정각 9시 사이렌이 울리면, 아마들은 일제히 물 속으로 들어가 본격적인 잠수작업을 시작한다. 작업과정에서는 10여명 정도가 그룹을 이루어 활동을 하기도 하고, 또는 2~4명씩 조를 이루어 부근 수역에서 작업을 한다. 그러므로 매일 매일의 날씨에 따라 자연히 잠수어장의 공간이 정해지기는 하나, 그렇다고 해서 작업하는 어장 수역이 극한적으로 한정되는 것은 아니다. 전체적으로 작업하는 현장을 살펴보면, 한쪽 방면의 수역에서 길게 띠를 이루면서도 군데군데 아마들이 몰려 있기도 하고, 또 어떤 지점에는 단지 몇 명만이 떨어진 채 작업하는 상황이었다.

구장의 말에 따르면, 아마들이 채취하는 전복의 양은 20여 년 전에 비해 1/100로 줄어들었다고 한다. 그리고 구장은 전복을 담는 검은색 플라스틱제 바구니(<사진 6>)로 아마 1인당 3~4개 정도의 분량을 잡았으며, 크기도 지금 보다 훨씬 컸다고 강조했다. 또한 과거에는 한 번 잠수하면 전복을 3개 정도는 거뜬히 잡았다는 말을 덧붙였다. 특히, 구장은 요즘에 작은 소라가 많아지고 있다면서, 환경오염의 영향은 아닌지 하고 우려하는 모습이었다. 물론, 이상의 말을 그대로 다 받아들일 수는 없다고 하더라도, 그만큼 최근에 이르면서 어장환경이 많이 악화된 것만큼은 사실인 듯 했다. 이점은 수매를 담당하는 어협조합 직원들의 입을 통해서도 어느 정도 확인할 수 있었다. 그러나 무엇보다도 과거에 비해 자원의 부족현상을 초래하

---

53) 어협 헤구라지마출장소 직원에게 노아마로부터 수매한 내역을 들어 봤더니, 8월 28일의 수매량이 전복 1kg, 소라 20kg이었다. 아울러, 같은 날 가장 많이 채취한 사람은 전복 13kg, 소라 40kg이었다.

게 된 배경은 고무 잠수복의 등장 이후라는 말을 하기도 했다.

이와 같은 자원부족과 어장환경의 황폐화와 관련하여, 이시카와현을 중심으로 한 관련기관에서는 헤구라지마 남서쪽 약 1km 지점의 해저에 대규모 전복 증식장을 건설하기에 이르렀다. 이 사업은 1985년부터 1991년까지 6년에 걸쳐 총 사업비 8억 8,000만엔을 쏟아 부은 대규모 사업인데, 사업내용은 해저에 콘크리트로 블록을 만들어 자연산 전복의 착상을 도모하고 방류한 전복 종패가 다른 어종에 먹히지 않도록 반인공적 환경을 조성하는 것이었다. 결과적으로, 이 사업은 노토반도 주변에서는 최초로 해양자원을 양식한다는 차원의 중요한 의미를 내포하게 되었다.[54]

이어서 헤구라지마의 구장 부인과 2명의 젊은 아마로부터 청취한 내용을 중심으로 정리하기로 한다. 구장 부인인 YU(F)씨는 중학교를 졸업하고 나서(16세) 본격적으로 잠수일을 하기 시작했다. 따라서 아마생활의 시작은 아마마치에서 청취한 많은 아마들과 똑같은 시기라 할 수 있다. 결국, 두 지구를 통틀어서 아마생활을 시작하는 연령층이 대략 16세 전후임이 재차 확인된 셈이다. YU(F)씨는 최초 아마였던 어머니를 도우면서 잠수일을 시작하였으며, 현재 자신의 둘째 딸(28세)도 중학교 1학년 시절부터 자신을 도와 잠수일을 하고 있다고 했다.

YU(F)씨는 현재의 구장인 YU씨와 25세에 결혼하였고, 결혼한 후에도 쉬는 기간 없이 아마생활을 해왔기 때문에 그 경력은 42년이다. 잠수기간 중에 YU(F)씨와 딸은 짝이 되어 작업을 하며, 작업하는 과정에는 서로에게 의지할 수 있어 마음 든든하다고 한다. YU(F)씨는 과거에 임신 9개월 상태의 몸으로도 잠수일을 한 경험을 가지고 있으며, 이런 경험은 헤구라지마나 아마마치의 다른 아마들도 대부분 경험하는 일이라 한다. 그리고 출산 후

---

54) 海士町開町350年記念誌編纂委員會, 앞의 책(1997), 110쪽.

약 1개월이 지나면, 잠수일을 재개하며 또 대개는 모든 아마들이 생리중일 때에도 잠수일은 계속한다고 했다.

남편이자 구장인 YU씨는 평소 7t형 배를 가지고 어업에 종사한다. 아들도 10t형 배를 가지고 와지마항을 기점으로 하여 어업에 종사하고 있으나, 특별히 서로 돕거나 하는 일은 그다지 없다고 했다. 부인인 YU(F)씨도 잠수일을 하지 않는 시기나 계절에는 남편을 도와 그물을 치기도 하고 끌어당기기도 한다. 그러나 남편 혼자서 채낚기(외줄낚기) 방법으로 돔과 방어 등을 낚을 때는 별로 도움이 필요 없기 때문에, 자신은 한동안 밀린 집안 일을 처리하거나 또는 채소를 가꾸거나 한다. 딸은 잠수일이 끝나는 10월부터 다음해인 6월까지는 주로 아마마치의 집에 머물면서, 시내의 여러 곳에서 아르바이트를 한다. 그러나 YU씨와 부인은 배를 헤구라지마항구에 항상 정박시킨 채 1년 중 대부분의 기간을 어업에 전념하다가, 아마마치에서 마을 단위의 마츠리(祭)나 오봉(8월) 또는 기타 중요한 볼일이 있을 때만 아마마치로 잠시 건너가곤 한다.

YU씨와 그의 가족은 아마마치와 헤구라지마에 거주하는 사람들의 자치조직인 16개의 구미(組) 중 오니시(大西組)에 속해 있으며, 평소에 자주 다니는 진자(神社)는 오와다진자(大和田神社)이다. 오니시구미는 총 43호로 구성되어 있다. 오와다진자는 니시구미(西組, 약 30호)의 사람들과 같이 사용하는 전통을 지키고 있으며, 1년에 3~4일은 오와다진자를 중심으로 벌어지는 정기적인 행사[특히, 8월 오봉(お盆)]를 같이 하며 지낸다고 한다.

YU(F)씨는 잠수일을 하는 어장이 매일 달라지기 때문에 소라나 전복 혹은 에고를 채취하기 위해 잠수하는 수심도 항상 일정하지 않다고 했다. 어장의 위치나 또는 해산물의 종류에 따라서, 가령 에고나 전복은 17~18m의 수심까지 잠수해야 하는 경우가 많으며, 소라는 10m 이하인 곳에서 얼마든지 채취할 수 있기에 다소 수월하다고 했다. YU(F)씨는 평균적으로 10

~15m의 수심에서 주로 작업을 하며, 특히 에고는 수익성이 높은 해초여서 간혹 무리한 잠수를 하는 경우도 없지 않다고 했다.

YU(F)씨는 보통 작업 시에 5kg의 납을 허리에 차며 딸은 3kg의 납을 찬다. YU(F)씨는 자신과 같은 50대 이후의 아마들은 젊은 사람들보다 몸에 지방분이 많고, 또 중년 이후가 되면 발에 힘이 많이 빠지기 때문에 납의 중량을 다소 무겁게 하지 않으면 안 된다고 하였다. 그리고 잠수 시에는 반드시 물갈퀴(아시히레)를 착용하여 작업한다고 했다. 그것은 물갈퀴를 사용하면, 다소 체력이 떨어지더라도 쉽게 깊은 곳까지 들어가거나 혹은 수면 위로 올라오는 일이 훨씬 수월하기 때문이다. 그리고 YU(F)씨는 이노치즈나를 허리에 동여매고 잠수하던 전통적인 방법이 갑자기 사라지게 된 것도 물갈퀴의 등장이 한 몫을 했다고 한다.

청취조사한 날인 8월 27일에 YU(F)씨와 딸은 소라 50kg와 전복 1kg을 했다. 2일전의 수매가가 소라는 kg당 1,200엔, 전복이 14,000엔이기 때문에, 환산하여 합산하면 하루에 약 74,000엔의 수입을 올린 셈이다. 이 정도의 수입은 교육 공무원 월급의 거의 1/3에 해당하는 수준이다. 나아가, 이 금액을 7~9월 동안의 작업일수인 86일(2주 4주 토요일 휴무)을 곱해 보면, 총 수입은 약 6,360,000엔이 된다.[55] 이 금액은 단순하게 처리한 계산이기는 하나, 일반 직장인의 1년간 수입을 훨씬 초과하는 금액이다. 물론 모녀의 두 사람 몫이기는 하나, 3개월 평균 수입은 2,121,333엔이라는 계산도 나온다. 이와 같은 정황에서 보면, 아마마치나 헤구라지마의 아마들은 개인적인 차이는 있겠지만, 3개월 동안의 잠수작업으로 벌어들이는 수입은 꽤 괜찮은 편이라 해도 좋을 듯 하다.

헤구라지마에서는 한 가지 흥미로운 사실을 직접 목격할 수 있었다. 그

---

55) 작업일수는 각 달의 2주와 4주 째의 토요일을 제외하면, 7월과 8월은 29일, 9월은 28일이 된다. 따라서 각 월별 수입으로는 7월과 8월은 각각 2,146,000엔, 9월은 2,072,000엔이 된다.

것은 이곳의 아마들도 잠수하기 전에 준비하는 것 중의 하나가 물안경의 내부를 닦는 일인데, 그 재료가 바로 제주도 해녀들이 항상 사용하는 쑥[일본어로는 요모기(よもぎ)라 함]이었던 것이다. 물론 쑥의 쓰임새는 물안경의 내부가 흐려지는 것을 방지하기 위해 안쪽 유리면을 닦는데 있다. 어떻게 해서 제주도와 똑같은 재료를 사용하게 되었을까 궁금하여 그 경위를 물어보았지만, 간단하게 옛날로부터 써왔다는 대답뿐이었다. 잠수복이나 여러 가지 도구가 현대화되었음에도 불구하고, 물안경을 닦는 재료는 아직도 쑥을 사용하고 있다는데 놀라지 않을 수 없었다. 섬 주변을 도보로 일주하다보니, 쑥은 아무 데서나 구할 수 있을 정도로 흔하게 자라고 있었다.

와지마어협 수매장 앞에서는 어머니를 대신해서 소라를 들고 나온 자매 아마를 만날 수 있었다. 이들 두 자매는 자신들의 어머니와 함께 세 사람이 같이 잠수일을 한다고 했다. 특히, 동생은 올해 중학교를 졸업하고 나서 (2000년 3월) 처음으로 잠수일을 시작하였으며, 언니도 어머니의 잠수일을 보면서 저절로 배웠다고 했다. 소라와 전복을 판매한 금액은 전부 어머니가 통장으로 관리하고, 수입의 일부만을 용돈으로 받는다고 하였다.

잠수일이 끝나는 10월부터는 부모 및 남동생(19세, 부친과 함께 어업에 종사)과 함께 가족 모두가 아마마치의 집으로 건너간다고 했다. 그리고 두 자매와 어머니가 채취한 소라는 총 70kg이나 되었다.[56] 세 사람이 채취한 소라의 양을 앞에서 제시했던 수매값으로 환산해보면, 84,000엔이 되며 다시 세 사람 몫으로 나누면 28,000엔이라는 계산이 나온다. 젊은 사람들 입장에서 계산해보면, 보통 와지마 시내에서 시간당 아르바이트비가 2,200~2,300엔 정도이므로 28,000엔이라는 수입은 적어도 시내에서 12시간 이상 일을 해야만 벌 수 있는 금액이다.

---

56) 전복의 양은 알 수 없었는데, 그 이유는 잠수작업이 끝나자마자 모친이 먼저 어협 수매장을 들러 귀가해버렸기 때문이다.

이런 배경을 고려할 때, 젊은 세대들에게도 3개월 동안의 아마생활은 매력이 넘치는 일자리로 생각할 수도 있다. 잠수일은 분명히 괴롭고 힘든 일이지만, 여름철에 한시적(3개월간 1일 4시간 반)으로 일을 하여 두둑한 용돈을 챙길 수 있는 기회가 된다면, 그리고 같은 일을 하더라도 가족인 어머니나 언니와 함께 서로 의지하며 행할 수 있는 상황이라면, 두 지구의 젊은 세대들에게는 아마라는 직업도 분명히 한번은 해보고 싶은 직업이 될 수도 있다는 것이다.

4. 주요 해산물의 생산동향과 판매실태

1) 주요 해산물의 생산동향

아마마치나 헤구라지마의 두 지구는 어업에 종사하는 가구가 많은 것이 사실이지만, 어선규모가 작고 연안어업에 주로 의존하고 있다는 측면에서는 상당히 영세한 편이라 할 수 있다. 따라서 두 지구가 대형어촌의 성격을 띠지는 않는다. 그러므로 가정 경제적 측면에서는 여성들의 잠수업에 의한 부수입도 매우 중요한 일면을 띤다고 할 수 있다.

아마마치와 헤구라지마의 두 지구에서 아마들이 주로 채취하는 해산물은 소라, 전복, 에고, 미역, 굴 및 해삼 등이다. 그러나 필자를 비롯한 조사팀이 조사차 현지에 도착했을 때는 소라, 전복, 에고를 주로 채취하고 있었으며, 실질적으로 아마들이 가장 수입을 많이 올릴 수 있는 해산물도 이들 세 품목이었다.

우선, 품목별 판매실태를 검토하기에 앞서, 최근 5년 동안 헤구라지마에서 어획되는 패류, 어류 및 해초류의 어획량과 생산액의 변화를 살펴보고자 한다. <표 6>을 보면, 헤구라지마에서 가장 많이 어획되는 것은 어류로서, 2000년 총어획량이 345,841kg, 생산액은 2억 4천 422만 3,000엔으로 전체 생산액의 79.5%를 차지하고 있다. 1년을 통틀어 가장 많이 잡히는 주요 어종은 방어, 도미, 볼락, 오징어의 4종이다. 어류는 5년 동안의 추이를 보면 1999~2000년 기간에 다소 감소하기는 하였으나, 다른 해산물에 비해서는 상대적으로 변화의 폭이 적게 나타난다. 이런 점에서 볼 때, 헤구라지마에 거주하는 어민들의 가장 안정된 수입원이라 할 수 있다.

〈표 6〉 헤구라지마에서 어획되는 패류·어류 및 해초류의 어획량과 생산액

구분		1996년	1997년	1998년	1999년	2000년
전복	어획량(kg)	3,470	3,480	2,152	2,391	1,590
	생산액(千円)	32,098	31,515	19,966	22,941	14,445
소라	어획량(kg)	26,756	65,407	140,711	125,526	54,062
	생산액(千円)	25,516	52,234	113,062	87,013	44,790
어류	어획량(kg)	425,833	368,286	407,760	327,620	345,841
	생산액(千円)	330,908	303,699	335,277	264,942	244,223
해초류	어획량(kg)	6,041	7,254	2,659	44	5,198
	생산액(千円)	17,375	12,686	13,636	273	23,778
총생산액(千円)		405,897	400,134	481,941	375,169	307,235

자료 : 와지마시 총무부 기획과 자료(2002)에 의함

다음으로 많은 생산액을 올리고 있는 것은 소라다. 소라는 1998~1999년을 정점으로 하여 전년도와 후년도(2000년)에는 어획량이 크게 감소해 있는 실정이다. 2000년 시점에서는 전체 생산액의 14.6%를 차지할 정도로, 아마들이 잠수업으로 벌어들이는 해산물 중에서는 가장 중요한 소득원임을 확인시켜 주고 있다. 특히, 소라는 일시적이기는 하나 1998년에는 전체

생산액의 23.5%를 차지할 정도로 호황기를 맞기도 하였다.

전복은 최근 5년 동안 어획량의 지속적인 감소추세를 보이는 가운데, 가정경제에 미치는 영향력도 점차 감소하고 있는 것으로 예견할 수 있다. 전체 생산액에서 차지하는 비율도 1996년 7.9% → 1997년 7.9% → 1998년 4.1% → 1999년 6.1% → 2000년 4.7%로 점점 하향곡선을 그리고 있어, 앞으로 아마들의 수입원으로서 그 위치마저 흔들릴 수 있는 상황을 엿보게 하고 있다. 더욱이, 전복은 최근까지 꾸준하게 종패사업을 실시해오고 있지만, 사업의 지속성을 잃을 경우에는 더욱 큰 폭의 하향곡선을 그릴 수 있는 가능성도 배제할 수 없다. 어떻든 아마들의 입장에서 보면 소라와 전복은 어느 하나도 빠뜨릴 수 없는 소중한 자원인 동시에, 예나 지금이나 여전히 가정경제의 중요한 버팀목 역할을 하고 있다고 할 수 있다.

마지막으로 해초류는 주로 에고와 미역이 주를 이루고 있는데, 생산액으로는 압도적으로 에고가 많다.[57) 에고는 출하처가 정해져 있는데다가 최근에 판매가격도 꽤 좋은 편이라 한다. 따라서 당분간 아마들에게는 소라, 전복과 함께 주수입원으로 군림할 것이 분명하다. 이러한 예측은 비록 미역의 생산액까지 가산되어 있기는 하지만, 2000년 전체 생산액의 7.5%를 차지한다는 사실에서 충분히 그 가능성을 엿볼 수 있다. 나아가 이 비율은 같은 해 전복의 생산액을 훨씬 웃도는 비율이며, 소라가 차지하는 비율의 반을 넘어서고 있다는 사실에도 주목할 필요가 있다.

2) 소라, 전복, 에고의 수매과정과 판매실태

이 절에서는 조사기간 중에 와지마어협 헤구라지마 출장소에서 행해진

---

57) 구체적인 통계자료가 없기 때문에 헤구라지마의 구장인(YU씨)와 그의 부인의 증언에 의존한 것이다.

소라, 전복 및 에고의 수매과정을 바탕으로 검토하고자 한다. 더불어, 아마마치의 아마들이 채취한 소라, 전복, 에고 등의 수매과정과 방법에 대해서는 조사할 기회가 없었기 때문에, 헤구라지마에서의 그것과는 다소 차이가 있을 수도 있다.

헤구라지마의 아마들이 채취한 소라, 전복 및 에고는 항구 바로 앞에 건립된 어협 출장소 건물 내와 주변 선착장에서 수매한다. 이들 세 품목은 수매시간이나 방법 등 모두가 다르다. 먼저 전복은 아마들이 잠수작업이 끝나는 대로 곧바로 출장소 건물 내로 가지고 오며, 어협 직원들은 전복의 수매기준(암수별, 흠집여부)을 토대로 계측한다. 아마들은 계측된 수치가 찍힌 전표를 건네 받는 것으로 일단락 수매과정이 끝나는데, 아마 1인당 걸리는 시간은 대부분이 3분 내외로 매우 짧다.

어협 출장소 건물 내에는 대형 및 소형 저울과 전복을 종류별로 넣을 수 있는 플라스틱제 바구니가 놓여져 있다(<사진 6>). 아마들이 전복을 가지고 건물 내로 들어오면, 바닥에 깔린 하얀색 고무판 위에서 암수판별과 상처 유무를 확인한 후에 무게를 단다. 이 때 어협 직원 1명은 전표를 들고 전복의 무게를 계측하며 나머지 한사람은 암수판별과 상처유무를 확인한 후에, 수매기준 별로 진열된 4개의 플라스틱제 바구니에 넣는다.58) 그리고 곧바로 옆 건물의 수조에 담그게 된다.

전복의 수매시간은 잠수작업이 끝나는 2시 30분에서 3시 사이에 대부분 마무리된다. 말하자면 전복의 전체 수매시간은 약 30분 내외로 아주 짧다는 것이다. 이것은 가능하면 빨리 수매를 끝내고, 전복을 살아 있는 채로 수조에 보관하기 위해서이다. 또한 어장에서 수매장까지 이동하거나 수매하는 과정에서 죽는 것을 방지하기 위해서이기도 하다. 수조에 보관했던

---

58) 죽은 전복은 따로 구분해서 바구니에 넣지 않고 전표에만 기재한다.

전복과 소라는 다음날 3시에 출발하는 정기선에 실어 와지마어협 아마마치 지부로 가게 되는데, 이것들은 다시 다음날 경매에 붙여진 후 각지로 판매된다. 판매금액은 경매를 통해 판매된 이후에 아마 개인별로 정산하여 지급된다.

〈사진 6〉 전복 수매모습(2002)

그런데, 일본 내에서는 전복을 흑전복[쿠로아와비(黑鰒)], 적전복[아카이와비(赤鰒) 또는 메가이아와비(目貝鰒)], 마다카아와비まだかあわび 및 에조아와비ぇぞあわび 등으로 구분하지만, 헤구라지마에서는 암수판별 이외의 구별은 하지 않으며 또 주변 수역에는 주로 적전복(현지에서는 축약해서 '아카'라고만 한다)만 서식한다고 한다.

전복의 수매과정에서는 몇 가지 기준을 토대로 하여 5등급으로 구분된다. <표 7>은 수매기준에 따라 수매한 전복 2일분의 실적을 정리한 것이다. 우선 수매기준에 따라 가장 값이 비싼 순서대로 열거해 보면, ① 수컷이면서 상처가 없는 것(전복 A) ② 수컷이면서 상처가 있는 것(전복 B) ③ 암컷이면서 상처가 없는 것(전복 C) ④ 암컷이면서 상처가 있는 것(전복 D) ⑤ 암수구별 없이 죽어버린 것(전복 E)이다. 여기서 숫전복과 암전복의 가격차이는 약 3,000~4,000엔 정도이고, 상처의 유무에 따른 가격차이는 약 2,000엔 정도이다. 숫전복이 암전복에 비하여 비싼 이유는 살이 훨씬 많기 때문이라 한다.

5등급으로 나누어 수매한 전복의 수매량의 사례를 보면, 이틀간 모두 '전복 A'가 가장 많은 양을 보이고 있으며, '전복 B'와 '전복 C'의 경우는 이틀간의 측정치로는 평소에 어느 등급이 많이 차지하는지 판정하기가 불가능했다. 어협 직원의 말에 따르면, 8월 27일은 오봉과 마츠리가 끝난 이틀째인데, 유난히 전복 채취량이 적었다는 것이다. 8월 28일에는 전복 채취량이 많이 회복된 것이라 했는데, 이 수치를 헤구라지마의 전체 아마수로 나누면 1인당 0.76kg의 전복을 캐는 것으로 나타나며, 표에 제시된 작업인수로는 1인당 2.2kg으로 나타난다.

〈표 7〉 전복의 수매기준과 수매실적(2002년)

구분	수매기준		8월 27일 총 수매량(kg)	8월 28일 총 수매량(kg)	수매시 명칭
	암수	상처여부			
전복 A	수컷	×	10(66.7%)	30(54.5%)	아와비(あわび)
전복 B	수컷	○	2(13.3%)	5(9.1%)	미츠키아와비(身付あわび)
전복 C	암컷	×	2(13.3%)	15(27.3%)	히라가이
전복 D	암컷	○	1(6.7%)	5(9.1%)	미츠키히라가이(身付平貝)
전복 E	죽은 전복		·	·	그 외(その他)
총계	–		15(100.0%)	55(100.0%)	
작업인수(명)	–		16	25	

주 : 2일동안 죽은 전복은 단 한 개도 없었음
자료 : 2002년 8월 현지조사에 의해 작성

그러나 <표 7>에 제시된 작업인수와 실제로 전복을 채취한 아마수와는 전혀 다르다. 그 이유는 전복의 수매에서는 1가구 당 한 사람만이 대표로 가지고 오기 때문이다. 그래서 한 가구에서도 실제로 2~3명이 같이 채취하는 경우도 많은 것이 사실이며, 이러한 배경을 고려한다면 이틀동안에 전복을 채취한 아마수는 날짜별로 최소한 10명 이상은 증가하게 된다. 궁극적으로 말하면, 아마들이 하루 4시간 반 정도 잠수일을 하더라도, 단 1개의 전복을 채취하지 못하는 경우도 능히 있을 수 있다는 것이다.

전복에 이어서 소라의 수매는 채취한 당일 오후 보통 4시 이후부터 시작된다. 일단 소라는 개인별로 채취한 양이 많고, 소라의 생리적 특성상 물이 없는 곳에서 다소 오래 보관하더라도 큰 문제가 발생하지 않는다는 전제가 배경에 있다. 또한, 소라는 크기에 따라 대·중·소 3등급으로 구분하여 수매하기 때문에, 채취한 후에 다소간 분류하는데 시간이 필요하기도 하다. 그런 이유 때문에, 소라는 어장에서 잡을 때부터 크기별로 구분해 놓기도 하고, 집으로 돌아온 이후에 구분하여 수매장까지 가지고 오는 경우도 있다. 그러나 아무리 잡은 양이 많아도 크기별로 분류하는데 걸리는 시간은 15~20분 정도면 충분하다.

〈표 8〉 소라의 크기별 수매실적(2002)

구분	8월 27일(kg/%)	8월 28일(kg/%)
대	300(15.8)	300(19.7)
중	840(44.2)	600(39.5)
소	760(40.0)	620(40.8)
총계	1,900(100.0)	1,520(100.0)
작업인수(명)	58	55

자료 : 2002년 8월 현지조사에 의해 작성

소라 크기는 대大가 몸체의 직경 8cm 이상, 중中은 직경 6.5cm, 소小는 5cm이다. 물론 5cm 이하의 소라는 채취할 수 없다. 소라의 수매는 출장소 건물 앞 선착장에서 행해지는데, 아마들이 분류한 소라를 가지고 오는 순서대로 어협이 준비한 소라 수매용 전용상자 (파란색 플라스틱제)에 넣고 무게를 다는 것으로 마무리된다. 물론 아마들에게는 소라 무게를 기입한 전표가 건네 지고, 수매한 소라는 상자 째로 곧바로 보관용 수조로 들어간다. 소라 수매용 전용상자는 1개당 20kg씩 넣을 수 있는 규격이다.

<표 8>은 2일간의 소라 수매실적을 나타낸 것인데, 전체의 수매량 중에서는 중과 소의 소라가 많은 양을 점하고 있음이 분명하게 드러난다. 몸

체 8cm 이상의 대형 소라는 전체 수매량의 20%를 밑돌고 있다. 이러한 사실이 구장이 걱정하는 것처럼, 최근 어장환경의 악화와 직접적인 관련이 있는지 여부는 정확하게 파악할 수 없다. 소라의 경우도 작업인수는 실제로 잠수일을 한 아마수와는 다르다는데 유념할 필요가 있다.

끝으로, 에고는 어협 출장소에서 정한 날짜와 시간에 맞추어 수매한다. 물론 수매날짜와 시간은 사전에 방송으로 알리게 된다. 기본적으로, 에고는 어장에서 채취하여 집으로 가지고 온 후에 바닷물로 3~4회 씻고 태양열에 말리는 중간과정이 필요하다. 색이 잘 탈색되어 하얗게 된 것이 kg당 단가에서 1,000엔 정도 비싸다.

에고는 무겁지는 않으나, 부피가 많이 나가기 때문에 다소 다루기가 까다로운 점도 있다. 그런 이유 때문에 아마들은 사전에 어협으로부터 종이상자를 받아 활용하기도 한다. 집에서는 하얗게 말린 에고를 차곡차곡 종이상자에 담아 두었다가 수매하는 날 리어카나 자전거에다 싣고 수매장으로 온다. 수매하는 장소도 한여름인데다 부피가 많이 나가는 해초류이기 때문에, 수매장소도 출장소 건물 앞의 선착장 한쪽을 선택한다.

제각기 집에서 싣고 온 에고는 15kg들이 종이상자에 담아 무게를 단다. 대개의 경우는 성인 남성이 위에서 꾹꾹 눌러야만 15kg의 한 상자를 채울 수 있는데, 이 때는 어협 직원(남성 3명) 외에도 제각기 싣고 온 남자들이 같이 도우며 마감포장을 한다. 어협 직원들은 1명이 상자에 담는 역할을 하고, 1명은 상자 표면에 품명, 생산자명 및 중량 등을 기록하며, 나머지 1명은 전체를 감독하며 지시한다.

에고는 해에 따라 가격이 다르나, 최근의 시세로는 상자당 50,000~60,000엔이다. 이날 구장 부인인 YU(F)씨는 60kg(4상자)를 판매하였는데, 최근 시세로 계산하면 대략 20~24만엔 정도의 수입을 올린 셈이다.

에고는 약 30년 전부터 와지마 어협조합에서 수매하기 시작했는데, 그

용도는 주로 의료용(수술용 실)이나 고급과자나 젤리의 장식용, 그리고 고급 음식점과 요정에서의 요리 장식용 등으로 사용된다. 한동안은 한국을 비롯한 주변국으로부터 수입하여 사용하다가 질質이 떨어져 다시 아마마치와 헤구라지마로 주문이 들어오게 되었다고

〈사진 7〉 소라 수매모습(2002)

한다. 특히 아마마치나 헤구라지마 주변 어장에서 채취하는 에고가 매우 질이 높아, 최근까지도 좋은 가격대를 유지하고 있다는 것이다. 특히, 에고는 아마마치나 헤구라지마의 주변 수역에서도 8월 5~13일 정도의 아주 짧은 기간밖에 채취할 수 없는 해초류라 한다. 한 관계자의 말에 따르면, 최근 아마들에게는 소라나 전복보다도 에고가 더 중요한 소득원이 되고 있다고 하였다.

이상과 같이 세 가지 해산물의 수매과정과 아마들의 판매실태를 살펴보았다. 덧붙여 이들 해산물의 판매지역은 이시카와현 내가 주를 이루고 있으며, 일부는 현외縣外 지역으로도 팔려 나가고 있다. 최종 소비자와 연결하는 판매과정에서 직접 관여하는 사람은 이시카와현 내의 도매업자들이며, 그들은 와지마어협에서 경매를 통해 해산물을 사들인 후 현내와 현외로 나누어 판매하고 있다.

5. 나오며

지금까지 일본 이시키와현에 속해 있는 두 지구의 아마마을을 사례로

하여, 아마들이 활동하는 지역의 지리적 환경과 잠수환경(2절), 아마들의 잠수실태와 특성(3절) 그리고 아마들이 채취한 주요 해산물의 생산동향과 판매실태(4절)를 단계적으로 고찰해 보았다. 이 장에서는 장별로 논의된 내용 중에서 핵심내용을 요약·정리하고, 필자가 느끼는 소감을 제언하는 것으로서 마무리하고자 한다.

아마마치와 헤구라지마는 일본의 중부 노토반도에 위치하는 이시카와현 내의 작은 어촌마을로서, 이 두 지구에 사는 여성들은 전통적으로 잠수어업에 의존하며 생활해온 아마들이다. 원래, 두 지구에 거주하는 아마들의 선조들은 잠수어업에 전념하면서 큐슈지방으로부터 해류를 따라 이동하면서 노토반도의 남서쪽으로 들어와, 최종적으로는 현재의 와지마시 아마마치 지구에 정착하게 되었다. 그리고 현지에서는 자신들의 선조들이 최초 제주도로부터 큐슈지방으로 건너와 정착하다가, 현재의 아마마치지구로 다시 이주해 온 것으로 이해하고 있다. 큐슈지방으로부터 이동해 온 아마들의 선조들은 어느 정도 정착단계에 접어들자, 아마마치지구에 거주하면서 육지에서 멀리 떨어진 헤구라지마와 나나츠지마 등지로 잠수일을 다니면서 생활하게 되었으며, 그런 상황이 지속되는 과정에서 나나츠지마나 헤구라지마에도 정착하여 거주하기 시작하였다. 따라서, 잠수어업은 거주지의 분화에 따라 아마마치지구와 헤구라지마 및 나나츠지마에 거주하는 여성들에 의해 확산되면서 오랫동안 지속하게 되었다.

특히, 1970년대 중·후반에 이르러서는 나나츠지마와 헤구라지마에 정주하던 아마 가구들이 자녀들의 취학, 취직, 결혼문제 등을 해결하기 위하여 다시 아마마치로 이주하여 생활하는 가구가 많이 증가하게 되었다. 이 과정에서도 유난히 헤구라지마에는 거주지를 그대로 유지하면서 잠수업과 어선어업을 중심으로 생활하는 가구들이 증가하였다. 따라서 조사시점에서는 아마마치와 헤구라지마 두 지구에 주택을 소유하는 가구가 상당히 많은 상황이었으며, 이들 가구의 경우는 대개 50대 이후의 부모세대들만 헤구라지마에 계절적으로 체제하거나 혹은 1년 중 대부분의 기간을 거주하면서 잠수업과 어선어업에 전념하는 경우가 많다.

아마마치와 헤구라지마 두 지구의 사람들은 전통적으로 지연적·혈연적 관계에 바탕을 둔 자치회를 조직하여 평상시 각종 마을일은 물론, 잠수일과 어업과 관련되는 주요 사안들을 처리하고 있다. 아마들의 조직이라 할 수 있는 이소이리조합도 아마마치자치회에 소속된 하부조직이며, 이 조합에는 2002년 시점에서 아마마치지구에 151명, 헤구라지마 지구에 72명 등 총 223명이 아마들이 소속돼 있다. 두 지구의 아마들 중에는 10대, 20대 및 30대의 젊은 세대의 아마들이 비교적 많이 분포하고 있다는 사실이 매우 특징적이다.

두 지구의 아마들이 활동하는 주요 어장은 화산활동으로 인하여 형성된 헤구라지마 수역 어장을 비롯하여 나나츠지마 및 요메구리 수역 어장이며, 아마들은 이들 어장에서 1년 중 7~9월까지의 3개월 동안 주로 소라, 전복, 에고 및 미역 등을 채취한다. 그리고 아마마치에 거주하는 아마들은 세 어장으로 배를 타고 왕래하며 잠수일을 하는 반면에, 헤구라지마에 거주하는 아마들은 주로 섬 주변의 어장에서 잠수일을 한다.

두 지구에서 전통적으로 행해져 오는 잠수방법은 아마들이 이노치즈나(생명줄)를 허리에 동여매고 소라와 전복을 따는 방법인데, 조사시점에서는 많이 쇠퇴한 상황하에서 극히 일부의 아마들에 의해 명맥이 유지되고 있을 뿐이었다. 최근의 아마들은 일반적으로 웨토스츠라 부르는 고무 잠수복을 입고 다라이 또는 우키부쿠로라 하는 해산물을 넣는 도구, 오비가네라 부르는 전복을 따는 도구 등을 지참하여 작업하고 있다. 아마들은 1년에 15,000~20,000엔의 회원비(입어료)를 내고 있으며, 노토반도의 다른 마을로 출가물질을 떠날 때에는 별도의 입어료인 10,000엔을 내어 굴과 해삼 등을 채취하여 수입을 올리고 있다.

아마마치나 헤구라지마 두 지구의 아마들은 보통 16세부터 본격적으로 잠수일을 행하는 것으로 나타났으며, 기성세대의 아마들의 경우는 부모의 영향이나 어려웠던 가정 경제적인 상황이 아마생활로 접어들게 한 직접적인 원인이었다면, 젊은 세대의 아마들은 자신들의 기호품과 용돈을 마련하기 위한 수단으로 아마생활을 시작하는 경향이 짙게 나타났다. 따라서 두 세대간에 아마라는 직업에 대한 견해차가 다소 대조적으로 나타난다.

두 지구 아마들의 잠수활동은 모녀간, 친척간 또는 마을내 지인知人간 등 2~3명 단위나 4~9명 단위로 모여 잠수일을 하는 것이 일반적이다. 또한 아마마치에 거주하며 배를 타고 왕래하는 아마들은 관례적으로 1개의 배를 기준으로 하여 몇 명의 그룹으로 조직되어 있는데, 그들은 배의 선장과 함께 채취한 해산물의 수입을 공동으로 분배하는 형태를 취하고 있다.

두 지구 아마들의 주요 수입원은 소라, 전복, 미역 및 에고 등이 주를 이루는데, 최근의 경향으로는 kg당 단가에서 강세를 보이는 해초류인 에고가 중요한 수입원이 되고 있다. 특히, 최근 몇 년간은 전복의 채취량이 떨어지고 있는데다가 소라의 크기가 작아지는 등 어장환경도 많이 악화되고 있는 것도 사실이지만, 예나 지금이나 소라와 전복은 두 지구의 아마들에게는 아주 중요한 소득원이 되고 있다.

헤구라지마에서 채취한 소라, 전복 및 에고는 해산물의 특성상 서로 다른 수매과정을 밟으며 단계적으로 진행된다. 이들이 수매과정에서는 암수나 상처의 유무를 토대로 구분하는 전복, 대·중·소의 크기(직경)로 구분하는 소라, 색상(자색, 흰색)에 의해 구분하는 에고가 각각 수매기준에 의해 가격차도 다르게 나타난다. 더불어 아마들에 의해 생산된 주요 해산물은 이시카와현 내의 도매업자들이 경매를 통해 사들인 후, 현내縣內와 현외縣外 지역으로 구분하여 판매하는 것으로 나타난다.

끝으로, 아마마치와 헤구라지마 두 지구의 사례를 통해 얻어낸 결과를 토대로 한가지만 제언하고자 한다. 이점은 제주도 해녀들의 장래성이나 또는 전통어업으로서의 잠수어업의 존속 가능성을 점검하는 측면에서 매우 중요한 사안이라고 할 수 있다.

아마마치와 헤구라지마의 두 지구에서는 철두철미한 어장관리와 보호를 통하여 아마(해녀)들의 가정경제를 유지할 수 있을 정도의 수입성을 보장함과 동시에, 전통어업으로서 잠수어업이 존속할 수 있는 시스템을 지탱하고 있다는 것이다. 특히, 헤구라지마의 아마가 채취한 소라·전복의 수익성 검토에서도 대강 확인할 수 있었듯이, 두 지구에서는 전통적인 잠수어업이 젊은 세대들에게도 충분히 수익성을 보장받을 수 있는 직업임이 입증되었다.

필자는 특히 두 지구의 어장관리와 보호사업에 주목할 필요가 있다고 생각한다. 두 지구에서는 잠수작업 기간(7~9월)과 1일 작업시간(4시간 30분~6시간)의 제한, 그리고 채취하는 주요 해산물의 크기(전복 10cm미만, 소라 5cm미만)의 규제를 통하여 어장을 보호하고 있으며, 나아가 주변어장에는 주기적인 인공어초의 조성과 종패의 투척사업을 통하여 어장을 관리하고 있는 것이다. 또한 두 지구의 아마들은 자신들에게 내려진 규제성 제도를 자신의 일처럼 제대로 지키고 있다는 점도 매우 주목할 만 하다.

이러한 사실로부터, 앞으로 제주도의 전통적인 잠수어업의 존속은 물론 젊은 세대들의 잠수어업으로 진출을 확대시켜 나가기 위해서는 잠수작업에 대한 계절적·시간적인 조절, 해산물 크기의 제한 등 철저히 이행할 수 있도록 하는 새로운 제도의 도입과 함께 기존제도에 대한 보완작업이 강력히 뒤따라야 한다는 것이다. 그러한 제도의 도입이나 보완시행은 궁극적으로 해녀들이 안정적인 가정경제를 꾸릴 수 있는 수입을 보장하는 것 이외에, 그 어떤 목적도 있을 수 없는 것이라 하겠다. 더불어 잠수어업을 유지하고 있는 해녀들에게는 각종 지원과 인센티브의 제공도 반드시 이루어져야 한다. 동시에, 그러한 지원이나 인센티브는 단지 생색내기의 수준을 벗어나 역사와 전통을 자랑하는 잠수어업의 보호·보전을 위한다는 차원에서 적극적으로 행해져야만 한다.

제주도가 국제자유도시를 추진하며 세계로 향해 나가는 과정에서는 특히 제주도의 역사와 문화적 전통에 바탕을 둔 다양한 주체와 대상들이 원래의 자리에서 빛을 발하고 있을 때, 제주 속의 세계화世界化가 달성되고 나아가 세계 속의 제주화濟州化도 이룰 수 있을 것이라 여겨진다. 제주바다에서 해녀들의 숨비소리가 끊기지 않길 바란다면, 바로 그러한 시각에서 제주도의 해녀와 전통어업인 잠수어업을 생각해야만 할 것이다.

일본 스가지마의 아마와 제주해녀

좌혜경

1. 들어가며

바다로 둘러싸인 제주에는 바닷가를 따라 마을이 형성되었고, 바다와 인접해 있는 어느 곳을 가더라도 해녀들의 물질작업 현장을 쉽게 볼 수 있다. 지금도 5,000명 정도의 제주해녀가 전통적 어법으로 해산물을 채취하고, 삶을 영위해 가고 있는 것이다. 제주에서는 이들을 '잠수', '잠녀', '해녀'라고 부르고 있는데, 대부분 여성이다.

역사적인 기록에는 이건李健이 제주도에 유배와(1628~1635년) 본 것을 정리한 『제주 풍토기濟州風土記』에 해녀를 '잠녀'로 기록하고 있으며, 이즈미 세이치泉靖一의 『제주도濟州道』(1936~1937년 조사)에도 '잠녀'라는 호칭을 사용하고 있다. 지금도 '잠수', '잠녀'를 사용하고 있는 지역도 있으나, 일반적, 학술적인 용어로는 '해녀'를 쓰고 있다.

한편, 일본에서는 나잠 어로자인 해사, 해녀를 '아마'라고 하고 있으며, 남자海士와 여자海女 모두를 '아마'라 부르고 있다.

초기의 제주해녀 연구로 향토 민속학적인 입장에서 조명한 강대원의 연구를 우선 꼽을 수 있는데,[1] 처음으로 제주해녀의 가치를 인정하고 연구한 데 큰 의의가 있다. 그리고 일본 문화 지리학자의 상세한 현장조사 연구를 들 수 있고,[2] 그 이후 해녀 연구는 김영돈에 와서 빛을 보게 된다. 국문학 연구의 일환으로 민요조사와 민요 분석을 위한 연구목적으로 해녀현장에 대한 조사가 이루어지고, 제주해녀 현장이 어느 정도 파악되었다고 하나 그 분석에 있어서 해녀에 대한 객관적인 분석이 아니라, 해녀의 삶이 신화화 된 면이 적지 않다.[3]

한편, 해녀의 학제간 연구 중요성을 강조하여 법학, 경제학, 민속학적인 공동연구로 이루어진 결과가 있다. 어느 정도 해녀에 대한 입체적 연구가 이루어졌다고 볼 수 있으나, 전공분야 만을 강조하여 연구했기 때문에 공동연구의 결론으로 일반화하기는 어렵다.[4]

이외에도 인류학적인 연구로 해녀생활사나 체험, 해녀 공동체에 대한 연구 작업이 있다. 이러한 연구는 참신한 방법론의 적용으로 새로운 결론에 이를 수 있으나, 한국지역에 치우쳐 얻어진 결론이다.[5]

일본 해녀 연구의 성과는 오랜시간 심층적으로 이루어진 편이다. 연구분야도 민속학 민구학적인 연구뿐만 아니라, 민족학·인류학적 연구, 역사학, 어업사·어업경제사, 지리학, 의학, 생리학, 노동과학 등 분야도 다양하다.[6]

1) 강대원, 『해녀연구』(한진문화사, 1973).
2) 桝田一二, 「濟州島海女」, 『地理學論文集』(東京 : 弘旬社, 1976).
3) 김영돈, 『한국의 해녀』(민속원, 1999).
4) 김영돈, 김범국, 서경림, 「해녀조사연구」, 『탐라문화』 5호(제주대 탐라문화연구소, 1986).
5) 유철인, 「濟州 海女의 몸과 技術에 대한 文化的접근」, 민속학 국제학술회의(3회)요지집(민속학회, 1999); 유철인, 「제주해녀의 삶 - 역사 인류학적 과제」, 『깨어나는 제주여성의 역사』 (제주도 여성특별위원회, 제주도청, 2001); 조혜정, 『한국의 남성과 여성』(문학과 지성사, 1998).
6) 田辺悟, 『日本蠻人傳統の研究』(東京 : 法政大學出版局, 1990), 15~28쪽.

이 연구는 비교민속학적 관점에서 제주해녀의 해양문명사적 가치 규명과 제주해녀의 정체성 정립 가능성을 모색하기 위한 일환으로 이루어진 작업이다. 곧 일본 해녀와의 비교를 통해 제주해녀가 가지는 독특한 물질 관습과, 생업과 문화적 요소를 분석하고 특수계층이라 할 수 있는 해녀민속에 대한 고찰이다.

두 지역 교류의 역사 기록으로 가장 오랜 것은 일본 헤이안 시대 초기인 엔기延喜 5년(905)에 율령 시행세칙을 편찬한 책인 엔기시키延喜式이다. 여기에 "탐라복耽羅鰒 6근"이라는 구절이 나와 있다. '탐라복'의 정체는 무엇인가? 탐라산인 탐라에서 무역 혹은 조공으로 수입된 전복인가 혹은, 탐라로부터 온 해녀들이 전복을 채취한 것이라면[7] 이미 제주도 해녀와 일본 아마 사이에 교류가 있었는가 라는 점이다. 또 전복의 형태가 탐라복의 형태는[8] 아닐까?

제주의 해녀들은 1895년부터 경상도, 강원도 등 육지에 물질을 나가고, 뿐만 아니라 일본 도쿄東京, 오사카大阪, 중국 칭다오青島와 다리엔大連, 그리고 블라디보스토크 등 많은 곳에 출가물질을 나갔다. 그 중에서도 일본은 대표적인 곳이라 할 수 있다. 그녀들은 상당 부분 자신들이 지녔던 문화를 변용하고 다른 외부세계에서 얻은 문화를 수용하면서 환경에 적응해 나갔다.

근대기의 출가물질에서 일본인 아마가 우리 해녀들의 물소중이가 좋아서 입는다거나, 우리 해녀들은 일본에 출가 가서 그들이 수영할 때 짚는 '테왁' 대신 '이소오케磯桶'를 자신들에 맞게 바꾸어 사용하는 등 문화의 수수와 변용이 있었다.[9]

---

7) 시바료타로, 『탐라기행』(서울 : 학고재, 1998), 271쪽.
8) 田辺悟, 앞의 책(1990), 180쪽.
9) 金榮·梁澄子, 『海を渡った朝鮮人海女』(東京 : 新宿書房, 1988), 42.142쪽의 예.

이미 일본과 제주해녀 물질은 보편성의 측면에서 유사성이 인정되었다.10) 그리고 해녀사회 역시 일본과 비슷하다는 결론에 이르렀다. 우선 가족 사회에서 여성의 경제적 가치를 공통점으로 들 수 있고, 지위 및 권한에 우위를 차지하며, '해녀회'가 있어 상호부조, 그리고 해녀수의 급격한 감소, 무속신앙이 성행, 마을간의 어장분쟁 어느 곳도 마찬가지로 일어난다. 차이점으로는 일본 아마가 잠수작업만 하고 있으나, 제주해녀는 농업과 잠수업을 겸하여 주종을 분간하기 어려운 점, 학력이 제주해녀 대부분 국졸로서 낮지만 유교적 도덕 생활로 건전하게 살고 있다는 점이다.11)

본고는 제주도 북제주군 구좌읍 행원리(조사일시: 2001. 6~2002. 5)와 일본 미에현三重縣 시마반도志摩半島의 해녀 섬 스가지마菅島(조사일시: 2002. 7. 9~7. 17) 조사 자료를 현장 표본으로 하여 비교의 근간으로 삼고자 한다.12) 두 지역을 구체화하여 지정하는 것은, 현재도 물질이 가장 성행한 곳이며 일본이나 제주도인 경우 각 지역마다 물질 관습이 약간 씩 차이가 나기 때문이다. 여기에 이용한 논거의 대부분은 해녀들의 실재 현장이지만, 전통적인 방식이 포함되어 있다. 예를 들면 '해녀노래'의 대종이라 볼 수 있는 <노 젓는 소리>는 현재 노동기능은 없다. 발동선, 여객선 등이 없을 때 낚시 거루나 범선을 타고 출가물질이나 뱃물질을 가면서 노를 저으면서 불렀던 노 젓는 행위가 사라진 지가 거의 40년 이상이 되었기 때문이다. 그러나 지금도 해녀들은 여가가 생기면 해녀노래를 잊지 않고 즐겨 부른다. 그리고 해녀

---

10) 田辺悟,「제주도 해녀에 보여지는 민속의 유사성」,『일본 민속학』91호.

11)『제주신문』, 1970, 9월 5일자.

12) 이외 자료는 도두, 화북, 건입동을 중심으로 한 제주시 일원, 동복(구좌읍), 용수(한경면), 우도 등 북군 지역, 모슬포(대정읍), 사계, 대평(안덕면), 가파도, 성산포, 온평리(성산읍) 위미 (남원읍) 등 남군 지역에 공동현장 답사(2001. 8~2001. 9, 2002. 1~2002. 2)와 직접 개별 면담 조사(2001. 10~2001. 12)를 실시하였다. 지역 현장 자료 역시 참고 자료로 삼고자 한다. 또 일본 조사로 2001. 7. 4~7. 15일 일본 지바현 보소반도의 시라하마(白浜) 아마들과, 해녀의 원 고향이라고 부르는 무나가타군 가네자키(鐘崎)를 답사했다.

들의 신앙의례도 아주 종교적 심의가 깊고, 전승이 끈질겨 과거의 것이 그대로 남아있다고 볼 수 있으나, 과학의 발달로 해녀들의 신앙의식은 많은 부분 약화되고 의례도 간략해졌다. 그렇지만 전통해녀들의 민속에 대한 논의는 비교연구를 위한 중요한 기본 자료가 된다.

스가지마는 이세만伊勢灣에 위치하며 주위는 20km, 면적은 443km²의 섬으로 도바시島羽市에서 정기연락선으로 15분 거리이다. 인구는 약 800명의 섬으로 전업해녀는 없고 반농반어 생활과 약 60~100명의 해녀들이 물질에 임한다. 전세계적으로 진주양식지로서 유명한 미키모토 진주섬과, 바다박물관 있는 해양문화 관광지인 도바시와 다이묘진大明神을 모신 일본의 대표적인 진자神社인 이세신궁과도 지척의 거리에 있다. 스가지마는 섬이어서 순수한 어촌이나 물질 해녀 모두가 전업해녀라고는 할 수 없다. 전업어가도 있지만, 비좁은 농토를 개간하기도 하고 여성들은 남편들의 고기잡이를 위해 간접적으로 참여한다. 또 가까운 도바시와 같은 곳에 나가서 일하곤 해서 물질작업을 전문적으로 행하고 있지는 않다. 이곳 사람들은 해신신앙과 그 의례를 축제화 하여 관광산업에 눈을 돌리고, 전통적인 물질 어법漁法을 고수하면서 자원고갈을 막고, 생산활동을 지속해 가고 있다.

제주도 북제주군 구좌읍 행원리는 제주시에서 동쪽으로 약 30킬로 정도 떨어진 거리에 있는 자그마한 마을이다. 과거에는 고기가 많이 잡힌다고 '어등개魚登浦'라고 했다. 바람이 세고, 땅이 척박하며, 농토가 비좁아서 농사보다는 어업에 많은 비중을 두고 있다. 100여 명의 여성들이 물질 작업에 임하면서 생계를 이끌어 가고 있는 대표적인 해녀촌이다. 그리고 제주도 무형문화재 제1호 '해녀노래' 민속보존회가 있다.

이곳은 반농반어의 대표적인 마을형태인데, 물질 작업 갔다 온 후 밭농사를 경작하고, 전업 어가도 있지만, 농토를 대부분 가지고 있어 제주도 다른 어촌처럼 여성들은 물질과 농업의 겸업에 종사하고 있다.

비교민속학적인 관점으로 본고에서 가장 중점적으로 고찰할 부분은 출가물질로서 일본과의 교류, 물질작업에 따른 어업력, 물질방법과 물질도구, 신앙과 정서의 면이다.

2. 출가물질과 이동

출가出稼는 해녀자신들 고향이 아닌 다른 지역으로 이동하여 물질을 하는 것을 말한다. 행원리 해녀들 역시 출가물질을 극성스럽게 치렀으며, 제주도의 해녀들의 출가물질의 범위는 상당히 넓었다. 출가에 대한 고찰은 비교연구의 근간인 나잠업자의 동태 파악을 위해 간과해서는 안 될 부분이며, 해녀 출가를 통한 문화이동, 새로운 환경에 적응하면서 생기는 문화의 재생산 등 비교론의 기초가 된다.

한국과 일본에는 해양자원 의존도가 높다라고 하는 사회환경에 있어 잠수어업이 발달하고, 다양한 전개를 보이고 있다. 여성들의 적극적인 참가와 이동을 반복하는 전업화된 집단이 존재하는 것이다.[13] 일본과의 출가물질에서 양국의 직접적인 관련성을 찾아보면, 두 가지 현상을 발견할 수 있다. 우선 일본 해녀의 조선 출가에 따른, 제주해녀의 작업 능력인정과, 둘째는 일본인 잠수기 업자의 조선 진출로, 잡을 물건이 줄어듦과 동시에, 해녀들은 잡은 물건을 바로 경제적인 가치로 환원이 된다는 경제적 인식이 가능해진 점이다.

마스다 이치지 「제주도해녀濟州島海女의 지지학적연구地誌學的硏究」(『大塚地理學會論文集 二集』(1934年)에 의하면 1879년 경에 야마구치현 타이우라의 해녀

---

13) 李善愛, 『海を越える濟州島の海女』(東京 : 明石書店, 2001), 23쪽.

가 울릉도에, 1894년(明治 27)에는 해사海士도 전라남도의 흑산도 방면에 작업을 했다는 사실과 그리고 쇼와 4년에는 해사 통어선이 44척(한척에는 7~10인)으로 증가하고, 그들은 에히메愛媛, 오이타大分, 나가사키, 야마구치, 구마모토, 시즈오카 여러 현의 출신자로, 출어지는 제주도, 소안도, 흑산도, 부산을 중심으로 전라남도, 경상남도 지방으로 왔다. 또 미에현三重縣 시마志摩의 이세伊勢해녀들이 울산, 영일, 부산, 안도, 거제도 등으로 출어하고, 1900년에는 해녀 통어선이 40척에 달하였다고 한다.[14]

그래서 스가지마가 속해 있는 일본 미에현三重縣은 우리에게 낯설지 않은 곳이다.

제주해녀들이 일본 출가 물질은 1903년(明治 36년) 미야케지마三宅島를 시작으로, 주로 미에현을 다녀왔다. 또 미에현 해녀들은 조선으로 출가했으나, 제주해녀에 비해 일의 능률이 떨어진다는 이유로 조선 출가가 중지되고 이세해녀는 1929년을 마지막으로 출어하지 않았다. 오히려 제주해녀들을 수입해 가기에 이른다. 곧 일본해녀의 조선 출가는 제주의 해녀가 일본 출가물질의 발단이 된 것이다.

시마志摩 박물관의 학예원學藝員인 노무라野村史隆씨가 조사한 일본 시마초志摩町 와구和具의 가와무라河村씨의 조선 출가에 대한 기록은 일본 해녀의 조선 출가의 구체적인 사례가 된다.

시마(志摩)의 해녀는, 북쪽으로는 홋카이도(禮文島 利尻島), 시즈오카현의 이즈(伊豆), 그리고 남쪽은 기슈(紀州), 조선까지 타지 벌이하를 가고 있었다. 메이지(明治) 중엽쯤에서 쇼와(昭和) 초기에 걸쳐서이고, 거의가 19~20세의 한창인 처녀가 많았지만, 물론 결혼해서 아이가 생겨도, 아이를 데리고 가는 사람도

---

14) 桝田一二,「濟州島海女の地誌學的研究」,『大塚地理學會論文集 二集』(1934).

있었다. 이즈(伊豆)방면에 출가가 특히 많았던 이시카가미[石鏡(鳥羽市)]에서는, 결혼 전의 여성은 타지 벌이하러 갔다 오고부터, 처음으로 한 사람 몫의 해녀로 보여지고, 출가는 여자의 수행 장소가 된다. 또 와구(和具)와 에치카(越賀, 志摩町)에서는 조선에 출가 가는 이가 많았다. 소화 56년의 조사에서는 타이쇼(大正)기에 조선에 출가 간 일이 있는 경험자가 에치카(越賀)에서 3인, 와구(和具)에 2인 생존하고 있었다. 그리고 나서 십 년이 경과한 지금, 이미 누구도 말하는 사람은 없다. 그곳에서 지금에서는 들을 수 없는 조선으로의 출가 이야기를, 1975년에 시마초(志摩町) 와구(和具)의 가와무라(河村)[明治 34년(1901) 태어남]에게서 들었다.15)

마사노씨가 처음으로 조선에 간 것은 16세가 되던 3월이었다. 출가는 3월에서 9월까지로, 배의 센도船頭들이 해녀를 고용하러 오면 수금手金이라고 해서, 각 사람에 따라서 30엔 계약금 거는 사람도 있고, 50엔, 100엔 치르는 사람도 있다.

계약금을 수취하고 출가가 정해지면, 의류 등 신변 물품을 짐으로 싸서 와구和具에서 나미키리波切까지 걸었다. 그리고 나미키리波切 다이오초大王町에서 기슈紀州항로를 타고 오사카에 도착하고, 오사카에서 조선 행으로 타서 이른 아침 부산에 도착했다. 그곳에서 전 길이 3간 반(6.3미터) 해녀 배에 13인의 해녀와 뱃사공과 오모테시(보조역)의 남자 두 사람 합계 15인이 타고, 각각의 어장으로 하루에서 이틀 걸려서 출어갔다. 어장은 조선의 북위 36도에서 40도의 일본해에 면한 연안에서 원산元山에서 경남 장기곶 사이였다.

배의 고물에서 이물에 걸쳐 돛대를 쓰러뜨리고 마룻대로써, 그것에 평행

<hr>

15) 野村史降,「海女, 一出稼と人口」, 『海と人間』, 도바시(鳥羽市) 바다 박물관(博物館), 특별호, 1989년 가을호.

하게 미사와라는 장대를 두고 토마를 지붕 대신에 걸어 함께 잔다. 해녀를 포함한 15인이 배 한 척으로 여름까지 반년동안 지내는 것이다. 주인이 숙소에 쌀도 놔두고, 그 쌀을 몇섬씩 배에 실어, 하사미에 있는 카마도에서 교대로 밥을 지어서 먹었다. 선상에서의 도구는 가마솥, 솥, 주전자, 밥그릇만으로, 그것 이외의 갈아입은 옷은 아마고야(해녀 탈의장)라는 해녀 헛간과 같은 오두막집에 짐에 넣어 두고 있었다. 해녀 오두막집은 용마루가 긴 집처럼 되어 있고 배마다 1호, 2호라고 방의 칸막이가 해 있을 뿐이었다.

18세(1929년) 때, 나가사키현 고토(長崎縣 五島)의 사람에게 고용되어 갔을 때도, 반년으로 450엔을 벌고, 일본에서 간 해녀들 중에서 제일이었다. 이때의 일은 어지간히 기뻤던지 가와무라씨는 어제의 일처럼 선명하게 기억하고 있다.

조선으로 갈 때 100엔의 계약금을 받고, 오봉盆때에 100엔을 집으로 송금하고 식비와 토마에의 지불도 공제하여 250엔을 받아 왔다. 결국 합쳐서 450엔 정도 벌게 되었다.

소학교 선생 월급이 30에서 40엔의 시대, 18세의 처녀가 반년만에 450엔을 번 것이다. 그 가혹한 노동에 체중은 몇 kg이나 준 것인지 들으면 의외로 어안이 벙벙한 대답이 돌아온다.

여기서 살필 수 있는 것은 시마志摩의 해녀들이 출가물질은 메이지 (1868~1912) 중반부터 쇼와昭和 초기(1926~1989) 19~20세의 한창인 여자들이 조선에 출가했으며, 출가시기는 3월에서 9월, 계약금을 받고 원산에서 장기곶 사이에서 물질했다. 여객선으로 온 다음 13명 정도 타는 배에서 뱃물질을 했다. 그리고 번 돈의 양은 다른 어떤 직종에 비해서 월등히 높았다. 그리고 출가물질은 경제적으로나, 다른 지역에 가 본다는 재미가 해녀들에게는 유혹인 점이다.

그런데, 제주도 해녀가 1895년 경상남도로 첫 출가하면서부터 일본 해녀들은 돌아가게 되고 도리어 제주해녀들이 일본으로 출가하게 된 것이다. 마스다 이치지는 제주해녀가 이세해녀 및 일본해녀에 비해서 노동 임금이 저렴하고, 능률이 비교적 높고, 추위에 강해서 이후 출가 해녀들의 수는 해마다 증가하여, 1932(소화7년)에는 1,600명이 된다고 했다.[16]

제주해녀 중 일본 도쿄(三宅島, 大島), 지바현의 보소반도[17) 미에현, 가고시마, 나가사키, 쓰시마를 다녀온 해녀들을 종종 만날 수 있다. 출가 물질의 직접적인 원인은 일본 잠수기 어업자의 제주도 진출이 직접적 원인이었다.[18) 잠수복을 착용하고, 공기를 배급받으면서 하기 때문에 오랜 시간 물 속에서 난획하여 어장이 황폐화 한 때문이다. 일본에 출가한 제주해녀들은 해녀 기술을 필요로 하는 현지에서 상당히 환대를 받았던 것 같다. 그리고 1956년도의 18,000명, 1970년 당시 일본에는 11,000명의 제주해녀가 있었다.

일본 출가지로는 주로 미에三重. 시즈오카靜岡, 지바千葉, 도쿠시마德島, 고치高知, 이시카와石川, 후쿠이현福井縣 등에 집중하고 있으며, 태평양 연안 쪽은 천초 채취를 주로 하고 있다. 작업형태는 잠수기선에 의한 것과 재래형 단독 잠수방법으로 대별되고, 작업복은 방수용 스폰지로 되어있어 매우 편리하나 곳에 따라선 아직도 앞가슴을 드러낸 원시 작업형태도 남아있다"[19)

이 자료에서 1970년대 일본 출가간 제주해녀들의 작업형태를 살필 수

---

16) 桝田一二, 앞의 글(1934), 80쪽.
17) 金榮·梁澄子, 『海を渡った朝鮮人海女』(東京 : 新宿書房, 1988)에는 보소반도 외측으로 가츠우라(勝浦), 아마쓰(天津), 후토미(太海), 와다우라(和田浦), 내측으로 지쿠라(天倉), 호타(保田), 가나야(金谷), 竹岡(다케오카)에 출가한 잠수들의 삶이 잘 정리되어 있다.
18) 吉田敬市 ,『朝鮮水産開發史』(朝水會, 1954). 잠수기 어업의 조선 출어는 1879년 4월, 야마구치 현 출신의 吉村与三씨가 잠수기 한 대를 가지고, 제주도 부근에 조업한 것이 시작이었다. 그 후 야마구치, 나가사키 양현에서 동업자가 출어하고, 주로 제주도를 근거지로 하여 조선의 남해안에서 조업하였다고 한다.
19) 『제주신문』, 1970년 7월 4일자.

있다. 고무옷을 사용하고, 잠수기선에서 공기를 호흡 받는 일종의 '머구리' 작업을 한 것, 그리고 주로 천초 작업과 하루 다섯시간 정도의 일을 했다는 점 등이다. 일반적으로 물질 할 때 입는 물옷인 '소중기'가 고무옷으로 바뀐 시기가 70년대로 거슬러 올라가는데, 일본 출가 물질 간 해녀들에 의해 사용했던 고무옷이 1970년경에 한국에 직접 가지고 들어와 사용되고 곧 바로 직수입 된 점을 알 수 있다.

그런데, 출가물질에 대한 관점이 상대적이라는 사실을 알 수 있다. 곧 주체가 누구에 의해서 행해졌는가에 따라 일본인의 조선 출가 물질은 상당히 긍정적인 반면, 제주해녀의 출가물질에서는 부정적인 면은 부인할 수 없다. 그것은, 식민지 해녀들이 늘 당했던 수탈[20]이나 혹은 계약 위반이 1970년대 일본 출가물질에서도 빈번이 행해졌다는 점을 알 수 있다.

3. 물질 방법과 물질 도구

1) 채취 종류와 물질 시기

제주도 북제주군 구좌읍 행원리 해녀들과 미에현 도바島羽시 스가지마菅島의 아마海女들의 물질 작업의 모습을 살피면, 그 지역적인 차를 들여다 볼 수 있다.

두 지역 모두 전업 해녀라고는 볼 수가 없다. 스가지마에서 물질은 1년에 전부 12~17번 정도다. 행원리가 한 달에 보름 이상 물질 작업을 하는

---

20) 1932년 제주의 해녀항쟁 혹은 식민지 시대의 해녀들의 출가가 아닌 징용의 형태 등은 이러한 사실에 대한 역사적 근거이다. 金榮·梁澄子, 앞의 책(1988), 60~64쪽에는 조선인 강제 연행과, 징용해서 감태를 끊었다는 보고가 실려 있다.

데 비하면 아주 적은 횟수다. 그런데 잡고 오는 전복의 양은 비교가 안 될 정도로 많다. 전복 크기를 재는 자를 가지고 다니면서 일정량이 자라지 않는 것은 다시 물 속으로 되돌려 키운 후 잡는다. 그래서 작업 날에는 마을 사람 누구라도 바다에 들어가 작업을 할 수 있다. 그리고 어업 조합이 있는데, 정조합원 100명, 준 조합원 100명이 활동하고 있다. 올해(2002년) 7월 12일은 소라와 전복, 성게, 문어를 잡기 시작하는 날이다. 이 섬 해녀들이 주로 따는 어패류는 전복, 오분자기, 성게, 소라, 문어, 해삼과 천초, 미역, 톳, 김 등으로, 해경시기가 각각 다르다. 전복인 경우 7월 15일에서 9월 15일 경에 잡고 해경날짜는 어업회에서 결정한다. 9월 중순이 넘으면, 산란기여서 금한다.

스가지마의 해산물 채취의 종류에 따른 구치아께(해경)시기를 정리하면, 나마코(해삼)는 미츠키 작업으로 하는데, 11월 20일에 해경을 하여 1월까지, 9월 15일부터 11월 30일까지는 이세에비(왕새우)를 잡는다. 가쯔오 (다랑어)는 3월에서 5월, 사바(고등어)나 아지(전갱이)는 5월에서 8월, 스르메(오징어)는 5월 8일 해경해서 9월 말까지 잡는다. 바다의 해초 중에서도 날씨와 주문에 따라서 약간씩은 달라지기도 한다. 텡쿠사(천초)는 6월 중순에 1~2회, 아라메 (대황, 해초류의 일종)은 5월 말에서 6월까지 2~3회, 와카메(미역)는 3월 1일에서 4월, 천연 미역은 3월에서 5월까지, 히지키(톳)는 4월말에서 5월 말, 노리(김)는 11월에서 4월 중순까지 작업한다.

제주도에서 일반적인 물질 작업은 30일 중 날씨가 허락한다면 15일은 물에 들어가서 작업에 임한다. 보통 물질은 15일 간격으로 12물에서 6물까지 7~8일은 입어를 하는데 한 달에 두 번 이루어지므로 15일이 되는 셈이다.

행원리의 예를 참고로 들면, 15일 간격으로 바닷물의 간조를 헤아려서 해녀들은 '물찌'라고 한다.

물찌를 헤아리는 전통의 방법으로 음력으로 8일 – 한조기, 9일 – 한물, 10일 – 두물, 11일 – 세물, 12일 – 너물, 13일 – 다섯물, 14일 – 여섯물, 15일 – 일곱물, 16일 – 여덟물, 17일 – 아홉물, 18일 – 열물, 20일 – 막물, 21일 – 아끈조기, 22일 – 한조기, 23일 – 한물이다.

곧 음력으로 매달 9일과 23일이 한물이 되고, 소라와 고동 등을 잡는 헛무레는 한조기에서 일곱물까지 작업을 한다. 미역이나 천초 역시 두서물에서 시작해서 여섯물 혹은 일곱물까지 작업을 한다.

물찌에서 '조금'은 세물에서 다섯물인데, 물이 좋고 물 아래가 맑으면 '암조금'이고, 물알이 어두우면 '숫조금'이다. 일곱, 여덟물이 되어 물이 거칠어지면 '웨살'이라고 한다. '웨살'인 때는 작업장소가 달라진다.

해녀물질 작업은 공동으로 임하고 무리를 지어 작업을 한다. 해산물을 채취하는 것을 막기 위해 입어를 금하다가 해경解警(허치, 허채, 주문)을 하면 온 마을의 주민 누구라도 물질작업에 임할 수 있었다. 해녀회나 어촌계가 생기면서 해녀수가 제한되고, 해녀만이 작업에 참가할 수 있다. 소라, 전복, 해삼, 성게, 문어를 잡는 헛무레는 여름 산란기에는 잠시 휴식을 하여, 금어를 하고, 음력 10월에서 3월까지 작업을 하게 된다. 주로 겨울에 이루어지는 셈이다. 그리고 4월에서 6월까지는 천초와, 닭고달이라고 하는 고장초를 채취한다. 미역은 5월 늦게 작업한다. 그러면 6월말에서 7월, 8, 9, 10월까지는 농사철이어서 한 달에 세 번 정도 만 천초 작업을 한다.

천초는 '우미'라고도 하는데, 수심 5미터에서 자라며, 캐는 순번에 따라서 초불, 두불, 세불작업 우미, 혹은 일반초, 이반초, 삼반초로 나뉜다. 그리고 섬우미, 돌우미로 구분한다.

감태는 7월에 작업하며, 넙미역은 남자들이 배를 이동하면서 채취한다. 특히 금했던 미역을 작업하도록 허락한 미역허채(미역해경)가 이루어지는 날은 바다에 수많은 테왁이 떠 있고 망시리 가득 담아 온 미역을 남정네들이 운반하여 갯가에 널어놓아 햇볕에 말렸다. 당시 해녀들이 채취한 미역은 중간상인들에 의해서 육지 지방에 반출되었다. 현재 양식 미역의 생산으로 거의 채취하지 않는다.

행원리 해녀회는 6개의 반으로 구성되어 있다. 해녀회는 평생 회원이 되는데, 반면에 스가지마에는 특별히 아마회는 없다.

〈표 1〉 스가지마 채취물 요종에 따른 조업 시기

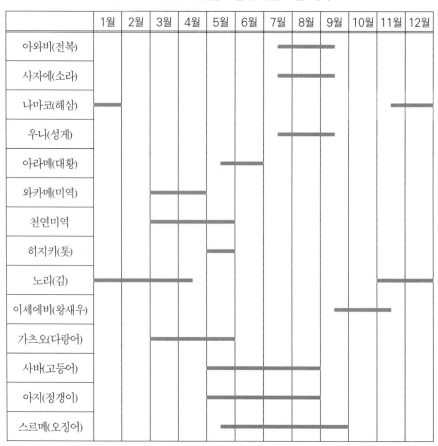

2) 물질 방법

스가지마簀島 해녀의 종류는 물질 방법에 따라 '가치도' 혹은 '이소도'라고 부르는 물질 해녀와 '후나도'인 뱃물질 해녀가 있다.

스가지마의 해녀들은 아침 10시경에 가마도(몸을 데우기 위해 불쬐는 곳)에 나와 10명 정도가 한 곳에 모여서 몸을 데우고, 10시 30분쯤에 물에 들어 12시 30분이 되면 물에서 나오기 시작한다. 막상 물질 작업을 해도 2~3시간 정도다.

배에 타지 않고서 물가에서 헤엄쳐 나가 이소바(磯場 – 채취구역)에 가서 물질하거나, 한배에 5명 정도를 태우고 일정 장소에 가서

가마도에서 몸에 불을 쬐고 있는 모습(2002)

이사츠나를 이용하여 작업하는 모습(2002)

내린 후, 물질작업을 하는 자를 '가치도' 혹은'이소도'라고 한다. 이 사람들은 나이든 여자, 혹은 누구의 도움없이 혼자서 작업을 하는 경우이다. '테왁' 대용으로 물에서 짚고 헤엄쳐 이동하는 이소오케(磯桶, 이소츠보)라는 통을 들고, 종려나무로 만든 7~8미터의 밧줄을 오케와 허리를 연결하여 멀리 떨어지지 않는 범위내에서 작업하는 것이다.

'후나도'는 배를 타고 나가 남자인 보좌역 '토마에'(도우미)역을 한다. 주로 부부가 같이 물질 작업을 하게 된다. 깊은 곳에서 기량이 뛰어난 해녀

들이 주로 하고 있다. 배에서 해녀는 '오모리'라는 무거운 추를 잡고 바다로 내려 간 후 작업을 하고, 채취물을 취한 후 배위에서 이사즈나(안전을 위해 허리에 매는 밧줄)인 줄을 당기거나, 혹은 3~4미터의 장대(히키자오)를 이용하여 끌어 당기는 것이다.

배의 토마에가 물속에서 올라오는 해녀의 동태를 파악해야 하기 때문에, 아마는 반드시 하얀 해녀복인 '이소나카네'를 입는다. 그리고 머리에도 하얀 머릿수건(이소데누키-磯手拭)을 쓴다. 고무옷을 입고 물질을 하더라도 반드시

작업 후 전복을 수매하는 모습(2002)

그 위에 흰 옷을 입는 것이 원칙이다. 자원의 고갈과 남획방지를 위해 스가지마에서는 물안경 없이 손으로 더듬어 해산물을 채취하는 방법인 '데사구리'와 '메쿠라사가시'를 한다. 안경을 안쓰는 '스모구리'를 50, 60년 전까지 했으며, 고무옷도 입은 지가 7~8년 밖에 안 된다. 배로 작업 하는 후나도가 4~5명이 있고, 이소도를 싣고 나르는 배가 20~30척이 있다. 나마코(해삼)는 미츠키 작업으로 한다. 이 방법은 배위에서 거울로 물속을 보고 물고기나 해산물을 찔러서 얻는 방법이다. 이것은 원시적인 방법으로서 과거에는 바다에 채소에서 짠 기름을 뿌려 바다를 깨끗이 하면 바닷속이 투명하게 들어와 거울 대용으로 사용했다고 한다.[21]

해녀의 계급으로는 나이에 상관없이, 능력이 뛰어난 상군을 '오가츠키'

라 하고 그 외를 '안샤레'라고 한다.

해경하는 날 잡은 것은 어업조합에서 공동구매를 한 후 경매했다. 36명이 잡은 것은 전복 37kg(2002년 7월 현재 kg당 검은 것은 7151엔, 빨간 것은 6000엔), 소라 154.9kg(kg당 840엔)였다.

행원리 작업 물질 상황을 보면, 현재 해녀 수는 약 120명 정도이다. 보통 물질할 때 80~90여명 이상의 해녀가 참여한다. 해녀에는 계층이 있는데, 작업 능력에 따라 상군, 중군, 하군으로 나뉜다. 50세 이상이 되면 비록 젊었을 때 상군일지라도 하군으로 떨어진다. 대부분의 해녀가 고령화 추세이므로 상군 해녀는 수가 제한되어 있고 하군 해녀가 대부분이다. 하군 해녀들은 멀리 떨어지지 않는 뭍 가까운 곳인 '더뱅이물'과 같이 바람과 해일이 덜 이는 곳에서 성게, 해삼 등을 채취하는 일을 한다.

고무옷을 입기 전과 입은 후의 제주해녀 물질모습(2002)

행원리 물질은 작업 장소까지 배타고 가서 물질하거나 직접 헤엄쳐 나가는 형태로, 오전 9시 쯤에 입어를 해서 오후 네 시나 다섯 시가 되어야 물에서 나온다. 경운기나 차, 혹은 오토바이로 해녀 탈의장에 나와 불을 피

---

21) 岩田準一, 『志摩の海女』(アーテクミューヅアム, 1942), 9쪽.

우고 몸을 데운 후 소중기를 입고 물질 하였으나, 1970년 경부터는 고무옷으로 갈아 입고 어촌계장의 신호를 기다려 공동으로 입어를 하게 된다. 상군 해녀들은 남보다 멀리 그리고 해산물이 좋은 바다로 나가기 위해서 마치 달리기 선수가 시작선에 서서 대기하는 것처럼 있다가 경주하듯 바다로 헤엄쳐나간다.

점심을 거르고 , 오후 두시가 되면 힘에 겨운 해녀들이 미리 나오게 된다. 망시리 가득 해산물이 담겨있고, 채취된 해산물은 공동 판매대에서 무게를 달고 해산물의 가격을 알고 전표를 받는다.

특히 해녀들인 경우 물질해서 얻는 해산물은 자신의 '머정'에 따라 달라진다고 여기고 있다. 곧 물질 작업이 운명적으로 몸에 태운 사람은 '머정이 있다'라고 하는데, 같은 시간, 같은 바다에서 작업을 하더라도, 또한 먼바다가 아닌 비록 가까운 곳에서 물질을 하더라도 전복과 같은 값나가는 것을 많이 잡는다.

우선 '가늠'과 '헛숨'으로 자맥질하여 바다밭과 해산물의 있는 정도와 위치를 직접 눈으로 확인하고, 물속에 자맥질을 하여 해산물을 캐어오는 것이다. 바다에 들어 물질을 하고 난 후 육지에 올라오면 장작더미를 태워 불을 쬔다. 불쬐는 장소를 '불턱'이라고 하는데, 여기서는 여러 가지 화제가 만발한다. 지금은 불턱과 더불어 현대식 탈의장이 생기고 뜨거운 온수물에서 몸을 녹일 수가 있어서, 추운 겨울 물질 작업도 덜 어렵게 되었다.

물질 방법에서 두 지역은 유사하지만, 해녀의 능력면에서는 다르다. 도움없이 혼자서 하는 '이소도'의 형태가 제주도에서 대체적으로 행해지고 비록 뱃물질이라고 하더라도 직접적인 도움은 받지 않는다. 그래서 2인분의 역할을 제주해녀들 혼자서 감당하게 되는 것이다. 그리고 잠수능력 면에서 봤을 때, 물론 개인차가 있지만, 잠수시간은 보통 4, 50초인데 반해서, 제주해녀는 50초에서 2분까지, 그리고 잠수 깊이 역시 7m가 보통이나 제주해녀는 20m까지 잠수가 가능하다. 고무옷을 입기 전 물속옷(소중기)을 입었던 때인 1970년 이전 겨울에는 너무 추워서 30분~2시간 작업을 한 후 불턱에서 불을 쬐고, 다시 물질 작업을 했다.

이러한 차이점은 바다 환경 뿐만아니라, 어업조건 등에서 나타나는 차이라고 볼 수 있지만, 훌륭한 해녀를 만드는 조건인, 폐활량, 찬물에서 견디는 능력과, 자기 자신과의 싸움에서 이기겠다는 정신에서 온 것이다. 물 속에서 체력과 신체의 통제능력을 갈고 닦으며, 암초 환경에 대한 지식을 늘리고, 지식과 몸의 움직임을 효과적으로 연결시키는 일에 노력하는 것, 곧 개인의 몸이 환경과 적응, 주변환경에서 얻어진 인간신체[22]에서 나타난 원인으로 볼 수 있다.

3) 물질 도구

작업 도구는 시대에 따라 많은 변화를 했다. 샤츠도 입지 않은 맨 몸둥이나 다름없는 훈도시 하나만을 입은 아마가 일본 헤구라지마에서는 1960년대까지 존속했었고,[23] 스가지마에서도 자원고갈과 남획방지를 위하여 물안경을 안 쓰고 손으로 더듬어 잡는 '데사구리'를 최근까지도 했다는 것은 앞서도 언급했다.

일본 해녀들에게 가장 원시적인 어법에서 탈피해 쉬운 물질 형태로 간 것은 물안경의 사용과 고무옷(웨토스츠) 착용에서부터라고 할 수 있다. 옷 역시 미관과 기능을 보완하면서 바뀌 나가게 되는데, 아마사회에서 오케(테와)와 노미(전복 따는 빗창), 이소기(해녀복)는 가장 중요한 물품이기 때문에 혼수품으로

---

22) David W. Plath, "Fit Surroundings", 『해양문명사에서 잠녀의 가치와 문화적 계승』, 제1회 잠녀학술대회발표요지(제주도, 2002), 158~167쪽.
23) 마라이니, 牧野文子 역, 『海女の島 - 헤구라지마』(未來社, 1964).

꼭 지참을 했다. 이 물질 도구는 지정되어 있어서 공용이 불가능하다.

제주해녀들이 사용하는 물질 도구와 스가지마의 아마들이 사용하는 도구의 기능은 거의 비슷하다. 각각의 명칭이 다르고 크기와 모양이 다르므로 이해를 쉽게 하기 위해 제주도 것을 기준으로 도구들의 명칭과 형태를 보자.

(1) 물소중기

해녀 물질 작업 때에 입는 옷은 물소중기(소중의, 속옷)이다. 1910년부터 물수건을 쓰고, 1935년 이후는 물적삼이 해녀복으로 등장했다.[24] 1975년경부터는 합성고무옷을 입고 오리발을 신어 작업에 임했다. 잠수작업에 쓰이는 도구는 일반적으로 술일戌日에 사두었다가 사용하면 재수가 있어서 좋다고 생각한다.

스가지마의 해녀는 종래에는 '이소기'라는 해녀복을 입었다. 곧 '이소샤츠'와 하반신을 두르는 속치마인 '이소나카네'만을 입었던 것이다. 이소나카네는 무명수건 2포를 사용, 위쪽과 아래쪽에 끈을 달아서 묶는다. 지금은 그 속에 하얀 내의를 입는다.

고무옷을 입더라도 반드시 하얀 이소기를 입는다. 그것은 배위에서 보좌하는 토마에가 물질 작업하는 모습이나, 물 위로 올라오는 모습을 쉽게 파악 가능하도록 한 것이다.

반드시 머리에는 수건 '이소데누키磯手拭', '우시로 하치마키'를 쓰는데, 별모양(☆) 혹은 사선(#)을 그어 마魔를 물리치는 것으로 삼아 부적 대용했다.

24) 김정숙, 「제주도 해녀복 연구」, 『탐라문화』 5(제주대 탐라문화연구소 1990), 145~168쪽.

(2) 빗창

빗창은 전복을 뗄 때 사용하는 30센티 정도의 날카로운 철제 도구이다. 이 빗창에 노란 녹이 슬어 있으면 그 날은 재수가 좋아 전복을 뗄 수 있다고 여긴다. 빗창이 무디면 개날(戌日)에 대장간에 가서 갈고 온다. 요즘은 하군이 되면 빗창은 가지고 다니지 않고 치워버린다고 한다.

일본에서 전복을 뗄 때 사용하는 '이소가네' 혹은 '노미', '이소노미'라고 하는 빗창은 명칭이 지역마다 다르다. 스가지마에서는 '노미'라고 한다. 숙련된 해녀인 '이리도'는 짚 포승줄로 허리에 졸라맨 노미가 녹이 슬어 배의 가죽에 일생동안 녹이 피었다고 할 정도로, 노미는 해녀들에게는 전복과 함께 친근한 대상이었다.

그리고 '이소노미'에는 여러 종류가 있는데, 형태가 길고 짧은 것이 각각이다. '이소노미'에도 별모양이나 사선 표시를 해서 마를 쫓는 부적(마요케)역할을 했다.

(3) 테왁

햇빛에 잘 익은 박을 타서 꼭지를 피해 구멍을 낸다. 거꾸로 매달아서 두세 달 있으면, 물이 마르고 속이 비어 씨만 따로 떼어져서 나온다. 대막대로 씨를 파내어서 속을 내어 텅비게 한 후 구멍낸 부분을 물이 들어가지 않게 막는다. 막을 때에는 그것을 고무풀을 대신 사용했다. 이를 '콕테왁'이라고도 한다. 제주시 서쪽편의 사람들은 신설란을 째어 말려 끈을 만들고 테왁을 4등분으로 얽지만 행원리에서는 육등분으로

테왁과 해녀(2002)

얽는다. 지금은 테왁을 사용하지 않고 스치로폼을 사용하여 둥근 테왁 크기로 자르고 헝겊이나 포를 이용하여 부서지지 않도록 싼다.

'이소도' 해녀가 짚고서 물질하는 통을 '이소오케' 혹은 '이소츠보'磯桶라고 하는데, 둥글며 나무뚜껑이 있다. 근래에는 담보, 탐포라고 하는 자동차 튜브와 같은 도우넛 형 모양의 것을 사용한다. 해녀는 통 위에 배를 대고서 헤엄쳐 나가고 어획물을 통 위로 넣는다.

(4) 망사리

'망시리', '망아리'라고도 하며 억새풀의 속껍질로 그물모양으로 짠다. 채취한 해산물이 새어나오지 못하도록 한다. 해초와 해산물을 한꺼번에 담는 것으로 크다. 그리고 오분자기를 떼어 담는 작은 망시리를 '조락'이라고 한다.

스가지마에서는 배로서 물질하는 '후나도'가 필요한 '스가리'라는 전복

채취물을 넣는 망으로 짠 자그마한 그물 자루가 있다. 종려나무 줄로 엮은 다음, 그물 자루 앞에 나무를 구부려서, 줄로 이은 후에 허리에 매단 줄(오비나와-帶繩)에 잇는다. 크기는 제주도에서 오분자기를 따서 담는 '조락' 정도의 크기이다. 채취한 해산물은 바로 배 위로 던지기 때문에 스가리의 크기는 그렇게 크지 않고, 일시적으로 전복을 손에 잡을 수 없을 정도로 넘치는 경우만 이용한다.

제주해녀의 고무옷(2001)

(5) 물안경

바다 밑을 들여다 보기 위해 쓰는 안경인데 '족세눈'이라는 소형 쌍안경을 사용하다 1960년대부터는 '왕눈'의 둥근 대형 단안경으로 바뀌었다. 신엄에서 만든 눈을 '엄쟁이 눈'이라고 하고 행원리 옆마을 한동에서 만든 것을 '궷눈'이라고 한다.

스가지마는 데사구리가 유명하고, 처음으로 출현한 안경은 눈이 두 개인 안경에 놋쇠나 혹은 철을 사용하여 금속성이고 달려있는 끈도 방적류의 것이었다. 이후 금속부분이 빨간 고무로 개량되고 눈이 한 개인 단안경으로 고안되었다.

(6) 연철

몸의 무게를 지탱하기 위해 다는 무거운 납덩이이다. 나이가 들수록 연철의 무게가 무거워야 잘 입수할 수 있다. 스가지마 해녀들도 마찬가지로 연철을 허리에 매단다.

(7) 작살

'소살'이라고도 하며 해녀들이 물고기를 잡을 때 쓴다.

(8) 골각지

성게나 문어를 채취할 때 쓴다. 김을 맬 때 사용하는 호미와 비슷하다.

(9) 질구덕

해녀기구와 채취한 해산물을 넣고 다니는 대바구니이다. 일반적으로 제주도의 여자들은 등에 짊어져서 다녔다. 스가지마의 해녀들은 유모차와 같은 밀차를 이용한다.

(10) 정게호미

모자반이나, 톳, 또는 미역을 채취할 때 쓰는 낫모양의 호미이다. '중게 호미'라고도 한다.

해녀 물질 작업 시기와 물질 작업은 각 지역적인 차가 난다. 그것은 해 산물의 산란기를 피하고 지역적 특성에 따라 달라지고 있는 점이다. 특히 물질 방법상에서 차이는 배를 이용하여 물질하는 경우 훨씬 제주해녀들 보다 물질 작업이 쉬웠음을 알 수 있다.

일본에서는 자원보호를 위한 노력을 늘 염두에 두고 있으며, 기르는 어 업만이 아닌 물안경 없이 손으로 더듬어 잡는 어법, 그리고 고무옷을 입지 않는 것 등 얼마만의 실효성이 있는 가는 의문이지만, 바다에 들어 갈 수 있을 때는 무조건 들어가 작업하는 제주 실정에 비하면 그들의 노력은 높 은 평가를 할 만하다. 그리고 전복의 크기를 재는 자를 반드시 착용하는 것 등은 같은 맥락이라 할 수 있다.

일본 전국각지에 분포하는 아마는 조개 채취, 해초 채취에만 그치고, 작 살을 가지고 고기를 찔러 잡지 않는다. 그러나, 제주해녀들은 '작살'(소살)이 라고 하는 도구를 가지고 물에 들어가며, 전복과 소라를 잡다가 부수적으 로 고기를 쏘아 잡았다. 작살은 1940년대 고무줄 소살이 나오기 전에 주로 이용하였다.[25]

---

25) 고광민, 『漁具』(제주대학교 박물관, 2002), 142쪽.

4. 시롱고 아마 마츠리[26)와 해녀들의 신앙

1) 해녀들의 신앙

제주해녀들의 무속적 신앙현상은 지금도 강하다. 매년 음력 2월을 영등달이라 하여, 2월 초하루에 영신제를 치르고 2월 14일은 제주시 '칠머리당굿'에서 송신제를 지낸다. 이때는 바다의 작업을 일체 금하고 풍신風神과 풍어신豊漁神적 성격이 강한 신에 대한 의례를 행한다.

일상의 물질 작업과 연결된 신앙의식도 다양하다. 물질 나가기 전날 밤의 꿈을 통해서 길몽과 흉몽으로 다음 날의 작업을 예견한다. 상복을 입은 사람을 꿈에서 보거나 떡을 먹거나, 또 돼지꿈을 꾸면 그 날은 전복을 뗀다는 의식이 있고, 또 물질을 나갈 때 만난 사람에 따라 재수가 좋겠다는 생각을 한다. 또 전복을 떼면 침을 뱉거나 혀로 핥아서 다시 그 전복에 잇달아 붙어달라고 기원한다.

물질을 하다가 돌고래(곰새기) 무리를 만나면 "물알로 물알로"나 "배알로 배알로"를 외친다. 거북이는 '용왕의 셋째딸'이라고도 하며, 전복을 따게 해달라고 기원하기도 한다.

행원리 해녀들 역시 대부분 무속신앙에 의지하고 있다. 마을 본향당 역시 해신당의 성격이 강하다. 마을 윗쪽에 있는 '웃당'의 신神 명칭은 남신男神인 '나주판관'과, 여신女神인 '궁전요왕대부인'이다. 두 신은 호적, 출산, 사망, 생업 등 생활 전반을 관장하며 수호한다.

'남당'이라고 불리는 '알당'(아랫당)에는 '남당하르방', '남당할망', '큰도안전', '큰도부인', '중의대사'를 모시고 있다. 이 마을 어부와 해녀들의 생업

---

26) 8장 「일본 아마의 민속」 참고.

을 수호해주는 신이다. 한편, 불교적인 색채를 띤 중의대사는 돼지고기를 좋아하는 외방신이기 때문에 돼지고기를 제물로 올리며, 따로 구석에 모시고 있다.

또 이 지역은 다른 지역과 달리 육아와 피부병 등의 질병을 치유해주는 직능을 지닌 '오분작 할망'이라는 신이 있어 특이하다.

당에서 공동으로 치러지는 집단의례는 정월 초이틀부터 초나흘 사이에 치러지는 '대변순력신과세제'가 있다. 이때는 마을의 제반사를 관장, 수호해주는 본향신의 상징물인 당기를 비롯한 여러 기들을 여기저기로 옮기면서 신앙민들로부터 신과세를 받고 신앙민들에게 1년 운수를 점친다.

음력 정월보름날은 남당을 중심으로 '요왕황제국대제'가 있다. 바다의 용왕신들을 비롯한 이 마을에 좌정해 있는 어업 수호신들에게 한해의 풍요와 평안을 빌고, 운수를 점치는 날이다.

또 음력 7월 14일에는 백중 '물ᄆ쉬제'와 '지드림' 행사가 있다. '지드림'은 개인의례로 정초에 남당에 가서 빌거나, 바다에 가서 '몸지'와 '용왕지'를 드리고 바다에 나가서 죽은 영혼이 있는 경우는 '큰지'를 드린다.

지는 밥이나 쌀을 종이로 싼 후 실로 묶은 것을 말하며, '드림'은 신에 받친다는 뜻이다.

해녀들은 사실상 목숨을 걸고서 생업을 이끌어 가는 것이기 때문에 절대적인 신앙을 가지고 의례儀禮를 치르는 것이다.

두 지역의 신앙의례에 따른 특성을 정리하면, 지역적인 특성이 드러난다. 전통적인 신앙의례가 아직도 남아있는 곳을 제주라고 한다면, 시롱고 마쯔리는 해녀들의 신앙의례와 생산양식을 축제화하고 있는 모습을 볼 수 있다.

제주의 무속신앙은 해녀들의 생업을 이끌어가는 현장 속에서 생겨난 주술과 종교적 원시성이 그대로 남아있는가하면, 시롱고 마츠리는 다른 여러 지역에서도 행해지던 진자에 전복을 따서 바치는 의식 자체를 존속시키면서, 축제화하고, 현대산업으로 만들어 관광객을 맞이하는 축제의 현장으로 이끌어 가는 것이 두 지역 신앙의례의 차이점이다. 축제와 신앙을 불가분리로 여기고, 신성성을 축제에 부가하면서 성공적으로 전통을 보존하고 섬의 문화를 재생산해 가는 모습이다.

　제주의 칠머리당굿, 혹은 각 마을에 있는 잠수굿, 해신당에 대한 의례를 중심으로 축제화하거나 혹은 공개하여 잠수들의 생업과 문화적 요소를 가미 관광자원화 할 필요성이 있다.

5. 해녀노래와 시롱고 마츠리 우타

1) 해녀노래

　제주의 해녀노래는 바다를 배경으로 물질 작업을 행하던 '해녀'라는 주체에 의해 불려진 어업노동요이다. 배의 노를 저으면서 부르는 <노 젓는 소리>와 테왁을 짚고 물질 나가면서 부르는 <테왁 짚헝 희여가는 소리>(테왁을 짚고 헤엄쳐 가는 소리)가 있다. 특히 일정 지역의 섬에 뱃물질을 가거나, 육지 출가 물질을 위해서 불렀던 <노 젓는 소리>는 해녀 노래의 대표격이다. 이러한 여성노동요는 원시 노동요의 성격을 지니고 해녀들의 노동을 위한 기능과 더불어 정서가 표출된다. 가창 형식은 의미 있는 사설과 후렴을 부르는 선후창의 형식이 있고, 서로 뜻 있는 사설을 주고받는 교환창은 각자가 다른 사설을 부르더라도 서로가 상당히 관련되어 불려지며, 서로가 동조되는 사설 구성이 이루어지고 있다.[27]

(1) 노동의 기능성과 시공時空표현

해녀노래는 물질 작업과 직접 연관이 있다. 노를 젓고 출가出稼를 떠나는 장면, 노를 젓는 행위 등 노동의 기능성이 직접 노래 사설에 표출되고 있다. 노동요는 현장 구연의 산물이다. 그래서 시·공적 배경의 표출로 바로 노동하는 현장이 직서直敍적으로 노동의 한계와 시간과 공간이 생동감 있게 묘사된다. 그리고 은과 금으로 비유된 전복이나 소라들을 따려고 물 속으로 들어갔으나 숨이 짧아서 따지 못하는 심정을 높은 나무에 달려 있는 열매에 비유하여 공간의 수직 이동으로 객관적 상관물을 끌어들였다.

> 이어싸나 이어싸나 이어싸나 이어싸나
> 요넬젓고28) 어딜가리 진도나바당29) 혼골로가게30)
> 이어도싸 이어도싸 이어도싸나
> 삼돛돌앙31) 배질호게32) 선주사공 노념이여
> 붓대나심엉33) 글잘쓰긴 서울양반 노념이여
> 잘잘가는 잣나무배냐 솔솔가는 소나무배냐
> 우리야배는 잼도재다34) 춤매새끼35) 느는듯이
> 처라 자리야 잘잘 잘도간다

---

27) 좌혜경, 「제주해녀노래의 생산과 수용」, 『깨어나는 제주 여성의 역사』(제주도 여성특별위원회, 제주도청, 2001).

28) 이 노를 저어서.

29) 진도 바다.

30) 한 곳으로.

31) 세 개의 돛을 달고.

32) 노를 저어 나가자.

33) 붓을 잡아서.

34) 빠르기도 빠르다.

35) 참매의 새끼.

잘도간다 우리야배는 잘도간다

이물36)에랑 이사공아 고물에랑 고사공아

허릿대37)밋듸 화장아38)야 물때나점점 늦어간다

요물아랜 은과 금이 질렸건만39)

노픈낭긔40) 열매로다

(2) 노동의 목적

특히 물질영업은 현실적으로 그 무엇보다도 금전을 위한, 곧 돈을 벌어
야 한다는 경제적 현실성에 그 초점을 맞추고 있다.

예요는 2인의 교창 형식으로 불려지는 노래의 일부분인데,41) 앞부분을
A가 노래하면, 뒷부분은 B가 노래하는 이중의 사설로 구성된다. 돈과 자신
의 노동의 대가를 중심으로 일치된 주제에 향해있다. 출가 물질을 떠난 해
녀들의 가졌던 노동, 혹은 출가 현실에 대한 합리화이다.

A	B
이어도사나	해도서도
이어싸나	아니나먹는
때문은	때문은
돈아니민	돈아니민

---

36) 배의 앞부분.
37) 배의 허릿간에 세운 돛대.
38) 배에서 식사를 담당하여 밥을 짓는 일군.
39) 깔렸건만.
40) 높은 나무의.
41) 교창형식의 예요는 해녀노래 전수자 구좌읍 행원리 김영자(1938), 강등자(여, 1938), 자료조
사일시 : 2002년 2월.

부모형제	피땀을
다떨어두곡	흘리느냐
울산강산	어기여라
뭣이나좋아	어기여라
부모형제	어기여라
이별을ᄒᆞ곡	어기여라
요산천을	이팔청춘
오랏던고	

(3) 비극적 인생관

물질 작업은 아침부터 시작해서 보통 오후 3~4시가 될 때까지 거의 5~6시간 물 속에서 치러지는 일이어서 힘들다. 몸으로 배운 경험지식의 잘못 판단으로 '물숨'을 먹어 죽음에 이르는 경우도 있다. 그래서 물질작업은 '혼백상자를 등에 지고 가는 일', 혹은 '저승길을 왔다 갔다' 하는 일이라고 여긴다.

그렇기 때문에 자신의 운명은 미역의 생리를 닮아서 파도에 흔들리는 운명을 지녔다고 여기며, 인생관은 염세적이다.

이여싸나 이여싸나
혼백상지 등에다지곡
가심앞의[42] 두렁박차곡
ᄒᆞᆫ손에 빗창[43]을줴곡[44]

---

42) 가슴 앞에는.
43) 전복을 캐기 위해 사용하는 도구.
44) 쥐고서.

혼손에 호미를줴곡

훈질두질45) 수지픈물속

허위적허위적 들어간다

설룬어멍46) 날설아올적

어느바당 매역국먹언

절국마다47) 날울럼신고

ᄇᆞ름불적 절일적마다48)

궁글리멍49) 못사는구나

(4) 노동의 기백과 의기

인간은 비극에 이를 때마다 극복의 힘을 지니게 된다. 제주해녀들에게 있어서 험한 노동으로 인한 고난은 노동할 때 생기는 에너지 곧 기백으로 극복하려고 한다. 이는 현실 인식이라 할 수 있다. 그래서 노래는 더욱더 힘찬 기상을 지닌다.

넘어서야 될 고난의 상징은 인생의 '마루'인데, 해녀들에게는 노를 젓고 앞으로 나갈 때 생기는 '물마루'가 놓여있다. 어떠한 고난도 넘어서겠다는 의지가 나열의 기법을 사용, 더욱 강조되면서 표현된다.

A	B
이여도싸	요벤드레50)

---

45) 한길 두길.
46) 서러운 어머니.
47) 파도마다.
48) 파도칠 적마다.
49) 흔들거리면서.

어기여	끊어야진들
어기여라	부산항구
이어도싸나	아사노줄이
이어도싸나	없을소냐
너는슬쩍	요내홀목51)
나는꼼짝	부러나진들
들어가	유도야병원
이어도싸	젊은기상
이어도싸	놓았다가
집을사명	집을사명
밧을사랴	밧을사랴
지붕에는	지붕에는
상ᄆ를이여	올려나보세
바당에는	바당에는
물ᄆ를이여52)	물ᄆ를이여
요바깟안에53)	요바깟안에
지낼소냐	쳐라쳐라
배짱을치며	올라를가네
노를젓엉	노저어가네

---

50) 노를 저을 수 있도록 배 멍에와 노 손을 묶은 밧줄.
51) 이 내 팔목.
52) 물 마루여.
53) 이 밖 세상에.

5) 기원과 신앙

자신의 노력으로 한계를 극복하고, 의기로써 버티었으나, 해산물을 얻는 결실은 다름 아닌 운수와 같은 '머정'이 있어야 한다. 그래서 그녀들은 기원을 하고 바다의 신이라고 여기는 요왕신(龍王)을 믿는다.

A	B
저산천은	고동생복
해년마다	있건마는
프릿프릿	숨이나들게
젊어야지고	흐여줍서
이내몸은	비나이다
해년마다	비나이다
소곡소곡	용왕님께
다늙어지네	비나이다

2) 시룽고 마츠리 우타

스가지마의 해녀노래는 지역주민들에게 구전되는 것을 직접 들을 수 없다. "먼바다의 여울의 여울의 전복, 다가오세요"와 같은 노래 한 구절을 볼 수 있을 뿐이다.[54]

시룽고 마츠리에 불려지는 '아마 마츠리 우타'는 새로 작곡을 하여 노래하는 것으로 해녀 노동과 관련된 노동요로 볼 수는 없다. 과거의 노젓는 기능이 발동선으로 대치 된 이후, 노래는 자취를 감추었다. <해녀 헤엄치

---

54) 岩田準一, 앞의 책(1942), 96쪽.

는 노래>라고 해서 과거 작업하면서 불렀던 노동요적 성격이 강한 노래
한 수가 전해지고 있다.

(1) 해녀 헤엄치는 노래[55]

전복, 송사리를, 줄 세워 두고
일어나는 마음의, 기쁨.
쓰가지마 좋은 곳, 한 번은 와서,
바다 전복 맛의 좋음을.
준비하고, 누름은, 어느 분이셨다,
주인을 당기고는, 아직 가지지 않는다.
쓰가지마 산을 보라, 험준한 산이다,
며느리가 슈토메니, 걸린다.
이세(伊勢)의 코우사기, 구쟈키(國崎)의 요로이
피하고 지난다, 거친 파도를.

이러한 생활상의 노동요가 축제를 위한 유희요로 기능성이 전환된 노래
가 다시 창작되어 불려지고 유행되고 있다. 이러한 노래들은 대부분 개인
창작 곡들이다. 오케스트라와 사미센三味線 반주로 홍을 낸 <시롱고 마츠
리 노래>, 사미센三味線에 맞추어 부르는 짧은 속곡인 <스가지마고우타菅
島小唄>는 대표적인 노래로 들 수 있다.

<시롱고 마츠리 노래>의 가사 속에는 시롱고 마츠리의 장면이 잘 드러
난다. 노 저으면서 힘을 모으는 '이쵸사'(이여쌰)소리와 소라고동 소리를 시

55) 鳥羽市菅島町編, 『ふゐさと菅島』(1979), 154쪽.

작으로 해녀들이 따는 전복, 그리고 유희판의 흥성스러움을 노래 속에 담고 있다. 축제의 즐거움을 돋구기 위해 만들어진 노래가 깃발을 단 배와 춤을 추는 사람들, 마치 마츠리의 한 장면을 보고 있는 것과 같다. 노래 속에는 자신들 고향에 대한 사랑과 해녀들의 삶의 정서가 나타나고 있다.

(2) 시롱고 마츠리

시롱고 백사장 아침 해가 떠오른다
잇쵸사—
힘껏 자맥질한 해녀의 통에
손에 손에 커다란 전복
소라고둥도 울리는, 의기도 들끓는
시롱고 제사다 다이묘우진(大明神)이다
마음껏 춤춰라 마음껏 해라
세키후네코부네(關船小舟) 깃발이 나부끼고
잇쵸사—
잔뜩 아침부터 개인
하늘은 푸른 하늘 바다, 피리 불어서
바닷가에 풍어 소리 높아진다
소리 높아진다
오가이메가이(男貝女貝) 시롱고 모양으로
잇쵸사—
마음껏 축하와 노래를 해라
늙어도 젊어도 손장단이 맞고 그것
모두 웃는 얼굴로 술을 따른다

술을 따른다

다음 스가지마 속곡(俗曲)으로 잘 알려있는 '스가지마 고우타'는 소화 48
년 7월 7일, 스가지마 등대 창립 백주년을 기념하여, 야간 조업과 어선 항
해 안전 지도의 상징으로 백년간 하루도 어김없이 어선들을 빛으로 인도
해주며 인명 구조와 재해방지에 공적을 남긴 등대에 감사하는 뜻으로 지
은 노래다.

풍어를 빌고 출항하는 정경을 노래하고, 보물이 많은 어장에서 왕성히
어획에 힘쓰는 상황, 조업을 끝내고 풍어 깃발을 나부끼고 항구로 서둘러
돌아오는 배들의 모습과 넘치는 어로의 상황을 그린 노래다.

스가지마고우타(菅島小唄)56)

오야마(大山) 구로사키(黑崎) 진홍색으로 물들고
떠오르는 아침해의 상쾌함
우르르 몰려나가는 큰배 작은 배
바다 향기가 코를 찌른다
먼바다에서는 갈매기도 부르고 있는
스가지마 좋은 곳, 좋은 항구 좋은 항구

깊은 유서의 나츠미(夏身)의 해변은
바다의 보물이 솟아나는 곳
도미도 전복도 듬뿍 잡히고
해변은 풍어로 모두 웃는 얼굴

---

56) 楠井不二 작시, 岩城 徹 작곡.

우리들 섬 아이 섬에서 자라고
스가지마 좋은 곳, 좋은 항구 좋은 항구

바다는 저녁놀 깃발 나부끼고
돌아가는 뱃머리에 파도가 퍼진다
하얀 등대 갑은 가깝다
목청껏 불러 보고 싶은
섬의 저녁때 돌아가는 배
스가지마 좋은 곳, 좋은 항구 좋은 항구[57]

　　제주 해녀노래는 노 젓는 기능성이 분명하고 다양한 삶의 정서가 표출
되고 있으며 신세한탄이 주를 이룬다. 의도적인 창작이 아니라 노동의 소
용가치에 따라 만들어진 민요이다. 노동 기능성과 시공적 상황과 노동의
목적, 노동의 기백과 의기, 그리고 비극적 인생관, 기원하는 삶의 모습들이
잘 표출된다. 반면 스가지마는 과거에 불려졌던 노동요적 성격이 강한
<해녀 헤엄치는 노래>를 제외하면, 다른 노래들은 마츠리를 위해 창작된
신민요적 성격이 농후하다. 이러한 노래에는 축제의 즐거움과 더불어 향토
애가 표출되고 있다.

6. 나오며

　　본고는 북제주군 구좌읍 행원리(조사일시 : 2001. 6~2002. 5)와 미에현三重縣 시

---

57) 토바시 菅島町 편, 앞의 책(1979), 156~157쪽.

마반도志摩半島의 해녀 섬 스가지마菅島(2002. 7. 9~7. 17) 조사 자료를 현장 표본으로 하여 민속학적 관점에서 해녀와 아마를 살폈다. 두 지역의 비교 민속학적 관점은 출가물질로서 교류, 물질작업에 따른 어업력, 물질방법과 물질도구, 신앙과 정서의 측면에서 고찰했다.

출가 물질에서 일본과 한국의 관계를 보면, 우선 시마志摩의 해녀들이 출가물질 시기가 메이지(1868~1912) 중반부터 쇼와 초기(1926~1989) 19~20세의 여자들이 조선에 출가했으며, 출가시기는 3월에서 9월, 계약금을 받고 원산에서 장기곶 사이에서 물질했다. 여객선으로 온 다음 13명 정도 타는 배에서 뱃물질을 했다. 그리고 번 돈의 양은 다른 어떤 직종에 비해서 월등히 높았다. 출가물질은 경제적인 면과 더불어, 다른 지역에 가본다는 재미가 해녀들에게는 유혹이었다.

그런데, 제주도의 해녀가 1895년 경상남도로 출가하면서부터 일본의 아마들은 돌아가게 되고 도리어 제주해녀들이 1903년 미야케지마에 첫 출가하게 된다. 제주해녀가 이세 및 일본아마에 비해서 노동 임금이 저렴하고, 능률이 비교적 높고, 추위에 강해서 이후 출가 해녀들의 수는 해마다 증가하여, 1932년(소화7년)에는 1,600명 정도가 되었다. 그래서 1929년 이후부터 미에현의 아마는 자취를 감추게 된다.

해녀물질 작업 시기와 물질 작업은 지역적인 차가 난다. 그것은 해산물의 산란기를 피하고 지역적 특성에 따라 달라지고 있는 점이다. 특히 물질 방법상에서 차이는 대부분 배를 이용하여 물질하는 시마의 아마인 '후나도'인 경우 태왁을 짚고 물질하는 제주해녀 보다 물질 작업이 훨씬 쉬웠음을 알 수 있다.

일본에서는 자원보호를 위한 노력을 늘 염두에 두고 있으며, 기르는 어업만이 아닌 물안경 없이 손으로 더듬어 잡는 어법, 그리고 고무옷을 입지 않는 것 등 이러한 것들이 어느 만큼 실효성이 있는 가는 의문이지만, 바다에 들어 갈 수 있을 때는 무조건 들어가 작업하는 제주 실정에 비하면 그들의 노력은 높이 평가할 만하다.

일본 전국 각지에 분포하는 아마는 조개채취, 해초 채취에만 그치고, 작살을 가지고 고기를 찔러 잡지 않는다. 그런데 제주해녀들은 반드시 '작살'(소살)이라고 하는 도구를 가지고 물에 들어가며, 전복과 소라를 잡다가 부수적으로 고기를 쏘아 잡는 것이다. 1940년대부터는 고무줄 소살을 주로 이용했다.

두 지역의 신앙의례에 따른 특성을 정리하면, 지역적인 특성이 드러난다. 전통적인 신앙의례가 아직도 남아있는 곳을 제주라고 한다면, 일본 쓰가지마는 해녀들의 신앙의례와 생산양식을 축제화하여 산업화하고 있는 모습을 볼 수 있다.

제주의 무속신앙에는 해녀들의 생업을 이끌어가는 현장 속에서 생겨난 주술과 종교적 원시성이 그대로 남아있는 가하면, 스가지마의 시롱고 마츠리는 다른 여러 지역에서도 행해지던 진자神社에 전복을 따서 바치는 의식 자체를 존속시키면서, 축제의 현장으로 이끌어 가는 것이 두 지역의 신앙 의례의 차이점이다.

곧 축제와 신앙을 불가분리로 여기고, 신성성을 축제에 부가하면서 성공적으로 전통을 보존하고 섬의 문화를 재생산해 가는 모습이다. 한편, 제주에 있어서도 칠머리 당굿, 혹은 각 마을에 있는 잠수굿, 해신당에 대한 의례를 공개하고 잠수들의 생업과 문화적 요소를 가미 관광 자원화 할 필요성이 있다.

해녀들의 정서의 표출이라고 할 수 있는 '제주해녀노래'는 노 젓는 기능성이 분명하고 다양한 삶의 정서가 표출되고 있으며 신세한탄이 주를 이룬다. 의도적인 창작이 아니라 노동의 소용가치에 따라 만들어진 민요이다. 배 젓는 노동 기능성과 시공時空적 상황과 노동의 목적, 노동의 기백과 의기, 그리고 비극적 인생관, 기원하는 삶의 정서가 잘 표출된다. 반면 스가지마 아마의 노래들은 과거에 불려졌던 생활적 성격이 강한 '해녀 헤엄치는 노래'를 제외하고는 마츠리를 위해 창작된 신민요적 성격이 농후하다. 이러한 노래에는 축제의 즐거움과 더불어 향토애가 표출되고 노래는 명랑하고 즐겁다.

　제주와 스가지마 섬 두 곳은 늘 그랬던 것처럼 저녁 태양이 섬을 포근히 감싸고 있었고, 사람들은 자연과 하나가 되어 있었다. 비록 자원고갈을 막기 위해 노력하고, 신에게 기원한다고 해도 30대의 해녀가 몇 안된 섬의 해녀들도 인어와 같은 모습으로 관광객을 맞을 날이 멀지 않았음을 감지할 수 있었다.

결론 : 제주해녀의 문명사적 가치와 해녀문화의 보전과 계승

이경주 · 고창훈

1. 들어가며

제주해녀를 주목한 것은 90년대 초이다. 제주 해녀항쟁이 왜 어떻게 가능했는가, 그 항쟁을 가능케한 힘은 무엇인가를 추적한 결과 그것은 자발적인 해녀회의에 있다는 것을 알게 되고, 그 해녀회의가 동학농민전쟁의 집강소보다 더 생명력이 있고 민주적이어서 섬 민주주의의 틀 속에서 찾을 수 있는 민회(Citizen Assembly)였다는 생각에 이르렀다. 그렇지만 너무나 소외되고 대접 못 받는 해녀들의 위상에 대해 안타까움과 죄책감 같은 것을 느꼈다. 2000년 여름, 보다 체계적인 학술적 연구가 필요하다고 인식하여, 제주대 평화연구소에 연구팀을 구성하고 학술진흥재단의 인문학 연구에 도전하여 3년간의 연구자금을 확보하고 연구를 수행했다. 이러한 노력의 또 다른 결과로 2002년 6월 작은 규모였지만 월드컵을 기념하는 해녀축제를 제주도의 축제로 선정케 하고, 또한 연구팀이 주축이 되어 '제1회 잠녀학 국제 학술대회'를 열게 되었다. 아울러 해녀연구팀의 국제비교연구를 통해 제주해녀가 세계적인 가치를 갖는 직업이라는 사실을 주목하게 되었다. 또 제주와 국내보다는 국제적으로 제주해녀가, 왜 경이로움을 갖는가 하는 문제, 그리고 일본 아마들의 활동과 이에 대한 연구들을 검토하게도 된 것이다. 이러한 과정 속에서 제주해녀에 대한 관심은 해양문명사적 관점에서 그것이 갖는 정치적, 경제적, 문화적 가치를 해석해야 제주해녀를 제대로 평가할 수 있다는 생각을 하였다.

일본에서는 활동하는 여자 해녀들이 500명 미만임에도 불구하고, 지바현의 경우 시리하마 민요를 현대화시키면서 해녀축제를 금년 40회에 이르기까지 육성하여 대표적인 지역축제의 하나가 되어 있고, 후쿠오카현의 가네자키의 경우 해신축제의 틀 속에서 해녀문화의 발상의 의미를 공유해 나가고 있다. 이에 비해 단일한 지역 5,000명 해녀 활동 인구를 가진 제주도는 해녀의 문화적 가치를 무시하거나 인식을 하지 못하여 간헐적으로 서귀포시 법환동의 '해녀재현행사'나 '해녀 기념상 조형물' 제작, 북제주군의 '해녀상 선정' 정도를 하는 수준에 있다. 따라서 해녀연구팀을 대표하여 세계해녀문화축제를 제기한 것은 해양문명사속에서 그리고 제주 지역사 속에서 제주해녀의 가치를 제대로 평가하고 해녀문화 축제를 개최할 뿐더러 이를 계기로 제주해녀의 문명사적 가치를 보존 육성해 나가자는 취지였다.

필자는 과거 제주해녀가 제주도를 세 번 크게 빛나게 하였다고 생각한다. 그 하나는 남성위주의 유교적 가치체계 속에서도 하나의 직업으로 이어왔다는 실용적 업적이었다. 둘째는, 일제시대인 1932년 해녀항쟁을 일으켜 일제식민지의 탄압과 수탈에 맞서 섬사람들의 정신을 보여준 정치적 업적이었다. 셋째는 일제식민지 시대 어려운 경제적 상황을 타개하는 출가 해녀들이 해외로 진출하여 작업하고 그 수입금을 제주도로 보내어 제주도의 경제를 지탱해 준 개척주의적이고 자기희생의 경제성과를 보여주었다는 점이다. 이러한 훌륭한 성과에 대하여 제대로 조명한 적도 없고 체계적으로 자리 매김을 한 적도 없어, 소외지역에서 그들의 직업과 삶들이 해양문명사적으로 가치가 있다는 사실도 인식하지 못한 채 생존과, 나름대로의 벌이를 위해 어렵게 작업을 하는 게 현실이다. 그들이 자신들의 삶과 문화적 가치를 올바르게 자리 매김하게 하고자 할 필요가 있다. 그래서 일본의 아마들과 함께 UNESCO 문화유산 중 사라져서는 안 될 소중한 인류의 직업이나 유·무형문화 유산으로 선정하여 보전해 나갈 수 있는 계기를 마련하기 위해 '세계해녀문화축제'를 개최하고, 이를 통해 당당하게 제주해녀를 해양문명사의 평화적인 문화유산으로 자리 매김하고, 나아가 제주 섬의 소중한 문화와 해양평화의 브랜드로 상승시켜 나갈 수 있는 여지가 그들의 과거와 오늘 그리고 내일 속에서 이루게 될 네 번째의 업적이 될 것이다.

2. 섬 문명 고유직업으로서 제주해녀의 세계성

소위 물질(Muljil)이라는 잠수활동의 기원을 말할 때 제주의 경우 설문대할망 신화에서 찾는다. 제주도의 창조주인 설문대할망 신화는 제주도가 어떻게 형성되었는가 하는 것을 은유적으로 표현하고 있다. 설문대할망의 선그믓[陰門]에서 온갖 해산물이 배출되었고, 제주 사람들은 물질을 통하여 해산물을 채취할 수 있다는 대목이다. 이는 설문대할망이 바다 밭을 풍요롭게 하여 해녀라는 활동을 가능케 해 준 생산력의 창시자이며, 동시에 해녀 수호신의 직능을 상징하는 것으로 해석한다.[1] 이러한 맥락에서 잠수행위

---

1) 문무병, 「해녀의 신화와 제주인의 상상력」, 『해양문명사에서의 잠녀의 가치와 문화적 계승』 (세계섬학회와 제주대학교 평화연구소 편, 2002).

는 제주지역에 어부를 일컫는 보제기Bojegi가 전복을 캐는 사내라는 뜻의 포작배鮑作輩의 어원이다. 고려와 조선시대의 공물기록에는 포작은 전복류를, 잠수는 해조류를 바친 것으로 보아 제주도의 경우 포작과 잠녀가 같이 활동했다고 보아야 하는데, 포작에 할당한 조공량이 너무 과다하여 바당에서 일만하기 때문에 이들과 혼인조차 하려하지 않았다.[2] 이러한 점에서 조선조 중기에 이르러 포작은 무거운 과세 등의 이유로 서서히 사라지고 잠수의 활동은 계속되었다고 보는 견해가 나름대로 타당성을 갖는다.[3] 물론 조선 왕조가 유교사회인지라 제주에 부임하는 관리들이 유교윤리에 반하는 반나체의 물질활동을 금하는 나체조업금지령을 내리곤 하였지만, 실제적으로 상납을 받기 때문에 실질적인 통제까지는 이르지 못했던 것으로 보여진다. 아울러 해조류는 조공물로 바쳐진 반면 패류貝類는 식용과 환금이 가능하여 생활에 도움이 되어 물질이 지속될 수 있는 요인으로 작용하였다고 볼 수 있다.

해녀의 활동에 대한 최초의 기록은 3세기 후반 경에 나타나며 『삼국지』 위지 동이전 한조韓條와 왜인조이다. 한조에는 "주호州胡가 있는데 마한馬韓의 서해중 대도상大島上에 있다. 그 사람들은 조금 키가 작고 언어는 한韓과 같지 않으며 모두 머리를 깎아서 선비족과 같다. 단 가죽옷을 입고 소와 돼지 기르기를 좋아하였는데 윗옷은 걸쳤으나, 아래는 없어서 벗은 것과 진배없었다. 배를 타고 한중韓中에 왕래하면서 교역한다"라고 하고 있다. 여기서 주호는 탐라국을 일컫는 말로서 탐라국이 중국에 알려졌고, 활발한 교역이 있었으며, 교역 품목에는 소와 말, 피류 그리고 해산물이었다. 3세기 후반의 같은 책의 동이전 왜인조 마츠라국末盧國 부분에 규슈의 마츠우라松浦 반도 부근 사람들이 물고기나 전복을 좋아해서 물의 깊이와 상관없

---

2) 김정, 『제주풍토록』(제주도 교육위원회, 『탐라문헌집』, 1976).
3) 한림화, 「제주잠수공동체, 그 삶과 일」, 『씨알의 소리』(11/12월호, 2000).

이 잠수해서 이것들을 잡았다고 쓰여있다. 여기에서 3세기경부터 제주도와 일본에서 물질이 시작했던 것으로 해석하는 근거로 삼는 귀절이다. 다만 제주도의 경우 남자와 여자가 같이 물질하여 해산물을 교역하였으며, 일본의 경우에는 남자 아마로부터 시작된 것이 차이점이었다. 고대 일본인의 생활감정을 잘 표현한 『만엽집万葉集』에도 시가현 시가군 시가마치 코마츠 히라 마을의 남자 아마가 그려진 것으로 보아 내륙부 바닷가는 남자 아마들이 일했다고 본다. 헤이안平安 시대에는 '해녀가 바다에 들어가는 일은 가엾은 일이다.'라는 여성아마에 대한 기록이 있어 여성 아마가 존재했음을 시사해준다고 보고 있다. 아울러 아마들이 뱀신앙을 숭배한 것은 동중국해 주변의 해민들이 공유했던 신앙으로 일본의 고양이 섬 중국의 푸젠성,4) 제주도의 토산리 등이 그러하고, 이 뱀 신앙은 용을 모시는 신앙으로 발전하였다고 보여지며, 이러한 신앙의 존재가 여성 아마의 존재를 간접적으로 시사해준다고도 한다.

일본에서는 17세기에 이르러 남녀 아마의 존재가 널리 알려졌으며 이후 오키나와, 규슈에서부터 동북지방에 이르기까지 분포된다. 근대에 접어들면서 남성 아마와 여성 아마가 지역을 달리하면서 활동한 것으로 이해되는데, 남성들만의 작업은 오키나와현의 이토만, 이시가키섬, 가고시마현, 아마미오시마의 고니야, 가나가와현 미우라시의 죠가시마, 규슈의 고토 열도 등이고 여성 아마가 활발하게 활동한 곳은 이시카와 현의 헤구라지마나 나가사키 현과 대마도의 마가리 등지였다.5)

4) Nomura Shinichi. 'Introdoction to History of Japanese Ama', *Values of Woman Divers and their Cultural Heritage*, 2002.(Edited by World Association for Island Studies and PeaceInstitute of ChejuNational University).

5) 田辺悟, 『日本蜑人傳統の 研究』(東京 : 法政大學出版局, 1990). Nomura Shinichi. 'Introdoction to History of Japanese Ama', *Values of Woman Divers and their Cultural Heritage*, 2002(Edited by World Association for Island Studies and PeaceInstitute of ChejuNational University).

한편 제주도의 경우 여성인 해녀들의 그 활동은 제주도 전역에서 행하다가 19세기말 출가물질을 통해 한반도 전역과 일본의 대마도로 진출, 해외시장을 개척하여 한반도 전지역에 해녀 촌과 해녀 물질을 만들어 내고, 오사카를 생활근거지로 한 대마도의 물질작업장으로 활용하는 해녀물질의 국제화를 이루어낸다. 이선애의 연구6)는 제주해녀의 일본과 한반도 진출과 시장개척의 스토리를 잘 말해준다. 그녀에 의하면 제주도 해녀의 일본시장의 진출은 1895년을 기점으로 잡고, 세 시기로 나누어 이루어졌다고 한다. 제일 시기는 1895~1945년의 자유이민 시대로, 이민을 자유롭게 할 수 있었기 때문에 제주해녀들은 집단으로 뛰어난 물질 역량을 바탕으로 해당 지역에서의 작업량에 대한 세금을 내면 활동이 가능해서 자유롭게 한반도나 일본, 중국, 러시아 등으로 진출할 수 있었다. 1945~1960년대 지역적 이민시대에는 국경이 있어서 외국으로 이민이 제한되었기 때문에 밀항이라는 방식을 선택하였다. 1970년대부터 현재까지는 국제이민 시대인데 합법적인 국제이민 만이 가능한데, 합법적 이민도 있지만 불법적 체류방식도 있다.

여기서 주목할 대목은 초기시대인 1890년부터 1945년에 이르는 시기의 해녀 이민이라고 볼 수 있다. 그들의 뛰어난 물질 역량, 채취한 해산물의 높은 가치 그리고 한국과 일본의 경제적 격차가 주된 것이었다. 그들이 주된 작업장은 전복 등 높은 가격의 해산물이 많은 대마도였고, 시마 반도와 보소 반도인 경우도 있다. 그들의 생활과 상업 활동의 근거지는 상업도시인 오사카로 잡고 작업장은 대마도이다. 주로 2월부터 8월까지 주로 대마도에서 작업한 생산물을 오사카에서 파는 국제무역 같은 것을 한 셈이며, 고향

---

6) 李善愛, 『海を越える濟州島の海女』(東京 : 明石書店, 2001), Sun-Ae Li, 'Woman Divers of Jeju Island Cross the Sea,' Values of Woman Divers and their Cultural Heritage, 2002(Edited by World Association for Island Studies and PeaceInstitute of ChejuNational University).

인 제주도는 필요할 때 찾아 친척을 돌보면서 문화적 정체성을 유지해 나갔다. 물론 이들은 일본의 어부들과 협조를 하면서도 뛰어난 작업에 의한 고소득 판매로 세금을 내면서 정착에 대한 도움을 받았고 나름대로 오사카 지역경제에도 기여하고, 고향에 현금기여를 통해 제주도에도 기여하였다. 이들이 결국 오사카를 비롯한 일본 여러 지역의 이민 1세대가 되게 된다. 1930년의 제주해녀의 일본 활동 인구 조사에 의하면 한반도의 경우 9개 도에 63.36%가 진출하여 2,995명이었고, 일본의 경우 36.64%인 1,728명에 이르렀다. 한반도의 경상도가 34.72%로 가장 많고, 함경북도가 0.12%인 8명으로 가장 적었다. 일본의 경우 대마도가 전체 출가해녀의 14.93%에 이르는 705명으로 가장 많았고 시즈오카현 4.93%인 233명, 4.82%인 가나가와현 228명, 고우치현 3.81%인 180명, 도쿠시마현은 2.22% 105명, 가고시마현 1.80%인 83명, 지바현 1.40%인 66명, 나가사키현 1.33%인 63명, 미에현 1.30% 인 60명, 에이미현 0.10%인 5명으로 10개 지역에 이르렀다.

결국 제주도의 해녀는 일본의 10개 지역과 한국의 9개 지역 그리고 중국의 다리엔, 칭다오지역, 러시아의 블라디보스토크 지역의 해외원정과 해외정착을 통한 물질의 국제화를 이루어낸다.

물론 에츠조 푸르타의 연구[7])에 의하면 일본의 아마들도 1883년 진주조개잡이를 위하여 오스트레일리아에 진출하였고 1913~1915년까지 집중적으로 해외물질에 나서 1913년에는 822명에 이르러 전체 잠수활동의 19.4%를 차지하기도 하였다. 이들은 진주조개를 잡으면 일본에서의 같은 작업에 비해 7~8배정도 높은 소득을 받아 월 20달러를 받게되는 경제적 요소가 주요 원인이었다. 그러나 이들은 일본의 와카야마현의 아마들로 오

---

7) Etsuzo Furuta, "On the Japanese Divers in Australia," Values of Woman Divers and their Cultural Heritage, 2002(Edited by World Association for Island Studies and PeaceInstitute of ChejuNational University).

스트레일리아 브룸 지역에서 활동하는데 이들의 원정은 1차 세계대전의 발발과 오스트레일리아의 수산법의 개정으로 진주조개 채취가 금지되면서 주춤하게 되어 일부는 남고 대다수는 귀향하거나 전업하게 된다.

제주도 해녀들이 경제적인 요인과 뛰어난 잠수역량 등으로 한반도와 일본의 전지역 그리고 중국과 러시아 두 지역으로 물질기술을 전파하고 물질의 국제화를 이루어낼 수 있었던 점은 무엇인가?

우선 제주도의 위치가 해양지리학적으로 여성 해녀들이 물질을 할 수 있는 최적의 자리에 위치하고 있다는 점을 들 수 있다. 유키나리 고하라의 연구에 의하면8) 바다의 온도가 여름인 8월에는 섭씨 25도 정도를 유지하고 2월에도 10도 이상을 유지하는 곳이 여성 해녀나 아마가 활동 할 수 있는 최적지 지역(Isothermal Line Region)에 위치해야 하는데, 제주도 전지역이 이에 해당하며 일본의 경우 13개의 지역이다.

다음으로는 제주도 해녀의 개척주의적 성향을 들 수 있다. 제주도 해녀는 고도의 훈련된 기술과 경제적 동기가 결합되어 제주도 전 마을이 공동어장을 하면서 물질을 바탕으로 한 직업으로의 위치를 이루어내고, 이를 바탕으로 출가물질이라는 해외원정과 해외정착을 해나간다. 한반도 전역과 일본의 10개 지역, 중국의 2개 지역, 러시아 1개 지역으로 진출하고, 일본의 경우에는 거기에 정착하는 국제성을 1890년부터 지금에 이르기까지 보여 주었다. 특히 제주해녀가 일본 지역의 10개 지역에 지속적으로 들어가 생활했던 사실을 감안하면, 일본의 여성 아마의 일정 정도가 귀화한 제주해녀이거나 그들의 후손이라는 사실이 이선애의 실증적 연구는 뒷받침해 주고 있다.

---

8) Kohara Yukinari, 'Ecological Consideration of the Distribution of Female and Male Divers,' *Values of Woman Divers and their Cultural Heritage*, 2002(Edited by World Association for Island Studies and PeaceInstitute of ChejuNational University), pp.70~71.

셋째, 이러한 해외시장 개척과 제주사회에 대한 경제적 환원을 통해 반유교적이고 문란한 물질행위라는 부정시각을 바꾸어 놓게 되는데,[9] 이러한 것을 가능케 한 근원적인 힘은 잠수회의라는 조직이 있어서 가능했다고 생각한다.

넷째, 봉건주의적 생산양식이 지배했던 전근대적 사회에서와는 달리 일본 식민자본주의가 침입하는 과정에서 제주잠녀도 하나의 자본과 임노동 관계 속에 편입되어 새로운 직업집단으로 변화하였다.[10] 이처럼 전근대사회에서 잠녀들은 '생존양식' 혹은 '생존전략'의 수단으로 해산물을 채취하여 생계를 유지해 나갔다. 그러나 자본주의적 생산양식의 이행(transition)으로 말미암아 제주해녀도 직업인으로서 노동조건에 합의하여 일정 임금을 받는다는 계약조건을 수용하는 생산관계에 참여하게 되었다. 특히 육지부 해조업자들이 제주섬에 건너와 일정기간 동안에 일정 임금을 지불하는 계약조건이 성립하게 되면 제주해녀들은 바깥물질에 나서서 육지부 연안의 해조류 채취에 적극 나서게 되었다.[11]

3. 해양지역 민회문화(Citizen Assembly)의 원형으로서의 잠수회의 그리고 해녀항쟁

해녀활동의 근원적인 힘으로서 주목하는 잠수회는 마을의 잠녀들이 잠녀활동을 지원 관리하는 하나의 결사체로서 19세기 초반부터 조직화된 것으로 보여진다. 특히 대원군의 쇄국정책이 끝날 즈음 제주해녀들이 출가물

9) 고정종편, 『제주도편람』(영주서림, 1930).
10) 권기숙, 「제주해녀의 신화와 실체 : 조혜정 교수의 해녀론을 중심으로」, 『한국사회학』 제30집(한국사회학회, 1996), 227~258쪽.
11) 강대원, 『해녀연구』(한진문화사, 1973), 125쪽.

질로 일본, 한반도, 중국, 러시아 진출을 연례적으로 밀고 나갔던 일도 이러한 잠수회의 결속력과 조직력이 아니면 불가능했다고 본다. 우선 조선초기에는 잠수회가 향약의 규정이나 규약에 근거했다고 볼 수 있다. 이는 제주공동체에서 산촌마을은 공동목장을, 해촌 마을은 공동어장을 공동 경작지로 소유하고 관리하고 그 생산물을 공동 분배하던 체제였던 공동체적 사고에 기초한다고 볼 수 있다. 그래서 공동어장의 입어권은 마을마다 잠수회가 관리했었는데 1962년 4월 1일 수산업협동조합법과 동 시행령에 의해 어촌마을 단위로 어촌계가 조직 설립되어 입어권과 공동어장의 질서에 대한 권한을 갖게 되어, 잠수회의 위상은 위협을 받기 시작하고 그들 나름의 토론문화 역시 위축되기 시작했다.[12] 제주지역의 잠수회의 조직은 적게는 5명부터 많게는 100명이 넘는 경우도 있다. 한 마을에 보통 3~4개 정도가 있다. 한림화가 1985년 1월부터 2003년 12월까지 제주도의 동부지역인 삼양마을에서부터 남원읍에 이르는 10개 마을의 잠수회들을 조사하였고, 거기에 공통된 잠수회의 규칙을 모아서 정리했는데 그 내용을 보자. 잠수회칙은 불문율이지만 생명을 걸고 해내야 하는 직업이자, 공동어장을 관리하는 데 초점을 두고 있다.[13]

잠수회는 마을에 근거를 둔 여성들의 자발적 결사체이다. 대체로 대부분의 마을 여성이 참여하게 되고 그것은 앞의 회원 자격과 상실에서 보듯이 지역사회와 강한 연계성과 자율성을 가지고 있다.

이러한 잠수회의 중심의 해녀조합 활동이 가장 두드러진 업적을 보인 것은 1931~1932년의 제주해녀 항쟁이었다. 일본 식민지시대 일제의 해녀 생존권에 대한 위협이 날로 커졌는데, 제주해녀들은 일본 식민통치 정부에 의해서 강제적으로 조직된 해녀조합에 의해서 조직적인 착취를 당했다. 특

---

12) 제주도, 『제주의 해녀』(1996), 421~422쪽.
13) 한림화, 「해양문명사속의 제주해녀」 참고.

히 1931~1932년 두 해 동안에 제주잠녀들은 생존권에 대한 일제의 악랄한 수탈에 못 견디어 생존권 투쟁으로 나섰는데 급기야 항일투쟁으로 이어졌다. 제주잠녀들의 항일투쟁은 북제주군 구좌읍과 성산읍 및 우도면 등지에서 2차에 걸쳐 약 4개월간 지속되었다. 이러한 항쟁은 1930년대 한반도 최대 규모의 어민투쟁이었으며 제주도의 3대 항일운동으로 평가받고 있다.[14]

따라서 일제 강점기에 제주해녀들은 새로운 직업집단으로 임노동 고용관계를 맺어 자본주의적 경제행위 주체로 자리 매김되었으며 또한 보다 많은 경제적 수입을 얻기 위해서 바깥물질에 나서게 되었는데 결과적으로 동시에 임금 착취의 대상으로 전락하는 경험도 하게 되었다. 아울러 제주해녀들은 일제의 수탈에 더 이상 견디지 못하여 집단적 그리고 조직적으로 생존권 투쟁에 강력히 나서게 되었으며 급기야 항일운동에 적극 동참하였다. 이로써 제주해녀들은 외세의 억압에 저항하는 투쟁가의 이미지를 형성하였다. 물론 이들을 도와주는 제주도의 사회주의 운동세력, 야체이카 등의 조직적인 도움도 있었다.

2002년에 이르러 이들에 대한 복권이 이루어져서 독립유공자로 표창하고, 그들의 업적을 재평가 하는 작업은 아주 늦었지만 다행스러운 일이라 평가할 수 있다.

4. 제주해녀의 경제활동 특성과 기여도

여기서는 제주해녀의 경제활동 특성과 지역사회의 기여도를 살펴보는

---

14) 김영돈, 「제주해녀의 실상과 의지」, 『비교민속학』 제18집(비교민속학회, 2000), 125~133쪽.

데, 이에 대한 김태보의 연구가 있다.[15] 이를 바탕으로 정리하고자 한다.

그의 연구에 따르면 <표 1>에서 보는 바와 같이 제주도내에서 수산업 분야에 종사하고 있는 어업종사자는 1960년대 중반 이후 제주도 총인구의 10%에서 계속 감소하여 2002년 1.4%에 불과하게 되고, 이와 마찬가지로 수산업에 종사하고 있는 해녀의 경우도 1965년 2만3천명에서 2002년 5천 6백 명으로 계속 감소한 것으로 나타났다. 아직도 제주도 어업종사자 중 74%가 해녀인 것으로 나타나 고용구조면에서 보면 대다수의 어업활동이 해녀활동에 의해 이루어지고 있음을 볼 때 제주해녀의 경제활동에 의한 어업에 대한 기여도는 상당히 높게 나타난다.

〈표 1〉 제주도 해녀의 현황[16]

월별(月別)	제주도인구(A)	어업종사자(B)	B/A(%)	해녀(C)	C/B(%)
1965	326,406	30,149	9.2	23,081	79
1970	365,522	37,107	10.2	14,143	38
1975	412,021	20,572	5.0	8,402	41
1980	462,755	12,216	2.6	7,804	64
1985	4894,558	11,320	2.3	7,649	68
1990	515,000	9,660	1.8	6,827	71
1995	514,000	8,968	1.7	5,886	66
2000	543,323	7,976	1.4	5,789	73
2001	547,964	7,098	1.4	5,747	81
2002	552,310	8,086	1.4	5,659	70

---

15) 김태보, 「제주해녀의 경제활동 및 지역경제에의 기여도」(탐라대학교 주최 해녀 보존 대토론 회 토론문, 2004).
16) 김태보, 위의 글, 재인용.

그렇지만 제주해녀의 연령별 분포 현황을 보면 <표 2>에서 보는 바와 같이 1970년대의 경우 30세 미만이 31.3%, 30~49세 54.9%, 50세 이상이 13.8%로 나타나 연령별로 고루 분포되어 있었으나 1980년대 이후 경제발전에 따른 산업구조변동에 의해 젊은 연령층이 해녀활동 참가를 기피하면서 점차 노령화하는 것으로 나타난다. 특히 최근에 와서는 고령화가 급속히 이루어져 전체 대다수인 80% 이상이 50세 이상으로 나타나 해녀에 대한 보전과 계승 대책이 절박하다고 볼 수 있다.

<표 2> 잠수 현황[17]

구분 \ 연도별		1970	1980	1990	1995	2000	2001	2002	2003
연령별	30세 미만	4,426 (31.3)	764 (9.8)	294 (4.3)	35 (0.6)	3 (0.1)	1 (0.01)	2 (0.03)	2 (0.03)
	30~49세	7,765 (54.9)	4,737 (60.7)	3,017 (44.2)	1,967 (33.4)	1,282 (22.1)	924 (18.3)	969 (17.1)	824 (14.6)
	50세 이상	1,952 (13.8)	2,303 (29.5)	3,516 (51.5)	3,885 (66)	4,504 (77.8)	422 (81.7)	4,688 (82.9)	4,824 (85.4)
잠수수		14,143	7,804	6,827	5,886	5,789	5,047	5,659	5,650

그의 분석에 의하면 제주해녀가 점차 인구구조상 노령화구조를 갖게 된 것은 경제발전에 따른 산업구조 변동이 주된 요인이 되고 있다는 것이다. 제주경제의 산업별 여성 경제활동 현황을 보면, 1961년 기준 여성 경제활동이 제1차, 2차, 3차 산업의 구성비가 87.6% : 0.5% : 11.9%에 불과하던 것이 2001년의 경우는 27.4% : 2.9% : 69.7%로 나타나 농·어업 등의 1차 산업분야의 여성경제활동이 감소한 반면, 관광산업을 비롯한 3차 산업으

---

17) 제주도, 2004년도 해양수산현황.

로의 구조전환이 급속하게 이루어짐으로써 해녀와 같은 힘든 직종은 점점 쇠퇴하고 있다고 볼 수 있다.

그의 분석에 따라 제주해녀의 경제활동을 통한 제주지역경제에의 기여도는 여러 측면에서 분석될 수 있다. 첫째 지역어민 소득증가를 통해 지역경제의 성장, 발전에 기여하고 있다. <표 3>에서 보는 바와 같이 제주해녀의 경제활동을 통한 지역경제 성장에 대한 기여도는 1965년의 경우 전

〈표 3〉 제주해녀의 연도별 품목별 생산실적[18]

연도별 구분	1965		1970		1975		1980		1985	
	수량	금액	수량	금액	수량	금액	수량	금액	수량	금액
전복	75	22	128	61	70	146	63	299	123	1308
오분자기										
소라	344	5	1591	82	1,739	867	2,145	4,102	3,163	8,945
성게									1069	749
톳	614	21	4,659	79	5,813	406	5,370	1,952	6,806	3,143
천초	495	18	720	30	1,072	145	1,885	718	2,957	1,109
갈래곰보									63	158
미역	3,340	30	3,847	129	1,168	17				
합계	4,868	96	10,945	381	9,862	1,581	9,463	7,071	14,181	15,412

연도별 구분	1990		1995		2000		2002		2003	
	수량	금액	수량	금액	수량	금액	수량	금액	수량	금액
전복	184	3,586	44	3,232	11	1,078	29	3,362	30	3,036
오분자기			159	4,390	35	1,551	27	1,135	21	860
소라	605	4,824	2,768	13,193	2,269	12,497	2,175	11,341	1,830	8,577
성게	1,161	3,235	1,161	6,800	103	505	63	375	68	397
톳	3,751	1,350	3,414	4,098	2,065	1,100	2,134	1,714	1,500	1,537
천초	4,506	1,338	7,477	5,092	2,139	1,892	1,768	1,426	1,864	1,430
갈래곰보	161	617	42	61	61	241	48	45	80	64
미역										
합계	10,368	14,950	15,065	36,866	6,683	18,864	6,244	19,398	5,393	15,901

18) 김태보, 앞의 글(2004) 재인용.

복, 소라, 톳, 천초, 미역 등의 생산을 통해 9,600만원의 어업소득을 가져오는 것으로 나타났다. 제주해녀의 경제활동을 통한 어업소득은 1960년대 이후 계속 증가하여 1995년의 경우 피크를 이루고 있는데, 전복, 오분자기, 소라, 성게, 톳, 천초 등의 생산을 통해 368억6,600만원의 어업소득을 가져왔으나 최근에 와서는 계속 감소하고 있는 추세로 나타난다. 이는 제주해녀의 생산활동 공간이 마을어장의 남획으로 인한 자원고갈과 수산물시장의 완전 개방에 따른 수산물 가격하락이 주요인이 되고 있음을 보여주는 것이라고 볼 수 있다.

〈표 4〉 제주도 해녀 어획물 주요 품목별 수출실적[19]

연도별	본도총수출고	주 어획물 수출고										%
		계	소라	전복오분작	해조분	찐톳	알긴산	해조류	계관초	성게	불가사리	
1975	9,048	4,048	2,148	169	21	1,583	117	10				44
1980	18,764	13,284	7,124		71	1,644	708	3,737				70
1985	24,876	15,625	11,685			1,700	624	708	464	444		62.8
1990	36,098	11,298	6,568			2,410	215		2,105			31
1995	1110,558	28,304	16,779			2,137		4,806	689	3,845		40
2000	117,014	28,846	9,735		9,832	2,535		5,465		1,156	24.6	

둘째, 제주해녀의 경제활동은 여전히 지역수출 증가에 기여하고 있다는 사실이다. 산업화가 현저하게 진행된 현재에도 제주도의 수출구조는 대부분 1차 산업이 차지하고 있는데, 그 가운데 수출품의 50% 이상이 해녀들이 생산한 생산품목이라는 점에서 지역수출에 크게 기여하고 있다고 볼 수 있다. <표 4>에서 보는 바와 같이 제주도 총 수출액의 최하 31%(1988)

---

19) 김태보, 앞의 글(2004) 재인용.

에서 최고 79%(1991)를 해녀들의 경제활동을 통해 충당하고 있는데, 특히 외화가득율면에서 제주 지역경제의 기여도가 더욱 높게 나타난 점에서 특징이 있다. 도내에서 생산되는 농산물, 공산품은 말할 것도 없고 수산분야의 경우에도 어류 등의 수출은 어선운영비, 연료비, 감가상각비 등이 포함되고 있으나 해녀의 어획물엔 이런 것이 없다는 점에서 외화가득율이 거의 100%에 가까울 정도로 높다는 사실은 아직도 해녀활동의 마을 공동체에 대한 기여도가 높다고 볼 수 있다.

셋째, 해녀의 경제활동은 관광산업과의 연계성을 강화하여 곧, 1차 산업과 관광산업과의 연관 개발은 해녀의 경제활동을 중심으로 하는 수산업에 관광산업 특유의 서비스 산업적 성격을 가미하여 고부가가치의 어업으로 발전시킴으로 지역발전에 기여할 수 있다. 유명관광지를 배경으로 한 해상관광을 즐기려고 연중 빈번하게 찾아오는 도시민들을 대상으로 수산물을 염가로 판매할 수 있는 수산물 직매장, 수산물을 이용한 식당운영, 장기체류 관광객을 위한 민박운영 등의 어촌계가 직접 운영하는 관광어업이 해녀들의 공동 생산활동의 장인 공동어장을 중심으로 도입, 실시되고 있어 지역발전에 기여하고 있음을 확인 할 수 있다.

5. 제주해녀의 해양문명사적 가치와 국제적 보전문제

제주해녀가 남긴 해양문명사적 가치는 고유한 직업으로서의 가치, 정치적인 민회로서의 가치와 잠녀항쟁의 업적, 그리고 경제적 개척주의적 업적, 그리고 문화적으로 섬 지역 노동요의 원형으로서의 가치가 있다고 본다.

1) 해양문명사 속의 고유직업으로서의 가치와 유네스코의 '사라질 위험이 있는 직업'으로서의 UNESCO 사회유산으로 등재

히라노 히데끼는[20] 역사적으로 수렵과 어업 그리고 해양항해는 남성의 작업영역에 속하는 원양어업의 일부로 고려되었다면, 여성잠수는 조개와 해초 경작과 수집의 일이었다. 이러한 바다 일터에서의 성별 전문화는 고대로부터 자신들의 생리적 차이를 효과적으로 활용하기 위한 노력의 결실로 발전되었는데, 여성잠수들은 바다를 탐험하며 해산물을 채취하는 작업에만 한정되는 것은 아니었다고 한다. 우선 여성잠수는 출산하는 어머니로서 역할과 가계를 꾸려 가는 주부로서 역할을 수행하는 만큼, 그들은 과도한 어업에 대하여 스스로 통제하는 본질적인 정신을 가지고 있으며, 환경파괴에 즉시 반응하는 능력을 가지고 있다고 본다. 바로 이러한 여성의 특징에 관심을 가져야 하는데, 잠수는 적은 투자와 전통적인 방식의 작업으로 적당한 소득을 얻는 일이어서 자원고갈에 관심을 갖는 친환경적 직업이다.

그는 여성 해녀가 마을의 자연해변을 공동어장, 즉 공동재산으로 유지하고 관리함으로써 공동자원의 공동소유와 공동관리의 중요성을 일깨워주고 있다. 그 어느 때보다 공동자원의 관리가 중요한 지금 해안자원의 관리 측면에서 잠수회의 역할을 새롭게 바라보아야 한다고 하고 있다. 제주도의 공동어장에서 죽은 시체가 떠오를 경우, 해당 어장에서 시체 수습을 해주는 관행이 있다. 또한 마라도에는 수심이 낮은 '할망 바당'이라는 해변이 있는데, 여기에는 노인 잠수와 미숙한 경험자들이 이용하는 곳이다. 이렇 듯 제주해녀의 직업은 공동어장이라는 공동체적 바탕 위에서 가능했던 만

---

20) Hideki Hirano, 'Some Studies of the Contemporary Meaning of Amas', *Values of Woman Divers and their Cultural Heritage*(Edited by World Association for Island Studies and PeaceInstitute of ChejuNational University), 2002.

큼 그러한 환경관리의 지혜는 높이 평가되어야 한다.

1972년 유네스코를 중심으로 세계의 자연유산과 문화유산을 맺었을 때 감소되거나 파괴될 세계유산을 보호하는데 여러 국가들이 나섰다. 이러한 결과 동물과 식물 그리고 많은 무형문화재들을 발견하고 보호하는 조치가 이루어져왔다. 한라산의 일부 지역도 2002년 생물권 보전지역으로 지정되었고, 동굴과 오름들도 자연유산으로 보호되어야 한다고 하여 2008년경 자연유산으로 등재될 가능성이 높아졌다.

직업의 경우 '사라질 위험이 있는 직업'으로 특정한 분야의 숙련기술공이나 전통 기능 보유자, 무형문화재 등의 이름으로 지정하고 보호되고 있다.

그러나 1차 산업종사자에 대해서는 이러한 고려와 정책이 없다. 제주도의 해녀와 일본의 아마들의 경우 우월한 기술을 가지고 있으면서도 경제적인 이유로, 이러한 직업인이 점점 고령화되고 사라져 가는 직업임이 분명한데도 사라질 위험이 있는 직업으로 보호되지 않고 있다. 이제 한국과 일본의 양국 정부가 해녀를 다른 시각에서 평가하여 '사라질 위험이 있는 고귀한 직업'으로 보호할 조치를 취해야 한다. 여성잠수들이 만들어 낸 잠수회, 작업문화와 노동민요, 그리고 생업기술 전반을 세계의 문화유산으로 평가하여야 한다. 특히 제주도 지사의 경우 한일지사회의에서 이를 안건으로 제시하고 아울러 문화관광부와 유네스코 한국위원회, 4개 시군의 기초단체장과 공동으로, 사회유산 또는 문화유산 중 무형문화재로서 제주해녀의 민속, 잠수행위 등을 묶어서 종합적으로 보호될 수 있는 조치를 취하여야 할 시점이다.

2) 자발적 민회로서의 '잠녀회'의 세계성과 해녀항쟁

제주해녀의 세계적인 명성을 얻은 그 원천은 공동어장을 근거로 한 자발적인 결사체인 잠수회이다. 이 잠수회가 없었다면 제주도내의 해녀직업의 관리와 이를 통한 경제활동은 성공적일 수가 없었다. 특히 1890년대부터 본격적으로 이루어진 출가해녀의 한반도, 일본, 중국, 러시아의 진출과 성공에도 바로 이 잠수회가 뒷받침이 있었다. 그들의 경우 최소한 인원이 5명 이상의 집단으로 이루어졌는데 이 잠수회가 제주해녀의 국제적 진출을 성공시킬뿐더러 그들의 문화적 정체성과 연결고리를 하였다. 아울러 1932년 세계사에서도 보기 드문 제주해녀항쟁이 있었는데, 여기서도 잠수회의 조직적 뒷받침이 없이는 불가능하다. 이는 섬 민주주의의 민회로서 역사적 재평가를 내려야 한다고 본다. 한국의 민회라고 할 때 1894년의 동학농민전쟁의 집강소와 만민공동회의를 들지만, 제주해녀의 잠수회는 섬 지역에서 자생적으로 발생한 민회였다. 다만 이것이 여성들에 의해 이루어졌다는 이유로, 그리고 1932년의 잠녀항쟁의 경우 사회주의 운동세력의 연대와 도움을 받았다는 점, 그리고 4·3의 전사로서의 연계성 등의 요인, 그리고 제주 잠수회를 제대로 인식하지 못한 채 어촌계 하부조직으로 편성해버린 어리석음 등으로 그들의 자생적 민주주의적 가치의 세계성을 유실시키고 제주해녀 자체를 소외된 그룹의 지나간 유산 등으로 치부해버린 일은 안타까운 일이다.

3) 제주해녀 경제적 개척주의의 업적

제주해녀의 경제적 업적은 조선왕조 시대부터 공동어장을 중심으로 한 일제식민지 시대 어려운 경제적 상황을 타개하는 출가해녀들이 해외로 진출하여 작업하고, 그 수입금을 제주도로 보내어 제주도의 경제를 지탱해 준 개척주의적이고 자기희생의 경제성과를 보여주었다는 점이다. 이러한 훌륭한 성과에 대하여 제대로 조명한 적도 없고 체계적으로 자리 매김을 한 적도 없어, 소외지역에서 그들의 직업과 삶들이 해양문명사적으로 가치가 있다는 사실도 인식하지 못한 채 생존과 나름대로의 벌이를 위해 어렵게 작업을 했던 게 현실이다. 제주해녀가 국제무역이라고 할 수 있는 해외시장을 개척한 일에 대한 자부심과 특히 1890년대부터 1945년까지 제주출가해녀의 일본 10개 지역 진출과 정착과정은 너무나 당당한 도전이었다. 제주도 전체의 역사 속에서 이러한 도전이 제주해녀가 유일하다고 보여지기 때문이다. 따라서 이러한 경제적 개척주의 업적을 보다 깊이 있게 추적하고 이를 기념할 수 있어야 한다.

4) 섬지역의 원시노동요로서 해녀 노래 가치와 현대화작업

원시 어업 노동요로서 해녀노래는 '해녀 노젓는 소리'를 말한다.

좌혜경의 연구는[21] 해녀노래의 노동기능과 정서에 맞추어져 있다. 가창형식은 사설과 후렴을 부르는 선후창의 형식이 있고, 서로 뜻 있는 사설을 주고받는 교환창은 서로 교환하여 부르면서 동조적 사설구성을 이룬다.

해녀노래는 해녀집단의 정서를 반영하는데 육지부로 출가를 나간 해녀들이 느끼는 가족에 대한 그리움, 고통스러운 삶, 남편에 대한 애증, 삶의 어두운 단면 등을 표현하는 비극적 인간관 등을 담고 물질작업을 중심에 둔다. 경제적 현실성과 염세적 인생관, 노동의 기백과 의기, 기원과 신앙 등을 노래의 사설로 표현하였다.

이러한 노래의 변형으로는, 세 가지 종류가 있다. 박행익의 '잠수의 노래'는 출가 해녀의 고달픈 삶을 표현했다면, 1932년 잠녀 항쟁과 관련지어 북제주군 우도면을 중심으로 불려진 <해녀가(바다는 갔다)>는 해녀의 고통스

---

21) 좌혜경, 「해녀 노래의 기능과 정서」, 『해양문명사에서의 잠녀의 가치와 문화적 계승』(세계섬학회와 제주대학교 평화연구소 편, 2002).

러운 삶과 일본 제국주의에 대한 저항의지를 표출한다. 그리고 1971년 이여수씨가 편곡한 <해녀노래>는 곡조가 아름답고 흥겨워서 춤곡으로 적합했다.

또한 제주도 해녀의 활동에 감명을 받은 한 작곡가는 1999년 '해녀를 위한 사계' 관현악 연주곡을 선보여 제주해녀를 주제로 음악의 현대화 가능성을 보여주었다. 해녀를 위한 창작 가곡이나, 해녀노래들이 리듬을 살리되, 해녀의 역사를 담아낼 수 있는 오페라 혹은 현대적인 음악장르로 편곡·개작하는 음악가의 탄생을 기대한다. 가능하다면 영어권 음악으로 작사 작곡되는 과감한 도전 역시 기대한다. 해녀음악 속에서 제주여성의 한과 흥이 같이 표현될 수 있다면 그것은 상당한 의미를 가지게 될 것이다.

제주해녀의 노래를 제대로 현대화시키는 작업과 동시에 민요, 해녀물질 기술, 민속, 우도와 가파도의 현장 등을 묶는다면 유네스코의 문화유산 중 무형문화재와 '사라질 위험이 있는 직업'으로 해녀까지 포함한 유산으로 등재가능성을 검토하고 추진해야만 한다.

최근 우도에서 2003년 '인어공주'를 촬영하여 부분적이나마 해녀 모녀의 삶을 조명하는 영화가 나왔다. 필자의 판단으로는 '제주해녀' 또는 '잠녀의 나라'라는 다큐멘터리나 대하드라마가 나와야 한다고 본다. 아울러 그 작품은 해녀의 탄생과정, 조선왕조 시대의 삶, 잠수회의 결성과 공동어장을 지정하는 것, 출가해녀의 삶과 일본, 중국, 러시아로의 진출과정과 정착, 제주 4.3과의 관련, 오늘에 이르기까지 전 과정을 해양문명사적 관점에서 다루어야 할뿐더러 최소한 10곡 이상의 창작 음악이 나와야 한다고 본다.

6. 제주해녀의 재조명과 재현 그리고 보존

1) 세계해녀 문화축제와 세계 학술대회를 통한 제주해녀의 문명사적 가치 조명과, 해양지역 평화문화로서의 이미지화

2002년 6월 한일 월드컵을 기념하는 제주도의 축제 행사로 제1회 세계 해녀 문화축제와 세계 잠녀학술대회를 개최한 바 있었다. 또한 2004년 9월 20일 제주도의 요청으로 2005년 제2회 세계해녀 문화축제를 제안하였다. 이러한 제안이 가능한 데는 제주도의 경우 대표적인 문화축제로 1998년과 2001년 세계 섬문화 축제를 개최하였으나 그 아이디어를 축제로 발전시키는 데 실패하여, 취소된 이래 대표적인 문화축제를 찾지 못하는 상황에 기인할뿐더러 세계평화의 섬 지정과 제주문화의 독자성 확보 및 국제자유도시 시대의 평화이미지를 높여나갈 축제 발굴이 절실했다. 또 1997년 이래 세계섬학회의 해녀연구에 대한 관심과, 제주대학교 평화연구소 해녀팀의 연구성과가 있어서였다. 제주대학교 해녀 연구팀의 제안으로 제주도가 2002년 월드컵 축제로 해녀축제를 개최하여 문화축제로 발전할 가능성을 보았고, 잠녀학술회의 경우 유네스코의 후원을 받는 학술회의로서 해녀학을 학문으로 발전시킴과 동시에 이를 근거로 제주해녀를 유네스코 문화유산 중 무형문화재로 등재시키려는데 있었다.

사실 제주해녀는 이미 세계적으로 알려져 이미 세계적 브랜드가 되어있지만 정작 제주도의 학계나, 관광학계, 언론계 어느 쪽도 이를 주목하지 않고 방치하여 무시해왔다고 생각한다. 예를 들면 1988년 올림픽을 전후하여 일본의 NHK와 미국의 National Geography가 주목하여 다큐멘터리로 필름을 만들었다. 이어 이탈리아 공영방송, 영국 공영방송, 독일 공영방송, 불란서 공영방송 등이 해녀 다큐멘터리를 제작하였다. 물론 언론계의 보도 역시 국제적으로 많이 이루어졌는데, 최근에만 해도 캐나다의 네쇼날 포스티지 (National Post, 2002년 6월 15일자) 등과 2003년의 가디언지(The Guadian, 2003년 10월 11일자)와 2004년 타임지(Time, 2004년 4월 19일자)와 2005년에는 뉴욕타임지(2005년 2월 15일자)가 제주해녀를 소개해 왔다. 그러나 이러한 필름과 보도들이 제주해녀를 문명사적인 관점에서 다루기보다는 그들의 관점에서 여성들의 경이로운 활동을 전달하는 것이 주류를 이룬다.

이제 해녀연구팀과 민예총 제주지부의 의견 등을 수렴하여 제주도에 제안한 세계해녀 문화축제의 대강을 말하면, 우선 제주해녀문화가 해양지역의 평화문화를 대표할 수 있다는 점에서 해녀대회, 잠수대회, 및 평화항해가 이루어진다. 이러한 문화축제를 영상과 음악과 무용으로 승화시켜야 한다는 점에서, 대회기간 중 3일씩 섬 영화제 : 해녀, 여성 그리고 평화(Island Film Festival : Haenyo, Woman and Peace)와 섬 음악제 : 해녀, 여성 그리고 평화(Island Music Festival : Haenyo, Woman and Peace)를 묶어 제주해녀의 국제화는 물론 국제문화축제의 가능성을 열어나간다. 특히 섬 영화제의 경우, 한 주제는 KBS, 다른 주제들은 각각 MBC와 JIBS에서 나누어서 하루씩 이어가는 방식을 택하면, 방송국간의 협력과 선의의 경쟁도 가능하리라 보여 축제에 활력을 불어넣을 것이라 판단된다. 다음은 모슬포 송악산 일대의 일본 군사기지 터에 참가자의 평화캠프(2박 3일 정도 캠프)를 설치하고 평화순례 등을 포함하는 평화문화축제를 2박 3일 정도 연결시키는 것이 축제의 핵심이다. 해녀축제에는 일본 10개 지역의 해녀들과, 전국에 흩어져있는 해녀들을 참여시킬 뿐만 아니라 오스트레일리아, 이탈리아, 홍콩, 싱가포르의 잠수부들을 초청한다. 평화캠프의 경우 젊은 세대, 국내외의 평화 엔지오들과 문화팀을 대거 참여시킬 수 있다. 마지막은 상징적이지만 평화항해를 마라도 가파도 일원까지 하여 세계해녀 문화축제를 개최할 예정이다.

이러한 축제의 발전은 최소한 10년은 내다보면서 해야 할뿐더러, 해양문명사적 관점에서 제주해녀 문화의 조명과 전승, 그리고 해양평화 문화로서의 의미, 아울러 이것이 동북아 사회 전체에 평화문화의 의미를 가져다주는 내용으로 발전한다면 동북아의 대표적인 축제 중의 하나가 될 수 있다. 아울러 이러한 세계해녀 문화축제가 4·3예술제, 탐라문화제 중의 일부 등과 결합하여 2007년부터 정례화 시킬 것을 염두에 두고 제안한 것이기도 하다.

아울러 이 축제를 계기로 송악산 일대의 격납고 20개를 잘 복원하여 국제적인 역사관광지(국제적으로 이러한 사례가 없으므로)로 만들어 나가고, 이를 계기로 국방부의 땅을 인수하여 세계평화문화촌을 조정해나가는 계기도 만들어 나간다.

제주해녀의 일상적 삶의 향상과 직업에 대한 자부심을 갖게 할 뿐더러 2006년에 개관할 '제주해녀박물관'과 더불어 우도에 "세계해녀문화공원"을 조성하여 장기적 보전 관리 대책이 나와야 할 것이다.

2) 제주해녀의 보존정책

이제 제주해녀의 해양문명사적 가치를 말하였으므로 그 보존대책을 말해야 할 때이다.

제주도가 해야 할 일은 앞에서도 말했듯이 유네스코의 '사라질 위험이 있는 직업'의 사회유산이나 문화유산 중의 무형문화재로 일본의 아마와 공동 등재될 수 있도록 한일 지사회의에서 의제로 선정하여 동의를 받음과 동시에, 문화관광부에 건의할 수 있도록 준비를 시작하여야 한다. 또한 제주해녀 보존에서의 핵심과제는 해녀사회를 지탱해온 잠수회에 있으므로 양성평등과에 해녀계를 두어서 어촌계에 속해있는 해녀를 독립시켜 주어야 할 것이다. 이는 수산과의 어촌계가 아닌 해녀계를 만드는 방법도 생각할 수 있으나, 양성평등과에 두는 것이 향후의 업무 추진 보존에 더 적합하다는 판단을 해서이다. 아울러 이러한 독립된 계를 만들면서 종합 적인 해녀 육성대책 역시 마련되어야 하는데, 해녀를 직업으로 분류하여 그들의 사회적 위상을 높혀 주어야 하는 지원책이 마련되어야 한다. 또한 대학 등에 해녀 학교를 세워서, 해녀라는 직업을 젊은 세대가 일정한 교 육과 훈련을 받은 후 이들의 직업을 이어갈 수 있도록 해야 한다. 제주해 녀를 지방문화재와 한국의 문화재로 지정하고 향후 UNESCO문화유산으 로 등재 시킨다는 전제하에 해녀의 삶과 생활 등을 외국인 관광객들이 체 험할 수 있도록 하고, 이에 대한 수입은 이러한 일에 동의하는 잠수회 등 이 가질 수 있도록 제도화하여야 한다. 둘째는 문화기능 보유자로 해녀 노래 등이나 창작활동을 하는 그룹의 육성책이다. 셋째는 해양환경 관리 사를 두어 해녀와 작업을 같이 하면서 해양환경을 점검하는 일을 하게 하 는 것이다.

이러한 작업과 함께 북제주군 구좌읍 하도리의 "제주해녀박물관"에도 해녀연구소를 만들고, 그 연구소가 주축이 되어 해녀양성학교 등을 방학중 에 운영하여, 후계자를 키워나가는 일과 해녀연구 전반을 관장해나가게 했 으면 한다.

7. 나오며

자신의 주머니에 들어있는 보물은 귀한 줄 모른다는 말이 있듯이, 제주 도는 세계적인 사회자산인 제주해녀의 존재를 무시하고 업신여기고 방치 해 두는 우를 범해왔던 게 사실이다. 이제부터라도 그 자산을 제대로 인식 하여야 한다는 차원에서 제주해녀의 해양문명사적 가치를 말하였고, 이를 제주평화의 섬 브랜드가 될 수 있도록 세계해녀문화축제를 해 나갈 수 있기를 바란다.

부록 : 제주해녀의 삶과 노래

**- 제주도 무형문화재 제1호,
해녀노래 보유자 해녀 안도인安道仁의 생애사 -**

좌혜경

1. 물질수련기

안도인은 1926년 북제주군 동부지역 행
원리에서 태어났다. 행원리는 '바람의 땅'
이라고 할 정도로 바람 매섭기가 그지없다.
바다로 불어오는 개껏 바람은 한 여름에는
무더운 더위를 싹 실어가지마는 겨울에는
사납기가 해녀들의 벗은 몸에 칼을 에는 듯
했다.

그러면서도 땅은 거칠어 대부분의 밭농사
는 보리, 조, 콩 이외의 작물은 생각지도 못했
고, 바다를 주 생산 무대로 삶아, 바위에 돋아
있는 패나 톨 등은 그들의 반찬인 부식거리가
아니라 주식거리였다. 먹을거리가 없는 대부

안도인의 모습(2000)

동료들과 떠나는 물질 작업(2000)

분의 사람들이 바다에 가서 톨이나 패를 캐어다가 그것을 나무 장작으로 푹 삶아서 맑은 물에 담그면 붉은 물이 쑥쑥 울어난다. 몇 차례 걸러내고 좁쌀을 넣고서 밥을 하면 그것 역시 별미이다.

그러나 따뜻한 봄날, 바닷가에 나와서 해산물을 채취하기 위해 공동으로 모이는 곳 불턱은, 그들의 아픔 기쁨을 그대로 전달하는 나눔의 장소가 된다. 어느 날 행원리 불턱가에서 한 할머니에 대한 이야기가 쏟아져 나오고 해녀들은 귀를 기울인다.

도인의 부모도 행원리 다른 집들처럼 주로 어업에 종사했다. 아버지는 배의 선주였고, 어머니는 잠수였다. 도인이 태어나서 4살(1929년)이 되었을 때 어머니는 무슨 삶의 어려움이 그녀를 짓눌렀는지 도인을 버리고 개가했다. 일설에는 상당히 매운 시집살이의 고통 때문이라고 하나, 그 이유는 어린 도인으로서는 이해가 잘 되지 않는 부분이었다.

당시에 도인은 아명으로서 그렇게 특별한 뜻이 없이 '빌레'라는 이름을 가졌다. 남들이 '빌레', '빌레'라고 부르는 아이는 친어머니가 계시지 않아도 건강하며 장난기 어린 눈을 가진 계집아이였다.

아버지는 선주로서 해녀들을 모아 육지에 물질을 가버리면 도인은 늘 친할머니의 손에서 자랐다. 당시 부친의 형제간들은 장남인 아버지와, 숙부가 계셨고, 고모 두 분이 계셨는데, 조카를 아주 사랑하여 놀러 다닐 때에는 데리고 다녔다. 친할머니는 손자에게는 다정한 할머니였으나, 며느리에게는 엄한 분이셨다.

아버지는 남자 혼자 살기가 어려워서 육지에 해녀모집을 하고 선주로 갔다가 옆 마을 한동리 출신 해녀와 재혼을 했다. 친어머니 가까이 없는 도인에게 새어머니는 상당한 기대의 대상이었으나 어려운 삶에 있어서 새로 오신 분은 전통적인 계모상이었던 것 같다.

13세(1938)가 되자 당시에는 마을에 야학이 생겼다. 친구들은 밭농사와 집안일 등을 돕다가도 저녁에는 '복습방'에 가서 한글 익히는 공부를 했다. 도인도 아버지가 울산에 계신 동안 몇 차례 복습 방에서 한글 공부도 하고 이름 쓰는 것도 배웠다. 어느 날 집에 오신 아버지는 무릎 꿇게 하고 다시는 복습방에 나가지 못하도록 했다. "옛날 여자들은 배우지 않아도 살림만 잘했어, 공부하러 나다닌답시고 남녀가 모여서 갈보 질이나 하고…" 도저히 아버지의 강단剛斷을 어찌할 수 없어서 공부라는 것은 해보지도 못하고 그만두게 되었다. 글을 익힐 수 있는 좋은 기회였으나 결국은 문자 해득의 기회를 잃어서 지금껏 자신의 이름이나 쓸 정도다.

그렇지만 '한글을 깨치지 못해서 어떻게 하나.'라는 걱정은 해 본 적도 없다고 한다. 당시에도 도인은 상당히 물질에 관심이 있었다. 처음 물질을 하려고 하면 부모가 태왁을 만들어 주는 것이 승낙의 징표인데, 아버지는 도인에게 물질도 허락하시지 않았다.

새어머니에게 동생이 생겼다. 두 달 된 아이를 데리고 어머니는 물질 해녀로, 아버지는 18명의 해녀들을 모집하고 3월에 울산 당포로 나가게 되었다. 이때 도인도 아기업게로 육지에 첫발을 디디게 된다.

울산 당포에서 1년 정도 아기업게를 하면서, 비록 부모가 곁에 있어도 고향의 벗들과 친척들과 떨어져 있는 도인은 너무도 많은 외로움을 느꼈고, 바쁜 부모는 그 심정을 헤아리지 못했다.

새어머니는 물질이 서툴어 뱃물질보다는 주로 굿물질을 했다. 도인은 세 살 난 동생을 업고 놀면서 주로 집에서 보냈다. 아버지는 소로바구니에 점심을 싸서 아침 일찍 당포에 뱃물질을 가신다. 물질을 다녀오고 배 청소를 끝낸 후, 오다가 탁주라도 한잔 걸치는 날이면 밤 10시가 넘는다. 아버지는 늘 뱃창가에서 목청 좋은 소리로 '이여싸소리'를 하신다. 후렴구에 붙여진 사설 중에 지금도 기억나는 말꼭지가 있다. 그것은 '설룬 설룬 나똘아(서럽고 서러운 내 딸아), 이 고생시키지 않으려고 했다.'라는 부분이다. 곧 아버지는 바다에서 하는 물질 작업이 힘들다라는 것을 알고 있었으며, 도인에게 물질을 허락하지 않았던 것도, 일의 성격을 잘 알고 있었기 때문에 가능하면 딸에게는 물질작업을 시키려고 하지 않았던 것을 도인은 잘 알고 있었다.

아기와 둘이서 노는 것은 심심하고, 고향에 살던 때와는 너무도 다른 생활에 도인은 힘이 들었다.

같이 물질 간 해녀들은 늘 아버지에게 도인의 심정을 대변해 주었다. "빌레를 할머니 손으로 보내십시오, 너무 어린 것이 고생을 해서 안되겠습니다"

출가 떠나는 장면(2000)

어느 날 제주에서 한 해녀에게 전갈이 왔다. 시어머니 임종이 가까왔다는 것이다. 그 해녀는 물질을 접어두고라도 제주로 일시적인 환 고향을 해야한다. 그것은 아마도 배선주가 제주사람이고 고향사람이라 여러 사정을 이해해서 봐 준 까닭이라고 했다. 육지나 일본의 배선주인 경우는 부모 친상도 아랑곳하지 않았다.

결국 도인은 같은 마을의 해녀를 따라서 다시 제주에 들어오고 할머니의 품에 안기었다. 조상의 품안과 한라산 자락, 늘 상 바라보던 수평선이 보이는 바다가 그녀에게는 안온한 품안이었다.

16세(1941년)가 되자 할머니는 무슨 뜻에서인지 아주 자그만하고 장난감 같은 테왁과 망시리를 만들어 주었다. 망시리는 한라산 들판에 지천으로 피어있는 억새가 완전히 피기 전에 것(미)을 가지고 꼬아서 만드는 데 나일론 끈보다도 훨씬 질겼다. "도인아 '볼락통'에 가서 숨비고 물에 드는 연습을 해봐라, 물 속에 들어가서 돌도 끄집어내어 보고, 듬북도 끌고 나오고 하면서…" 볼락통이라는 말은 볼락이라는 토종 물고기가 잘 잡히는 바다이다. 해녀들은 자신들의 물질 경험에 따라서 생산물에 따라 그 바다나 암초에 이름을 붙이고 자신들의 머리 속에 입력이 돼 있어서 어느 바다, 어느 곳에 가면 무슨 해산물이 있다는 것을 자연스럽게 익혀나가게 된다. 바다 밭이나 여 이름은 자연스레 익혀지고 집에 누워있어도 어느 바다에 전복이 꾸물거리는 모습이 눈에 선하다고 한다.

행원리 바다밭에는 미역, 솜, 성게, 문게(문어) 오분작이 많이 나는 더벵이물, 흰돌코지, 큰여, 노락코지, 오저여, 몰게낭게가 있다. 서쪽편 너븐여, 웃너븐여, 알너븐여, 개굴레, 웃만서여, 섯만서 등에는 고동, 해삼, 성게가 많이 난다. 외에도 박꺼문여, 샛꺼문여, 방엣여, 앞바당, 지풍개에는 고동과 해삼이 많이 나고 해산물이 거의 없는 동그랑여도 있다.

친구들과 매일 물에 드는 연습과 물 속에서 오래 숨쉬기를 연습했다. 이

제 도인의 나이가 되면 어느 정도 두발 정도의 바다물 깊이에 가서 제법 해산물을 채취해 오는 친구들도 있었다. 조상 대대로 하던 생업이고, 잠재적인 능력이 있어서 그런지 도인의 물질 기량은 나날이 늘었고 어느덧 가슴속에서는 상군 해녀들을 부러워하면서 '나도 할 수 있다'라는 자신감이 생겨났다. 행원리 바다는 생산물이 많아서 해녀들은 행원리 바당이 넓고 좋은 바당이라고 생각하고 있었다.

행원리 바다는 다른 지역의 바다를 자신들의 밭으로 만들었다. 도인이 언젠간 나이든 해녀에게서 들은 말이 생각나곤 했다.

"행원리 사람들은 바당에서 너희들 대(代)까지도 먹을 것은 벌어먹나, 열심히만 하면 살 수 있어, 부모님 것도 공첫(것), 형제 것도 공첫이라도 물엣 것만큼 공첫인 것은 없다"

겨울 어느날 아침 월정과 행원 경계바다 '지풍개'에 시신이 떠올랐다. 물질 나간 행원리 해녀가 큰 소리를 지르면서 손으로 그 쪽을 가리켰다. 시신은 겨울바다라고 하지만 너무 오래되어서 분명한 얼굴 형태는 거의 남아있지를 않았다. 월정리 주민들에게 연락을 했으나 아무런 반응이 없어서 해녀들은 남편들과 함께 시신을 묻었다. 도인은 그러한 이야기를 들으면서 물질하다 바다에서 시신을 보면 무섭겠다고 생각했다. 나중에 안 일이지만 그 시신처리로 월정리 마을 밑 가까이 있는 바다가 행원리 바다로 되어 있다는 사실을 안 것은 성인이 된 이후의 일이었다. 그리고 한동과의 경계 역시도 시신처리로 한동에 속해있는 바다인 더뱅이물까지 자신들의 바당밧으로 소유하게 되었다.

바당싸움을 할 때는 그렇게 가깝게 지내던 삼촌들이라 할 지라도 호미로 망사리를 찢으면서 소름끼칠 정도로 무섭게들 싸운다. 여자들 싸움이라고 고성이 오가고 서로 머리채를 쥐어흔들면서 다시는 생각하기도 싫은 장면들을 연출하는 것이다.

노저으면서 부르는 해녀노래(2000)

다시 새어머니에게서 동생이 생겼다. 아버지는 울산에 아기업게를 가야 한다고 했다. 이어서 다시 여동생이 생긴 것이다. 그녀들은 육지물질에서 태어나 육지물질로 남편을 만나서 지금도 강원도와 포항에 살고 있다.

도인은 마음 속으로 이번만은 전과 다를 것이라 생각하면서 자신도 아기 돌보는 것이 아니고 물질경험도 해보겠다고 작정했다. 발동선을 타고, 수평선을 지나 제주 바다를 넘어 갈 때 바라보는 한라산은 전에 없이 온 섬을 바다로 뒤집어 쓴 것만 같은 느낌을 받았다. "나는 섬사람이야, 섬은 바다로 둘러싸여 물질을 하지 않으면 살수가 없어, 나도 꼭 상군이 돼야지"하고 섬사람으로서의 인식을 처음으로 해 본 것 같았다. 그리고 결심했다.

도인도 이제는 해녀들의 무리 속에 끼어 들어 제법 농담을 하며 잘 어울렸다. 한편, 선배 해녀들이 부르는 '이엿싸소리'가 귓전을 맴돌았다. 행원리에서는 해녀노래라 하지 않고 '이엿싸소리'라고 부른다. 선배 해녀의 노래를 귀기울여 들어보았다. 발동선을 타고 갔지만, 자신들의 어머니에게서 배운 노 젓는 소리를 울적할 때면 목청이 좋은 해녀가 선소리를 메기면, 배에 탄 해녀들이 전부 '이엿사 이여도싸나'하고 후렴을 붙이는 것이었다. 그러나 아버지는 물질은 하지 못하도록 했고 아기업게만을 하라고 시켰다. 아마 아버지는 도인이 어려서부터 물질하는 것을 그렇게 바란 것은 아닌 것 같았다. 그러나 도인은 언제 나도 저들과 함께 물질을 할 수 있을까 하고 조바심이 났다.

"아버지 저도 물에 들어갈께요"

계속해서 졸라대는 성화에 못 이기어 아버지는 드디어 허락을 했다. 그 당시 울산 당포에서는 첫닭이 울자마자 배가 출항하여 '개번지'라는 곳에 가서 천초(우미)를 캐려고 날이 채 밝기도 전에 물에 들어갔다. 그러나 우리 배는 해녀들을 정성스레 돌보는 아버지가 날이 밝아야 물 알(밑)이 보이므로 그렇게 할 필요가 없다고 주장하시었다. 도인네 배의 해녀들은 아침해가 동편을 붉게 물들인 후에야 물에 들어가 작업했다. 해녀들 대부분은 물 속옷과 물적삼, 물수건, '족새눈'을 쓰고 물 속으로 첨벙첨벙 뛰어들었다. 족세눈은 주로 한동에서 만들었기 때문에 동네의 과거 명칭인 '궷동네'에서 빌어와 '궷눈'이라고 불렀다.

아침 바다의 맑은 공기와 바닷물의 차기가 온몸을 싸하게 한다.

도인은 먼저 테왁을 던져서 그것을 짚고서 살그머니 물 속으로 기어들어갔다. 제주 바다와는 비교가 안 될 정도로 물의 깊이가 얕아서 처음 물질하는 사람에게는 덜 겁이 났다. 우미를 잔뜩 뜯고 나왔더니 동네 해녀 한 분이 뜯은 우미의 삼분의 이 이상을 다시 바다로 던져버렸다. 도인은 소리쳤다. 물속에 들어가서 숨을 참고 뜯어 낸 우미를 다시 바다로 던지다니….

우미에도 개우미, 참우미가 있어서 던진 것은 필요 없는 개우미라는 것이다. 그러면서 참우미를 한웅큼씩 부조를 해주어, 도인도 다른 해녀들처럼 망시리가 그득했다. 그 기쁨은 말로 표현 할 수가 없었다.

4, 5월에 시작된 '우미기연'은 7월까지 작업을 한다. 그리고 도인도 그 해 열심히 우미를 하여 돈 몇푼을 벌었다. 그래서 그 이듬해부터는 아버지를 따라다니지 않고 자신이 직접 출가물질을 벗들과 함께 다니기로 결심했다.

18세에는 당포 '뒷벌르매'라는 곳에 물질 작업을 갔다. 남의 배를 타고 친구들과 함께 '출가'라는 것을 한 것이다. 물질은 아직도 미숙했으나 친구들과 어울리는 것이 좋았다.

보리쌀을 쪼갠 쌀과 흐린 좁쌀, 모인 좁쌀 꾸러미들을 가지고 갔다. 선주 네가 집을 빌어서 방을 내주었는데, 한방에는 3~5명이 들어갔다. 그러면 서로가 양식을 같은 분량으로 내놓고서 밥을 해먹고 기거를 하게 된다. 아침이면 특별한 반찬 없이 된장에다 밥 말아먹고, 물질하다 배가 고프면 배 위에 둥그렇게 모여 앉아서 화덕 불을 사른다. 그래서 몸을 녹여가면서 솥에는 된장을 훼훼 풀어서 끓여가며 거기에 조 팝 덩어리를 넣는다. 고픈 배를 채우기 위해서는 죽처럼 된 먹이일지라도 남보다 한 수저라도 더 뜨려고 서로 눈치를 보아가며 먹는다.

일이 끝나 집으로 돌아오면 특별하게 할 일이 없으므로, 하루의 피로에 지쳐서 미리 잠자리에 드는가 하면, 어떤 이들은 노래로써 시름을 달랜다. 주로 부르는 노래는 해녀노래이나 타령 류에 자신의 신세한탄을 담은 신세타령을 하게 된다.

19살 때 물질 갈 때는 동네 언니들을 따라서 구룡포로 갔다. 여객선을 타고 부산에 간 다음, 차를 타고 구룡포로 갔다. 강원도 구룡포에는 도대바당이 유명하다. '도대'는 등대라는 의미이다.

수심이 아주 깊었다. 이제는 도인도 어느 정도 기량이 능숙해져서 너댓 발 깊이는 거뜬했다.

마침 그때 중신 온 김씨 집안의 남자 큰 누님이 같이 물질을 가게 되었다.

"우리 오래비는 도인을 아지망으로 해야되는데…" 하고 늘 도인의 물질 기량과 부지런함에 감탄하여 이렇게 말하곤 했다.

그 당시 번 돈은 확실한 금액은 모르겠으나 아버지에게 드려서 아버지 용돈으로 쓰고 아버지는 다시 돌려주겠다고 했으나 그 뿐이었다. 도인은 돈의 가치는 아직 모르고 있었는지, 돈을 번다기보다는 일을 한다는, 또는 친구들과 어울려 생활한다는 그것이 더 좋을 뿐이었다.

그래서 17~19살 때에는 독립적으로 전라도를 중심으로 물질을 하였다. 부모의 손에서 벗어나서 다니는 물질이 도인에게는 한결 자유롭고 마음 편했다.

2. 물질 성숙기

19세(1944)가 넘어서자 도인은 어느 지역, 어느 장소에 가더라도 물질에는 자신이 생겼다. 두발 정도 던 물질이 세 발, 네발까지 물 속으로 들어가서 해산물을 캐 올 수 있는 기량을 가질 수 있었고 해산물도 남보다 수량이 많아갔다. 그리고 출가물질도 전라도 지역, 여수 소안도 지역 뿐 아니라 강원도까지 나갔다.

그 해 출가물질을 갖다가 팔월 추석쯤에 집으로 돌아오자 부친이 결혼을 하라고 종용했다. 그때는 보통 중매결혼으로 중신애미가 있어서 이루어지는 경우가 흔했다. 그 해는 두 곳에서 중신이 왔다. 둘 다 김씨 집안이었으나, 한 곳에서는 다시 전갈이 오기를 신랑이 '북한 쪽으로 넘어가게 되어 장가가러 오지를 못한다.'라고 전갈이 왔다는 것이다.

다른 편은 지금 남편이었다. 남편은 같은 행원리 출신으로 키가 크고 얼굴이 훤칠하고, 넉넉하게 보이는 호남형의 남자였다. 시어머니의 말에 의하면, 서너 곳에 중신을 해도 잘 이루어지지 않았다고 했다.

그래서, 마침 같은 동네에 건강하고 튼실한 신부감이 있다고 해서 도인의 아버지에게 청혼했더니 두말없이

"사주만 맞으면 아무렇게나 하시지요"

동갑내기로 같은 동네에 살았기 때문에 서로 얼굴도 잘 알고, 대강 성격도 파악하고 있었으므로 도인은 이 청년이 싫지만은 않았다. 당시에 혼담이 오고가는 것은 어른들이 알 바이므로 본인의 뜻은 펴 볼 수도 없었으나, 결혼해서도 남자가 싫으면 그날 밤에 도망갔다던가, 육지 물질을 갔다가 다른 남자와 눈이 맞아 첩으로 드는 경우도 흔했다.

혼담이 오고 간 이후부터는 길가에서 만나면 부끄러워 얼굴도 들지 못하고 피해서 도망가기도 했다. 곧 혼인 날짜가 잡히고 그 해 음력 12월 28일에 결혼이라는 것을 했다.

행원리 김해 김씨 집안은 과거에는 행원리에서 최고의 집 자리를 가질 정도로 먹을 것도 있고 재산도 어느 정도는 있었다. 그러나 남편이 7살 나던 해에 시아버지가 돌아가셔서 홀어머니와 독자인 아들만이 있는 가정으로 단출하게 살아가고 있었다.

시어머니는 말은 좀 많았으나 아주 인정도 많고, 며느리를 인격적으로 대해 주었다.

시어머니는 도인이 어려운 상황에 처할 때마다 "나는 31살에 남편 죽고 지금껏 홀로 살았다. 남편이 병이 나자 큰굿, 작은 굿하며 온갖 재산을 팔면서 살리려고 애써보았으나 운명은 재천이라 어쩔 수가 없더구나, 아들 하나 믿고 살았다. 너는 나보다는 낫다, 나는 너만 믿는다"라는 말을 자주 뇌까렸다. 그 말이 옳든 그르던 간에 도인에게는 상당히 고무적인 말이었다.

혼수라 하더라도 가정이 어려웠고, 도인이 벌어 놓은 돈도 부모님이 전부 써버렸기 때문에 단지 이불 한 채와, 요, 베개, 요강 정도였다.

남편은 이불과 요를 펴면 "내 발이 나오겠어"하고 농담했다.

사실 그랬다. 남편은 키가 크고, 이불은 짧아서 남편의 신장을 다 덮지 못한 것이다.

어떻든 결혼해서는 남편이라고 부르고, 서로 옷 걱정 밥걱정을 할 정도의 관심이 대상이 되는 정도로 관계가 얼마간 지속되었다.

도인은 봄이 되면 출가물질로 육지로 나가야 되고 남편은 일본과 부산을 오고 가는 밀감 무역선을 탔다. 그래서 비록 결혼이라는 것은 했지만 두 부부는 생활경제를 위해 각자 자신의 일터에서 나름대로 활동했다. 당시 제주의 어느 부부들이 했던 것처럼 그렇게 오붓한 신혼의 기간이라고는 찾아 볼 수도 없었다.

그런데 결혼을 하자 도인의 몸이 이상해지기 시작했다. 울산 당포로 연락선을 타고 출가물질을 갔는데, 입덧이 나고 온몸이 불어오기 시작했다. 도인은 아기를 갖는다는 것이 한편 기쁘기는 했으나, 아기로 인해서 자신의 일인 물질작업이 방해나 되지 않을까 하여 여간 걱정이 아니었다. 어느 정도 살림에 보탤 돈이라도 마련되어야 하는데, 무역선을 타는 남편은 아주 사람이 실한 편이어서 받은 월급 중 50전 정도의 돈을 비정기적으로 부쳐왔다. 그러나 그 돈만으로 딸린 식구가 얼마 안되더라도 살림살기에는 힘이 부치는 일이었다. 그래서 비록 첫 애라 할지라도 이번 아기는 그렇게 바랬던 바가 아니었다. 유산이라도 되어버렸으면 하고 배의 맨 앞쪽 이물에서 바다로 풍덩풍덩 몸을 던졌다. 당시 사공으로 같이 갔던 박 하르방은 도인의 이러한 행동을 나무랐다.

"귀한 아기는 잘 키워야 하는 법이여"

이듬해 8월 초열흘쯤에는 남편이 이불과 아기 옷을 사고 제주에 왔었다.

그리고 다음 달에 지금 큰아들을 낳았는데, 다시 육지로 기별을 붙이자 얼른 와서 자신의 핏줄을 확인하고, 보고 곧 돌아갔다.

그리고 이듬해 다시 임신이 되어 장녀를 낳았다.

아이들을 시어머니에게 맡기고 구룡포 바다에 물질을 갔다. 7명의 잠수가 미리 예약이 되고 갔는데 일이 생겼다. 우미가 아직 자라지 않아서 한 보름이나 20일 정도를 거기서 쉬고 있어야 하는 것이다. 같이 간 해녀들은 바당이나 돌아보자고 난리이다. 서로들 테왁을 들고서 바다 구석구석을 돌아다니며 우미가 있나 없나를 살펴보았다. 그런데 그 바다는 물우미가 바다 위로 둥둥 뜨는 곳인데, 우미가 전혀 보이질 않았다.

가지고 간 쌀은 동네 사람들이 먹을 것이 없어 하자 6~7군데 꾸어준 상황이었다. 도인은 "너네 머리들 써라, 전주 손에 잡혀서 여기서 허송 세월 하는 것보다, 다른 바당으로 도망치는 것이 어떠냐?"

꾸어준 쌀도 있고 해서 남아서 기다리자 하는 사람이 있는가 하면 도망 치자는 의견도 있었다. 결정은 도망치자는 쪽으로 났다. 구룡포에서 목 섬 까지 산길을 탔다. 새벽 1~2시에 나서서 목섬에 이르자 거의 동이 터 올 라오고 있었다. 목섬에는 고향사람들이 많이 물질 와 있었다. 그래서 숨어 지내기가 쉬웠고 다른 곳으로 가고 싶은 사람들은 다른 데로 갔다.

도인은 용신내로 갔다. 거기서 고향 6촌 오빠의 배를 타고 우미를 했다. 9명이 한 배를 타고 우미 작업을 했는데, 초등은 거기서 보고, 중등은 목섬 에 가서 우미를 해서 3층을 했다.

물질을 하며 고생을 하면 그 돈이 전부 손에 들어오지 않는다, 그때 목 섬에 가서 우미 세 층을 한 돈은 6촌 오빠가 "누이야 제주에 가 있어라, 돈을 받아서 주마" 하고 약속했으나 그 뿐이었다. 제주에 돌아오자 내년에 주마하더니 영영 받지 못하고 말았다. 다른 사람들도 육지 전주들에게 돈을 먹혀버리는 경우가 종종 있었다.

23세(1948)가 되자 온 마을이 벅적거리면서 수선을 떨고 있었다. 사건이 일어나고 있다는 말을 들었으나 채 실감나지 않았다.

남편의 친구들이 와서

"너는 객지로 가라, 산에 올라 다닌 적도 없고, 서북 청년들과 어울려 나쁜 짓도 안 했으니, 우리는 갈 입장도 못되고, 아지망(아주머니)만 가라고 하면 떴다가, 나중에는 너라도 살아남아서 복수해줘라"

어머니도

"애야 머느라 너희 남편을 육지 부산으로 보내불게(보내자)"

그래서 남편을 살리는 길은 차비를 채워서 아예 육지로 보내는 수밖에 없다고 생각했다. 그런데, 쌀과 옷을 준비했으나 배가 없어서 나가지를 못하는 것이다. 도인은 걱정하다가 당시 서북청년이었던 오빠에게 부탁을 했다.

"차비랑 양식을 준비하고 이 밤과 저 밤사이에 '한계목'으로 와라, 부산으로 가는 배가 있는데, 배를 예약해두마"

남편을 떠나보내면서도 도인은 아무런 감정이 없었다. 남편을 보낸 후 남편의 책과 사진을 모두 불태워버렸다. 혹시 남편의 흔적을 보고 내놓으라고 때거지라도 하면 큰일이기 때문이다.

생이별의 슬픔도 잠시였다.

밤에는 서북 청년들이 총을 들고서 마을에 들어왔다. 무조건 사람만 보면 총으로 쏘아 죽이고 칼로 찔러 죽이는 것이다. 딸애를 업고 부엌 고팡 속에 숨었는데, 그만 아기가 울어 아기의 입을 수건으로 틀어막았다가 하마터면 숨이 막혀 죽을 뻔했다. 뒷날 아침 날이 밝았고 여전히 태양은 여느 날처럼 떠올라왔다. 온 마을이 피 냄새로 뒤덮였다. 이제 잘못하다가는 온 식구가 다 죽고 말일이었다. 도인은 시어머니에게

"어머님 아들 손주랑 어머님이 맡으십서, 나는 딸애에게 젖병을 입에 물리고 길에 버려 두고, 나 혼자 만이라도 숨어 살쿠다. 내가 살아 있어야 다

시 자식을 낳을 것 아닙니까?"

너무나 다급한 나머지 딸을 버리겠다는 말이 나왔다. 그때 시어머니는

"안 된다. 자식을 버린다는 말이 무슨 말이고, 자식이 서넛이 되어도 그렇게 할 수가 없다"

시어머니는 큰손자를 데리고 마을 윗 편에 있는 굴속에서 숨어살았다. 며칠 뒤에 마을에, 어디에서 온 전갈인지는 모르나 소식이 왔다.

"살 사람들은 모두 월정으로 가라"

많은 사람들이 옆 마을인 월정리 공회당에 모였다. 그러자 모인 사람들을 벽 쪽으로 돌아서도록 하면서 총으로 팡팡 쏘아버리는 것이 아닌가, 한편 월정리 마을 사람들은 행원리 사람들이라고 손가락질을 했다.

도인은 다시 행원으로 넘어왔다. 그런데 아들을 데리고 월정으로 간 시어머니가 오시지 않아 월정 쪽 노랭이동산을 오고가며 가슴 졸였다. 한참 있다가 어두운 그림자가 나타나 자세히 보니 아들을 업고 시어머니가 올라오는 것이 아닌가

"어머니"

"너도 살았느냐, 우리는 해변 아래 숨었다가 도망왔져"

며칠 후 반장, 조합장, 마을 유지들을 공회당에 모이라고 했다. 아무 영문을 모르고 간 사람들은 담으로 돌아서라고 하는 말에 죽음을 예감했다. 28명이나 되는 사람들이 바로 우리 눈앞에서 총을 맞고서 쓰러졌다. 너무나 처참한 비극이었다.

창자들은 다 나와 있고 다 죽지 않은 살아있는 신경으로 팔과 다리들은 흔들거리고 있었다.

어느 날 남편 친구가 찾아왔다. 자신을 숨겨달라는 것이었다. 고팡에서 숨기고 8일 동안 밥을 해서 먹였는데, 어느 날 밖에 나가 행불 되더니 10일만에 주검으로 돌아왔다. 그때 똑똑한 행원 사람들이 다 죽고 말았다. 서

북청년들은

　'우리는 죽어도 같이 죽을 것이므로'라는 찬가를 부르며 지붕 위를 날아다니듯 다니면서 마치 미치고 날쌘 개처럼 이리저리를 돌아다니다가 보이는 사람을 마구잡이로 죽였다.

　사건이 지나갔다.

　마치 악몽을 꾼 느낌이고 살아있는 자신이 이방인이 된 기분이었다. 많은 사람들이 죽고 비극적인 이야기를 남기고 사라져갔기 때문이다.

　다시 도인은 무슨 일이 일어나서 지나간 것과는 상관없이 자신의 물질작업에 열중해야 했다.

　세 살 난 아이와 금방 태어난 아기를 시어머니에게 맡기고 강원도 '비야진'이라는 곳에 미역물질을 갔다. 바다 온 천지에 미역이 시꺼멓게 깔려있었다. 우리 행원리 해녀들이 그 바다에 들어서 작업이 끝난 후면 마치 밭에 무성한 잡초라도 맨 것처럼 아주 시원하고 깨끗하여 훤하다. "동촌 해녀들이 앉아난 곳은 풀도 안 난다" "해녀 아긴 사흘만에 것(음식) 먹인다"라는 말이 실감났다.

　그 해 4월에 전보가 날아들었다. 아버지 병이 위중하다는 것이었다. 각 주 임자가 '깨끼아지망, 제주는 너무 멀고 또 딸이니까 가지 마시요'라고 했다. 도인은 '아버지 장사를 치르면 오겠소' 하고 약속하고 돌아와 보니 아버지는 병명도 모르고 돌아온 날로부터 7일만에 돌아가셨다. 강원도서 연락이 왔다. 도인은 돌아가지 못하겠다고 연락을 부쳤다. 동생들도 어려서 아버지 3년 상은 도인에게 맡겨졌다. 시집생활, 친정에 큰 일이 생기고 남편, 자식 등의 여러 일상사가 도인을 힘들게 했다. 과로와 신경쇠약으로 도인은 그만 열병에 걸리고 말았다.

　그 후유증은 머리털이 하나씩 빠지기 시작하여 온통 빠져서 대머리가 되고 말았다. 너무도 창피해서 도인은 머리에 모자를 눌러쓰고 다니고 자신의 흉칙한 모습을 보면서 사람살이의 진정한 의미를 거기서 찾기도 했다.

24세 되던 해 충무 통영에 물질을 갔다. 여기저기 돌아다니던 남편은 통영에서 살림을 차리자고 찾아왔다. 일본에 돈벌러 갈려고 뱃삯을 지불하고 떠 날려고 했으나, 경찰관에게 잡혀서 세 번씩이나 차비만 날렸다는 것이다. 찾아온 남편은 반 거지 상이었다. 얼른 시장으로 간 도인은 삼베 천을 사다가 짧은 바지와 반소매 저고리를 만들고, 구두와 모자, 내의 등을 사다 주었다.

통영 사량도에서 두 달 신혼살림과 같은 꿈같은 세월을 보냈다.

"여보 나는 당신이 좋아, 다시는 일본에 갈 생각을 하지 않는 것이 좋겠어"

당시 통영 역시 어수선한 사회였다. 도인은 곰곰이 생각해 봤으나 이곳 육지에 와서 잘못 살다가 사건에라도 휘말리면 시댁이나 제주사회에서도 책임은 도인에게 전가되는 것이었다. 다시 남편에게 확인하면서 물어보았다.

"여보, 차비 없다고 하지말고, 차비는 빌려서라도 일본에 가고 싶으면 가는 편이…"

마침 행원리 장하르방이 일본으로 갈 사람들을 모집하고 배를 주선하는 역할을 하고 있었다. 남편은 크게 부정하지도 않았다. 도인은 얼른 시삼촌 댁에 가서 돈 5,000원을 빌려서 장하르방에게 넘기고 남편과는 생이별이 시작되었다.

배를 타고 남편을 일본으로 보낸 도인은 한편 외롭다기 보다는 우선 자식들을 자신의 손으로 키워야 된다는 책임감이 온몸을 덮쳤다. 언젠가부터는 남편과 떨어져 살아야만 하는 운명을 예감하기도 했다.

일본에 들어간 남편에게서 일주일만에 잘 갔다고 편지가 왔다. 이 편지는 남편으로서 개인적인 정을 주고받은 마지막 서신이었다.

이후부터는 한번도 소식이 없었고 20여 년 동안 무소식이었다. 인간은 냉혈동물은 아니지만, 그 냉정함은 어느 짐승과도 비교할 수 없었다.

3. 상군 해녀기

뱃물질의 재미

도인은 30대엔 주로 육지에 출가를 하면서 뱃물질을 했다. 곧 한뱃 동아리의 잠수들이 배에서 주로 기거하는 데, 단지 밥을 해먹을 때는 인근 육지에 배를 대어서 밥을 해먹고 잠을 잘 때는 자갈밭이나 백사장 등에서 약간의 뜨대기를 의지해서 눈을 붙여 잠을 자곤 했다. 이러한 생활은 단지 괴로움만의 연속은 아니다. 늘 배 위에서 생활하고 영업을 하면서 살아가는 뱃사람들은 동지와 같은 의식을 가지고 있으며, 상대를 의지하면서 살아가는 동료의식 같은 것이 있다. 이것은 단지 어부와 해녀가 각각이 따로따로 존재하는 것이 아니라 서로들 공존하고 있는 것이다. 해녀들은 지나가는 고깃배에 손을 치고 장난을 걸면 어부들은 잡은 고기들을 반찬거리로 던져주고 서로 장난으로 농을 걸곤 하다가 지나간다.

해가 뉘엿뉘엿 바다로 잠기면 해녀들은 뭍으로 올라와 솥에 쌀을 넣고 밥을 하기 위한 준비로 야단들이다. 먹을 수 있는 물을 떠오고, 돌을 이용하여 솥덕을 앉히면서 나무나 지푸라기들을 주어다 불을 땐다. 좁쌀을 넣고 만든 좁쌀밥의 향기가 얼큰하다.

전라도 '넙도바당'에는 고등어가 많이 난다. 여기서 난 고등어를 여수로 혹은 충무로 팔려나간다. 어부들이 고기를 잡다가 해녀들이 보이면 한사람당 다섯 개정도 씩 반찬 하라고 던져준다. 좁쌀 밥에 고등어 구이 맛이 일품이다.

그 날은 고동과 생복을 많이 잡았다. 잡은 물건을 부산에 팔러 가고 있는 데, 고등어를 잡던 어부들이 손을 친다.

"치를 돌립서"

"저기서 뭐라고 합니다"

해녀를 실은 배가 고등어 잡이를 하고 있는 배 쪽으로 키를 돌려서 가보니 엄청나게 많은 고등어가 잡혀있었다.

"여수나 충무까지 한 번만 고등어를 실어다 주면 그 값은 톡톡히 하겠소" 선주는 상황을 보고 거절할 수가 없어서 해녀들을 섬에 퍼두고 고등어를 여수에다 실어다두고 돌아왔다. 많은 고등어를 얻고 돌아온 후 채취한 해산물을 부산에 가서 팔았다.

얻은 고등어는 소금이 없어서 간을 할 수가 없었다. 마을로 들어가 소금으로 물물 교환하여 고등어를 소금으로 간을 한 후 계속해서 반찬으로 먹었다. 그때 너무 먹어서 이제는 고등어 반찬은 보기만 해도 신물이 날 정도였다.

섬에는 파종하는 농작물이라고는 정해져 있다. 특히 고구마라든가, 땅콩 등이다. 부식 거리라든가 먹을거리가 바다에서만 생활하던 사람들에게는 제한되어질 수밖에 없다 그런데, 고구마가 굵어지게 되면 남의 고구마를 캐다가 쪄먹는 것도 별미이다. 배를 섬 가까이에 대면 해녀들이 가서 고구마를 캐다가 뱃사공과 약속하여 싣고 바다로 떠나린다. 그러면 감쪽같아 고구마 주인에게는 들킬 일도 없다. 또 섬 어느 집에서도 귀한 장작을 해서 쌓아둔다. 섬에서 불때기 위한 장작은 정말 귀하다. 주인 몰래 그것을 훔쳐다가 다시 배에 싣고 도망 나와서 다른 곳에 가서 밥을 해먹곤 했다. 주인에게는 미안한 일이었으나 어떤 도덕적인 회의 없이 장난으로 훔치는 그런 일들을 종종 했다.

도인은 너무 겁이 많았다. 그래서 본인은 직접하지 않고, 해녀들에게 눈치만 준다.

"저 곳에 고구마 밭이 있더라, 고구마도 먹고 싶지?"하면 어린 해녀들이 어느새 사공과 약속하여 당장 시행하고 만다. 육지물질에서 이러한 일은 재미있는 일 중의 하나로 손꼽힌다(남에게 말하기에는 창피하지만).

또한 이런 일이 육지에서만 일어나는 것이 아니라 바다에 있는 미역과 같은 해산물을 캐어오는 경우이다. 곧 미역 밭의 주인을 '각주'라고 해서 그 바다의 미역을 산 주인이 있다. 그런데 배를 타고 다니다보면 자신들이 캘 바다보다도 더 많은 미역이 자라고 있는 바다를 종종 보게 되는 것이다.

'어랑리' 바당은 미역 좋기로 유명하다. 검은 미역은 바다 위로 미끈하게 드러누워 있다. 도인은 다시 해녀들을 부추기기 시작했다. 자신은 바다에 들어가지 않고 해녀들만 들어가서 미역을 따오도록 한 것이다. 재미로 한 일이지만, 하마터면 각주에게 들킬 뻔했던 일도 있다.

도인은 번 것 전부를 자신이 가진다. 왜냐하면 도인이 직접 해녀들을 모으고 인솔하고 갔기 때문이다. 다른 해녀들은 선주와 4대 6 혹은 3대 7의 비율로 자신이 잡은 해산물을 전주에게 3할 혹은 4할을 떼 준다.

물질해서 번 돈은 육지에서 우선 얼마간 시어머니에게 보낸다. 5,000원이나 1만원 정도를 자식과 시어머니 생활비로 보내고, 다시 2,000원 정도 벌고 와서 시어머니에게 반드시 드린다.

"나는 돈이 필요 없다. 보여주기만 해라, 살림은 네가 하는 데, 나는 무슨 돈이 필요하겠느냐?"

도인이 갓 서른이 넘어서 일이다. 전라도에서는 물질 나가는 것을 '개발하러 간다'고 한다. 그날은 사촌 올캐랑 도인이 같이 뱃물질을 하는데, 도인의 경험으로 가시리와 파래가 바다에 지천으로 있는 모습이 마치 전복이 많이 붙어있을 것처럼 보였다.

"날랑 여기로 빠져 주곡, 형님이랑 저쪽으로 해 오십서" 그리고 사공에게는 "나중에 물질이 끝난 후 나를 태우러 옵서"

시누 형제가 들어갔는데, 처음에는 한두 개 밖에 못했다. 바다 밑은 전부 둥근 돌로 된 둥글왓 이었다. 도인은 이상하다고 생각했다. 분명 이러한 바다에는 전복이 많은 데, 조금 더 바다 밑을 뒤지기 시작했다. 그런데, 이게 꿈인가 생시인가 모를 정도로 바다 밑에는 전복이 나뭇가지에 주렁주렁 달려 있는 과일처럼 돌마다에 전복이 한 두개 씩 붙어 있는 것이 아닌가? 도인은 물 속으로 들어가서 살그머니 빗창으로 전복을 튼 후(전복 떼는 것을 튼다라고 한다.) 다 떼어놓기만 하고 다시 자맥질을 하여 다시 따낸 전복을 주섬주섬 주워 가지고 물위로 올라와 망시리에 넣는다.

다른 바다에서처럼 하나를 따고, 물 속으로 들어가고 하면서 물 속에서 동작을 많이 하면, 전라도 바다는 뻘바다여서 물밑의 흙들이 일어나 더 이상 작업을 할 수가 없게 된다. 그 날 전복을 10관 정도를 했다.

망시리가 가득 차서 테왁이 물밑으로 가라앉을 정도였다. 도인은 사공을 불러 손을 쳤다.

"빨리 와서 전복 받아 주십시오"

사공과 기관장은 도인이 늘 상 장난을 잘했기 때문에 거짓으로 하는 줄 알고 오지 않았다.

"아줌마 장난하고 있지?"

그 날 도인은 전복을 엄청나게 틀었던(잡았던) 것이다. 사공과 기관장은 깜짝 놀랐다.

도인은 '머정'이 있었다. 머정이라는 말은 다른 사람보다 운명적으로 바다의 전복과 같이 값나가는 물건을 잘 딸 수 있는 운수를 가진 것을 말한다. 그래서 다른 해녀들은 도인을 늘 부러워했다. 도인은 잘 잡지 못하는 해녀들에게 전복을 따서 500g이나 1000g 짜리 한두 개를 망시리에 살짝 넣어주기도 했다. 해녀들에게는 이런 말이 있다.

"물엣 것은 골라 먹인다(물에 있는 물건은 선택해서 준다)"

'골라 먹인다'라는 말은 선택된 사람만이 할 수 있다는 말인지 모르지만, 도인은 '골고루 평등하게 먹는다.'라는 말로 해석했다.

이틀 뒤에 해녀 셋과 함께 굴속과 같은 곳에 들어갔다. 역시 그곳도 전복이 많을 것 같은 예감이 들었다. 전복하나를 트고서 손을 짚었는데, 그만 시신을 짚은 것도 같고, 사람의 엉덩이뼈를 만진 것도 같았다. 도인은 겁이 나서 곧장 물 위로 나왔다. 그리고는 마을 사람들에게 물었더니 얼마 전에 사람이 죽었는데, 시신을 찾지 못했다는 것이다. 도인이 위치를 가리키자, 마을 사람들이 가서 시신을 건지고 장사를 지냈다. 도인은 그 날부터 속이 메스껍고, 정신이 혼돈스러워 도저히 밥을 먹을 수가 없었다. 그래서 넋이 나갔다고 하여 무당을 빌어서 '새풀이'를 하였다. 그리고 도인은 성주가 물러서 반드시 그런 험한 것을 보면 새邪를 풀어야 한다고 했다.

조도섬은 잘잘한 전복이 많은 섬으로 유명하다. '전복 좋은 데로 보내줍사'하고 뱃물질을 갈 때면 반드시 용왕에게 기도한다.

전라도 곳곳의 섬이 도인의 발이 닿지 않은 곳은 없었다.

남의 자식을 데려다 키우며

도인은 직접 해녀물질 모집을 했다. 배선주가 해녀모집을 부탁한 것이다. 한동, 행원, 월정의 해녀들을 7~15명 정도 모집했다. 여수에 물질을 가면 배선주가 구해 놓은 방에 기거하며 숙식을 한다. 선주는 해녀들이 쓸 용돈이나 비용을 도인에게 전부 의뢰 했다. 반찬 비용이라든가 돈을 넉넉히 주면서 해녀들을 섭섭하게 하지 말도록 했다. 도인은 배선주가 사람 품이 넓어 보여 37세까지 여수 배 선주의 심부름을 들어주면서 해녀모집을 했다.

25세(1950) 때 음력 2월에 출가물질을 여수로 갔다. 오누이를 시어머니에게 맡기고서였다. 아들은 7살이 되고 딸은 5살이 되어 어느 정도 안도감을 느낄 수 있었다. 물질 간 곳의 자취방 주인집에는 할머니가 있었는데, 자신들의 외손주가 가난하게 살고 있어서 제주도에 데리고 가서 키우라고 자주 권했다.

"양철아 제 손자 데리고 가서 니가 좀 키워줘라" 양철이는 도인의 별명이다. 가는 곳마다 장난을 잘하고 잘 어울리는 성격 때문에 사람들은 도인에게 별명 붙이기를 좋아했다.

도인은 얼른 "그러지요 뭐" 자신이 어렸을 때 너무 어렵게 자랐기 때문에 자신도 모르게 동정심이 나서 얼른 대답했다.

복녀가 살던 곳은 가까운 마을 '강니'였다. 아닌게 아니라 자식이 일곱이며, 영감도 있었다. 가마니 거적떼기로 문을 달고 솥에는 바랜 파래에다가 보리를 깎았던 등개가루를 넣고 죽을 쑤어 먹었던 흔적이 보였다. 아이들은 얼굴이 누르딩딩하여 빈혈기가 돌았다. 어머니가 다시 자기 자식을 키워달라고 졸랐다.

"동생 네야 우리 애 하나 데려다 딸 같이 키워라"

"늬 나랑 같이 가서 살래?"하고 묻자 아이는 도인의 가슴팍으로 확 달려와 안기는 것이었다.

6살짜리를 데리고 오자 자신이 낳은 딸보다는 한 살이 위여서 큰딸로 호적에 넣었다. 지금 복녀씨는 엄연한 이 집 장녀가 되었다. 해녀 물질 갔다가 남편을 만나 지금 부산에서 살고 있다.

26세에는 보길도에 물질을 갔다. 자취방 집에는 외할머니와 살고 있는 손자들로 온 집안이 떠들썩했다. 아버지가 돌아가시자 어머니는 다른 데로 개가하여 손자 둘을 외할머니가 키우고 있는 것이었다.

할머니는 도인에게 "제주 각시야 저거 열두살인데, 공부는 안 시켜도 좋으니 밥이나 먹이고 옷만이라도 입혀줘라"

아이는 남자아이인데, 글도 철철하고 공부도 꽤 잘해서 영특하다는 소리를 들어왔다.

"너 나랑 같이 갈래, 고생하면 어떡할래?"

"고생해도 좋아요"

아이들을 데리고 고향에 들어오니 시어머니는 기가 막히는 표정을 지었다. 우리도 먹고살기 어려운데, 남의 자식이라니 하면서 한탄하였다. 도인은 자신이 벌어서 먹여 살릴 테니 걱정 마시라고 말씀드렸다.

그런데, 문제는 도인의 장남 보다 나이가 위여서 호적에 올리기가 난처했다. 작은 시아버지께 말씀드려서 결국은 시숙으로 삼기로 했다. 그래서 지금도 아들은 그에게 삼촌이라고 부른다. 곧 도인에게는 시아주버니가 되는 셈이다. 얼마 없어 동생이 보고 싶었던지 "아주머니 우리 동생도 데려다가 내 키우듯 키와 줘서"라고 했다. 아주 기가 막힐 노릇이었다. 도인은 차비를 마련하여 보길도로 일부러 가서 아홉 살 된 동생을 데려다 형 밑으로 호적에 넣어 21살까지 키워주었다.

남의 자식을 셋이나 데려오니 식구가 일곱으로 늘어서 곡식이 모자랄 때도 있었다. 그럴 때면 바다에 가서 패나 톨을 해 가지고 물에 담갔다가 솥에서 삶는다. 그리고 물기를 뺀 후 밥을 하는데, 보리쌀과 함께 섞어서 밥을 해 먹었다.

둘째 시숙이 21살 정도 되자 자신의 어머니를 찾겠다고 집을 나가서 돌아오지를 않았다. 3년 정도 지나서 전화가 걸려왔다.

"아주머님 차 운전을 하다가 사고가 나서 큰집(교도소)에 다녀오고 해서 연락을 못했습니다. 다시 연락 드리겠습니다"라고 했다. 또 다시 연락이 왔다. 교도소에서 나오고 전라도 색시를 얻어서 결혼을 한다고 했다. 현재는 아들 형제를 낳아서 서울에서 살고 있다. 육지여행을 갔을 때, 자가용을 몰고 도인을 찾아와 10만원을 주고, 자신의 집으로 데리고 가서 큰절을 한 다음에 하룻밤을 같이 잤다. 그리고 멥쌀 한말과 찹쌀 한말을 싸서 주며 제주도에 가지고 가시라고 했다. 어릴 때 데려다가 키워 준 것에 대한 고마움의 표시라고 도인은 생각했다.

4・3사건이 끝난 몇 년 간은 물질하러 들어가서 궂은 것, 헛것들을 많이 보았다. 지금도 생각하면 무시무시한 일이다.

하루는 물 속 자맥질 끝내고 물위로 나왔는데, 커다란 붉은 말이 바로 앞에 떡 버티고 서 있는 것이 아닌가? 깜짝 놀라서 자신도 모르게 다시 물 속으로 자맥질을 했다. 다시 나와보니 이 말이 동쪽으로 물 위를 휘휘 넘어가는 것이 아닌가?

어느 날은 흰 물수건을 쓰고 흰 물속옷을 입은 여인네가 감태를 이리 저리로 제끼면서 족세눈을 쓰고 도인 앞으로 헤엄쳐오는 것이 아닌가.

도인은 아무런 다른 말은 하지 않고 해녀들에게 '옵서 나가게'(어서 나갑시다) 다른 해녀들은 그 이유를 묻지 않고 '기여(그러자) 나가게'했다. 그날 이후 3일간은 물질을 하지 않았다고 한다.

또 '오저여' 부근에 잠수를 했는데, 물밑에는 큰 전복과 빨간 '북바리'인 물고기가 헤엄치고 있었다. 도인은 그때 한 쪽에는 빗창, 한 쪽에는 작살을 가졌으므로 전복을 딸까 북바리를 잡을까 하고 망설였다. 그런데 도인이 여섯 발 정도를 들어갔으나, 바위 홈에 발이 낄 것 같고, 불안감이 엄습했다. 바로 옆에서 물질하고 있는 유욱이를 불러서 물건이 있는 곳을 가리키려고 하는데, 엄청나게 큰 물소를 본 것이다. 큰 뿔이 돋고 펄떡펄떡 날개를 치는 모습이 마치 자신을 잡아먹을 것처럼 보였다. 잽싸게 벗들에게 나가자고 하여 모두 물 밖으로 나왔다.

그때부터 도인은 아프기 시작했다. 특별히 아픈 곳은 없었으나 시름시름 아파온 것이다.

동네에 살았던 무당은 남이 웃건 말건 '허우댓소리'(서우젯소리)에 맞춰서 어깨를 들르는 편이 낫지 않느냐는 말을 했지만 도인은 절대로 심방들이 추는 춤은 추지 않겠다고 결심했다. '어깨를 들른다'는 것은 큰굿을 한다는 말이다. 그 해 여섯 번 심방을 빌어서 새풀이를 해서 몸은 어느 정도 회복되었다.

삼대가 물질을

복녀와 딸은 동갑이었다. 복녀는 물질기능이 모자라서 기가 죽었으나, 밭일은 누구보다도 잘했다. 그러나 자신의 딸은 밭일보다는 바다에서 물질작업을 잘했다. 도인은 시어머니와 밭일을 하다가 옆 밭의 상군할머니가 '헉헉'하면서 신호를 하면 바다로 나간다. 같이 김을 매던 시어머니는

"바당에 흔저 강 가달춤이나 해(바다에 빨리 가서 물질이나 해)"

하면서 물질을 가도록 종용한다. 상군할머니는 '고래 상군'이라 부를 정도로 아주 물질에 뛰어 났을 뿐만 아니라 의기도 찬 어른이다. 그 날은 '새여'라는 곳에 물질을 가는 날이었다. 새여는 섯 동네 순봉이 아방 네 집 이문깐(대문) 바로 아래쪽에 있는 섬으로 파도 세기가 엄청나고 물살이 빠르기로 유명하다.

그 날은 썰물이 동쪽 바다로 나가고 있었다.

'이여차 이여차' 하면서 나갔는데, 썰물이 어떻게나 센지 '새여'를 찾아 먼바당으로 나간 해녀들을 다 쓸어버릴 것 같았다.

"어어 하도리로 쓸어 가는 것이 아닌가"

"어떵ᄒᆞ코 할망덜 죽엄시민 우리도 죽곡(어떻할까, 할머니들 죽으면 우리도 죽어)"

모두가 걱정이 말이 아니었다. 그런데 행원리 한 노인이 볼락 낚으러 갔다가 올라오고 있었다.

"요 여편네들아 죽으려고 여길 왔나, 이거 하도 아래까지 내려왔어"

"아 우리 게난 하도 왔쑤가?"

노인이 칡 줄을 던져줘서 그것을 잡고서 배를 타고 더뱅이물로 올라왔다.

여는 해녀들의 안식처가 된다(2001)

"하마터면 소섬(우도)까지 불릴텐데, 저 배 만난 살아났저"

더뱅이물에 온 해녀들은 안심이었다. 소라를 돌로 빻아서 여물을 먹고 허기를 채운 다음에 조금 더 작업을 하다가 돌아왔다.

시어머니는 며느리가 물질 나가는 작업을 적극적으로 후원해주고 종종 '미역무레'는 같이 나간다. 시어머니는 저쪽 편으로 도인은 가까운 편으로 미역을 훑고 지나간다. 그런데 시어머니와 도인은 '미역이 많이 있어서 어느 곳으로 오라'는 신호는 '어허', '어허'이다. 많이 있다고 하면 다른 해녀들이 달려오기 때문에 이렇게 신호로만 한다. 시어머니는 남보다 더 물질 작업을 욕심있게 한다. 그래서 물질 작업이 끝난 후에는 종종 다른 해녀들이 "늬네 시어멍이 '어허' '어허' 하고 이상한 소리를 낸다"고 놀리기도 했다.

시어머니와 미역 무레를 하면 항상 며느리보다 나은 편이다. 그러면 시어머니는 '미역도 어디강 ᄀᆞ는 ᄀᆞ는'(가는가는), 크고 너른 바위로 이루어져서 해산물이 풍부하였으나, 별로 달갑지 않을 정도의 것을 했다"고 며느리를 놀린다.

그렇지만 소라나 고동을 잡는 '헛무레'는 도인이 머정이 있어서 많이 잡는다.

복녀가 20살이 되자 청혼이 들어왔다. 6살에 데리고 와서 키운 지 거의 15년이 되었다. 사위가 될 사람은 김녕 사람으로 서울에서 고모네 집에 살면서 직장을 다녔다. 그래서 결혼식은 서울에서 치렀다. 셋 시아버지와 함께 서울에 올라가서 결혼식을 치렀다.

모처럼 딸을 시집 보내니 자식이 한 명 덜어지는 것 같았다. 도인은 다시 부모 없는 아이를 데려다가 키우고 싶었다. 고아원에 가서 두 달 된 계집아이를 데리고 왔다. 아이는 밤새도록 울었다. 옆에 있는 사람들이 39세가 된 도인에게 젖을 먹이라고 야단들이다. 그런데 아이에게 젖을 물리고 빨게 하자 거의 20년 동안이나 잠자던 젖줄이 일어나서 젖이 펑펑 쏟아지는 것이 아닌가?

이름을 영숙이라 짓고서 17년이나 잘 키웠다. 아주 물질 작업이 뛰어나고, 남보다 빨리 물질 작업의 기량을 익혀나갔다.

남당은 해녀들의 신앙처

행원리에는 해녀들의 신앙처로 당이 두 곳에 있다. 알당과 웃당이다. 알당을 '남당'이라고 한다. 도인은 25세 때부터 해녀회 회장을 9년 동안 맡았다. 이때 권제를 받아다가 당집을 보수했다. 주로 정월 보름과 10월 보름에 제를 올린다. 보통은 웃당에 가는 데, 주로 3일 동안은 근신을 해서 몸을 깨끗하게 한다.

정월 초 사흘 날은 신과세제가 있고, 정월 보름 제일에 '지드림' 행사를 한다. 특별히 영등굿을 하지는 않으나, 이날 행사가 영등굿 행사와 비슷하다. 그리고 칠월 열나흘 백중날은 ᄆᆞ쉬제와 지드림 행사를 한다.

쌀로 만든 돌레떡을 가지고, 사과, 배, 밀감, 감 등의 과일을 마련하고 제숙은 바닷고기로 우럭을 3개 쓴다. 계란은 서너 개가 필요하다. 대신 의례의 특성은 돼지고기는 써서는 안되며 3일간은 돼지고기를 먹지도 않는다. 지에는 '큰지'와 '몸지', '요왕지'가 있으며, 식구 모두에 따라 정성스럽게 싼다. 큰지는 바다에 가서 빠져 죽었거나 큰 일이 있었던 조상에게 받치는 것이고, 몸지와 요왕지는 식구들의 건강과 안녕을 혹은 장수와 풍요를 기원하는 것이다.

도인도 시어머니 부탁에 따라 큰지를 쌌다. 계란반쪽, 돌래반쪽, 매한기 반쪽을 넣어서 쌌다. 그리고 몸지와 요왕지는 식구 별로 2개씩을 쌌다. 하나는 요왕에 기원하고 하나는 자신의 몸에 대한 기원이다. 그래서 아들 부부와 딸, 손자의 지를 싸다가 아들이 결혼 한 후에는 며느리에게 이 지를 싸서 기원하는 의례를 넘겼다. 과거 행원리 웃당은 발 디딜 틈이 없이 많은 사람이 모였으나, 지금은 많이 줄었다. 그래도 정월 대보름이 되면 제주시에 살던 많은 고향사람들이 찾아와서 정성을 다한다.

해녀들은 해녀물질 중에 물 숨을 먹어서 죽는 경우가 있다. 자맥질을 했다가 너무 물엣 것에 욕심을 내어 물위로 나오기 직전에 숨이 막혀 죽게 되는 것이다. 이때는 사람은 간 데 없고 테왁만 물위로 동동 떠 오르는 것이 예사다. 그리고 한 며칠 지나서야 시신이 올라와 마을 개껏으로 둥둥 떠오르는 경우도 있다.

또 해녀들은 물에 들 적마다 반드시 약을 먹었다. 그것은 물질 작업을 할때 자주 머리를 밑으로 해서 해산물을 따야 되므로 머리 속의 뇌가 흔들려 아프거나 온 몸이 쑤시는 등의 통증을 막기 위함이다. 곧 통증을 방지하기 위해서 진통제를 먹는 것이다. 주로 뇌선, 콘택육백, 사리돈, 신경통

약 등이다. 이러한 약을 너무 많이 먹어서 정신이 없다거나, 나불(파도)에 친다거나 하는 경우 죽음에 이르는 때가 종종 있다.

그래서 그녀들은 죽는다는 개연성을 항상 품고 있다. 그래서 해녀노래에서 "혼백상자를 옆에 차고, 칠성판을 지영 물속을 오락가락 한다"고 자신들의 물질 작업을 정의한다.

이러한 불상사의 죽음이 있으면 바다를 깨끗이 하기 위해서 물굿을 해야한다. 주로 죽은 시신을 바닷가 근처에 두고 장사일을 정해서 치르고 난후에 바다에 가서 물혼을 부르고, 새풀이를 한 다음 귀양풀이를 한다. 물속에서 빠져죽은 영혼을 불러서 집으로 모셔온 후 젯상과 병풍, 멍석을 치고 굿을 하는데, 죽은 영혼을 저승으로 잘 보내고 나중에 후탈을 없애자는 의도이다.

영숙씨가 17세가 되던, 8월 어느 여름날이었다. 도인은 제주시 오일장에 가서 새까만 포도를 사고 집에 돌아와 보니 복녀와 딸, 영숙 씨가 들에 나가 일을 하고 돌아왔다. 아침 새벽부터 깨밭에 가서 호미를 가지고 깨를 베고 돌아 온 것이다. 물때라서 물질 작업을 가려고 준비중이었다. 수돗물에 가서 포도를 깨끗이 씻고 가지고 들어왔는데, 영숙 씨가

"언니 여기에 벌레들이 많아"

아무리 들여다보아도 벌레는 없었다. 도인은 이상하다고 생각했다.

"어머니 오늘은 나 물질하러 가고 싶지 않아"

영숙씨는 손바닥으로 머리 이마를 짚으면서 말했다.

"빨래 할 것도 많은 데, 오늘은 가고 싶지 않으면 통에 담겨 있는 빨래나 해라" 도인은 심드렁하게 말했다. 그래도 어머니랑 언니가 모두 물질하러 나가는 데, 혼자서 집에 남아 있는 것이 정상이 아닌 듯 테왁과 망시리를 들고서 따라왔다.

여느 때처럼 사리돈을 한알 씩 나눠 먹고 고무옷을 입기 시작했다. 두

언니가 고무옷을 다 입고 물에 들기 시작했다. 도인은 어깨 한쪽만을 끼우고 정신 없어 하면서 옷입기가 거북해 하는 영숙씨를 보았다.

영숙 씨가 갑자기 "성님, 나 정신 없어" 하고 바로 그 자리에 쓰러졌다. 급히 고무 옷을 벗고 보니 많은 똥을 싸서 냄새를 풍기고 있었다. 도인은 급히 차를 부르고 제주시 병원 응급실로 가면서 여러 생각을 했다.

"똥을 싸면 죽는다고 했는데…"

병원에서는 가망이 없으니 목숨이 있을 때 데리고 가라고 선고했다. 아닌게 아니라 돌아오는 도중에 목숨이 끊어지고 말았다. 건강에는 아무 이상이 없었는데, 도인은 아마 사귀가 들어 자신의 딸을 데리고 간 것이라고 생각했다.

바닷가 근처에 천막을 치고 시신을 지켰다. 집 밖에서 죽은 시신은 보통 집안으로 다시 들여놓지 않는 법이다. 비록 17살이지만, 어른 식으로 장사를 치르고 초하루 보름 삭망을 지내고 소상, 대상을 치렀다.

시집도 못 가본 너무나 억울한 영혼이었다. 그래서 도인은 귀양풀이를 했을 뿐만 아니라 저승질을 치는 하룻 밤 하루 낮 동안 큰굿을 했다. 바다를 깨끗이 하기 위해서 더뱅이물에서 역시 물굿도 했다.

귀양풀이를 할 때, 영혼은 흐느꼈다.

"어머니 나 혼자 저승질을 어떻게 가, 어멍아 나 벗 없어 어떵가코?"

"어떵하느냐, 저승은 혼자서 가는 길이여, 흔저가라"하고 도인은 딸의 영혼을 달래었다.

그런데 이상하게도 둘도 없이 친하게 지내던 친구가 일년도 채 못되어 물질하다가 죽고 말았다. 친구의 어머니는 자신 딸의 꿈을 꾸었다며

"영숙이는 아마 좋은 곳에 간 것 같아, 물동이를 머리에 이고 까만 저고리를 입고, 흰 치마를 입고, 흰 고무신을 신었는데 꽃다발을 들었어, 그 뒤에 우리 딸이 서 있었어"

사혼을 위한 중신이 서귀포, 종달리, 행원리에서 들어왔다. 같은 동네에 사돈을 삼고자 행원리로 결정했다. 살아 있을 때 올리는 결혼식처럼 예단을 준비했다. 이부자리, 베개, 주전자, 그리고 계를 들었다가 탄 돈 50만원을 봉투에 넣어 사돈집으로 보냈다. 당시 50만원은 상당한 금액이었다. 죽은 딸의 영혼은 그 집안에서 아주 환대 받았다. 그 집안에서 딸의 영혼에 큰지를 바치고, 당에 가서 빌기 때문에 그 딸에 대한 특별한 정성은 하지 않고 비록 생을 달리했지만 상당한 안도감 같은 것을 느꼈다.

도인은 69년 12월부터, 73년 3월까지 잠수회장을 했다. 행원리 해녀회는 6개의 조합으로 구성된다. 안도인 회장은 3조합에 속해 있었다. 해녀회에는 각 조합마다 회장이 있고 부회장 1인이 있으며 그리고 전 해녀회를 통솔하는 연합회장이 있다. 해녀회장은 남자 어부들인 어촌계와 화합하는데도 큰 역할을 해야한다. 회장을 맡았을 당시는 잠수계, 잠수회 주최 행원리민 경로잔치를 했던 것이 가장 기억나고 보람 있었던 일이었다. 그리고 기금을 모아서 당집을 보수했다. 날씨가 궂을 때 제를 들이기 위해, 해녀나 해녀 가족들이 제에 참여하는 불편을 덜기 위한 것이다. 제를 올리는 날은 당집 내부에 사람들이 빽빽이 들어차고 객지에 나가서 살던 사람들이 모두 참여하게 되어 만원을 이룬다.

이때는 한창 고무옷이 유행이었다. 고무옷을 입으면 12발까지도 능히 잠수가 가능했다. 세화에도 옷을 만드는 데가 두 곳 있었으나 도인은 제주시에 가서 옷을 맞추어 왔다.

자식들을 결혼시키며

아들은 3대 독자였다. 시어머니는 아들 손자를 눈에 넣어도 아깝지 않을 아기였다. 아이를 데리고 다니다가도 사람들한테 인사를 받을까 봐서, 사람이 드나드는 길을 피해서 다닐 정도로 땅에 놓지 않고 키웠다.

그래서 남편은 아들을 서울에 있는 고등학교에 입학을 시키라고 했다. 그런데 얼마 없어 병이나 학업을 지속하지 못하고 집에 돌아와 버렸다. 도인은 혹시 귀한 아들이 어떻게 될까해서 큰굿과 작은굿을 했다.

봉례 씨를 39살에 결혼시키고, 그 이듬해에 아들을 결혼시켰다. 남편은 등록이 안 되어서 올 수는 없었으나 친척을 통해서 구두와 옷, 결혼자금을 일본에서 붙여왔다. 아들에게는 두 아들 손자와 딸 손자가 있다. 장학금을 받으면서 학업을 하고, 이제는 모두 직장에 들어갔다. 그리고 딸 손자는 결혼해서 부산에 가 살고 있다. 결혼 자금은 마련되었지만, 계속해서 큰 일을 치르려니 아무래도 비용이 많이 들어 도인은 다시 출가 물질을 떠났다.

그때는 사촌 시누이가 같이 가게 되어 있었다. 사촌시누이는 해산달이 다되어서도 물질을 하다가 성님 곁에서 아기 낳아 오겠다고 극구 고집을 부렸다.

"물질호곡 아지망 한테서 아기나곡 조리호쿠다(물질하고 언니께 가서 아기도 낳고, 몸조리도 할께)"

도인은 어쩔 수 없었다. 아닌게 아니라 얼마 없어서 아들을 낳았다. 그런데 용신네는 어장촌이라서 그런지 몸 가른 것(해산 한 것)을 사람 죽은 것보다도 더 가렸다. 아기 난 사람 때문에 물(샘)이 부정탈 수도 있어서 우물곁에는 얼씬도 하지 못하게 하고 먹을 것도 제대로 주지도 않아서 구박이 아주 심했다.

도인은 아기 태를 깡통에 넣어서 바다로 가지고 나갔다. 던지려고 해도 어디 마땅한 장소가 없어서 남들 모르는 사이에 바다에 파묻기로 작정한 것이다.

캄캄한 밤에 큰돌을 일러서 작은 돌들을 파 깡통을 비웠다. 그리고는 묻고서 큰돌로 다시 눌러두고 사람들이 볼까봐 조바심하면서 집으로 돌아왔다.

그런데 이튿날은 바람이 세고 폭풍우가 덮쳤다. 도인은 새벽에 바다를 산책하는 것처럼 해변가를 걸었다. 그런데, 예상했던 바대로 묻어둔 애기 탯줄이 바닷가로 올라온 것이 아닌가? 아무도 모르게 도인은 그것을 바위 틈에 숨겨두었다가 날이 저물자 호맹이를 갖고 가서 파서 묻었다. 아기 난 후 한달간 몸조리를 마친 후 제주로 돌려보냈다. 그때 낳은 아기가 자라서 장가를 가고 다시 그 아들이 장가까지 갔다니 세월은 무상하기만 하다.

딸 역시 오빠와 3살 차여서 바로 결혼을 시켜야 만했다. 다시 남편이 "외딸인데, 섭섭하게 하지 말라"하면서 넉넉하게 돈을 부쳐왔다.

사위 된 사람과는 서로 이웃집에서 살았기 때문에 친하게 지냈다. 사위 는 인상이 좋고, 어릴 적부터 아주 성품도 좋았다. 힘도 세고 건장한 청년 이어서 도인의 맘에도 들었다.

"너 재종이에게로 시집 갈거냐?"

"안가쿠다"

"생각이 있어 여기 와서 놀고 하는 것이 아니냐?"

신랑집의 시아버지가 되실 분은 딸을 데려 가고 싶어서 안달이었다. 그리고 당시 사윗감은 구좌 지역의 장사들이 세화 학교에서 씨름대회를 했는데, 일등을 하고 서울에까지 대표로 가서 씨름 대회에 참석할 정도로 건장하고 힘센 청년이었다.

둘이는 동갑내기로 돼지띠들이었다. 얼마 없어 위로 딸을 셋 낳았다. 네 번째 아이를 임신하고서는 여간 걱정이 아니었다.

"어머니 다시 딸 낳으면 어떻게 해?"

"나고 있으면 아들은 언젠가 난다"

미순씨는 네 번째 아기를 낳는 날까지 바다에 가서 물질을 했다. 집으로 돌아오자 몸이 추워오더니 산기가 있어서 병원에 가서 아들을 낳았다.

온 집안 식구들이 좋아서 야단들이었고, 그 밑으로 다시 아들을 낳았다.

그리던 남편에게서 연락이

시외할머님이 돌아가신 날이다. 장사를 준비하고 성복제를 올리려는 시간에 무슨 편지가 오고, 이상하게도 '성님, 작은 마누라' 등의 단어가 사람들 입에서 오르내리면서 도인을 슬슬 피해나갔다.

"고모님, 일본에서 아들 낳았다고 햄쑤다" 외사촌의 한마디다. 고모라고 하면 바로 도인의 시어머니가 되는 셈이다. 도인은 금새 알아차렸다. 일본에 간 남편이 혼자 살 리야 없겠지만, 늘 생각해오던 꿈속과 같은 악몽이 현실로 나타난 것이다.

도인은 그래도 그러한 상황을 완화시키기 위해서,

"자손 귀한 집에 자식이 생겨서 잘된 일이 우다"

그냥 한마디를 뱉었다.

그날 밤 집으로 돌아와서 그냥 방에 쓰러졌다. 아닌게 아니라 눈물이 "소를 이룬다"는 말이 있는데, 도인은 얼마나 울었는지 오리가 살 수 있는 연못이 아니라 온 방안이 밀물이 들어와 바다를 이룬 것 같았다.

너무나 울었다. 24세에 떠난 남편은 20년을 아무 소식이 없이 지내다가 지금 중년이 넘긴 44세가 되어야 연락이 온 것이었다. 20년 동안 기다림의 세월을 막 눈물로나 쏟아 붓는 편이 나을 듯 싶었고 한편으로는 사실을 알아 확인해서 한결 시원하기도 했다.

너무도 그리웠던 사람이고, 궁금했던 일이지만 사실을 확인하니 가슴속에 섞어 응어리졌던 상처가 마치 맑은 물로나마 확 씻겨져 나오는 것 같았다.

시외할머님 장사를 마치고 시어머니는 자나깨나 한숨만 푹푹 쉬었다. 그리고는 도인의 눈치만 살피면서 슬슬 피하기도 했다. 시어머니는 차마 당신의 입으로 저간의 사정 얘기는 할 수가 없었던 것이었다.

어느 날 셋 시아버지가 부르셨다.

"아지망도 차마 말하지 못하고 이것을 어떵하느냐, 말로는 할 수가 없어서 어떵하면 좋으냐?" 하고 물었다.

"말씀하십시오"

도인은 무슨 얘기를 하려고 하는지 알아차렸다. 그리고 편지 온 그 날부터 지금까지 결심해놓은 바가 있었다. 무슨 일이 자신에게 일어나더라도 절대로 충격 받지 않고 처신해 나가겠다는 결심인 것이다.

자식도 호에 입적해야 하고, 한번 한국에 오고 싶은데, 지금 일본에서 등록이라도 해서 한국에 와 늙어 가는 어머니라도 꼭 한번 뵈었으면 한다는 것이다.

남편이 자신에게서 호적을 떼어 일본으로 가면 도인 자신은 혼자 호적을 갖게 되고, 독신이 되어 도인이 낳은 자식들도 모두가 지금 남편과 일본에 살고 있는 작은 부인의 자식으로 되는 것은 당연한 일이다. 곧 이 남편과는 법적으로 이혼이 되는 셈이다.

잔인한 운명이다.

"어머님 애비가 일본에서 저렇게 호를 벗겨 달라고 하는데, 어떻게 하는 편이 좋을까요?"

"호를 벗겨 주라고는 도저히 내 입으로는 못하겠다. 지금까지 너의 남편을 살린 건 너였다. 이왕에 살려 주었으니 네 머리 속에서 생각나는 대로 해라"

그러나 도인은 자신에게 덮치는 모든 불운한 운명을 다 받아들일 결심을 하고 있었다. 그런데 남편이 있어야 이혼수속을 밟을 수가 있는데, 도인은 수를 쓰기로 작정하고 시삼촌의 도움을 얻을 결심을 했다.

"오늘 하루만 남편 노릇 좀 해주십시오" 법원에 둘이 가서 판사의 심문을 받았다.

"왜 이렇게 한창 살 때에 이혼하려고 합니까?" 시삼촌을 옆에 두고서 도인은 "아무리 살려고 해도 정이 없어서 못살겠어요"라고 말꼬리를 흐리면서 대답하자, 도저히 울음을 참을 수가 없었다.

모든 서류를 해서 남편이 있는 오사카로 보냈다.

이후부터는 장가간 아들과 일본에 있는 남편이 서로 연락이 오갔다. 이제 남편은 어엿한 교포로 등록이 되었다.

시어머님 임종을 앞두고 남편은 26년 세월에 반백이 된 머리와 작은 부인과 아들을 데리고 고향에 왔다.

"어머니 제가 왔습니다"

"어디 갔다 이제 왔느냐?"

"어머니 용서하십시오"

암 투병생활로 나뭇가지처럼 앙상한 몰골을 한 어머니의 모습을 본 아들은 큰소리를 내며 울었다. 도인은 자신의 남편이었던 남자가 상당히 이방인처럼 느껴져서 뒷전에 물러서서 쳐다보고만 있었다.

시어머니 역시 죽음을 목전에 두고 만난 아들을 보면서 유언을 했다.

"애야, 애미를 울려서는 절대 안 된다. 절대로 울리지 말라이…" 하고 어머니는 말을 이어가지 못했다.

남편이 없을 때 시어머니는 한 여성이면서 동지였다. 75세를 마지막으로 암 투병에 힘겨워 임종하는 시어머니의 마지막 유언이 바로 며느리라는 한 여성을 남성에게 부탁한 이유는 무엇인가?

시어머니의 장사를 마치고 집으로 돌아왔다. 작은 집은 도인에게 정실부인으로 대접한다는 표시인지 너부죽이 절을 하면서 용서를 구했다. 그리고는 아들에게도 큰어머니라고 소개했다.

"부인 얻어서 자식 낳지 않겠어요, 외아들인데 잘 되었습니다" 도인은 가슴이 아파도 같은 입장의 여성을 받아들이기로 했다.

아들은 너무도 많이 남편을 닮아 있었고, 자신의 아버지처럼 얼굴이 준수하고 미남형이었다.

그날 밤은 두 처첩이 같은 방에서 잠을 잤다.

시집간 복녀씨는 지금도 동생을 통해서 한 달에 두어 번 정도 도인의 안부를 묻곤 한다. 비록 자신이 낳은 자식이 아닐지라도 부모를 생각하는 정이 끔찍하여 도인은 효성스런 딸이라고 생각한다.

일본에 있는 아버지에게도 마찬가지다. 남편은 데려다 키운 자식도 아주 좋아한다. 특히 복녀씨를 좋아하는데, 복녀씨는 남편과 함께 일본에 가서 아버지 공장에서 일을 한 적이 있었다. 두 자식을 시동생에게 맡기고 일본에 가서 슬리퍼 만드는 공장에서 10년 이상을 일했다. 두 부부는 많은 돈을 벌고 자식의 양육비랑 교육비를 시동생에게 부쳤다. 지금은 부산에서 살고 있다. 일본에 있는 아버지도 제주에 왔다가 일본으로 갈 적에도 부산에 들러서 집에 가서 묵었다 가곤 한다.

굿뱅씨도 일본에 가서 공장 노무자로 일을 하고 싶어했다.

"아이는 쓸 만하냐?"

차비랑 옷을 해서 일본으로 보내었는데, 경관에게 걸려서 제주도로 보내어지고, 다시 두 번째로 일본에 갔으나 거기서 행방불명이 되었다.

그런데, 어느 날

"형수님, 굿뱅이우다, 3년이나 연락도 못 드리고"

도인 자신이 데려다 자식처럼 기른 시동생이지만, 부모를 대하는 것처럼 도인 씨를 너무 좋아했다.

4. 물질쇠퇴기

온 몸에는 병이 생겨

전복을 딸 때 쓰는 빗창은 개 날에 사다가 사용하면 재수가 좋다고 한다. 그리고 노란 녹이 쇠에 피면, 그것을 돌과 같은 데에 갈면서 장난으로 개+이나 하라고 한다.

그리고 나오는 녹물을 얼굴에다가 바르기도 하고 혹은 귀에도 바른다. 그리고는

"빗창은 빗꾸래기 망사리는 망할 징조"

라고 한다. 아무리 빗창으로 전복을 떼어서 돈을 벌더라도 가정경제에는 도움이 안되고 망시리를 들고 물질하는 해천 영업은 망할 징조라고 하니 새겨 볼 만한 일이었다.

도인이 아주 어렸을 적부터 따랐던 한 상군할머니는 얼굴이 곰보였다. 흰돌코지에 물질을 가면 바로 그 할머니가 생각나곤 한다.

"에 요것들 커서도 흰돌코지 밖에 까지나 갈 수 있을런가?"

이제야 물질 작업을 배워 펄쩍 거리는 도인네를 보면서 했던 이야기다. 그리고 흰돌코지 동쪽으로 내려가면 집 채 만한 엉(물속의 큰 바위)이 있는데, 그 속에는 백화가 만발하여 있다는 것이다. 그리고 거기에는 용궁이 있어 근접하지 않는다는 이야기도 했다.

그 날 도인은 노락코지와 큰여 목 사이를 빠져나가 물질하였다. 거기에는 큰 배가 태풍을 만나 파손되어 기계랑 파편들이 물 속에

해산물을 캐었을 때의 기쁨(2000)

있다. 용기 있는 사람은 거기에 가서 전복도 트고(잡고) 소라도 텄으나 겁이 많은 사람은 그 곳을 못 본 체하고 지나가 버린다. 도인이 그 곁을 지나는데, 더욱 몸도 안 좋고 소름이 일었다.

며칠 전부터 몸이 안 좋았으나, 계속해서 물질만을 했다. 보름이 넘어가자 몸이 아팠다. 제주시에 있는 내과 병원을 찾았다.

"큰병은 아니우다"

처방해준 약을 먹었으나 계속 열이 나고 통증이 심했다. 다시 다른 병원에 가서 진단하자

"급성이 아닌 만성 맹장염이 터져서 복막염으로 되었으니 급히 수술해야 합니다"라고 했다.

도인은 여섯 시간 수술대에 누워 있었다. 석달이 지나서 집에 돌아왔으나, 상처가 아물지 않고 덧나기 시작했다. 딸은 '아이고 어머니 죽을 것 같구나' 하는 생각이 들어서 다시 병원에 가서 수술을 받도록 했다. 9월 초 이틀에 큰굿을 하고, 초사흘에 대수술을 받았다.

그때 병원에서 꼬빡 열두 달을 보내고 나왔다.

몸에 병이 어느 정도 회복되자 다시 물질 작업을 하기 시작했다.

물찌에서 '조금'은 서물에서 다섯물인데, 물이 좋고 물 아래가 맑으면 '암조금'이고, 물알이 어두우면 '숫조금'이다. 물때가 그물어 일곱, 여덟물이 되어 물이 거칠어지면 '웨살'이다. 그날은 웨살이어서 더뱅이물과 앞 바당에서 물질 작업을 했다. 그런데 배가 쓰리고 아파오기 시작했다.

집에 돌아와 제주시 병원에 갔더니 자궁에 혹이 생겨 악성 종양일 수도 있다는 말을 들었다. 자신의 몸에 병이 생기고서부터는 떨어져 있는 남편이 그렇게 원망스러울 수가 없었다. 일본으로 연락을 했더니 약을 써보라고 했다. 화가 나서 누구 돈을 쓰더라도 자신을 위해 돈을 써보겠다고 생각했다. 그리고 이번에는 서울에 가서 치료를 받았다. 서울에는 시삼촌이

살고 있어서 병원에 가서 진료를 한 결과 괜찮겠다는 말을 들어서 정말 안 도감을 느껴졌다.

다시 물질 현장으로

도인은 아파서 누운 후부터 자신이 물질을 할 수 있다는 사실이 얼마나 감사 한 것이라는 것을 알았다. 아파서 병원에 누워있는 것보다도 푸른 바다에서 테왁에 의지해 몸을 싣고 하는 물질은 자신이 건강하다는 것 외에도, 이 세상에 살아있다는 증거이기도 했다.

물질을 하다보면 20~50여 마리의 곰새기(돌고래) 떼가 보이면 '물알로 물알로'나 '배알로 배알로'하고 외치면, 돌고래들은 해녀들 물질 작업하는 물 밑으로 잠수하면서 지나간다. 어떻게 저런 미물이 사람의 말소리를 알아들을 것인가? 참 신기하기만 했다.

도인은 기제사 때에는 자신이 직접 작살로 쏜 돔이나 우럭을 제숙 용으로 쓴다. 올해는 병이 나서 병원에 만 자주 다니다 보니 제숙 거리를 사서 쓰지 않으면 안 되었다. 마을에 방호방 아방이 (해변 가까운)바당에 가서 그물을 놓는데, 고기를 사러 갔다. 배 가득히 우럭과 볼락을 잡고 개창으로 들어오고 있었다.

"저 어젯밤에 꿈에 보였는데, 고기를 엄청 잡아서, 그렇치 않아도 고기한 뭇을 갖다줄려고 했는데, 잘 와서"

하며 우럭 한 뭇을 배에서 던져주었다.

해녀들 역시 상당히 전날 밤 꿈에 의지하여 다음날 잡을 해산물을 점치곤 한다. 곧 전복이라도 많이 잡는 것을 '스망인다(행운이 있다)'라고 하는데, 문친 떡을 누가 갖다 주거나, 돼지꿈을 꾸거나, 상이 나서 베 두건을 쓰고 상복을 입으면 운이 좋아 해산물을 많이 따게 된다.

또 거북이를 보면 용왕의 맬젯딸애기(셋째딸)라고 해서 거북이에게 '스망

일게 해줍서'라고 기원하거나 절을 한다. 거북이는 대체로 물아래 모살통 이라든가, 엉(바위)알을 살살 기어다니면서, 사람을 헤치지 않는다.

56세가 되던 해이다. 다른 사람들은 물질 갔다가 오면 밭을 산다든가, 집을 산다든가 여자의 힘으로 돈을 모아서 재산을 일구는 것이 삶의 재미가 되었으나, 도인은 그동안 자식들을 키우느라 재산을 일구어 보지는 못했다.

이웃집에서 밭을 팔겠다고 해서 도인은 욕심이 생겼다. 그 밭은 질왓(진 땅)이기는 하나 마늘 농사도 잘되고 해서 샀으면 하는 욕심이 들었다. 조상 전이 400평 있기는 해도 그것은 아들에게 곧 상속시켜 버리면 자신이 늘 그막에 농사지을 땅이라도 있었으면 하는 것이었다.

그 밭은 900평이나 되어 꽤 컸다. 도인은 비록 약간의 빚을 지고 산밭이 지만 보리밭에 김을 매면서 자신의 삶을 '검질매는 사대소리'에 실을 때 면 한편 말할 수 없는 흐뭇함을 느꼈다. 평생을 살면서 자신이 번 돈으로 재산을 일군다는 것은 여간 기쁜 일이 아니었다. 비록 남편이 일본에서 가 방 만드는 공장을 해서 돈을 가졌다고는 하나 그것은 도인과는 아무런 상 관이 없는 일이었다.

해녀노래를 무대에서

1993년 제주도청에서 조사차 온 사람들이 해녀노래를 부르라고 했다. 도인은 늘상 하던 노래를 그침 없이 불러대었다. 해녀노래 전수자, 문화재 후보라는 직함을 얻었다. 도인에게는 처음 얻은 관직으로 상당한 행운이었다.

이후로 해녀 노래를 들으러 오는 사람들이 많아졌다. 전에도 학교 선생 들이 찾아와서 해녀노래를 듣고 갔다. 늘 부르던 해녀노래를 도인이 선창 을 매기면 강등자나 김영자씨가 후렴을 받곤 한다.

집으로 돌아가는 해녀들(2000)

출가 물질을 할 때 같이 다니던 터라 가사 엮음이라든가 호흡이 잘 맞아서 같이 어우러져 부르는 것을 좋아했다.

그런데 이상하게도 해녀노래를 부르려면 옛 생각이 절로 나 눈물이 난다. 다른 제주해녀들도 다 마찬가지의 삶을 살았겠지만 특히 도인의 노래가 슬픈 것은 당시 어려웠던 삶을 잊지 못하고, 그러한 삶을 바탕으로 만들어졌기 때문이다.

조사를 한 후 제주도 무형문화재 해녀노래 후보자여서 전수를 잘 시켜야 된다고 늘상 강조 했다. 셋이서는 시간이 날 적마다 서로들 모여서 해녀노래와 더불어 제주도 민요 중 노동요를 부르곤 한다. 셋이서도 각자가 좀 잘 부르는 노래가 있다. 콩이나 보리타작을 하면서 부르는 <타작소리>는 강등자가 잘 부르고, <자장가>는 김영자가 잘 부른다. 그리고 서로 세사람은 누구와 짝을 하든지 서로 다른 내용의 사설을 잘 엮어간다.

1996년 제주도 승격 50주년 기념 행사와 제35회 한라문화제 제주바다

축제 민요경창대회에 찬조출연 했다.

그리고 97년 한라문화제 때에는 공설운동장에서 이중춘 씨의 칠머리당굿 행사와 함께 해녀노래 <이여싸소리>를 했다. 그리고 행원리에서 해마다 치르는 경로잔치에는 감초격으로 <해녀노래>를 하면 모였던 해녀들이 합창을 한다.

김녕리에 살고 있던 무형문화재 해녀노래 보유자 정순덕씨가 치매로 고생한다는 얘기를 들었다. 도인은 자신의 책임이 막중하다는 사실을 잘 알고 있었다. 늘 행원리 사람들은 해녀노래 만큼은 다른 곳에 주지 못한다고들 말하곤 했기 때문이다. 대부분 제주도 지역 어디를 가나 해녀들이 있지만 그 수가 많고, 극성스럽게 물질을 하며, 많은 수의 해녀들이 있는 지역은 바로 행원리이기 때문이었다.

당시 텔레비전과 라디오 방송국에서 해녀노래를 조사하러 자주 들르곤 했다. 아마 김녕리 보유자가 몸이 불편했기 때문에 행원리 해녀노래를 들으러 오는 것 같았다.

문화재 보유자가 되고

도인은 나이가 들어도 가끔 바다에 간다. 물질을 하지 않는다는 것은 자신의 생을 넘어서서 과거를 회상하며 바라보는 것과 같다. 제주 여성이 바다물질을 하지 않는 것은 직장에 다니다가 퇴직한 한 노인의 심정과 다름 아니다.

문화재 보유자 후보로 문화재 전수자금 비용이 한 달에 25만원 씩 입금된다. 오랫만에 보는 손자들에게 용돈도 주고 생활비로는 아주 적은 금액이다. 도인은 직접 물질해서 벌어 쓴 만큼 씀씀이는 아주 품이 넓었다.

밭은 딸에게 전세로 빌려줬다. 딸집이 옆에 있어 식사는 거의 딸의 집에서 해결한다.

1998년 3월에 해녀노래 보유자가 사망했다는 사실을 들었다. 도청에서 직원들이 오고가고 문화재 전문위원들이 집중적인 조사를 했다. 그해 겨울에는 너무도 심하게 감기에 들렸다. 조사를 왔으나 노래는 썩 시원치 않았다. 젊었을 때 그 우렁찬 기백으로 불렀던 해녀노래가 귓전을 맴돌았으나, 잘 되지 않아 자신이 듣기에는 답답했다.

한편 도인은 자신보다 해녀노래를 더 잘 부르는 사람이 있으면 마땅히 그 사람이 되어야 된다고 생각했다. 그동안 너무도 많은 기간 관록을 먹었다고 여겨지기도 했다. 그런데 자신 밑에서 전수하던 강등자, 김영자 조교들과 행원리 마을의 명예를 생각할 때는 자신의 역할은 다해야겠다고 생각했다.

몇 차례의 조사를 마치고, 2000년 3월에 문화재가 되었다는 전갈이 오고, 방송국이랑 서울에서 온 조사자 들이 집에 찾아왔다.

20세기가 지나고 21세기이다.

밭에 일하러 갔다가 다친 무릎 고통으로 이틀에 한번 씩 병원에 가서 치료를 받는다.

동갑이었던 남편도 늙어서인지 고향엘 자주 드나든다. 2001년 음력설전에도 게이트볼 채 30대와 공을 일본에서 손수 사 가지고 와서 기부를 했다. 게이트볼 회원은 여자 아홉 분이고 남자는 스무 명이 넘는다. 그리고 각자 자신들이 채를 직접관리를 하기 때문에 도인 자신의 몫은 아직도 없다. 그래서 치지는 않고 구경만 한다.

다음에 올 때는 자신의 몫도 가져오기를 기다리지만 남편에게 부탁은 하지 않았다. 남편은 방에 걸려있는 여러 상패랑 기념패, 문화재 보유자 인증서를 한참이나 들여다보고는 아무 말이 없었다.

그동안 남편 없이도 홀로 잘 살아온 한평생, 오로지 바다에 의지하고 살아왔기 때문에 바다에 와서 숨을 크게 쉬고 해녀노래 한 곡을 부르면 외롭

지도 않고, 마음 편하다.

이제 팔순을 바라보는 나이에, 기대고 부탁이고 무엇이 있겠는가? 가장 하고 싶지만, 못해서 유감스러운 것은 무릎을 다쳐서 물질을 못하는 것이다.

물 찌에는 해녀들이 물질해서 밖에 나올 시간에 불턱에 가면 누가 많이 잡고, 어디에 많이 있더라는 등 화제가 만발한다. 그리고 마을 해녀들은 노쇠한 늙은 해녀를 동정이라도 하듯 잡은 소라를 몇 개 던져주기도 한다.

도인은 생각한다. 다리가 나으면 다시 물에 들어 과거에 수없이 보았던 바다 속의 생명들을 만나겠다고….

요즘은 밤에 잠이 오지 않는다.

낯설은 외딴 섬에서 물질하던 전경과, 한 많았던 과거의 삶과 행원리 바다 속 풍경들이 파노라마처럼 스쳐지나간다.

생애사를 쓰면서

이 글은 제주해녀 민속 연구를 위한 일환으로 쓰여졌다. 당 시대의 삶이 민속학 연구의 한 영역이라면, 한 해녀의 일대기 속에는 민속적인 자료가 얼마만큼 반영되는가? 그리고 개인의 생애사와 민요사설과의 관계를 살피기 위한 기초자료가 되는 것이다.

남의 일대기를 쓴다는 것은 쉬운 일이 아니다. 필자는 안도인 할머니를 길다면 긴 시간을 만나 왔다. 10년 전 문화재 전문위원 발령을 받았을 때, 만나서 해녀노래를 들었다. 처음 들은 인상은 노래에 담겨있는 인생의 한 그 자체였다. 그리고 2001년 12월부터 2002년 12월 사이에 집중적인 면담조사를 했다.

할머니가 부른 해녀노래 사설은 공식적인 틀을 그대로 가지고 있으면서도 자신의 생 그대로다. 할머니의 노래는 그침이 없었고, 온종일을 노래할 수가 있을 정도로 무궁무진의 삶의 이야기를 생의 후배인 나에게 들려주는 것이다. 그러면서 노래를 하다가 자신의 노래에 취해 울고 만다.

너무나 가슴 뭉클하고 눈물이 솟아오를 것 같았지만 눈물을 차마 보일 수는 없었다.

제주도 민요 중 맷돌·방아노래라든가, 여자들이 부르는 노래는 인생의 고난과 슬픔에서 오는 정서 때문에, 동등한 여성의 입장에서 눈물이 돈다. 다른 지역의 민요를 들었을 때는 그렇지 않은데, 제주민요는 그렇다.

태어나고 자란 지역적인 공감대, 삶의 정서에 대한 이해, 혹은 자신의 고향 땅에 대한 무모한 애착에서 오는 생리일까?

집중적으로 할머니를 살피면서 상당히 인간적인 미덕이 풍부한 사람이라는 것을 알았다. 남의 자식들을 데려다 아무 탈 없이 키운다거나, 사람들과의 관계가 좋아 아주 인정 많고 후덕하다는 사실을 알았다.

이 글은 진정 할머니 자신의 이야기라고 할지라도, 이 할머니는 글을 배울 기회가 없어서 읽어 볼 수조차 없다. 조사가 끝난 후 하루 조사 분을 전부 정리하고 오라고 신신 당부 하신다. 그 부분을 정리하고 다시 행원리로 차를 몰면 할머니는 나를 기다리고 있다. 전부 읽어 드리고 잘못 된 부분, 혹은 빠진 부분을 수정했다.

아주 기억력이 좋으셔서 자신의 삶을 구슬 꿰듯 꿰어나간다. 이 글은 할머니의 말을 글로 옮긴 것에 불과하다. 그래도 약간이라도 할머니에게 누를 끼쳐드리는 부분이 있다면 진심으로 용서를 구하고 싶다.

할머니 울지 마시고, 건강하세요(2004년 정초에).

그러나 할머니는 2004년 6월에 숙환으로 타계했다.

참고문헌

사료문헌

『高麗史濟州錄』, 제주문화, 2000.

高燦華, 『耽羅史資料集錄』I, II, 제주문화, 2000.

고창석, 『耽羅國史料集』, 신아문화사, 1995.

김 정, 김익수 번역, 『蘆峰文集』卷一 시집, 제주문화원, 2001.

『삼국지』「동이전」「한조」와 「왜인조」.

성은구, 『日本書紀』, 정음사, 1987.

李元鎭, 『耽羅志』(조선조 효종 4년), 1653.

제주도교육위원회, 『耽羅文獻集』, 1976.

제주문화방송, 『朝鮮王朝實錄中 耽羅錄』, 1986.

濟州의 近世史－朝鮮王朝實錄－』, 성민출판사, 2002.

조선총독부 농공상부, 『韓國水産誌』, 1910.

『知瀛錄』.

『耽羅國王世紀』.

한국어

「가파도학술조사」, 『국문학보』 제6집, 제주대, 1974.

「아시아의 10대들과 소통하다」, 『한겨레 21』 제466호, 2003. 7. 2.

「오조리, 용수리 조사보고」, 『해촌생활조사보고서』, 제주대 학도호국단, 1978.

「우도학술조사」, 『국문학보』 제5집, 제주대, 1973.

『제주도세요람』, 1937.

강대원, 『제주잠수권익투쟁사』, 제주문화, 2001.

_____, 『해녀연구』(개정판), 한진문화사, 1973.

강치명, 『제주도인 특히 해녀를 중심으로 한 골반계측』, 서울대 석사학위논문, 1953.

고광민, 「裸潛漁集團의 組織과 技術(1) : 平日島에서 濟州道出稼海女들의 삶」, 『현
　　　　용준교수회갑기념논집 제주도언어민속논총』, 제주대학교, 1992.

_____, 『漁具』, 제주대학교 박물관, 2002.

_____, 「평일도 '무레꾼'(해녀)들의 조직과 기술」, 『도서문화』 10, 1992.

高橋公明, 「中世東亞細亞海域에서의 海民과 交流」, 『耽羅文化』 8, 제주대학교,
　　　　1989.

고대경 편, 『신들의 고향』, 중명, 1997.

고시홍, 「표류하는 이어도」, 『대통령의 손수건』, 전예원, 1987.

고유봉, 「제주해역의 자연지리적 배경」, 『한국의 해양문화 : 제주해역』, 서울 : 경인문
　　　　화사, 2002.

고유봉 · 전득산, 「서귀포산 자리돔의 漁獲改善 및 適正利用을 위한 자원생물학적
　　　　연구」, 『研究報告』 7호, 제주대학교 해양자원연구소, 1983.

고정종, 『濟州島便覽』, 영주서림, 1930.

고창석, 『耽羅國史料集』, 新亞文化社, 1995.

_____, 「회고와 전망」, 『제주도사연구』 창간호, 1991.

고창훈, "The Political, Economic, and Cultural Value of Jamsuhoi in the History of Ocean
　　　　Civilization", Islands of the World VIII International Conference 발표논문, 국제소도서
　　　　연구회, 대만, 2004.

권귀숙, 「제주해녀의 신화와 실체 : 조혜정 교수의 해녀론을 중심으로」, 『한국사회학』

제30집, 한국사회학회. 1996.

권순긍, 「배비장전의 풍자와 제주도」, 『반교어문연구』 제14집, 반교어문학회, 2002.

권오길·박만갑·이준상, 『原色 韓國貝類圖鑑』, 아카데미서적, 1993.

근흥면지 편찬위원회, 『근흥면지』, 한솔인쇄기획, 2002.

김광언, 『한국민속종합조사보고서』 전남편, 문화재관리국, 1976.

김대행, 「제주도 민요의 노래인식」, 『제주도 언어민속논총』, 제주문화, 1992.

김동윤, 「현대소설에 나타난 제주여성」, 『영주어문』 제1집, 영주어문연구회, 1999.

김두희·김영돈, 「해녀어장 분규 조사연구 : 해녀 입어관행의 실태와 성격분석을 중심
        으로」, 『제주대학교 논문집』, 제14호, 1982.

김영돈, 『제주도 민요연구』 上, 일조각, 1965.

_____, 「제주도 민요연구」, 동국대학교 대학원 박사논문, 1983.

_____, 『제주의 민요』, 제주도, 1992.

_____, 『제주의 해녀』, 제주도, 1996.

_____, 「제주해녀의 실상과 의지」, 『비교민속학』 제18집, 비교민속학회, 2000.

_____, 『한국의 해녀』, 민속원, 1999.

_____, 「해녀의 어로방법」, 『국문학보』 제3집, 제주대, 1964.

김영돈·김범국·서경림, 「해녀조사연구」, 『탐라문화』 5호, 제주대 탐라문화연구소,
        1986.

김영돈·현용준, 『한국구비문학대계』(9-1)(9-2), 한국정신문화연구원, 1980, 1981.

김영화, 『변방인의 세계』, 제주대학교출판부, 1998.

_____, 「제주 바다와 문학」, 『영주어문』 제4집, 영주어문학회, 2002.

金益洙, 『蘆峰文集 卷一, 詩集』, 濟州文化院, 2001.

김정숙, 『자청비·가문장아기·백주또』, 각, 2002.

_____, 「제주도 해녀복 연구」, 『탐라문화』 5호, 제주대 탐라문화연구소, 1990.

김정한, 월광한, 『문장』 1940년 1월호.

김태보, 「제주해녀의 경제활동 및 지역경제에의 기여도」, 탐라대학교 주최 해녀 보존 대토론회 토론문, 2004.

김효선, 「주도에서의 가정폭력」, 제2차 월례발표회 발표논문, 한국여성학회, 2001.

뒤르케・밀다, 장혜경 역, 『바다를 방랑하는 사람들』, 서울 : 큰나무, 2003.

리포・클로드, 이인철 역, 『인류의 해저 대모험』, 서울 : 수수꽃다리, 1988.

마가렛 미드(Margaret Mead), 조혜정 역, 『세 부족사회에서의 성과 기질』(Sex and Temperament in Three Primitive Societies), 이화여자대학교 출판부, 1988.

문무병, 「제주도의 해신신앙」, 민속학 국제학술회의(3회)요지집, 민속학회, 1999.

_____, 「해녀의 신화와 제주인의 상상력」, 『해양문명사에서의 잠녀의 가치와 문화적 계승』, 세계섬학회와 제주대학교 평화연구소 편, 2002.

문화방송, 『한국민요대전』(제주도 민요해설집)문화방송, 1992.

박용후, 『남제주군지』, 상조사, 1978.

_____, 「瀛州誌에서 본 耽羅의 옛날」, 『제주도사연구』제2집, 제주도사연구회, 1992.

박찬식, 「제주여성 <8> 김옥련」, 『다이내믹 제주』, 2004년 8월 20일.

백선희, 「도시지역 빈곤여성의 특성과 자활지원사업의 방향-국민기초생활보장제도 자활지원사업을 중심으로-」, 2001.

변성구, 「해녀노래의 사설유형분석」, 『제주문화연구』, 경신인쇄사, 1993.

송명희, 「해녀의 체험공간으로서의 바다」, 『현대소설연구』 8호, 현대소설학회, 1998.

시바료따로, 박이엽옮김, 『탐라기행』, 학고재, 1998.

안미정, 「제주잠수의 과거와 현재」, 제주도 여성특별위원회, 『깨어나는 제주여성의 역사』, 제주도청, 2001.

_____, 『제주해녀의 이미지와 사회적 정체성』, 제주대학교 석사학위논문, 1997.

양순필, 『濟州流配文學研究』, 제주문화, 1992.

_____, 「秋史 金正喜의 漢文書翰考」, 『탐라문화』제9호, 제주대학교 탐라문화연구소, 1989.

양원홍,「완도에 정착한 제주해녀의 생애사」, 제주대학교 사회학 석사학위논문, 1999.

여성신문사 편집부, 고인춘 편,『이야기 여성사 1』, 2000.

오경훈,「세월은 가고」,『유배지』, 신아문화사, 1993.

오선화,「죽변지역 이주 잠녀의 적응과정 연구」, 안동대학교 민속학 석사학위논문, 1998.

오성찬 외,『햇빛 비치는 마을 晋照里』, 반석, 1986.

오성찬,「보제기들은 밤에 떠난다」,『보제기들을 밤에 떠난다』, 푸른사상, 2001.

월간조선,「21세기 일류 해양부국을 위한 기본구상」, 1999년 11월호, 특별부록.

유철인,「濟州 海女의 몸과 技術에 대한 文化的접근」, 민속학 국제학술회의(3회) 요지집, 민속학회, 1999.

＿＿＿,「제주해녀의 삶－역사 인류학적 과제」,『깨어나는 제주여성의 역사』, 제주도 여성특별위원회, 제주도청, 2001

＿＿＿,「제주해녀의 삶」, 제주교육박물관 전통문화강좌, 2001.

이기완,「Local names of marine algae in Jeju Island」,『제주대학 해양자원 연구소 연구보고』 제5호, 제주대, 1981.

이기욱, 전경수 편,「마라도 주민의 적응전략」,『한국어촌의 저발전과 적응』, 집문당, 1992.

이정재,「해양생태계」,『제주의 자연생태계』, 한국이동통신 제주지사, 1995.

이천일 2001년도『해양수산현황』, 제주도.

이청준,『이어도』, 삼성출판사, 1983.

전경수 편역,『관광과 문화』, 일신사, 1994.

전경수,「제주 연구와 용어의 탈식민화」,『제주언어민속논총』, 제주문화, 1992.

정공흔,「濟州道 周邊의 筏船調査」,『논문집』15, 제주대학교, 1983.

정근식・김 준,「시장과 국가 그리고 어촌공동체」,『도서문화』14, 1996.

정한숙,「귤밭 언덕에서」,『제주도』제36호. 제주도, 1968.

정한숙, 「해녀」, 『문학예술』 1964년 5월호.

제주국제협의회, 『바다와 섬, 문학과 인간』, 오름, 1999.

제주도 여성특별위원회, 『제주여성 근현대사 구술자료』, 2004.

조혜정, 『한국의 남성과 여성』, 문학과 지성사, 1998.

좌혜경 편, 『제주섬의 노래』, 국학자료원, 1995.

좌혜경, 『민요시학연구』, 국학자료원, 1996.

_____, 「제주여성과 민요」, 『韓國民俗學報』 제11호, 한국민속학회, 2000.

_____, 「제주해녀노래의 생산과 수용」, 『깨어나는 제주 여성의 역사』, 제주도 여성특별
      위원회, 제주도청, 2001.

_____, 『한국, 제주, 오키나와 민요 민속론』, 푸른사상, 2000.

_____, 「해녀 노래의 기능과 정서」, 『해양문명사에서의 잠녀의 가치와 문화적 계승』,
      세계섬학회와 제주대학교 평화연구소 편, 2002.

진관훈, 「식민지기 제주도 해녀노동과 제주도 경제에 관한 연구」, 한국경제사학회
      월례발표회 논문, 2001.

천구백오 1950~현재, 제주신문, 제민일보, 한라일보 해녀기사.

플래스・데이비드(D. Plath), 유철인 역, 「환경에 대한 적응: 일본 해녀(아마)의 경우」,
      『탐라문화』 18, 1997.

한림화, 「불턱」, 『꽃 한 송이 숨겨 놓고』, 한길사, 1993.

_____, 「역사속의 제주여성」, 『議會報』 第10號, 濟州道議會, 1997.

_____, 「제주민요명창 조을선」, 『음악동아』 8월호, 동아일보사, 1985.

_____, 『제주바다 潛嫂의 四季』, 한길사, 1987.

한림화, 「제주여성, 문학을 창조하는 삶을 사는 사람」, 『제주도』 통권102호, 제주도,
      1998.

_____, 「제주잠수(濟州潛嫂)공동체(共同體)의 삶과 일-제주잠수가 전승(傳承)한
      정신세계(精神世界)와 생업(生業)을 중심(中心)으로-」, 2003.

한림화, 「제주잠수공동체, 그 삶과 일」, 『씨알의 소리』 11·12월호, 2000.

_____, 「濟州潛嫂共同體의 삶과 일」, 게이오대학교, 2000.

한상복, 「농촌과 어촌의 생태적 비교」, 『한국문화인류학』 8, 1976.

한창훈, 『시가와 시가교육의 탐구』, 월인, 2000.

_____, 「제주민요와 여성」, 『민속학 국제학술회의(3회)요지집』, 민속학회, 1999.

해양수산부, 『한국의 해양문화』, 2002.

허윤석, 「해녀」, 『문예』 1950년 2월호.

현기영, 「거룩한 생애」, 『마지막 테우리』, 창작과비평사, 1994.

_____, 『바람 타는 섬』, 창작과비평사, 1989.

현길언, 「껍질과 속살」, 『닳아지는 세월』, 문학과지성사, 1987.

현용준, 「약마희고」, 『연암현평효박사회갑기념논총』, 제주대학교, 1980.

현종호편, 『조선문화사』, 역락, 2002.

현춘식, 「제주도의 민속예술」, 『제주도지』 제79호, 제주도, 1986.

홍성목, 「출가해녀의 권익문제」, <해녀 현황과 문제점>, 제주신문 1970년 5월 2일.

홍정표, 『제주도민요해설』, 제주문화, 2001.

황순원, 「비바리」, 『문학예술』 1956년 10월호.

일본어

系滿はーれー 行事委員會, りとまんはーれー, 2002年 6月 14日 팜플렛.

龜山慶一, 『漁民文化の民俗硏究,』, 東京 : 弘文堂, 1986.

吉田敬市, 『朝鮮水産開發史』, 日本 : 朝水會, 1954.

金榮·梁澄子, 『海を 渡った朝鮮人海女, 東京 : 新宿書房, 1988.

다카하시 키미아키(高橋公明), 「중세 동아세아 해역에서의 해민과 교류: 濟州島를
        중심으로」, 『탐라문화』 제8호, 제주대학교 탐라문화연구소, 1989.

大塚民俗學會編,『日本民俗事典』, 東京 : 弘文堂, 1994.

渡部文也・高津富男,『伊予灘漁民誌』, 愛媛縣 文化振興財團, 2001.

마스다 이치지(桝田一二),『제주도의 지리적 연구』, 제주시우당도서관 편, 1995.

_____,「濟州島海女」,『桝田一二地理學論文集』, 東京 : 弘詢社. 1976.

_____,「濟州島海女の地誌學的研究」,『大塚地理學會論文集 二』1934年 3月.

白浜町, 第39回, 白浜海女まつり 進行臺本, 浜海女まつり 實行委員會, 平成15年度.

三崎町,「夢, 最先端」, 三崎町勢要覽, 2000.

시바료타로,『탐라기행』, 서울 : 학고재, 1998.

岩田準一,『志摩の海女』, 아틱뮤지엄, 1942.

野村史降,「海女,ー 出稼の人口」,『海と人間』特別號, 鳥羽市博物館, 1989年 秋號.

李善愛,『海を越える濟州島の海女』, 東京 : 明石書店, 2001.

伊地知紀子,『生活世界の創造と實踐: 韓國・濟州島の生活誌から』, 東京 : 御茶 の水書房, 2000.

田辺悟,『近世日本蠻人傳統の研究』, 東京 : 慶友社, 1996.

_____,『日本蠻人傳統の研究』, 東京 : 法政大學出版局, 1990.

_____,『海女』, 東京 : 法政大學出版局, 1993.

田中のよ著, 加藤雅毅編,『海女だちの四季』, 東京 : 新宿書房, 2001.

鳥羽市 菅島町編,『ふるさと(菅島)』, 1979.

鐘崎漁業協同組合編,『範前鐘崎漁業誌』, 1992.

泉靖一,『濟州道』, 東京 : 東京大出版會, 1966

しらはまの漁業, 白浜町農水産課, 2002年, 資料.

まらいに, 牧野文子 譯,『海女の島ー舳倉島』, 東京 : 未來社, 1964.

영문

Arne Kalland. "Ecology, Fishing Rights and Gender : Transition of the Ama Trade in Fukuoka, Japan", *Values of Woman Divers and their Cultural Heritage*, 2002(Edited by World Association for Island Studies and Peace Institute of Cheju National University).

Cho Haejoang, Neither Dominance : A Study of A Female Divers Village in Korea , *Korea Journal* 19(6) : pp. 23 34, Korean National Commission for UNESCO, 1979.

Etsuzo Furuta. "On the Japanese Divers in Australia", *Values of Woman Divers and their Cultural Heritage*, 2002(Edited by World Association for Island Studies and Peace Institute of Cheju National University).

Hideki Hirano, "Some Studies of the Contemporary Meaning of Amas", *Values of Woman Divers and their Cultural Heritage*, 2002(Edited by World Association for Island Studies and Peace Institute ofChejuNational University).

Hong, Suk Ki and Rahn, Hermann, The Diving Women of Korea and Japan, *Scientific American* 216(March)1967.

Horace P. Beck, *Folklore And The Sea*, Connecticut : Marine Historical Association by Wesleyan University Press, 1973.

http://www.hendrick-hamel.henny-savenije.pe.kr/indexk2.htm(copyright Henny Savenije).

John Baily, *The White Divers of Broome*, National Library of Australia. 1944

Kohara Yukinari. "Ecological Consideration of the Distribution of Female and Male Divers", *Values of Woman Divers and their Cultural Heritage*, 2002(Edited by World Association for Island Studies and Peace Institute of Cheju National University).

Nomura Shinichi, "Introdoction to History of Japanese Ama", *Values of Woman Divers and their Cultural Heritage*, 2002(Edited by World Association for Island Studies and Peace Institute of Cheju National University).

Sun-Ae Li. "Woman Divers of Jeju Island Cross the Sea", *Values of Woman Divers and their*

Cultural Heritage, 2002(Edited by World Association for Island Studies and Peace Institute of Cheju National University).

찾아보기

가고시마 상선 212
가나야 237, 241
가네자키 15, 285, 332
가늠 396
가디언지 441
가라아마하다께 284
가루이가고 297
가마도 293
가모이세 220
가와이마치 313
가츠우라 216, 238
가치도 293
가치코 297
가키다시 298
가타아마 288
가파도 218
각사노비各司奴婢 113, 114, 117
각주 460, 464
갈쿠리 237

감태 215, 391
감포 228
강관순 141
강대원 167, 226, 327, 380
강릉시 233
강원도 451, 454
개발 464
개우미 452
개촌 35
객주 225
객주客主 127
거룩한 생애 193, 198, 201, 204, 206
거문도 211
거제 211
경남 210
경북 210
경북재정지구 228
경상남도 210
경상북도 225

경제운용체계 36
계[契] 36
고구려전 27
고노미 302
고래 상군 470
고려사 29
고려사제주록高麗史濟州錄 30
고무 모자 347
고무 잠수복 343
고무옷 474
고시홍 183, 193, 206
고용우 226
고쥬츠이야 312
고창훈 13
고치 214
고쿠마루 321
고토열도 286
곤뻬라진자 313
골각지 401
골뱅이 237
곰새기 485
공동선 281
공동어장 245, 428
공식구 150
공지바당 268
곽암주 229
곽주 232
관리선 263
관무곽官貿藿 124
관무복官貿鰒 123
관음당觀音堂 314

교역 27
교환창 405, 438
구룡포 225, 228, 256, 257, 453
구리아게 296
구마모토 385
구메농사 32
구미 334
구비전승 137
구소바레 323
구장 343
구치아케 292
국정공원 338
국제이민 424
국제자유도시 378
군대환 212
굴 341
궁전요왕대부인 403
권귀숙 328
권순긍 170
궤눈 452
궷눈 401
귀양풀이 474
균역법 123
귤밭 언덕에서 179, 181, 205
금채기 345
기능성 138
기리가이 290
기릿물질 191, 192
기미가요마루 212
기장 226
긴 219

김동윤 177
김범국 328
김상헌金尙憲 109
김성구金聲久 119
김수남 328
김영돈 167, 327, 380
김영화 169
김옥련 134
김윤식 125
김은희 328
김정한 171, 182, 205
김태호金泰鎬 128
껍질과 속살 193, 194, 196, 204, 206

나가사키 223, 385
나나츠지마 333
나다아마 300
나라[奈良]시대 284
나마코 292
나미키리 386
나잠 228
나잠어업裸潛漁業 33
나잠어업수산조합 227
나잠업자裸潛業者 125, 249, 255
나주판관 403
나타마와리 311
난바르 155
남사록 119
남아선호 30
남천록南遷錄 119

남환박물南宦博物 29
납덩이 347
낫 237
넙도바당 462
넙미역 391
네쇼날 포스티지 441
노동독본 135
노동요 140
노리 292
노시아와비 315
노역勞役 30
노천탈의장露天脫衣場 37
노토반도 285, 330
농민독본 135
농부農婦사회 34
농투선 218
뉴욕타임지 441
니가타현 330
니시나리 222

다구치[田口禎熹] 133
다라이 348
다루아마시 296
다이버와 241
다카노후미오 328
다카오카 221
다케우치 16
닭고달 391
당서唐書 29
당포 448

대마난류수 252
대마도 210
대변순력신과세제 404
대보 231
대평리 218
더뱅이물 395
데누구이가부리 298
데사구리 394
도대 453
도바시 291
도야마현 330
도쿠시마 214
돌고래 403
동경행진곡 141
동이전 283
동해 330, 338
두독頭禿 115
두독야豆禿也 109
두독야지豆禿也只 115
두모악豆毛惡 115
두무악頭無岳 115
따롄大連 126

류자키마사히사 302
류진이케 314

마가리 16, 217
마다카아와비 369
마르티니 28

마스다 이치지桝田一二 250, 327
마요께 322
마을어업 255
마을어장 341
마츠리 335
마한 27
만엽집 15, 423
망사리 400
망시리 348, 400, 449
망아리 400
머정 396, 411, 465
메가네바꼬 290
메쿠라사가시 394
모둠 36
모둠살이 36
모즈크 341, 342
목간 284
목도牧島 126
목섬 457
몸지 473
무레질 226
문게 449
문학적 18
문화유산 442
물갈퀴 347
물굿 474
물때 144
물마루 409
물소 469
물소중기 398
물소중이 22

물속옷과 물적삼 452
물수건 452
물숨 408
물안경 347
물우미 457
물적삼 398
물질 33, 167, 421
물찌 390
미 449
미도 216
미사키초 295
미야께지마 211
미야츠코 299
미야케지마 16
미에 213
미역 341, 449
미역무레 471
미역물질 460
미역허채 391
미즈세가키 316
미츠키 241, 292
미카즈키 진자 321
미코시 335
미키모토 진주섬 291
민속학적 18
민회문화 17
밀항 424

바다밭 246
바람 타는 섬 168, 186, 189, 193, 202,

204, 206
바이 342
박기만 214
반농반어半農半漁 35
반촌班村 35
방어진 230
배비장전裵裨將傳 169
배선주 449
백마노 27
백수랑 283
백제본기百濟本紀 27
뱃물질 349, 448
뱃사람 25
번주 332
별도別刀 116
보길도 467
보소반도 213
보제기 422
보제기들은 밤에 떠난다 190, 193, 206
봉오도리 317
뵤우단 296
부덕량 134
부산 211, 453
부승림 132
부춘화 134
북바리 469
북위 27
분동아마시 296
분배방식 355
불턱 37, 201, 204, 206, 396, 490
브룸 426

블라디보스톡 126
비바리 107, 135, 177, 181, 205
비야진 460
비양도 336
빌레 446
빗창 232, 399, 469

사시코 290
4·3 174, 175, 193, 194, 196~198, 200,
　201, 204, 206
사자에부쿠로 290
사혼 476
사회유산 442
삼국사기 27
삼국지 15
상공부 228
상군 265, 470
상모리 패총 14
새풀이 466, 470
생물자원 26
생복生鰒 120
생산공동체 24
생애사적 18
생전복 123
생존양식 427
생존전략 427
생활공동체 24
생활도구 348
서경림 328
서북청년 458

선구전제先口錢制 130
선사시대 29
선장 355
선주 266, 453
선주회 339
선후창 405, 438
설문대 421
섬 음악제 441
성게 449
세가와기요코 328
세계전도혼일강리역대국도지도 28
세계화 378
세월은 가고 193, 196, 204, 206
센도[船導] 219, 386
소데가하마 335
소라 333
소라채취어업증 236
소멘노리 287
소살 401
소섬 471
소안도 454
소우지가미 313
소중기 241
손장갑 347
솜 232, 449
송명희 174
수세곽水稅藿 124
수심발이 233
수인 283
수중水中 경제활동 39
숨비소리 378

숫전복 369
숭유사상崇儒思想 22
스가시 302
스가지마 320
스모구리 394
스킨스쿠버 263
시가마치 332
시라하마마치 298
시라하마온도 317
시롱고마츠리 320
시마志摩의 해녀 385
시마반도 291
시마와다리 311
시오가케 315
시즈오카 213, 385
시코쿠 무로토미사키 221
식물군 26
신과세제 472
신광수申光洙 123
신라본기 27
신중국지도장新中國地圖帳 28
신진도 264
쌍머구리선 222
쓰시마 이즈하라초 303

아기업개 218, 448
아다마가부리 290
아라메 292
아마 19, 249, 329
아마고야 387

아마도 293
아마마치 311, 329
아마마치자치회 334
아마미사키 332
아마시 285, 295
아마카시라 320
아마하어업 237
아마후네 289
아오모리현 284
아와비가네 290
아와비부쿠로 290
아와비오코시 298
아와비鮑(전복) 300
아타리 334
안미정 182, 328
안샤레 395
암전복 369
암초 342
앵초 227
야리 307
야마구치 385
야사카진자 313
야체이카 429
얀다 297
양남 231
양포 228
어등개 383
어랑리 464
어로행위 39
어부회 277
어선규모 354

어업전진기지 338
어업종사자 333
어인 283
어장매매 226
어장임대 267
어장환경 360
어촌계 228, 235, 248, 255, 258
어한기 353
어협조합 346
엄쟁이 눈 401
에고 341
에비스진자 312
에조아와비 369
에히메 385
에히메현 295
엔기시키 213
여 449
여다女多 135
여성사적 18
여성아마 423
여수 454, 466
여정女丁 118, 135
연안바다 26
연안수역 338
연안어장 333
연철 401
영등굿 473
영등달 403
영화제 441
예리처禮吏處 124
오가츠키 394

오경훈 193, 196, 204, 206
오문규 132
오봉 362
오분작 할망 404
오분작이 449
오성찬 190, 191, 193, 206
오스트레일리아 425
오오노미 302
오와타진자 313
오이타 385
오카시라 321
오카아마 300
오케아마 289
오크츠히메진자 313, 336
오키나와 307, 423
오키나와현 284
온대계절풍 26
와자마어협 349
와지마 286
와지마시 285, 329
와지마자키초 334
와지마항 332
와카마쓰 315
와카메 292
와카야마현 425
왕눈 401
왜인조 283
요메구리 341
요시무라 209
요왕신 411
요왕지 473

요왕황제국대제 404
요코하마 216
욕심 275, 277, 279
용궁 483
용왕의 셋째딸 403
우렁생이 237
우뭇가사리 342
우미 452
우미기연 453
우민츄 307
우시로 하치마키 294
우키부쿠로 347, 348
울산소요 사건 127
원사元史 29
원사시대 29
원시노동요 438
원시어업노동요 138
월광한月光恨 171, 205
웨살 391
웨토스츠 297, 347
위서 27
유인도 26
유희요 140
육지물질 451
윤개尹漑 114
은단 232
은행초 227
의례공동체 24
이건李健 119
이노치즈나 343
이도 338

이물 456
이바라끼현 216
이선애 328
이세 211
이세에비 292
이세진자 313
이소가네 240
이소노미 294
이소도 293
이소바 293
이소베코 290
이소오케 239
이소이리 288
이소이리간사츠 346
이소이리조합 339
이소자노구치아케 315
이스미츄조亥角仲藏 128
이시카와 214
이시카와현 329
이시카와현립향토자료관 328
이여도 171
이여도IYEU島 179
이여싸소리 448, 452
이원진李元鎭 116, 119
이익태李益泰 121
이익한李翊漢 114, 117
이츠크시마진자 318
이키 286
이토만 307, 322
이형상李衡祥 123
인공어초 377

인류학적 18
일곱물 391
일본서기 29, 283, 299
입어관행보호법 227
입어권 217, 428
입어료入漁料 127, 341, 345
입어入漁 255

줌녀 17, 139, 167
자연마을 26
자원고갈 433
자원관리 341
자원부족 361
자유이민 424
자치회 333
작목다양화 33
작살 401, 402, 469
잠녀 17, 120~123, 283
잠녀가潛女歌 123
잠녀안潛女案 118, 123
잠녀潛女 37, 107, 119, 135, 167
잠녀학 국제 학술대회 419
잠녀회 136
줌네 37
잠수 17, 167, 168
줌수 17, 37, 139, 167
잠수경력 352
잠수굿 247, 405
잠수기 209
잠수기선 125

잠수대회 441
잠수시간 344
잠수어업 327
잠수어장 342
잠수업 14, 327
잠수의 노래 438
잠수일 333
잠수작업 340
잠수潛嫂 36, 107, 167
잠수해산물직판장 270
잠수활동 340
잠수회 39
잠수회의 427
중게호미 402
장기곶 386
적전복 369
전경수 167
전남 210
전라도 454
전복 333, 464
전복 바다 214
전북 210
전주 457
전통공동체 23
전통어업 327
전표 268
접[接] 36
정게호미 402
정서 138
정한숙 179, 182, 205
제주濟州 28, 211

제주濟州의 근세사近世史 30
제주(Scheluo) 28
제주대 평화연구소 419
제주도 327
제주도해녀어업조합 128
제주바다 378
제주역사 23
제주통사 30
제주풍토기濟州風土記 119
제주해녀 420
제주해녀공동체 23
제주해녀사회 23
제주화 378
조경수역 338
조공租貢 27, 30
조금 391, 484
조도섬 466
조락 400
조선공산당 재건제주야체이카 135
조선사람(Coreesen) 28
조선어업법 226
조선왕조실록 29
조업안전 318
조천朝天 116
조혜정 328
족새눈 401, 452
종패 343
종패 작업 235
종패 사업 255, 257, 367
좌혜경 13, 137, 209, 283, 328, 379, 406,
   438, 445

주문진 233, 261
주호 422
주호국 27
준조합원 236
쥬조진자 313
지드림 472
지리학적 관점 18
지바 214
지바현 216
지방해녀 226
지선해녀 226
지쿠라 242
진상역 121
진상품 120
진주조개잡이 425
질구덕 401
징용 215
쯔쯔 303, 305

참우미 452
채취량 356
채취방식 263
천초 223, 452
천초天草아마 300
초센 242
쵸우아마 289
출가出稼 126, 137, 209, 349
출가물질 253, 327, 453
출가증 230
출륙금지 136

출륙금지령 135
출륙도민 115, 116
출어出漁 127
충무 461
치시마千島해류 338
칠기 330
칠머리당굿 403, 405
칭다오青島 126

카가항 332
켈파트(Quelpaert) 28
콤프레샤 219
쿠로시오 난류 250, 252
쿠로시오 해류 329, 338
큐슈지방 332
큰굿 470
큰지 473

타나베사토르 328
타마리 302
타임지 441
탐라국 422
탐라국사료집耽羅國史料集 30
탐라국주 도동음률 27
탐라록耽羅錄 30
탐라문헌집耽羅文獻集 30
탐라복 213
탐라사료문헌집 30
탐라사자료집록 30

탐라순력도耽羅巡歷圖 29
탐라지耽羅志 119
탐라포 15, 284
탐포 400
태와 348
테고 298
테왁 399, 447
텡구사 292
토마에 293
토산물 29
툿 349
통영 461
통혼通婚 35

파칭코 216
패류 336, 422
평화항해 441
포작 118~121
포작간鮑作干 110, 113
포작배 422
포작인鮑作人 110
포작浦作 110
포작鮑作 110
포항 451
표류하는 이어도 183, 193, 206
풍어 318
피난항 338

하다카모구리 125

하도강습소 134

하도리 470

하리 322

하리우타 322

하멜(Hendrick Hamel) 28

한동 452

한림화 21, 201, 204, 206, 328

한일통상장정 125

한조기 391

한창훈 167, 328

한천 223

할망 바당 435

항쟁요 140

해금 343

해녀 기념상 조형물 420

해녀 노 젓는 소리 137

해녀 연구 167

해녀 17, 174, 179, 205, 245, 246, 283, 327

해녀가 438

해녀계 442

해녀노래 137, 217, 383, 405, 438, 452

해녀놀이 142

해녀대회 441

해녀문화 329

해녀민속 137

해녀상 선정 420

해녀의 입어에 관한 협정 129

해녀재현행사 420

해녀조합 128, 129, 132, 133

해녀집단 329

해녀투쟁 134

해녀학 19

해녀항일투쟁 131

해녀海女 107, 167

해녀회 382, 39

해묵이 219

해사 216, 283, 329

해산물 29, 345

해삼 341, 349

해신진자 311

해안선 26

해양교통 25

해양문명사 24

해양평화 421

해인 283

해초 333

행원리 383

허우댓소리 469

허윤석 174, 182, 205

헛무레 391, 472

헛물 232

헛숨 396

헤구라지마 16, 311, 329

혁우동맹 135

현기영 168, 169, 186, 193, 198, 202, 204, 206

현길언 193, 194, 196, 204, 206

현해탄 215

형평성 278

호도케가제 290, 315

호맹이 232, 478

호미 450

홍합 237

화산섬 25, 336

환경오염 360

황순원 177, 179, 181, 182, 205

후게시마치 334

후나도 293

후나아마 300

후다츠메가네 290

후쿠오카현 332

후쿠이현 214, 330

후한서後漢書 29

훈도시 307

훈도시만 301

흑전복 369

히도츠메가네 290

히지키 292

히토시오 288

히토카시라 288

VOC(네델란드 전매 동인도회사) 28

필자소개 (원고게재순)

좌혜경(choahg@yahoo.co.kr)
중앙대학교 박사(민속학 전공), 제주대학교 국어교육과 강사

고창훈(mrsom016@hanmail.net)
고려대학교 박사(행정학 전공), 제주대학교 행정학과 교수

한림화 (kflower@chol.com)
제주대학교 평화연구소 특별연구원, 작가

박찬식(cheju4843@hanmail.net)
서강대학교 박사(한국사 전공), 제주대학교 사학과 강사

김동윤(kdongyun@hanmail.net)
제주대학교 박사(국문학 전공), 제주대학교 국어국문학과 교수

안미정(gasirian@hanmail.net)
제주대학교 사회학과 석사, 한양대학교 박사과정 수료(사회인류학 전공)

문무병(m5056@chollian.net)
제주대학교 박사(민속학 전공), 제주전통문화연구소 소장

권상철(kwonsc@cheju.ac.kr)
미국 오하이오주립대학 박사(지리학 전공), 제주대학교 지리교육전공 교수

정광중(jeongkj@jejue.ac.kr)
일본 니혼(日本)대학 박사(지리학 전공), 제주교육대학교 사회과교육과 교수

이경주 (mrlove@cheju.ac.kr)
미국 아리조나대학 박사(회계학 전공), 제주대학교 회계학과 교수

제주해녀와 일본의 아마海女

2005년 12월 22일 초판1쇄 인쇄
2006년 1월 1일 초판1쇄 발행

지은이 좌혜경 외
펴낸이 홍기원
펴낸곳 민속원

총 괄 홍종화
편 집 오경희, 조정화, 오성현, 오경미
표 지 전영랑
영 업 서채윤, 정현우

주 소 서울 금천구 시흥5동 220-33 한광빌딩 B-1호
전 화 02) 805-3320, 806-3320
팩 스 02) 802-3346
등 록 제18-1호
이메일 minsok1@chollian.net
홈페이지 www.minsokwon.com

ⓒ 좌혜경 외, 2006
값 29,000

ISBN 89-5638-317-0   93380